教育部人文社会科学研究一般项目资助
学术生态视阈下的近代中国教育研究机构考察（15YJC880092）

近代中国教育研究机构考察
——学术史的视角

JINDAI ZHONGGUO
JIAOYU YANJIU JIGOU KAOCHA
——XUESHUSHI DE SHIJIAO

王有春 【著】

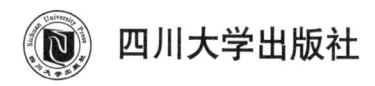

四川大学出版社

项目策划：陈克坚
责任编辑：陈克坚
责任校对：傅　奕
封面设计：璞信文化
责任印制：王　炜

图书在版编目（CIP）数据

近代中国教育研究机构考察：学术史的视角 / 王有春著. —成都：四川大学出版社，2021.3
ISBN 978-7-5690-4107-1

Ⅰ.①近… Ⅱ.①王… Ⅲ.①教育研究－研究机构－研究－中国－近代 Ⅳ.①G529.5

中国版本图书馆CIP数据核字（2021）第000722号

书名	近代中国教育研究机构考察——学术史的视角
著　者	王有春
出　版	四川大学出版社
地　址	成都市一环路南一段24号（610065）
发　行	四川大学出版社
书　号	ISBN 978-7-5690-4107-1
印前制作	四川胜翔数码印务设计有限公司
印　刷	成都金龙印务有限责任公司
成品尺寸	170mm×240mm
印　张	23.25
字　数	446千字
版　次	2021年4月第1版
印　次	2021年4月第1次印刷
定　价	98.00元

版权所有 ◆ 侵权必究

◆ 读者邮购本书，请与本社发行科联系。
电话：(028)85408408/(028)85401670/(028)86408023　邮政编码：610065
◆ 本社图书如有印装质量问题，请寄回出版社调换。
◆ 网址：http://press.scu.edu.cn

四川大学出版社
微信公众号

目 录

绪 论……………………………………………………………………（1）

第一章　近代中国教育研究机构的创立背景及过程……………………（17）

　第一节　近代中国教育研究机构的酝酿（1905—1927）……………（17）

　第二节　近代中国教育研究机构的初创（1928—1934）……………（30）

　第三节　近代中国教育研究机构的拓展（1934—1945）……………（48）

　第四节　近代中国教育研究机构的衰落（1945—1949）……………（62）

第二章　近代中国国立综合性大学教育研究机构……………………（68）

　第一节　国立中山大学教育研究机构…………………………………（68）

　第二节　国立中央大学教育研究机构…………………………………（116）

　第三节　国立浙江大学教育研究机构…………………………………（132）

　第四节　近代中国国立综合性大学教育研究机构的主要特色………（143）

第三章　近代中国国立师范院校及独立学院教育研究机构…………（149）

　第一节　国立北平师范大学教育研究机构……………………………（149）

　第二节　国立西北联合大学及国立西北师范学院教育研究机构……（175）

　第三节　国立社会教育学院研究部……………………………………（202）

　第四节　近代中国国立师范院校及独立学院教育研究机构的主要特色

　　　　　…………………………………………………………………（218）

第四章　近代中国地方公立教育研究机构……………………………（224）

　第一节　广西普及国民基础教育研究院………………………………（224）

　第二节　广西教育研究所………………………………………………（240）

　第三节　四川省立教育科学馆…………………………………………（248）

　第四节　近代中国地方公立教育研究机构的主要特色………………（275）

1

第五章　近代中国私立教育研究机构……………………………………（281）
第一节　私立晓庄研究所……………………………………………（281）
第二节　私立华西协合大学教育研究所……………………………（287）
第三节　私立践四社会教育研究所…………………………………（291）
第四节　近代中国私立教育研究机构的主要特色…………………（292）

第六章　近代中国教育研究机构的历史贡献及局限性…………………（295）
第一节　学术研究和传播……………………………………………（295）
第二节　研究性人才培养及其制度建设……………………………（311）
第三节　面向教育界的社会服务……………………………………（321）
第四节　近代中国教育研究机构的历史局限性……………………（326）

附录一　中国共产党早期创办的教育研究机构…………………………（337）
第一节　延安中央研究院中国教育研究室…………………………（337）
第二节　中国共产党早期创办的其他教育研究机构………………（347）
第三节　中国共产党早期创办教育研究机构的基本经验及历史意义
………………………………………………………………（349）

附录二　近代中国教育研究机构相关文书………………………………（351）

参考文献……………………………………………………………………（360）

后　　记……………………………………………………………………（364）

绪 论

一、选题背景及意义

作为文明古国，中国有着悠久的教育历史和丰富的教育遗产，但就教育学术而言，中国可谓"后发外生型"的国家，因为在中国传统学术体系中本无独立而系统的教育学，它是伴随着近代国人抵御外侮的探索而传入中国的。自鸦片战争至"清末新政"时期，中国对列强的强大之处的认识经历了"器物""制度"和"精神"三个阶段，最终认识到列强之强，强在教育。于是在近代中国，教育被赋予"救国"之使命，西方教育思想和制度自此大举引进，蔚为壮观。在19世纪下半叶西学东渐、中西方文化教育交流融合的大背景下，传入中国的近代西方教育思想和制度在客观上对改革传统教育、推进教育现代化进程产生了积极的影响。但是，近代中国在学习、引进西方教育的历程中，始终受到一个问题的困扰，即如何对待外来文化与本土文化的衔接、融合和创新，如何既能吸收别人的长处又能继承发扬中国传统文化的精髓，即西方先进的教育理论与中国现实结合的问题，这既关乎中国能否以教育崛起促进国家崛起，更关乎中国的文化安全。时人对此已有相当认识，如张之洞"中体西用"论似可视作终南捷径之一，但实际运用却依然将二者深深割裂而不能相通相融。近代中国教育在近采日本、远法欧美之后，仍然问题重重。对此，舒新城认为应归咎于近代以来的教育改革基本是因外力压迫、社会急剧变化而仓促应对的结果，并且他认为中国属小农经济的国家，而西方教育"完全为工业社会的产物，其本质即不宜于中国"，"就中国的社会情形而言，决不能将西洋工商业极发达的社会教育制度移植过来"[①]。因此，要解决中国的教育问题，还须从中国国情出发，对中国自身的问题开展研究和实验。至20世纪20年代后半期，国人普遍认为，近代中国对于西方教育理论和方法多半为"移植"而非"融会"。于是，1928年庄泽宣在

---

① 崔运武. 舒新城教育思想研究［M］. 沈阳：辽宁教育出版社，1994：158.

《如何使新教育中国化》一文中总结道："现在中国的新教育不是中国固有的，是从西洋日本贩来的，所以不免有不合于中国的国情与需要的地方。如何能使新教育中国化，这是一件（原文如此——笔者注）很大的问题，很复杂的问题，而且非经专家长期的研究与实验不可。但是大家对这个问题注意的还很少，所以我提出来讨论讨论，希望抛砖引玉，由讨论而研究而试验而执行，数十年后，中国的新教育或者可以完全中国化了。"① 王凤喈②、陶行知③等教育家也曾撰文揭示近代中国教育存在的这样或那样的问题。这说明学界已在积极探索既适合国情、又顺应潮流的新教育，特别是教育界已意识到外国的理论未必适合中国的国情，教育的"中国化""本土化"问题必须通过科学的研究和实验来解决，即必须在引进外国教育理论和方法的基础上加以中国化改造，最终合于中国教育及社会之实际。

五四新文化运动前后，教育界的思想渐趋活跃，国外各种教育思想、学说和理论开始在中国广为传播，教育界相继成立了诸如中华职业教育社、中华平民教育促进会等教育社团和学会，各地也成立了省、市教育会；它们组织召开教育会议、创办教育期刊、开展教育研究和实验活动，有力地推动了中国近代教育制度、思想和理论的发展。但这些教育社团和学会的组织比较松散，人员和经费也难以集中，不易开展系统而深入的教育理论和实践的探索。较之各类教育社团和学会，当时中国的高等师范院校及少数公私立综合性大学中设立的教育系科成为开展教育理论和实践探索的中坚力量，但高等师范院校的主要任务是培养中等学校和师范的师资，而非教育学术研究；综合性大学也因其教育系科起步较晚，研究力量较为薄弱，仅有少数学者在教学之余从事教育学术研究，但他们大多又都各行其是，力量分散，无法完全承担起近代中国教育研究和实验的重任。在此情形下，近代中国教育研究机构呼之欲出。

近代中国专门的教育研究机构出现得比较晚，其产生有着政治、社会、思想、文化等多方面的广泛背景和深刻原因，诸如教育改革和发展的实际需要、新的知识群体的出现、西方现代学术体制的传入等多种因素综合促成了近代中国教育研究机构的产生。具体而言，近代中国教育研究机构以近代高等教育和近代教育学科体系的形成为主要背景，并伴随着中国近代教育事业

---

① 庄泽宣. 如何使新教育中国化 [J]. 教育研究, 1928, 1 (2)：51.
② 王凤喈. 中国教育史大纲 [M]. 上海：商务印书馆, 1932：5.
③ 方明. 陶行知全集：第2卷 [M]. 成都：四川教育出版社, 2005：467-472.

的发展而逐步发展；大批在国外专攻教育学的留学生陆续归国，他们带回了国外教育学术的新理念和新方法，极大地刺激了国内学界开展教育研究和实验的热情；与教育改革事业的需求相结合，20世纪上半叶中国教育学术专业化、体制化建设取得进一步发展，高等师范院校和大学教育系科的普遍开设需要教育研究为其教学提供理论支撑，教育学科自身的发展也需要进一步深化教育学术的研究；特别是南京国民政府成立后，学术研究体制化已成为现代国家制度建设的重要环节之一，为此国民政府不断通过立法举措来为教育学术研究提供制度层面的规范和保障。1928年2月，国立中山大学创办教育学研究所，成为近代中国专门教育研究机构创立的重要标志。此后，国立北平师范大学研究院教育科学门、国立中央大学教育实验所、国立西北联合大学及国立西北师范学院教育研究机构、国立社会教育学院研究部、广西普及国民基础教育研究院、广西教育研究所、四川省立教育科学馆、私立晓庄研究所、私立华西协合大学教育研究所等由不同主体创办的各种类型的教育研究机构渐次成立，有力地推动了近代中国教育学术体制化建设的进程。

近代中国教育研究机构的产生和发展，生动地再现了国外先进的教育理论与中国教育实际逐步融会、中国教育理论与实践逐步结合的过程，为近代中国教育研究提供了必要的平台，为学术研究者提供了必要的制度保障，特别是教育学术研究与现代高等教育的良性互动成为教育学术体制化的一个重要表征，这既是教育研究本土化、科学化的进程，也是其专门化、制度化的进程，从而构成中国近代教育学术史的重要组成部分。本书以20世纪上半叶为研究时段，从机构建制、队伍建设、科学研究、人才培养、学术交流等几个主要层面对各类教育研究机构进行具体考察，并以此展现近代中国教育研究机构体制化建设所取得的成就，探讨存在的问题。之所以选定这样一个研究主题，主要基于以下几方面的考虑：

第一，考察近代中国教育学术的体制化进程。任何一个时代的学者在进行学术研究时，总是无法超越自己所处的时代和环境的制约，更无法超越特定的文化模式、思想框架和相关制度的规范。其中，制度化的规范，即所谓学术体制，是学术研究正常运行的制度性建构，也是一代学者学术研究成果得以产生的制度性保障。学术体制是模式化的知识生产方式及其机构、制度等相关配置，它的特点和运行状况往往折射一个时代知识活动的平均水准，它的形成与演变往往与学术思潮范式的转移流向如影随形，因而对学术体制的考察应是学术史研究的基础部分。如果要在近代中国教育学术史的视野中考察近代中国教育研究机构的产生和发展，就需要建立学术史与社会学的双重视野,其实质就是考察知识与社会的关系。近代中国的教育研究无疑是在特定的学术体制中展开的,而这种体制化教育研究的重要标志之一,则表现为专门教育研究机构的兴起、发展和逐步完善的过程。教育研究机构的建立是学术体制化特别是学术研究体制化的重要形式,也是近代教育科学发展到较高阶段的必然要求,并对教育科学的发展起到了巨大的促进和保障作用。学术体制的建立,主要由三方面的条件作支撑,即物质硬件、人力资源的组织方式以及较为稳定并能赢得共识的学术理念和规范。只有建立起研究机构与制度,才能有效地组织与协调人力、物力和财力,从而开展规模较大的复杂的科学研究工作,以促进教育学科的进一步发展,同时促进全社会的教育实践。那么,近代中国教育研究机构是在怎样的具体背景下产生的?它们对近代教育学术研究的专业化、体制化及本土化起了怎样的作用?解答这些问题,有助于人们认清和把握中国近代教育学科及其学术发展演变的客观规律。

第二,弥补先期研究的不足。本书由笔者的博士学位论文修改而成。当初笔者在博士论文选题初步确定后,即围绕选题查阅相关文献资料,发现学界对于这个选题的研究非常薄弱,至今尚无专著问世,相关论文也不多见,因而确认这是一个值得大力发掘和探讨的领域。近代中国教育研究机构在促进中国教育学术专业化、体制化和本土化方面无疑作出了重要的贡献,产生了不可忽视的影响,但有关其产生和运行的研究却没有得到相应的关注,需要对这一段历史加强梳理。

第三,为现实的教育研究提供历史的借鉴。任何历史研究都不是单纯为了重现历史,更重要的是通过反思来认识其成绩与不足、经验与教训,以便指导今天和将来的实践。中国近代教育学术史的研究将重点集中于学术制度层面,不失为一种新的研究视角,也是一种新的学术尝试,而这正是目前教育学术史研究中相对薄弱的环节。回顾近代中国教育研究机构发展的历程,探讨其取得的成就和存在的问题,从中总结历史的经验教训,对于加强当前我国各级各类教育研究机构的建设并以此促进中国教育学术的发展和繁荣,具有重要的现实意义。

总之,近代中国教育研究机构在其发展演变历程中形成了自身特色,积累了不少值得后人借鉴和记取的经验教训,对于把握教育学术发展规律、认清教育研究方向以及推动教育研究机构建设来说,都是一笔宝贵的资源和财富。

二、相关文献综述

据笔者掌握的现有资料，已有学者对近代中国教育学术团体、教育学会做过专门研究[①]，主要描述了教育会社形成发展的历史，论述了教育会社在中国教育现代化中的作用；有更多学者就近代中国教育学的发展历程做过研究，但基本都以教育学科体系的发展完备为主线，很少，甚至根本没有提到教育研究机构这个教育学发展过程中重要的学术生产环节。因此，以近代中国教育研究机构作为研究主题具有创新性，但也更具挑战性，因为要真实反映近代中国高校和地方各类教育研究机构的历史状况与发展历程，可资借鉴的先期研究成果比较少，而能提供相关信息、具有参考价值的资料、档案又十分分散，不易收集。

（一）基本史料综述

鉴于本研究的性质及目的，对相关文献史料的收集和梳理是基础工作和重中之重。经排查，笔者发现国立中山大学、国立中央大学、国立北京大学、国立浙江大学等国立综合性大学和国立北平师范大学、国立西北师范学院（含其前身国立西北联合大学。因研究所事业展开主要在国立西北师范学院时期，故归为国立西北师范学院教育研究机构。以下如非必要，不再作此区分——笔者注）等国立师范院校以及国立社会教育学院，私立大学中的华西协合大学等均曾设立教育研究机构，此外还有以广西普及国民基础教育研究院、广西教育研究所和四川省立教育科学馆为代表的近代地方公立教育研究机构，以及私立晓庄研究所及私立华西协合大学教育研究所等私立教育研究机构。围绕这些教育研究机构及其创办者和其中较有影响的工作人员，笔者从史料汇编、档案、校史、年鉴、回忆录、文集、书信、报刊等处收集到数量众多而又极其零碎的史料，其中主要包括以下史料。

1. 近代院校及教育研究机构的史料

这类史料主要有反映国立中山大学教育研究机构情况的《国立中山大学

---

① 这类研究成果主要有《教育会社与中国教育近代化》（浙江大学出版社 2002 年版）、《社会转型中的中国近代教育会研究》（华中师范大学出版社 2007 年版）、《清末民初江苏省教育会研究》（广西师范大学出版社 2009 年版）等。

廿一年度概览》①、《国立中山大学教育学研究所一览》②、《本所研究事业十年》③，反映广西教育研究所情况的《广西教育研究所概览》④，反映广西普及国民基础教育研究院情况的《广西普及国民基础教育研究院三年来工作总报告》⑤、《广西普及国民基础教育研究院组织大纲》⑥，反映国立北平师范大学教育研究机构情况的《国立北平师范大学一览》⑦及北京师范大学校史档案⑧，反映国立西北师范学院教育研究机构情况的西北师范大学档案⑨，反映国立中央大学教育研究机构情况的《国立中央大学一览》⑩、《南大百年实录》⑪及国立中央大学档案⑫，反映四川省立教育科学馆情况的《四川省立教育科学馆五年概况》⑬，反映国立社会教育学院研究部情况的《国立社会教育学院概况》⑭、《国立社会教育学院设立旨趣和研究实验》⑮及《中国近代教育史资料汇编·教育行政机构及教育团体》⑯、《中国近代学制史料》⑰等广泛性资料。

这部分资料卷帙浩繁，上文所列仅为冰山一角。许多资料没有公开发行，多数史料如"一览""概览""年报"类每年都有，而且由于具体编纂单位不同每年不止一种，在此不能一一罗列。这些资料忠实地记录了相关教育研究机构创立、运行的情况，为本研究提供了直接证据，有非常重要的价

---

① 国立中山大学教务处. 国立中山大学廿一年度概览[M]. 广州：编者刊，1933.
② 国立中山大学教育学研究所. 国立中山大学教育学研究所一览[M]. 广州：编者刊，1930.
③ 国立中山大学研究院教育研究所. 本所研究事业十年[M]. 广州：编者刊，1937.
④ 广西教育研究所. 广西教育研究所概览[M]. 桂林：广西教育研究所，1940.
⑤ 《广西普及国民基础教育研究院总报告》编辑委员会. 广西普及国民基础教育研究院三年来工作总报告[M]. 南宁：广西普及国民基础教育研究院刊物发行室，1936.
⑥ 广西普及国民基础教育研究院. 广西普及国民基础教育研究院组织大纲[M]. 南宁：编者刊，1935.
⑦ 国立北平师范大学. 国立北平师范大学一览[M]. 北平：编者刊，1934.
⑧ 北京师范大学档案馆藏校史档案[A]. 全宗号：1.
⑨ 甘肃省档案馆藏西北师范大学档案[A]. 全宗号：33.
⑩ 国立中央大学. 国立中央大学一览（第5、11、12种）[M]. 南京：编者刊，1930.
⑪ 《南大百年实录》编辑组. 南大百年实录[M]. 南京：南京大学出版社，2002.
⑫ 中国第二历史档案馆藏国立中央大学档案[A]. 全宗号：648.
⑬ 国立编译馆. 四川省立教育科学馆五年概况[M]. 成都：国立编译馆，1944.
⑭ 国立社会教育学院. 国立社会教育学院概况[M]. 苏州：国立社会教育学院，1948.
⑮ 国立社会教育学院研究部. 国立社会教育学院设立旨趣和研究实验[M]. 苏州：国立社会教育学院研究部，1947.
⑯ 朱有瓛，戚名琇，钱曼倩，等. 中国近代教育史资料汇编·教育行政机构及教育团体[M]. 上海：上海教育出版社，2007.
⑰ 朱有瓛. 中国近代学制史料[M]. 上海：华东师范大学出版社，1983—1992.

值。值得注意的是，许多大学的史料虽体量巨大，但真正涉及教育研究机构的比较有限；而且有些是档案或孤本，相当分散而零碎，给研究工作造成较大不便。

2. 近代人物的著作、文集和单篇文章

这部分材料中，著作和文集主要有陈侠等编《傅葆琛教育论著选》[①]，韦善美等编《雷沛鸿文集》[②]，许椿生等编《李建勋教育论著选》[③]，雷沛鸿《本院之使命》[④]，庄泽宣《改造中国教育之路》[⑤]、《如何使新教育中国化》[⑥]、《我的教育思想》[⑦]等；单篇文章主要有崔载阳《本所今年研究工作报告》[⑧]、《国立中山大学教育研究所之过去现在与将来》[⑨]和《从教育学研究所到师范研究所》[⑩]，庄泽宣《本所十九年度工作概要》[⑪]和《本所三年来工作简报》[⑫]，黎锦熙《研究所略史》[⑬]，艾伟《教育实验所之使命》[⑭]和《国立中央大学教育学院过去现在与将来》[⑮]，李蒸《国立北平师范大学之过去现在与将来》[⑯]等。上述著作和文章大多为近代教育学者的作品，有的是他们在教育研究机构做出的研究成果，有的介绍了创办相关研究机构的背景和经过，通读这些文献可以了解近代中国教育研究机构方方面面的真实情况，其价值自不待言。

3. 近代教育期刊

本书述及的教育研究机构多数创办了教育期刊，如国立中山大学教育研究所创办的《教育研究》，国立中央大学研究院师范研究所教育心理学部创

[①] 陈侠，傅启群. 傅葆琛教育论著选 [M]. 北京：人民教育出版社，1994.
[②] 韦善美，马清和. 雷沛鸿文集：上册，下册 [M]. 南宁：广西教育出版社，1989—1990.
[③] 许椿生，陈侠，蔡春. 李建勋教育论著选 [M]. 北京：人民教育出版社，1993.
[④] 雷沛鸿. 本院之使命 [M]. 南宁：广西普及国民基础教育研究院，1935.
[⑤] 庄泽宣. 改造中国教育之路 [M]. 上海：中华书局，1946.
[⑥] 庄泽宣. 如何使新教育中国化 [M]. 上海：民智书局，1929.
[⑦] 庄泽宣. 我的教育思想 [M]. 上海：中华书局，1934.
[⑧] 崔载阳. 本所今年研究工作报告 [J]. 教育研究，1934，7（4）：113-118.
[⑨] 崔载阳. 国立中山大学教育研究所之过去现在与将来 [J]. 教育杂志，1935，25（7）：210-224.
[⑩] 崔载阳. 从教育学研究所到师范研究所 [J]. 教育研究，1942，14（1）：1-4.
[⑪] 庄泽宣. 本所十九年度工作概要 [J]. 教育研究，1931，4（6）：75-77.
[⑫] 庄泽宣. 本所三年来工作简报 [J]. 教育研究，1933，6（4）：65-70.
[⑬] 黎锦熙. 研究所略史 [J]. 师大月刊，1932（1）：1-113.
[⑭] 艾伟. 教育实验所之使命 [J]. 国立中央大学教育丛刊，1934，1（2）：1-2.
[⑮] 艾伟. 国立中央大学教育学院过去现在与将来 [J]. 教育杂志，1935，25（7）：199-205.
[⑯] 李蒸. 国立北平师范大学之过去现在与将来 [J]. 教育杂志，1935，25（7）：205-210.

办的《教育心理研究》，私立华西协合大学教育研究所创办的《教育与建设》《华西教育季报》《华西教育月刊》和《华西教育通讯》，广西教育研究所创办的《广西教育研究》等，它们一方面是各教育研究机构研究事业的一部分，另一方面刊载了各研究机构或其他教育研究者的研究成果，在提供有关教育研究机构本身历史信息的同时，又可通过分析这些刊物所刊发的文章来了解当时国内教育界的学术研究动态及其价值取向，具有不容忽视的意义。

（二）先期研究成果综述

1. 关于近代中国教育研究机构的先期研究成果

迄今为止，尚无近代中国教育研究机构方面的专著出版，与此主题相关度较高的只有一些期刊论文及未刊硕士学位论文，又相对集中于对国立中山大学教育学研究所的研究，如何国华论文《国立中山大学教育研究所简介》[①] 及其著作《民国时期的教育》[②] 第五章第一节《教育研究机构》，胡耿硕士学位论文《为谋新教育中国化——国立中山大学教育研究所研究（1927—1949）》[③]，胡耿《中国近代教育科学研究机构的先驱——国立中山大学教育研究所（1928—1949）》[④]，周兴樑、胡耿《中国教育科学研究与人才培养的开拓者——国立中山大学教育研究所（1927—1949）探析》[⑤]，曹天忠《中西文化交流背景下的近代广东与广西教育——以20世纪30年代中山大学教育研究所与广西国民基础教育为中心》[⑥] 及《民族中心教育与近代中国教育重心的重建》[⑦]，曹天忠、李汉荣《中山思想与中大精神——以粤北时期中山大学精神的讨论为中心》[⑧] 和郑建雯硕士学位论文《国立中山大

---

① 何国华. 国立中山大学教育研究所简介 [J]. 教育导刊，1987 (4)：47—48.

② 何国华. 民国时期的教育 [M]. 广州：广东人民出版社，1996.

③ 胡耿. 为谋新教育中国化——国立中山大学教育研究所研究（1927—1949）[D]. 广州：华南师范大学，2003.

④ 胡耿. 中国近代教育科学研究机构的先驱——国立中山大学教育研究所（1928—1949）[J]. 淮北煤炭师范学院学报（哲学社会科学版），2007 (3)：32—35.

⑤ 周兴樑，胡耿. 中国教育科学研究与人才培养的开拓者——国立中山大学教育研究所（1927—1949）探析 [J]. 中山大学学报（社会科学版），2009 (2)：82—91.

⑥ 曹天忠. 中西文化交流背景下的近代广东与广西教育——以20世纪30年代中山大学教育研究所与广西国民基础教育为中心 [M] //赵春晨，何大进，冷东. 中西文化交流与岭南社会变迁. 北京：中国社会科学出版社，2004：179—197.

⑦ 曹天忠. 民族中心教育与近代中国教育重心的重建 [M] //任剑涛，彭玉平. 论衡：第4辑. 广州：中山大学出版社，2006：243—269.

⑧ 曹天忠，李汉荣. 中山思想与中大精神——以粤北时期中山大学精神的讨论为中心 [G] //林家有，李明. 看清世界与正视中国——"孙中山与世界"国际学术研讨会论文选集. 天津：天津古籍出版社，2005：748—760.

学教育研究所对新教育中国化认识的演变》[①]等。何国华的文章以相当简略的笔墨介绍了国立中山大学教育研究所的概况，其著作《民国时期的教育》第五章第一节《教育研究机构》则是其论文的扩充，内容较为详细。胡耿的硕士论文主要论述了国立中山大学教育学研究所成立的背景，不同历史时期的机构建制、人才培养、学术研究重心和成果、经费与研究资料等方面的情况，但该文未就国立中山大学教育学研究所对近代中国教育学术发展的意义进行专门探讨和阐释，更由于它只论述了国立中山大学教育学研究所这一家教育研究机构，而对同类型的教育研究机构没有提及，因而不能使人们了解和把握近代中国教育研究机构的全貌。另外两篇期刊论文则主要从胡耿的硕士论文中提炼出来，重点介绍了国立中山大学教育研究机构在不同时期的发展概况，对各个时期研究所的研究课题及成果均有涉及，并展现了庄泽宣和崔载阳两位所主任在研究所发展中的作用，但两文均未能深入地分析国立中山大学教育研究机构在近代中国教育学术专业化、体制化、本土化进程中的贡献和影响。曹天忠的第一篇论文以20世纪30年代岭南社会为背景，探讨了国立中山大学教育研究所与广西普及国民基础教育研究院这两个教育研究机构间的互动及其对岭南社会变迁的影响；第二篇论文对中山大学教育学研究所创立民族中心教育体系的过程加以探讨。曹天忠与李汉荣合著论文则用一节篇幅论述了中山大学教育学研究所在学术研究中体现出的"充实""自由"与"革命"精神，并对这些精神与中山大学的"中大精神"之间的关系略作探索。郑建雯的硕士学位论文将中山大学教育研究机构相关研究人员对新教育中国化的认识的演变过程分为三个阶段，展现了研究人员对新教育中国化过程的关注和实践，以及在不同阶段对新教育中国化思考的重心、特点和方法的变化，对本研究有重要的参考价值。此外，青年学者陈元于近年发表了一系列民国时期大学研究院所方面的论文[②]，它们可为本研究提供教育研究机构成立和发展的背景信息；而且他还发表了一篇与本研究紧密相关的论文《论我国现代大学教育研究机构与新教育中国化的互动》[③]，该文探索

---

① 郑建雯. 国立中山大学教育研究所对新教育中国化认识的演变[D]. 广州：中山大学，2008.

② 这些论文有《我国现代大学研究院所制度变迁及其成因与影响》(《高教探索》2011年第3期第127~132页)、《民国时期我国高校研究所的特征及其成因》(《高教发展与评估》2011年第5期第13~18页)、《民国时期我国大学研究院所创设的动因述论》(《高教探索》2012年第4期第105~110页)等。

③ 陈元. 论我国现代大学教育研究机构与新教育中国化的互动[J]. 黑龙江高教研究，2012(5)：16-18.

了新教育中国化运动对我国近代大学教育研究机构产生、发展的影响,指出此类研究机构在新教育中国化背景下成立,以服务于新教育中国化为主旨、以推进新教育中国化为首务,并简单梳理了依托国立中山大学、国立中央大学、国立北平师范大学及国立西北师范学院而成立的几所教育研究机构的创立背景及各项工作,但因受其选题主旨及篇幅限制,文章仅以我国近代大学教育研究机构为研究对象,且未述及此类教育研究机构对中国近代教育学术体制化建设的贡献。

2. 有关中国近代学术体制的先期研究成果

近年来,近代中国学术体制研究已成为学界关注的热点之一。在以此为主题的研究成果中,有的旨在结合近代中国社会背景对近代中国学术体制的各个方面作宏观考察,如左玉河《移植与转化:中国现代学术机构的建立》[1]、《中国近代学术体制之创建》[2]以及张剑《中国近代科学与科学体制化》[3]等;有的则侧重某一学科或具体机构对中国近代学术体制的建立及其特征作微观分析,如陈以爱《中国现代学术研究机构的兴起——以北大研究所国学门为中心的探讨》[4]、刘龙心《学术与制度——学科体制与现代中国史学的建立》[5]、孙宏云《中国现代政治学的展开:清华政治学系的早期发展(1926—1937)》[6]以及陈亚玲《民国时期研究所的建立与现代学术的自主创新》[7]等。这些论著虽然不是以教育学术体制或教育研究机构为研究对象,但它们较为系统、深入地论述了中国近代学术体制及相关研究机构,因而其观点和结论对本研究有重要的参考价值,其研究框架和方法也为笔者提供了宝贵的借鉴。

3. 其他背景性先期研究成果

还有一些著作虽不与本研究直接相关,但它们提供了相关人物的言论、思想和教育实践的研究成果,如曹天忠《教育与社会改造——雷沛鸿与近代

---

[1] 左玉河. 移植与转化:中国现代学术机构的建立[M]. 郑州:大象出版社,2008.
[2] 左玉河. 中国近代学术体制之创建[M]. 成都:四川人民出版社,2008.
[3] 张剑. 中国近代科学与科学体制化[M]. 成都:四川人民出版社,2008.
[4] 陈以爱. 中国现代学术研究机构的兴起——以北大研究所国学门为中心的探讨[M]. 南昌:江西教育出版社,2002.
[5] 刘龙心. 学术与制度——学科体制与现代中国史学的建立[M]. 北京:新星出版社,2007.
[6] 孙宏云. 中国现代政治学的展开:清华政治学系的早期发展(1926—1937)[M]. 北京:生活·读书·新知三联书店,2006.
[7] 陈亚玲. 民国时期研究所的建立与现代学术的自主创新[J]. 现代大学教育,2009(4):49—53.

广西教育及社会》①,郭道明《雷沛鸿国民教育概论》②,韦善美、程刚《雷沛鸿教育思想研究》③,吴桂就《雷沛鸿与民族教育体系》④,李溪桥《李蒸纪念文集》⑤ 等。它们有助于笔者深入了解这些曾对近代中国教育学术及其研究机构的建立和发展作出重要贡献的人物的思想和业绩,并从中发现与本研究有关的线索和资料。

另有一些论文探讨了中国近代教育学科的发展,如陈元晖《中国教育学七十年》⑥、周谷平《近代西方教育学在中国的传播及其影响》⑦、黄济《20世纪中国教育学科的发展》⑧、肖朗《中国近代大学学科体系的形成——从"四部之学"到"七科之学"的转型》⑨ 等,这有助于笔者更好地认识外国教育学及其学科体制在近代中国引进、传播以及近代中国教育学产生、发展的过程。

三、核心概念界定

毫无疑问,"教育研究机构"堪称本书的核心概念,也属本研究的"关键词"。在中国,现代意义上的学术研究及其机构出现于20世纪初,在某种程度上可以说正是在学术研究及其机构发展的基础上,中国近代学术体制得以创建。虽然学术研究机构的含义似乎不言自明,但迄今仍无统一的概念界定。陈以爱在其专著《中国现代学术研究机构的兴起——以北大研究所国学门为中心的探讨》一书中屡次使用"现代学术研究机构"这一概念,但未对其作明确界定,仅描述了中国近代学术研究出现的"组织化、制度化、专业化趋向",⑩并结合民国初年学界对于建立专门的研究机构以推动学术发展

---

① 曹天忠. 教育与社会改造——雷沛鸿与近代广西教育及社会 [M]. 天津:天津古籍出版社,2004.
② 郭道明. 雷沛鸿国民教育概论 [M]. 桂林:广西师范大学出版社,1998.
③ 韦善美,程刚. 雷沛鸿教育思想研究 [M]. 沈阳:辽宁教育出版社,1994.
④ 吴桂就. 雷沛鸿与民族教育体系 [M]. 桂林:广西师范大学出版社,2002.
⑤ 李溪桥. 李蒸纪念文集 [M]. 北京:中国社会科学出版社,1996.
⑥ 陈元晖. 中国教育学七十年 [J]. 北京师范大学学报(社会科学版),1991(5):52-94.
⑦ 周谷平. 近代西方教育学在中国的传播及其影响 [J]. 华东师范大学学报(教育科学版),1991(3):77-96.
⑧ 黄济. 20世纪中国教育学科的发展 [J]. 北京师范大学学报(人文社会科学版),2000(1):5-11.
⑨ 肖朗. 中国近代大学学科体系的形成——从"四部之学"到"七科之学"的转型 [J]. 高等教育研究,2001(6):99-103.
⑩ 陈以爱. 中国现代学术研究机构的兴起——以北大研究所国学门为中心的探讨 [M]. 南昌:江西教育出版社,2002;前言.

的呼吁及设想，以北京大学研究所国学门为例指出此类机构应具有固定的人事结构及"教授专门知识""从事学术研究""展示研究成果"[1]等多种功能，即主要以其功能反映其内涵。孙敦恒编《清华国学研究院史话》一书考察了清华国学研究院这一学术研究机构的创办过程，点明"通过这一学术机构来培养'国学'人才，通过对'中国固有文化'的精深研究，来继承、发展、弘扬我国优秀传统文化，以振兴中华"的主旨，并表明了学术研究机构所具备的组织性和制度性等特点[2]。左玉河《中国近代学术体制之创建》一书也以北京大学研究所国学门及清华国学研究院的创立为例，总结了中国近代学术研究机构"研究高深学术、造就专门人才"的设立宗旨[3]。以上所列仅指出了学术研究机构的若干特点，而未对其内涵与外延作明确界定，故仍无法将学术研究机构与一些类似概念（如学术研究团体）区分开来。左玉河著《移植与转化：中国现代学术机构的建立》一书对"学术机构"的定义相对明确："所谓学术机构，是指学术研究成建制的单位。它有狭义与广义两种：狭义的学术机构，也称学术研究机构，或学术研究机关，指独立的专业性研究院所；而广义的学术机构，除了独立的专业研究院所之外，还包括现代大学及其附设的研究院所，新式学会及其创办的研究所，近代图书馆及出版机构附设的学术编研机构，甚至包括政府部门附设的专门研究机关。"[4]这一定义阐明了中国近代学术研究机构以学术研究为宗旨这一基本特征，就这一点而言，它也适用于本研究。然而，事实上近代中国并未出现过上述狭义的教育研究机构，即未出现过独立的教育学术研究院所。近代中国出现的教育研究机构大多附设于高等院校，或由地方政府教育主管部门建立，因而均属上述广义的学术研究机构。有研究指出近代中国许多教育学会"乃学术之'会'，或学科之'会'，它建基于现代学术分类意义上，为近代以来学人展开学术研讨与交流的主要平台"，并具备"建立在西方学术分科基础上，按专业学科设置，有着会员共同遵守的章程和固定宗旨、定期的学术活动并发行刊物"等特征[5]，但这类学会严格说来只是一种群众性的"同人"组织和团体，并不具有固定的人事系统和事业规划。因此，尽管它们开展的事业

---

[1] 陈以爱. 中国现代学术研究机构的兴起——以北大研究所国学门为中心的探讨 [M]. 南昌：江西教育出版社，2002：80-96.
[2] 孙敦恒. 清华国学研究院史话 [M]. 北京：清华大学出版社，2002：16.
[3] 左玉河. 中国近代学术体制之创建 [M]. 成都：四川人民出版社，2008：273-286.
[4] 左玉河. 移植与转化：中国现代学术机构的建立 [M]. 郑州：大象出版社，2008：引言.
[5] 杨卫明. 教育学会与中国近代教育学术 [D]. 杭州：浙江大学，2011：4-6.

和活动与专门的教育研究机构有不少相同之处，但仍不能将其视为教育研究机构，至于这些学会中设立的研究机构，自然也不属于独立的教育研究机构。

众所周知，中国传统学术体系中并不存在独立而系统的教育学术，它伴随着近代国人为抵御外侮而引进西方教育理论与方法，并为使西方教育理论与方法适合中国国情而进行的研究与探索的历程而产生。所谓"教育学术"，是指人类社会对作为社会事业一分子的教育的性质、目的、功能、特征及方式方法等方面的研究与认识。由于近代中国对教育学术在研究方法及研究体制方面的变化，本研究特别强调中国近代教育学术是指对教育的性质、目的、功能、特征及方式方法等方面的科学、系统的理论研究，而"教育研究机构"也即是对教育学术进行科学、系统研究的"成建制的单位"。换言之，本研究对"教育研究机构"的选取标准为"有固定的机构组织、专门的研究人员、以学术研究为日常工作的研究实体"。鉴于教育本身所具备的社会科学特质，"教育研究"与文史哲等人文学科研究有所不同，在研究取向上既包含学科层面的纯理论研究，也包括教育事业等实践研究。这两种研究互为依托，理论研究的目标在于为实践提供依据和支撑，并扫清技术方面的障碍；而实践研究则从实际需要出发，探求其中具有普遍意义的规律并上升至理论层面以更好地指导实践。此外在研究方法上，文史哲等人文学科往往比较注重理论思辨；而教育作为一种社会学科，并不限于理论探索，更应包括调查、实验以及统计、测量等实践层面的研究方法。就本研究所涉及的教育研究机构而言，其中进行的并不全是纯理论的教育学术研究，同时还包含教育实践研究乃至各类教育事业的推广，只是随其依托的单位（主要是高等院校）性质不同而有所侧重。概念界定是为研究目的服务的，本研究旨在考察近代中国各类教育研究机构创办及其各项事业的开展，以及它们与近代中国教育事业及学术的交互作用，但它们的名称并不统一，甚至同一机构在不同时期也有不同名称，为方便论述，本研究采用"教育研究机构"等较有代表性的称谓，但同时也根据需要灵活使用教育研究所、师范研究所、教育实验所、研究部、研究所等称谓。

特别需要说明的是，尽管本研究已对"教育研究机构"作了较为明确的界定，但就近代中国教育研究机构创办与发展的实际情形而言，尚有某些机构不能纳入本研究的范围，主要包括以下三种情况：

第一种情况，近代某些高等院校设有所谓"教育研究所""教育研究室"等机构，但它们主要负责管理本科教学，或是为学生研讨教育学术问题而成立的类似"学术共同体"的组织,相当于现今高等教育机构中的教研室。这种情况多存在于私立大学。前者如大夏大学,该校教育学院曾设有教育科学术研究室和社会教育研究室,1941年教育学院停办后,研究室也随之停办①;后者如光华大学,该校文学院为营造浓厚的学术氛围,提倡学生开展课外研究,于1936年由校务会议议决请教育系主任廖世承主持,设立教育心理研究室②。

第二种情况,某些教育研究院所有其特殊的历史背景,它们主要是为某项教育改革事业或运动而设立的,在名义上称作教育研究院所,虽然也从事一些研究或实验活动,但主要是某种教育改革事业或运动的领导管理机构,且无专职研究人员。这类机构如1931年由梁漱溟等人创办于山东邹平的"山东乡村建设研究院",建立以"乡农学校"为核心的"行政教育合一"的乡村基层组织,普遍推行"新乡约",在经济上试图建立社会化的新经济结构,实行"合作经济",推广农业科学技术,目的在于从社会的最基层入手,试图建立一个以中国传统文明为基础、吸收西方文化长处的新的社会组织,以解决中国的社会问题;再如1940年由晏阳初于重庆创办的"中国乡村建设育才院"(后改名为"乡村建设学院")及1940年9月由郐爽秋创办于四川巴县的"私立中国民生建设实验院",都着眼于以改造乡村教育来改造中国社会,其主要事业是推进社会改造的实验,这与本研究述及的地方公立教育研究机构尤其是其中的广西普及国民基础教育研究院有所不同。广西普及国民基础教育研究院的确是广西普及国民基础教育运动的领导机构,也是以这项运动为契机而设立的,但在研究院中有专职的研究人员,并且其主要工作就是为了对广西普及国民基础教育运动的理论进行研究和实验,开展相关的辅助事业,以使该项运动取得实效。

第三种情况,中国共产党领导的根据地和解放区的各种教育研究机构由于处于特定的历史时期及地域,更因为其研究宗旨及目标具有特殊性质,与本研究重点论述的教育研究机构有所不同。这些研究机构的存续时间都较短,而且其研究事业相对较少,在近代中国也未产生全国性的影响,但它们对中华人民共和国成立后的教育研究事业又具有重大意义。尤其是延安中央研究院中国教育研究室,为中国共产党新民主主义教育理论的创立和教育干部的培养作出了卓越贡献,并为新中国成立后恢复成立中央教育科学研究所

---

① 中华民国教育部. 全国专科以上学校要览 [M]. 重庆:正中书局,1942:132.
② 献之. 设置教育心理及历史研究室 [J]. 光华大学半月刊,1936,5(1):78.

奠定了组织和人员方面的基础，而且又是中国教育科学研究院最早的前身，如置之不理也似有不妥。因而本书以附录形式呈现其有关内容，以便更客观、全面地展现近代中国教育研究机构的发展图景。

由于近代学术研究机构从根本上说是一种从国外移植和借鉴过来的"舶来品"，又因为近代教育研究具有自身的复杂性和多面性，所以近代中国教育研究机构大多肩负多重使命，开展多种工作，除理论研究外，诸如培养高层次教育专业人才、培训中小学师资、编纂中小学教材、编辑出版教育刊物和图书、组织并指导教育实验活动等均属其开展的工作内容。上述多种多样的工作因其性质不同，要求各异，有的学术性较强，有的学术性较弱。本书在论述近代中国各类教育研究机构时虽将涉及其各方面的工作，但从学术史的视角出发，重点考察那些学术性较强的工作并力求揭示其对中国近代教育学术的发展产生的巨大影响。

四、研究思路与方法

（一）研究思路

如前所述，近代中国教育研究机构从总体上说是中国教育现代化的产物，它既伴随着中国近代教育事业的发展而发展，也伴随着中国高等教育及教育学术的发展而发展。有鉴于此，本书以中国近代教育事业变革与教育学术发展的交互作用为主要视角，在参考先期研究成果的基础上，通过对相关文献史料的全面梳理，首先，系统地考察近代中国教育研究机构产生、发展的总体进程，力求从纵向上把握和呈现近代中国教育研究机构的历史脉络。其次，对近代中国各种类型的教育研究机构（主要包括国立综合性大学的教育研究机构、国立师范院校及独立学院的教育研究机构、地方公立教育研究机构及各种私立教育研究机构）从机构建制、队伍建设、科学研究、人才培养、学术交流等几个主要层面进行横向考察，并在此基础上开展比较研究，力求展现近代中国教育研究机构建设和运作的具体状况，并揭示近代中国教育学术渐趋专业化、体制化、本土化的总体走向及特征。最后，在上述纵横两个维度考察分析的基础上，揭示近代中国教育研究机构的主要特色，阐明其在学术研究、人才培养、社会服务等方面所作出的贡献及其对近代中国教育学术体制化建设所发挥的作用和影响，同时探讨和分析近代中国教育研究机构的局限性及造成这些局限性的根本原因。

（二）研究方法

作为一项历史研究，本研究主要运用文献法、个案法、比较法等研究方法。

1. 文献法

通过文献梳理，获得某种事物发生、发展和演变过程的信息，加以系统客观的分析，从而揭示其基本发展规律，并为探讨和解决问题寻找新的探索方向。近代中国教育研究机构发展和演变的历史留下了若干可供分析的史料，运用文献法来解读和诠释这些史料，是研究近代中国教育研究机构并在此基础上揭示其发展规律的重要方法和途径。为此，笔者首先收集、查阅各类文献资料，包括工具书、校史资料、回忆录、近代教育家文集、人物传记、年谱、报刊、档案等，力求详尽地占有史料；其次对所占有的史料进行分门别类的梳理与分析，并在此基础上尽力再现近代中国各类教育研究机构的原貌。

2. 个案法

近代中国教育研究机构虽然数量不是太多，但要逐个展现其发展演变过程，不仅不可能，而且难以把握其共同特征。因此，本书选取各类教育研究机构中具有代表性的个案进行研究，这样既可以避免宏大叙事的疏漏，又可以透过某个教育研究机构洞悉同类教育研究机构的情况，从而揭示近代各类教育研究机构的共同特征和普遍规律，以期收到"解剖麻雀"的效果。

3. 比较法

本书既要对高等院校、地方政府教育主管部门及私立大学等机构设立的各类教育研究机构进行横向的比较，又要对同类教育研究机构在不同时段的情形展开纵向的比较，以求探索和揭示各类教育研究机构的特点。采用比较法，可以较为准确地把握和揭示近代中国教育研究机构的发展演变及其在教育学术史上的地位。

第一章　近代中国教育研究机构的创立背景及过程

自鸦片战争至"清末新政"时期，西方教育思想和制度在国人抵御外侮的探索中被大举引进，中西文化发生剧烈碰撞。虽然在此背景下传入中国的近代西方教育思想和制度对促进中国传统教育向现代教育转变产生了极大的推动作用，但中国教育界随即认识到中西文化的衔接与融合问题，认为近代以来中国的教育改革基本都属于对外力压迫和社会急剧变化的仓促应对，中国传统教育的发展进程已被打断，而且中西方社会背景不同，如果不加选择地引进西方教育思想和制度，势必导致中国教育的全面崩溃。因此，要解决中国的教育问题，还须从中国国情出发。学界于是开始教育"中国化""本土化"的探索，并为此逐步成立专门的教育研究机构，以辅助和促进西方教育思想和制度的"中国化"进程。近代中国教育研究机构的发展依次经历了酝酿、初创、拓展和衰落等四个阶段，本章以上述四个阶段为基本线索，展现各阶段中教育研究机构的发展状况，并对其中的影响因素加以探讨，以期能全面地呈现近代中国教育研究机构与新教育中国化的互动关系及以此为平台而推进中国近代教育学术体制化的过程。

第一节　近代中国教育研究机构的酝酿（1905—1927）

从晚清学部设立教育研究所起，近代中国就开始了教育研究机构的酝酿，虽然晚清学部教育研究所并非真正意义上的学术研究机构，但它开创了对教育进行研究的新时代。另外由于新式教育的兴起与学制的颁行，清末民初为解决教育现实问题而成立了不少教育学会及研究团体，这也从一个重要的方面促进了体制化的教育研究机构的建立。

一、晚清学部教育研究所的设立

1905年10月8日，山西学政宝熙鉴于科举废止后，新式学校发展迅速，而且学校制度渐趋完备，在此背景下必须特设专门的教育管理机构，于是奏请朝廷速设学部："窃谓此后普及之教育，日推日广，则学堂之统系，愈重愈繁。欲令全国学制划一整齐，断非补苴罅漏之计所能为，一手一足之烈所能济。且当变更伊始，造端宏大，各处学务之待考核者，条绪极繁，必须有一总汇之区，始足以期日臻进步。拟请饬下学务处会议，速行设立学部，上师三代建学之深意，近仿日本文部之成规，遴选通才，分研教育改良之法，总持一切，纲举目张，实于全国学务大有裨益。"[①] 其后江苏学政唐景崇、顺天学政陆宝忠、翰林院编修尹铭绶等人先后奏请朝廷，为有利于新式教育的发展，仿效日本文部省制度设立"学部"或"文部"，并主张将礼部、国子监、翰林院等机关裁撤归并于新成立的"学部"或"文部"。至12月6日，政务处与学务大臣对宝熙的奏折进行合议并作出批复，同意设立学部："现在科举停止，专重学堂，整理一切学务，不可无总汇之区，自应特设学部，以资管辖。"[②] 朝廷于同日批准政务处与学务大臣的奏请："本日政务处、学务大臣会奏，议复宝熙等条陈一折，前经降旨停止科举，亟应振兴学务，广育人才。现在各省学堂（书院改称）已次第举办，必须有总汇之区，以资董率而专责成，着即设立学部。"[③] 同时调任荣庆为尚书，熙瑛、严修为左右侍郎，并将国子监归并学部[④]。至此，学部正式成立，专门管理全国教育事务，其地位排序在礼部之前。晚清学部的成立不仅标志着新式中央教育行政机关的独立建制，而且意味着中国教育管理开始步入现代轨道。

1906年5月13日，由于学部成立不久，其行政组织尚未完备，其职能发挥受到影响，于是尚书荣庆以有规定组织官制之必要上奏朝廷："窃臣部奉旨设立，为全国学务总汇之区。国民程度之浅深，教育推选之迟速，董率督促，责任綦重……臣等公同商酌，仰体朝廷设官敷教之精心，参仿外国警

---

① 朱有瓛, 戚名琇, 钱曼倩, 等. 中国近代教育史资料汇编·教育行政机构及教育团体 [M]. 上海：上海教育出版社, 2007：8.
② 王学珍, 张万仓. 北京高等教育文献资料选编 1861—1948 [M]. 北京：首都师范大学出版社, 2004：206.
③ 朱有瓛, 戚名琇, 钱曼倩, 等. 中国近代教育史资料汇编·教育行政机构及教育团体 [M]. 上海：上海教育出版社, 2007：10.
④ 关晓红. 晚清学部的酝酿产生 [J]. 历史研究, 1998（2）：88.

部分曹隶事之办法，拟设左右丞各一员，左右参议各一员，参事官四员，分设五司十二科，郎中、员外郎、主事各缺，视事之繁简为缺之多寡……此外，视学官暂无定员，咨议官不设额缺。其一切编译图书、调查学制以及督理京师学务，与夫本部会议研究教育之事，皆分设局所，派员兼理，徐规美备。"[①] 其中的"本部会议研究教育之事""分设局所"等奏请初次正式提出教育研究所的设立，同时也为它的设立提供了合理、合法的依据。作为对荣庆奏请的回应，朝廷于1906年6月11日颁发学部官制职守清单，规定其组织机构及人员：官职方面，设置尚书1名（后改大臣），左右侍郎各1名（后改副大臣），尚书、侍郎之下设立各项事务官左右丞各1名，协助尚书、侍郎管理学部工作，领导各司，稽核五品以下各职员功过；丞之下设左右参议各1名，协助尚书、侍郎制订各类法令与规程，审议各司的重要事宜；参议之下设参事官，协助左右参议审核事务；机构方面，学部分设总务、专门、普通、实业、会计5司12科，每司设郎中1名，总理本司各类事务；各司之下又分设科，每科设置员外郎1名或数名，掌管该科有关事务；科之下设置主事1名或数名，掌管与该科相关的全国各项教育专门事项。此外，另设司务厅主管收发各类文件，设编译图书局、京师督学局、学制调查局、高等教育会议所（后改为中央教育会议——笔者注）、教育研究所等机构，办理与其设置目的相关的各类事务。上述5司12科及教育研究所等机构，加上划归过来的国子监，使得学部组织逐渐趋于完备（见图1-1）。

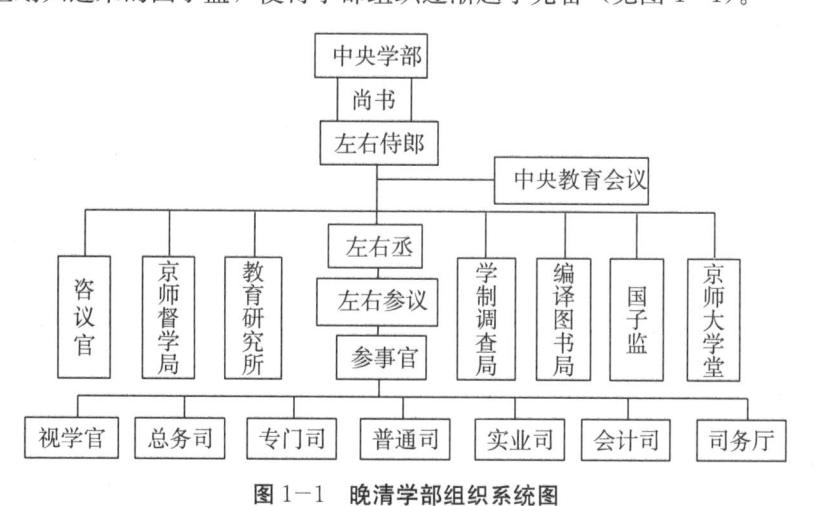

图1-1 晚清学部组织系统图

资料来源：《第一次中国教育年鉴》，上海开明书店1934年版，第28页插图。

---

① 陈学恂. 中国近代教育史教学参考资料（上）[M]. 北京：人民教育出版社，1986：585-586.

按照前述学部关于其组织机构的规划，学部于1906年4月20日成立了教育研究所。所内工作人员设庶务员、编辑员各1名，由学部派司员兼任。教育研究所的主要工作是邀请当时精通教育之士定期开办讲演与讲座，内容以教育原理及教育行政为主，其目的是补充学部各级官员及地方提学使的教育知识，提高其办理新教育的素养，规定上述人员均须按时到场听讲。同年6月，该所曾聘请担任京师大学堂师范馆总教习的日本人服部宇之吉（はっとりうのきち）主讲，"于本月初七日在学部公所内开讲教育行政，是日严侍郎（即严修——笔者注）以下悉入堂听讲，十学使亦均莅止。以后每星期开讲三日，每日讲二句钟（即两小时——笔者注），员司等均须往听，无得托故不到"[①]。这说明学部对于教育研究所工作的重视，也说明教育研究所对于其职责亦能积极履行。此外，教育研究所订阅多种报刊，密切注意媒体对学部和学务的报道评论，及时作出反应。可见，教育研究所通过延聘教育专家定期开办讲演与讲座，系统地组织中央及地方高级教育行政人员学习近代教育理论，探索教育发展规律，在提高他们的近代教育理论知识、行政管理能力和行政管理效率方面发挥了重要作用。

此后，晚清学部认为新式学堂既然已经设立起来，就应当积极对所有与教育相关之事展开研究，遂以教育研究所之模式为范例，通令各省设立教育研究所，供教师和师范生等开展研究，以增进教育理论知识、提高教育技能。在当时，各省成立教育研究所是为了探讨教育规律、介绍新教育学说并力求提高教育质量。由于时代原因，当时的工作重心是研究小学教育，教研工作为适应"兴学"的需要，大多围绕提高教师教育理论、实践能力及办理学务开展。各省还设立教育官练习所，由督抚监督，由提学使选聘国内或外国精通教育的专家，开办教育学、教授管理及教育行政、视学制度等方面的讲座，以补充教育行政人员的教育理论知识并提高他们的实践能力。每日限定钟点，自提学使以下所有学务职员，每周至少要听三次此类讲座。可以说，这是学部教育研究所学术事业的延伸，它对各省此类研究机构的设立及发展具有一定的实践指导意义。

晚清学部设立教育研究所，其宗旨在于加强教育行政与教育学术的联系，这是值得肯定的。薛人仰在其《中国教育行政制度史略》一书中对此作了分析评价，他指出教育研究所的设立是学部机构组织中值得注意的一点；

[①] 本报讯. 学部教育研究所开办 [N]. 时报, 1906-06-08. 转引自关晓红. 晚清学部研究 [M]. 广州：广东教育出版社, 2000：98.

认为民国时期教育部未能设立此类专门教育研究机构,晚清学部教育研究所在教育行政与教育学术的结合这一点上,其地位甚至远高于民国时期的教育部:"一曰设教育研究所之可嘉也。从事教育行政者,因官样文章之纷扰,势必远离学术,学部中特设研究所,以促部员之进修,此非但亘古之所未有,抑亦有胜于今日也。"[①] 这就进一步点明了晚清学部教育研究所对于教育行政机构学术化的作用。

从晚清学部设立教育研究所起,近代中国就开始了教育研究机构的酝酿,这是设立学部教育研究所间接的也是更为重要的意义。虽然晚清学部教育研究所并非真正意义上的学术研究机构,不过是教育研究机构的初始形态,其机构设置和研究事业也都极为简单,只相当于教育理论的培训机构,尚谈不上高深的教育学术研究;并且晚清学部有此类机构的设立,主要是仿行日本文部省附设委员会专门负责教育问题的研究,但它毕竟作为教育研究机构的萌芽出现在中国教育行政体制内,促进了教育行政与教育学术的结合,开创了对教育进行研究的新时代;它在促进全国各级各类教育工作者特别是学部内部高层管理人员的教育知识与能力体系从旧至新的转化中发挥了巨大作用,并为全国各地教育研究机构的创办和建立起到了倡导、示范和促进作用,从一个重要的方面促进了体制化教育研究机构的建立。遗憾的是,其后中华民国教育部却未能成立同类机构继承弘扬其研究事业,从而导致民国时期全国性教育研究机构的缺失。

二、教育学会及研究团体的勃兴

教育学会及研究团体主要是一种从事教育推广或学术研究等工作的社团,具体名称不一而足,在我国出现于 1900 年前后,盛行于 20 世纪 20—30 年代。这类社团的勃兴是晚清颁行学制及兴办新式学堂的必然结果,也是促成近代中国教育研究机构创立的重要因素。

1901 年,清政府推行包括兴学在内的"新政",各地纷纷响应其兴学诏书,设立了许多新式学堂。这些学堂或自立章程,或转抄酌改他校章程,其程度、课程与修业年限参差不齐;同时,科举制度备受非议,纳科举于学校的公议甚嚣尘上。在此背景下,制定全国统一的学制系统来确立标准、加强规范、消除分歧,遂成为朝野上下的共同愿望。1902 年,管学大臣张百熙主持拟定了学制系统文件共 6 件,统称《钦定学堂章程》(又称"壬寅学

---

① 薛人仰. 中国教育行政制度史略 [M]. 台北:台湾中华书局,1983:71.

制"），成为近代中国第一个以中央政府名义制定颁布的全国性学制系统，具体规定了各级各类学堂的性质、培养目标、入学条件、在学年限、课程设置和相互衔接关系，但该学制未能实行。1904年1月，清政府颁布了由张百熙、荣庆、张之洞主持重新拟订的一系列学制系统文件，统称《奏定学堂章程》（又称"癸卯学制"），成为近代中国由中央政府颁布并首次得到实施的全国性学制系统，较"壬寅学制"更为系统详备。"癸卯学制"实行后，客观上促进了中国近代学校教育的发展，各地新式学堂纷纷出现。然而学校增加，教学内容改变，教学方法却仍旧是传统私塾和书院的方法，这显然与新式教育的发展不相适应。在这种情况下，不少地方发起成立了民间教育学会及研究团体，如福建教育会、杭州教育会、山东教育研究公所、粤省学界会、河南教育协会等。这些教育研究团体都努力寻求教学方法的改进，以向教师传授普及教育学及教学法为工作重心。这一时期，教育学会经历了从"非法"到"合法"的转变，虽然其数量少、规模也小，却具有很大的示范作用。例如，1902年中国教育会成立后，受其影响，浙江、江苏、江西、湖南、广东、四川等地先后成立此类教育学会。为使教育学会及研究团体得到良好发展以推进教育普及，1906年清政府颁布《教育会章程》，明令全国各省、县成立教育会作为各级教育行政的襄助机关，以举办师范讲习所，开展学堂调查，提出教育统计报告，筹设图书馆、教育品陈列馆及教育品制造所等为主要事业，"期于辅助教育行政，图教育之普及"[①]，这标志着教育学会这种学术组织取得了合法地位，创设教育学会的高潮随之在全国兴起，除甘肃、新疆等个别地方外，全国各省区都设立了教育总会，省内又分设了各级教育分会。1911年全国教育总会联合会第一次会议在上海召开，标志着现代中国有系统的教育学会及研究团体已经产生。

中华民国建立后，学术界对学会的认识更加深刻，对其促进学术发展的社会功能更加重视，故更加强调学会对于学者间互助合作、交流学术之功能。1912年9月，国民政府教育部公布《教育会章程》，规定教育会"以研究教育事项，力图教育发达为目的"，其研究事项有"关于学校教育者、关于社会教育者及关于家庭教育者"等三类，并以此种研究所得，建议于教育官厅[②]。由此教育学会及研究团体如雨后春笋般涌现，其具有代表性的如1917年由黄炎培创办的"中华职业教育社"、1922年由东南大学等发起成立

[①] 舒新城. 中国近代教育史资料（上）[M]. 北京：人民教育出版社，1981：358.
[②] 舒新城. 中国近代教育史资料（上）[M]. 北京：人民教育出版社，1981：362.

的"中华教育改进社"等。此一时期，各地教育学会及研究团体调整章程，以教育研究为旨归，全面开展与教育相关的研究与推广事业。如江苏教育总会在更名为江苏省教育会后，以"一审民国之前途以定方针，一审本省之现状以求进步"为宗旨，"研究关于学校教育、社会教育、家庭教育各事项，力图教育发达"[①]。为加强教育研究，该会另通过具体办法，供全省各级教育学会根据当地实际情况斟酌采用。这一举动在全国教育学会及研究团体中颇具示范作用，其后各省教育学会陆续行动，对其宗旨进行调整，并详细拟定各自具体活动，主要集中在调查各地教育现状、举办教育讲演、编辑各类教育刊物及其他教育推广活动。除各省教育学会及研究团体外，各地设立通俗教育研究会，带动了通俗教育的学术研究并促进了社会教育的发展；民间教育学会也得到快速发展，涉及教育研究的各个层面。综观这一时期的教育学会及研究团体，其类型相当复杂，从其主办者来说，有官方和半官方的，有民间性质的，还有教会所属的，在各级各类学校（尤其是高等院校）内亦设立了许多教育学会及教育研究团体；而从其研究对象来划分，又有综合性和专门性两大类；再从其覆盖区域来看，又有全国性和地方性之分。

近代教育学会及研究团体的产生是近代教育学术发展的必然要求，它们以汇集教育研究人员、开展学术交流、促进教育理论及实践的发展为主要目标，这在当时政府官方文件、各级各类教育学会及研究团体自身所订章程中均得到明确体现。清末《各省教育会章程折》规定"期于补助教育行政，图教育之普及，应与学务公所及劝学所联络一气"为教育会设立宗旨，并确定其会务为："一、立教育研究会，以求增进学识……二、立师范传习所……三、调查境内官立私立各种学堂状况；四、作境内教育统计报告；五、参考他处兴学之法，详察本地风土所宜，得随时条陈于提学司，并时应提学司及地方官之咨询……六、择地开宣讲所，宣讲《圣谕广训》……七、筹设图书馆、教育品陈列馆及教育品制造所，并搜集教育标本，刊行有关教育之书报等，以资学界。"[②] 至中华民国建立，对教育会的规定与清末有所不同。1912年9月中华民国政府教育部公布《教育会规程》，规定教育会"以研究教育事项，力图教育发达为目的"，分省教育会、县教育会及城镇乡教育会三类，各教育会可互相联络，但不存在所属关系，其研究事项为学校教育、

[①] 朱有瓛，戚名琇，钱曼倩，等. 中国近代教育史资料汇编·教育行政机构及教育团体[M]. 上海：上海教育出版社，2007：290—291.

[②] 朱有瓛，戚名琇，钱曼倩，等. 中国近代教育史资料汇编·教育行政机构及教育团体[M]. 上海：上海教育出版社，2007：255—259.

社会教育及家庭教育方面的问题，以其研究所得建议于教育官厅，还可处理教育官厅委任事务；另对会员资格及经费等事项作出详细规定①。1919年，教育部修订《教育会规程》，将其宗旨具体化为"教育会以研究教育事项，发展地方教育为目的"②，将教育会分为省教育会、特别区教育会、县教育会及区教育会四类，同样规定各教育会之间可互相联络，组织联合会议，但不存在所属关系；此外还规定教育会可设立各项研究会及讲演会、讲习会等，并以会员决议事项建议于教育官厅，对教育会及其会员权限有所扩大；在会员资格的认定方面，较1912年《教育会规程》更为具体，范围也有所扩大。最为明显的是该规程对职员的规定专列一章，其中规定教育会可设会长、副会长及其他职员，在教育会闭会期间聘用常务工作人员等项，这说明此时的教育会已成为一种相对稳定的教育学术团体，逐步走上专业化、体制化的道路。据1919年《教育会规程》相关规定，各类教育学会建立相应的制度体系，设置专门委员会和专门研究机构，从而保障教育学术研究有序发展。如中华教育改进社，其组织机构中即设学术部，下设研究科、调查科、编译科和推广科等部门，曾任该社主任干事的陶行知对学术部及其下设各部门的功能及设立意义作如下说明："我们办教育，对于教育之宜改进，是早经知道的了，但我们不知道他的弱点究在何处。我们应该用显微镜察看中国教育不振兴的微生虫在什么地方，也应该用千里镜察看中国教育不发达的远因在什么地方，所以第一种手续就是调查……调查后，将结果报告出来，还要进一步为谋方有用……研究是我们第二种事业……第三是编译事业。调查与研究所得，决不能秘而不宣，必须布告于国人，于是乎编译事业尚已……第四是推广事业。调查了，研究了，宣布了，还须实行，同心协力的，不问党派的，抛弃地方主义去实行。"③ 这表明学术部各部门通过各项事业的开展形成一个有机的整体，旨在全面推进教育学术研究，而教育学会及研究团体内部各类专门委员会及专门研究机构的设立体现了对教育学术专业化、体制化的客观需求，也体现了此类机构向专门的教育研究机构转变的总体趋势。

---

① 朱有瓛, 戚名琇, 钱曼倩, 等. 中国近代教育史资料汇编·教育行政机构及教育团体 [M]. 上海：上海教育出版社, 2007：260-261.
② 朱有瓛, 戚名琇, 钱曼倩, 等. 中国近代教育史资料汇编·教育行政机构及教育团体 [M]. 上海：上海教育出版社, 2007：262.
③ 方明. 陶行知全集：第1卷 [M]. 成都：四川教育出版社, 2005：398-399.

三、高等教育的发展及创立大学研究机构的呼声

近代中国自制定颁布学制之始，即拟订最高学术研究机关之设置的有关规定。1902年1月10日，清政府开始筹办"新政"，下令京师大学堂复校，命吏部尚书张百熙为管学大臣，责其切实整顿，以期"造就通才，明体达用"。张百熙主持制订了《钦定学堂章程》，包括《蒙学堂章程》《小学堂章程》《中等学堂章程》《高等学堂章程》《京师大学堂章程》及《考选入学章程》等6个章程，其中《京师大学堂章程》对高等学校办学方针、专业设置、教学方法等均作了详细规定。按《京师大学堂章程》规定，在大学堂之上设大学院，不定年龄与学年；但因各种原因，该学制未能实行。次年，湖广总督张之洞受命会同张百熙等制定《奏定学堂章程》，包括《学务纲要》和各级各类学堂章程、教员章程、奖励章程及管理通则等共17份文件。为了更好地实现"造就通才"的办学宗旨，《奏定学堂章程》将《钦定学堂章程》中计划设置的大学院改为通儒院，作为培养高级人才的教育机构，相当于后来的研究生院，并修改了一些具体规定；此外还在《奏定大学堂章程》中附《通儒院章程》，对其各项工作予以规定和指导。《奏定大学堂章程》第一章第一节和第二节对通儒院的性质、入学条件及修业、毕业等作如下规定："设大学堂，令高等学堂毕业者入焉；并于此学堂内设通儒院（外国名大学院，即设在大学堂内），令大学堂毕业者入焉……通儒院以中国学术日有进步，能发明新理以著成书，能制造新器以利民用为成效……通儒院生不上堂，不计时刻……通儒院五年毕业"，"通儒院为研究各科精深义蕴，以备著书制器之所。通儒院生但在斋舍研究，随时请业请益，无讲堂功课"，[1]从而确立了通儒院的合法地位；虽然它未能正式创办，但在其后的学制体系及法规中都作为高等教育中的研究机构保留下来。1912年10月，中华民国政府教育部颁布《大学令》，规定"大学为研究学术之蕴奥，设大学院"，"大学院生入院之资格，为各科毕业生或经试验有同等学力者"，"大学院生在院研究，有新发明之学理或重要之著述，经大学评议会及该生所属某科之教授会认为合格者，得遵照学位令授以学位"。[2]《大学令》的相关内容明确了大学院的设立目标、入学资格及毕业标准等，还规定了大学院可授予学

---

[1] 朱有瓛. 中国近代学制史料：第2辑（上）[M]. 上海：华东师范大学出版社，1987：770.

[2] 宋恩荣，章咸. 中华民国教育法规选编[M]. 南京：江苏教育出版社，2005：384.

位。虽有旧制在前，但《大学令》中对于设大学院作为大学毕业生研究之所的规定与蔡元培不无关系。蔡元培曾在《我在教育界的经验》中明确写道："清季的学制，于大学上，有一通儒院，为大学毕业生研究之所。我于《大学令》中改名为大学院，即在大学中，分设各种研究所，并规定大学高级生必须入所研究，俟所研究的问题解决后，始能毕业（此仿德国大学制）。但是各大学未能实行。"[1] 由此可见，依蔡元培本意，大学院与通儒院稍有不同，并非设于大学之上专供大学毕业生研究的场所，而是与大学紧密衔接，供大学生进入高年级后入所研究，对其学业进行较高层次的探索。学生在此研究，只有学识的增长，而不是学历的提升，最终完成研究后，实际只是从大学毕业，而并非从研究生院毕业。但在《大学令》中，蔡元培的这种理念并未得到完全体现，大学院成为设在大学之上供大学毕业生或同等学力者的研究场所，而且大学院生在完成研究并经评议合格者，还要授予学位，实际上不仅有学识的增长，而且也有学历的提升。无论如何，此时对于大学研究院的设立在理念上已臻于成熟，后因蔡元培辞去教育总长职务，这种机构并未能设立，然而也未完全泯灭；及至蔡元培于1917年聘任北京大学校长后，为实现夙愿，即依《修正大学令》相关规定着手于校内创设研究所。1917年9月，北京政府教育部颁布《修正大学令》，以1912年《大学令》为基础，对一些条令作出修订，其中有关大学院的条文为："大学为研究学术之蕴奥，设大学院"，"大学院生入院资格为大学本科毕业生"，[2] 两相对比，可以发现《修正大学令》中对于大学院的规定与《大学令》相同，但其学生入学标准则有所提高。从1902年《京师大学堂章程》中规定设立大学院，到1904年《奏定大学堂章程》中规定设立通儒院，再到1912年《大学令》中复称大学院，这些规定都停留在纸面，直到蔡元培于北京大学创办研究所，才标志着这种理念的真正实现，而北京大学创办的各科研究所则成为中国近代学术研究机构之滥觞。1922年公布新的学制系统，仍保留大学院，并规定大学院为大学毕业生及具有同等程度者进行研究之所，年限不定。1927年南京国民政府成立后，立大学院为全国最高学术研究及最高教育行政机关，次年5月召集第一次全国教育会议，对1922年颁布的学制加以修正，规定于大学以上设置研究院，专为大学毕业生之研究机关，不定肄业年

---

[1] 高平叔. 蔡元培全集：第7卷（1936—1940）[M]. 北京：中华书局，1989：198.
[2] 潘懋元，刘海峰. 中国近代教育史资料汇编·高等教育[M]. 上海：上海教育出版社，2007：381.

限，但其时仅有国立北京大学、国立中山大学、国立中央大学等几所大学设立研究所，附属各学系，研究院之制仍未能实行。

另一方面，清末民初师范院校和综合性大学在办学层次上不断提升，并且数量急剧增加。1902年壬寅学制中规定设师范学堂，与中学堂同等层次；设师范馆，与高等学堂同等层次，介于大学与中学之间；其上设大学堂，分政治、文学、格致、农业、工艺、商务、医术7科。至1904年癸卯学制颁布，规定设优级师范学堂，几与大学平等；大学分经学、政法、文学、医科、格致、农科、工科及商科8科。中华民国成立后，教育部为应对师资之急需，颁令将优级师范学堂改为高等师范学校，并以高等师范学校为基础将全国划分六大师范区，公私立大学仅有国立北京大学等4所。由于民初《大学令》中对大学宗旨的规定比较符合现代大学的理念，而且1913年教育部颁布《私立大学规程》，从制度上保证了私立大学的发展，因此公私立大学得到长足发展，为其后高等教育进一步发展奠定了基础。1922年壬戌学制颁布后，进一步提高了高等师范学校的层次，称为师范大学，但事实上只有北京高等师范学校升格成为北京师范大学，其余高等师范学校都相继并入综合性大学，成为其中的一个学院或学系；大学可以设几科，也可以只设一科，称某科大学，分国立、省立及私立几类，因此综合性大学在此后得到空前发展，成为中国近代高等教育的主力军。

由于各学制对学术研究机构的规定及高等教育自身的发展，建立学术研究机构在民初已成为学界的共识和普遍诉求。1918年，任鸿隽曾撰文率先介绍欧美及日本近代科研机构的分类概况："外国学术研究之组织，概别之可分为四类。一曰学校之研究科，二曰政府建立之局所，三曰私家建设之研究所，四曰制造家之试验场。"[1]他尤其推重学校及大学的研究机构，指出其人员构成主要为"（a）教师。教师者，专门名家，于其本科固已坚高毕达，而钻研之能又尝为人所共见者也。故研究之业，是其专职。现今最进步之大学，其名教师多不复任讲授之事，而致其全力于某问题之研究，或为他学者研究之导师……（b）毕业高才生。此辈大多聪明才俊之士，于毕业后复求深造，立于某教师指导之下，而研究某业，于学术上之贡献最为有望"[2]。蔡元培也曾指出："知识阶层，已觉悟单靠得学位，图饭碗，并不算

---

[1] 樊洪业，张久春. 科学救国之梦——任鸿隽文存 [M]. 上海：上海科技教育出版社，2002：147.

[2] 樊洪业，张久春. 科学救国之梦——任鸿隽文存 [M]. 上海：上海科技教育出版社，2002：147—148.

是学者,渴望有一种研究的机构。"① 至此,学界对专门研究机构的呼吁,是无疑的了;但对要设立的专门研究机构的性质及类型,却颇有争议。在当时学界发出的呼声中,主要表现为以下两种观点。

(一) 移植西方大学研究机构的倡议

早在1919年,蔡元培在读吴稚晖《海外中国大学末议》后即对当时国内高校设备之简陋、环境之恶劣甚为感叹:"我国现正在输入欧化时代,而各学校之设备既简陋,环境尤不适宜。即如北京大学,恒有人以'最高学府'目之,而图书、标本、仪器之缺乏,非特毕业生留校研究,无深造之希望,即未毕业诸生,所资以参考若实验者,亦多未备……其他若美术馆、博物院、专门学会、特别研究所等,凡是为研究学术之助者,无一焉……呜呼!以如是内容,如是环境,而侈谈学术,事倍功半,复何待言。"② 有鉴于此,次年他为北京大学重订《研究所简章》时明确指出:"研究所仿德、美两国大学之 Seminar(研究班或专家讨论会)办法,为专攻一种专门知识之所。"③ 1922年,他在《湖南自修大学介绍与说明》中又具体解释道:"大学本来以专门研究为本位,所有分班讲授,不过指导研究的作用……德、法等国的大学,杂(虽)然于分班讲授的形式也颇注重,但每科学问,必有一种研究所。有许多教员,是终身在所研究的。学生程度稍高了,也没有不进所研究的。所以一个大学,若是分班讲授与专门研究能同时并进,固然最好;若不能兼行,与其专做分班讲授的机关,还不如单做专门研究的设备,所费较少,成效更大。"④ 同年3月30—31日,上海《时事新报》连载朱光潜撰《怎样改造学术界》一文,提出改造学术环境、造就学术领军人才的若干建议,其中一条就是建议在大学设立研究院:"无论是回国的留学生和本国大学毕业生,或是教授,在任事时期不做研究事业,就是根底很深,也会没有进步,就连已有的也不免荒落。许多人初登台倒也很轰轰烈烈的,不过几年,就无声无息的变成'学术界之落伍者'了!……希望将来各大学都设有研究院,还希望个个学者都川流不息的做研究事业。"⑤ 1924年,洪式闾在《东方杂志》发表《东方学术之将来》一文,强烈呼吁学界应以欧美学术发达国家为榜样,以设立"专门学术机关"为当务之急,他认为欧美各国学

---

① 高平叔. 蔡元培全集:第6卷(1931—1935)[M]. 北京:中华书局,1988:422.
② 高平叔. 蔡元培全集:第3卷(1917—1920)[M]. 北京:中华书局,1984:366.
③ 高平叔. 蔡元培全集:第3卷(1917—1920)[M]. 北京:中华书局,1984:439.
④ 高平叔. 蔡元培全集:第4卷(1921—1924)[M]. 北京:中华书局,1984:245-246.
⑤ 朱光潜. 朱光潜全集:第8卷[M]. 合肥:安徽教育出版社,1993:38.

术高度发达有赖于其广设专门学术机构，中国学者若有跻身于世界学术之林的雄心，即应"从组织专门研究所入手"，使研究所成为"造成专门人才之地"；至于研究所的组织建制，则"欧洲各国之成制，可资参酌"。[①]

（二）继承中国书院自由研习传统的诉求

如果说上述学者之言论主要针对近代中国大学及学术研究的现状，强调借鉴西方大学学术体制在中国大学建立专门研究机构的重要性，那么另有一些学者则力主继承中国古代书院自由研习的传统，将其贯穿到近代大学研究机构之中。1923年，胡适通过比较中西高等教育而称道古代书院："盖书院为我国古时最高的教育机关。所可惜的，就是光绪变政，把一千年来书院制完全推翻，而以形式一律的学堂代替教育。要知我国书院的程度，足可以比外国的大学研究院。譬如南菁书院，它所出版的书籍，等于外国博士所做的论文。"[②]他认为，应将书院所具有的自由研习的传统吸收进中国现代学术体制之中，与西方近代大学所秉持的独立研究精神相结合，由此奠定近代中国大学学术研究的基础，而且他也实际地应用这种思路为清华研究院设计组织结构及发展方向。1925年，清华大学创办国学研究院时明确标榜以中国书院和英国大学制度为榜样，其章程称："本院略仿旧日书院及英国大学制度：研究之法，注重个人自修，教授专任指导，其分组不以学科，而以教授个人为主，期使学院与教授关系异常密切，而学员在此短时期中，于国学根柢及治学方法，均能确有所获。"[③]因此，时人曾评价道："仿英国大学之制，及昔日书院之设，五四运动之后，北京大学爰有研究所国学门，清华学校有研究院之设。使学子得有专门之研究，思想又自由之发展，晚近吾国虽忧患频仍，学术则不无进步，是均梁任公、蔡子民诸先生提倡之功。而研究院之制度，则犹具书院之雏形焉。"[④]同年，任鸿隽、陈衡哲夫妇联名发表《一个改良大学教育的提议》，也特别标榜中国书院自由研习的精神，倡导取西方大学之建制与中国书院之精神合二为一："我们以为当参合中国书院的精神和西方导师的制度，成一种新的学校组织。中国书院的组织，是以人为中心的。往往一个大师以讲学行谊相号召，就有四方学者翕然从风，不但学

---

① 洪式闾. 东方学术之将来[J]. 东方杂志，1924，21（3）：148.
② 胡适. 胡适全集：第20卷[M]. 合肥：安徽教育出版社，2003：111.
③ 清华大学校史研究室. 清华大学史料选编：第1卷 清华学校时期（1911—1928）[M]. 北京：清华大学出版社，1991：378.
④ 谢国桢. 瓜蒂庵文集[M]. 沈阳：辽宁教育出版社，1996：52.

问上有相当的研究,就是风气上也有无形的转移。"①

以上事例反映出以蔡元培和胡适为代表的近代教育学者对建立研究机构以开展学术研究的高度重视和不懈追求。蔡元培所代表的"移植"派和胡适所代表的"继承"派看似意见相左,但实际上他们都属意于中西学术研究机构中自由研究精神的发扬,强调学术研究对于教育及社会发展的重要意义。综观中国近代学术研究机构的创立过程,固然不能将其全部归功于学界的呼吁,但学界普遍的诉求首先体现了对学术研究机构的认识与需求,他们的认识与需求也对社会各界产生影响,继而推动相关法令的颁布、计划的制订与组织机构的设立。尤其如蔡元培本人,他的留学经历使他深刻认识到学术研究机构是大学的生命线,而他又能通过职权干预法令颁布及机构设置。随着相关法令的颁布、高等教育的发展及学界的强烈呼吁,近代中国的学术研究机构终于走完了从纸面到现实的漫长历程。

第二节 近代中国教育研究机构的初创
(1928—1934)

这一时期,中国教育研究机构处于自主发展和摸索前进阶段,虽然其创立适应了教育改革的需要,也契合了教育学界日益高涨的研究意识,但它们并没有得到迅速发展,甚至没有得到足够重视。从管理层面讲,既无上级主管部门,又无相关法规章程,各研究机构各自为政,相互间较少联系与合作,各机构以内部自定的"章程""章则"为行动纲领,开展学术研究和人才培养等工作,其工作规划多与创办者或核心人物的科研意识、学术志趣紧密相关。总之,中央及地方政府层面均未能制定统一的政策和法规,致使各教育研究机构的创立和发展未能得到制度上的保障和支撑。中央研究院虽有设立教育研究所的动议,但终未成为事实,就是一个明显的例证。

一、中央研究院计划设立教育研究所始末

(一)中央研究院的成立及其组织机构

20世纪20年代,中国的学术研究专业化进程进一步发展,建立国家层面的、现代意义上的综合性学术研究机构日益成为学术发展的迫切需要和广

---

① 任鸿隽,陈衡哲. 一个改良大学教育的提议 [J]. 现代评论,1925,2(39):10-13.

大学者的普遍诉求。在此背景下，为提升学术研究在整个国家事业中的地位和水平，蔡元培在南京国民政府成立后领导组建了中央研究院。

中央研究院设立之动机，始于1924年冬孙中山离粤北上之时。当时拟设中央学术院，"作为全国最高学术研究机关，以立革命之基础"[①]，并命汪精卫等起草计划。孙中山到天津后一病不起，此议遂无由实现。1927年4月，中国国民党中央政治会议第74次会议上，李石曾提议设立中央研究院案，会议决议由李石曾、蔡元培、张人杰3人共同起草组织法。同年5月，中国国民党中央政治会议第90次会议秉承孙中山拟设中央学术院为全国最高学术研究机关之旨意，采纳李石曾等人建议，议决设立中央研究院筹备处，另推定蔡元培、李石曾、张人杰、褚民谊、许崇清、金湘帆6人为筹备委员。7月4日，国民政府公布《中华民国大学院组织条例》，第七条规定："本院设立中央研究院，其组织条例另定之"，[②] 筹设中的中央研究院成为大学院的附属机关。10月，大学院成立，根据其组织条例，聘请竺可桢、曾昭抡、王世杰等知名学者30人为中央研究院筹备员。11月20日，国民政府最高学术教育行政机关——大学院院长蔡元培在大学院会议厅主持召开"中央研究院筹备会及各专门委员会成立大会"，通过《中华民国大学院中央研究院组织条例》，确定中央研究院为中华民国最高科学研究机关，由大学院院长蔡元培兼任研究院院长，大学院教育行政处主任杨铨兼任研究院秘书。按其组织条例规定，中央研究院受大学院委托，"实行科学研究，并指导、联络、奖励全国研究事业，以谋科学之进步，人类之光明"[③]，其研究范围包括数学、天文学与气象学、物理学、化学、地质学与地理学、生物科学、人类学与考古学、社会科学、工程学、农林学及医学11科，并言明"因科学之发达与时代之需要，得添加新组；或将原有之组，分立扩大"[④]。在研究机关的设立方面，中央研究院为"研究科学真理，及解决时代问题，得就一种科学之全部，或一部分，设立各种科学研究机关。用实验方法，进行科学上之探讨"[⑤]，因此在当时从"中国目前之需要，与本院经济状况"[⑥] 出发，暂先成立理化实业研究所、地质调查所、观象台及社会科学研究所4所

[①] 周宁. 国立中央研究院概况（1928—1948年）[J]. 民国档案，1990（4）：55.
[②] 国立中央研究院文书处. 国立中央研究院十七年度总报告[M]. 南京：国立中央研究院总办事处，1928：45.
[③] 中华民国大学院. 中华民国大学院中央研究院组织条例[J]. 大学院公报，1928（1）：63.
[④] 中华民国大学院. 中华民国大学院中央研究院组织条例[J]. 大学院公报，1928（1）：64.
[⑤] 中华民国大学院. 中华民国大学院中央研究院组织条例[J]. 大学院公报，1928（1）：64.
[⑥] 中华民国大学院. 中华民国大学院中央研究院组织条例[J]. 大学院公报，1928（1）：64.

研究机构，并推举各所常务筹备员，积极开展筹备工作。

1928年4月，国民政府公布《修正国立中央研究院组织条例》，改"中华民国大学院中央研究院"为"国立中央研究院"，并任命蔡元培为院长，这意味着中央研究院不再与大学院存在隶属关系，而成为一所独立机关，至于其宗旨与研究范围等方面均保持不变。6月9日，院长、总干事及各单位负责人在上海举行第一次院务会议，宣布正式成立中央研究院。至此，中央研究院正式脱离大学院而成为独立的全国最高学术机关。11月，国民政府公布《国立中央研究院组织法》，再次变更研究院所属关系，规定国立中央研究院直隶于国民政府，为中华民国最高学术研究机关，以实行科学研究和指导、联络、奖励学术之研究为其任务。《中华民国大学院中央研究院组织条例》规定中央研究院为"中华民国最高科学研究机关"，而《国立中央研究院组织法》将其中的"科学"改为"学术"，这表明此时中央研究院的研究范围更加广泛。为研究科学真理及解决现实问题，中央研究院可依组织法设立各科学研究机关，起初根据中国现实需要与该院经济状况，拟先设立物理、化学、工程、地质、天文、气象、历史语言、国文学、考古学、心理学、教育、社会科学、动物、植物14个研究所。

（二）设立"教育研究所"动议的提出及其结果

中央研究院从"最高科学研究机关"变为"最高学术研究机关"后，教育研究所也争得一席之地，在众研究所中列第11位。众所周知，即使是在西方，教育学是否是一种科学也一直受到质疑，当时中国许多学者亦持类似见解；中央研究院将"教育"列入研究范围并成立研究机关，至少说明"教育"已经被当作一种"学术"而得到了一定程度的认同。究竟是谁促成中央研究院设立教育研究所，目前尚无直接证据，但基本可以推断是蔡元培的主张，因为早在1918年他就提出："治新教育者，必以实验教育学为根底"①，并主张设立"实验教育研究所"专门研究儿童身心发育规律，以帮助教育者选择适宜的教育方法。作为大学院院长及研究院院长，蔡元培本人积极提倡研究教育科学，及至计划设立中央研究院，他自然会力主成立教育研究所以进行教育"学术"研究。虽然在1927年11月20日中央研究院筹备会成立大会上，与会者主张将教育归入社会科学，而社会科学研究所成立后分经济、法制、社会、民族学等组，并未包含教育组，但1928年4月及11月分

---

① 高平叔. 蔡元培教育文选[M]. 北京：人民教育出版社，1980：49.

别颁布的《中央研究院组织条例》及《中央研究院组织法》均明定设立"教育研究所",旋因"增加教育研究所及充实已成立之各研究所,不得不恢复最初拟定每月十万元之预算……至是因范围扩大,组织加繁,亦不得不略加修正,因政府经费困难,经费仍以每月十万元限",遂计划改教育研究所为心理教育研究所,"以心理实验为教育研究之基础"。[①] 1929年1月13日,中央研究院驻沪办事处召开国立中央研究院第四次院务会议,第11项讨论事项为"心理及教育研究所,拟照本院组织法易名为心理研究所,研究心理及教育有关之心理问题,以原定教育组经费移办博物馆,及补助北平图书馆",其决议为:"照原案通过,以四千元办博物馆,一千元补助北平图书馆。"[②] 这实际上意味着教育研究所的停办。2月16日在国立中央研究院驻沪办事处召开的"国立中央研究院第五次院务会议"上,教育研究所筹备员许寿裳提议"继续筹备教育研究所案",会议决议:"恢复'心理及教育研究所筹备处'名称,筹备经费,心理组仍照前定每月五千元,教育组改为一千元。"[③] 1929年5月心理研究所正式成立后,进行过一些有关教育心理学方面的研究与实验,但后来的研究与实验则集中于心理学方面,与教育和教育心理学渐渐脱离关系。

中央研究院在此后发展过程中,由于经费支绌及其他各种原因,未能完全按照预定计划进行。在1929年3月中央研究院向中国国民党第三次全国代表大会工作报告中曾提及该院计划进行程度,述及自下年度起进入集中建筑时期,计划在南京清凉山新建院址,心理及教育研究所就在其中,并以许寿裳为筹备员。嗣后财政部不允许增加预算,致使教育研究所筹备无果,许寿裳也因此离开中央研究院。

1932年7月间,中央研究院建设有了新的进展,如物理化学工程实验馆即将落成,天文研究所已在紫金山上开始建造,气象、地质等研究所将派员借助大批仪器进行大规模的测量调查。而1928年就决定设立的教育研究所在4年之后仍迟迟未见实施,这深深刺痛了部分教育学者的心,学界也不断发出呼吁,敦促教育研究所的设立。1932年,中央大学教育学院教授

---

① 国立中央研究院文书处. 国立中央研究院十七年度总报告[M]. 南京:国立中央研究院总办事处,1928:282.

② 国立中央研究院文书处. 国立中央研究院十七年度总报告[M]. 南京:国立中央研究院总办事处,1928:63.

③ 国立中央研究院文书处. 国立中央研究院十七年度总报告[M]. 南京:国立中央研究院总办事处,1928:65.

罗廷光认为中央研究院上述进展"热闹诚热闹矣",然"独于教育研究所一端,无人梦及,于教育研究所之设,永出乎大人先生们意识之外",认为"这都是事实横在眼前,用不着强辩或意气之争"①。同年年底,著名教育学家黄敬思有感于"中研院成立时规定设立教育研究所,惟迄今四年尚未实现,诚使一班研究教育者望眼欲穿,且使中国教育学术的奖励与联络无由进展",故而发表《教育研究所为何不办》一文提出质问,指出"古今中外,对教育无不重视。然其实施,每牵涉政治经济的实况。教育问题每不能本身单独改革……教育制度、教材、教法之改革,均有赖于专家之长期研究",但因无研究之地,故"对于中央计划甚久而不能早日设立之教育研究所,不能不问,更不能不存一种希望",并从"狭义教育之重要""现在教育上纷争之例证""中央研究院之组织"及"教育研究所之设备"4个方面陈述了教育研究所亟须设立之理由②。1933年8月,庄泽宣因国立中山大学教育学研究所虽成绩卓著,但该校不甚重视,不肯增拨经费以扩充研究设施,愤而去职,改任浙江大学教育系主任,并托高平叔向蔡元培建议中央研究院与国立中山大学接洽商谈,请其将该校教育学研究所的设备及人员转移,以供中央研究院增设教育研究所。高先发一函,蔡复信称:"庄泽宣先生所说中山大学教育研究所之图书设备,是无法转移者。中研院如欲添设此一研究所,必须自行设备,惟目前尚非其时耳。"③ 教育研究所的设立又遭搁置。

教育学者个人的呼吁与期盼,力量终究有限,始终未能引起高层的回应,而教育团体以集体力量对教育研究所的设立所进行的催请也付之东流。近代以来,广大教育工作者出于发展教育事业或维护自身权益等多种目的,组成各种团体,其任务或在发展地方教育事业,或在推进某项教育事业,或在维护教育工作者自身的利益,或纯为推进教育学术,其结构虽较为松散,但因其组成成员多有相当的教育背景,作为团体对教育事业的发展还是很有影响的。据现有资料,先后有三大教育团体对中央研究院教育研究所的设立问题表达过意见、进行过催请。第一个团体是中华儿童教育社,1932年11月在南京召开第三届年会时,会员李清悚、马客谈、夏承枫、沈子善联合提案"呈请中央研究院设教育研究所",④ 经大会讨论后决定交该会执行委

---

① 罗廷光. 教育之科学的研究(下)——谈教育研究所 [J]. 时代公论,1932 (18):24-28.
② 黄敬思. 教育研究所为何不办 [J]. 华年,1932,1 (38):745-747.
③ 高平叔. 蔡元培年谱长编(下2)[M]. 北京:人民教育出版社,1998:143.
④ 中华儿童教育社第三届年会明晨在京开幕 [N]. 申报,1932-11-11 (9).

会办理①。第二个团体是上海市中等学校教职员联合会，在1933年12月4日的全体理事会议上，讨论并通过了"呈请国府会中央研究院设教育研究所案"，②并在12月7日召开的常务理事会上，对此议案有所跟进，议决交该联合会总务部办理③。第三个团体是中国教育学会，在1933年1月28—30日于上海举行的成立大会上，即有会员提出"请中央研究院设教育研究所案"，经大会讨论后决定呈请国民政府令中央研究院、并径函中央研究院速行设立教育研究所④；同年6月30日—7月1日，中国教育学会第一届理事会第二次会议召开，郑西谷、欧元怀、陈礼江、陶知行（即陶行知——笔者注）、许恪士、常导直、刘湛恩、杨亮功、陈鹤琴等教育界名流悉数到会，对此事继续跟进，表示要"向中央研究院接洽教育研究合作事宜"；⑤1936年2月1日—3日，中国教育学会在武昌举行第三届年会，有会员提交"请中央研究院速设教育研究所"的提案并获讨论通过⑥，可见此前的接洽及催请均未能如愿；同年6月21日举行的中国教育学会第三届理事会第三次全体会议上，理事们就"中央研究院进行教育研究所案"进行讨论，决定推举庄泽宣、陈礼江、陈剑翛等接洽，当时《中央日报》也将此事作为会议的主要事宜进行报道⑦。1937年7月7日—9日，中国教育学会在北平举行第四届年会，大会于卢沟桥的隆隆炮火声中议决："催促中央研究院从速成立教育研究所"，⑧然而全面抗战爆发，此事就更难实现了。

全面抗战爆发后，中央研究院随国民政府西迁，因未能整体迁往一地，图书、仪器、设备等损失严重，对其事业发展影响极大。但中央研究院在如此艰难的境况中仍有所发展，于1941年筹备设立数学研究所，1943年筹备设立医学研究所。1943年11月17日，国民政府颁布《修正国立中央研究院组织法》，其隶属关系与任务不变，其规模得到扩充，增设数学、哲学、医学、药物学、体质人类学、地理、民族学、法律、经济等研究所，并将社会科学、工程、心理、教育、国文学等研究所更名为社会、工学、心理学、

---

① 中华儿童教育社年会闭幕［N］．申报，1932-11-14（9）．
② 中校教联会昨开全体理事会议［N］．申报，1933-12-5（15）．
③ 中校教联会计划寒假内中学生课外作业［N］．申报，1933-12-8（15）．
④ 中国教育学会第一届年会昨闭幕［N］．申报，1933-1-31（15）．
⑤ 中国教育学会昨续开理事会议［N］．申报，1933-7-2（19）．
⑥ 刘英杰．中国教育大事典：1840—1949［M］．杭州：浙江教育出版社，2001：81．
⑦ 中国教育学会决请中研院设教育研究所［N］．中央日报，1936-6-22（8）．
⑧ 中国教育学会年会昨日闭幕［N］．大公报，1937-7-10（4）．

教育学、中国文学等①。其时中央研究院计划设立的23个研究所，只有教育学研究所和中国文学研究所仍停留在纸面上。抗战胜利后，国民经济稍有恢复，中央研究院又继续谋划学术建设。1947年3月13日，国民政府公布《修正国立中央研究院组织法》，对研究院性质与宗旨的规定未加变更，研究所设置也仍保持23个未变②。上述两次修正中央研究院组织法，教育研究所不仅被列入中央研究院所属机构范围，而且筹划设立的是"教育学研究所"，这似乎已承认教育是一门独立的学科，但其设立却仍未实现。

中央研究院集中高端专门人才，按现代学术分类体系分设各研究所，使中国的科学及学术研究进入一个新的时代。就名义而言，它是全国最高学术研究机关；就职责而言，它兼管全国学术研究、发表及奖励评议等。有此学术机关，国内的学术工作得有中心，可以促进各研究机构的合作，提高研究工作的效率；遇有国际学术活动及会议，也可借此机关组织联络，并经此机关与全国各学术机构或专门学者商洽推进。所以中央研究院的设立，在我国近代科学及学术史上具有重大意义，其中如能及时设立教育研究所，其内外资源将为近代中国教育学术研究及各级各类教育发展提供极大的促进作用，可是直到1949年，中央研究院始终未能设立教育研究所，殊为可惜，其中原因，也值得深刻反思。

（三）中央研究院教育研究所未能设立原因之初探

1. 经费原因

通过各类资料的爬梳，可以发现中央研究院未能设立教育研究所的主要原因在于经费不足。1929年7月，中央研究院正式创建已经一年，但"自开办以来，并未领有建筑费及设备费。各研究所及图书馆、博物馆筹备处，均于每月经常费中提出大部分，以供设备之需"③。国民政府规定，中央研究院成立之初，经费每月仅5万元；自1928年11月起每月由财政部门拨付10万元，作为中研院经常费用，分配于各附属机关，多寡不等，一切工作所需要之设备，均于每年经常费下撙节开支，逐渐购置。事实上，由于连年内战，耗费巨资，经费拖欠严重，各机关都受到影响，处于草创阶段的这个"全国最高学术研究机关"，只能就现有经费"截长补短，逐渐布置"④。如

---

① 林文照. 中央研究院主要法规辑录 [J]. 中国科技史料，1988，9 (4)：17.
② 中央研究院. 修正国立中央研究院组织法 [J]. 教育部公报，1947，19 (3)：3-4.
③ 高平叔. 蔡元培全集：第5卷 (1925—1930) [M]. 北京：中华书局，1988：323.
④ 高平叔. 蔡元培全集：第5卷 (1925—1930) [M]. 北京：中华书局，1988：323.

1930年10月，蔡元培在院务报告中抱怨道："本院经费经常支绌。以经常费数目而论，用之办理一、二研究所，尚嫌不足，现本院已成立之研究所、处、馆等计有十一处之多，虽平时尽量从事节省，而欲求计划之实现，颇感困难。"① 同年11月14日，中央研究院第十一次院务会议上，会计主任王敬礼报告经济拮据情形，谓7月份经费，到11月13日方始领足，有两三个研究所毫无存款，不得不先向他所通融借款。自"九一八事变"后，国库收入锐减，除1936年外，迄至1940年，每年经常费均系减成发给，1941年起因币值日低，此后经费数字年有增加，1944年起始有事业费预算。这种状况，显然大大限制了中央研究院工作的全面展开。

中央研究院经费原本紧缺，对于各附属机关的经费也就极力撙节，至于尚在筹备期的教育研究所之经费，自然难免被挪作他用。前已述及中央研究院因经费困难，曾拟将教育研究所改为心理教育研究所，稍后在1928年6月30日"国立中央研究院第二次院务会议记录"之"议决事项"中载明："十七年度本院扩充经费拾万元，如可领到，除现有机关共支配七万元外，余三万元中，以一万元归历史语言研究所，一万元归教育研究所……"② 而在1929年1月13日中央研究院驻沪办事处召开的国立中央研究院第四次院务会议上曾讨论并议决将原定教育组经费中4000元移办博物馆，1000元补助北平图书馆。另中央研究院会计处1929年3月19日致函院部："所讯教育组筹备经费，每月一千元。拟于十八年度开始实行一节，查此事即经院务会议议决，十七年度内，应即筹足该组购书费一万二千元。至如何拨给，应以心理及教育研究所与总办事处经费合并，通盘筹划，以资周转。"③ 由此可见，从一开始，划拨教育研究所的筹备经费就只有购书费一项，其他研究事业之经费全无着落。此外，1934年高平叔受庄泽宣之托向蔡元培建议将中山大学教育学研究所设备及人员转移以供中央研究院增设教育研究所，蔡元培为此向高平叔作了详细解释，并且明言早在1930年左右中央研究院即拟增设教育研究所，由许寿裳筹划，后因财政部不允许增加预算而未果。蔡元培作为中央研究院院长，自然明了经费状况，他的话可看作对教育研究所因经费原因而未能设立的直接证明。

---

① 陶英惠. 中研院六院长[M]. 上海：文汇出版社，2009：60.
② 国立中央研究院文书处. 国立中央研究院十七年度总报告[M]. 南京：国立中央研究院总办事处，1928：55.
③ 国立中央研究院文书处. 国立中央研究院十七年度总报告[M]. 南京：国立中央研究院总办事处，1928：382.

2. 认识原因

中央研究院教育研究所始终未能设立，经费是最大原因。但若仅是经费支绌，其理由恐不能完全使人信服。因为在中央研究院的发展过程中，事业还是有所扩大的，如 1941 年筹备设立数学研究所，1943 年筹备设立医学研究所，而且动植物研究所也于 1944 年分为动物研究所和植物研究所；尤其是 1928 年 3 月，傅斯年利用自己在政学两界的影响，使得原本未列入计划的历史语言研究所在广州成立，更是反衬了学术界对教育学科不够重视。吴俊升曾撰文称："我到北大时，在学术气氛中教育并非被重视的学科，教育系也只是聊备一格的学系。虽然当时的校长蒋梦麟先生为国内所推重的教育专家，但是校内有力的人物，如傅斯年教授便是不重视教育学的一位学者。他曾写文讽刺教育不成为一种学术……胡适之先生也不是太重视教育学的……原来轻视教育学科，乃是过去欧美大学文理科教授的一般成见。现在这成见，已经渐渐捐除。不过傅、胡两先生的影响，仍然继续存在。以他们所参加或主持的中央研究院而论，当它最初成立时，它的组织法中，即规定有'教育研究所'的设置，可是直到现在这研究所仍在乌有之乡，其原因耐人深思。"[①] 吴氏还在文中举例说明了胡适和傅斯年对于教育学的轻视：胡适曾给吴氏讲了一则故事，说哥伦比亚大学师范学院的一名学生请校长为师范学院题字，校长却反问该生师范学院在何处？很显然，胡适讲这故事的用意是在暗示教育学在西方大学是不受重视的；吴氏在文中提到傅斯年撰文讽刺"教育不成为一种学术"，是指傅氏曾于 1932 年夏季与教育学者展开论战，并发表论文宣称："教育学不是有志做教员者之副科，便是一个毕业后级（续）的研究。"而大学里教育科与文理科平等，还要分设教育行政、教育心理等系科是"尤其荒谬"的。他认为："小学、至多中学，是适用所谓教育学的场所，大学是学术教育，与普通所谓教育者，风马牛不相及"[②]，而且还提出"大学中不设教育学院，因为这个不能本身独立成一种学问；也不设教育系，因为教育学自身不成一种严整的独立的训练"[③]。至于教学法，他则认为"在一学科中只要教者有学识及常识，自然能教人，能引人，不待搽粉抹胭脂的事做"[④]，由此可见他对教育学是不认同的。

考虑到胡适、傅斯年在中央研究院的地位与影响，而他们又都对教育学

---

① 吴俊升. 教育生涯一周甲 [J]. 传记文学, 1975, 27 (4)：61.
② 孟真. 教育崩溃之原因 [J]. 独立评论, 1932 (9)：5.
③ 孟真. 再谈几件教育问题 [J]. 独立评论, 1932 (20)：7.
④ 孟真. 再谈几件教育问题 [J]. 独立评论, 1932 (20)：5.

抱有很大成见，可以说吴俊升认为他们影响了教育研究所的成立也并非捕风捉影。罗廷光则更是对中央研究院作为全国最高学术机关设立了物理、化学、工程、天文、气象、地质等理工类研究所而未能设立原定计划内的教育研究所表示了强烈愤慨："我们真不懂：不从事于教育研究，如何配谈'教育行政学术化'；不从事于教育研究，如何可以随便批评教育；不从事于教育研究，如何配谈'整理教育'（根据什么去整理？）；气象、地质等，均需测量调查，而于教育则可毫无事实作根据——丝毫不用测量调查——而信口雌黄，各言其是；物理、化学、工程等概不惜重金购置无数实验仪器，兴建高大之实验场所，以从事于实验，而于教育实验，则无人知其重要，并亦不辨其价值。质言之，世界上一切学术，似乎都值得研究，惟独于教育不值得；各门事业，都值得设研究所来研究，惟独于教育不值得；教育之在中国今日，真倒霉到万分。"① 及至 1943 年罗氏在出版《教育行政》一书时，仍对中央研究院教育研究所迟迟不能设立而耿耿于怀："教育事业是日新月异的，教育学术也应精益求精，教育行政当局负了计划、监督、辅导和推进的责任，期求解决种种教育实际问题，只凭办公室内的处理，或仅埋头于'等因奉此''呈悉''此令'……决不足以尽教育行政的能事，决不足以解决层出不穷的教育问题，须从事学术研究方可有济……至少应在教育部、教育厅、教育局（或其同等机关）内附设一种研究机关，专从事于调查、统计、测验、研究等工作，并不断刊行报告，以供教育行政当局的参考。""在我国，当学部成立时期，尚设有'教育研究所'等机关，饶有研究的意味；以后中央和各省均未能注意及此。前教育部曾一度拟设教育研究所，中央研究院组织规程中亦有'教育研究所'一部门，惜皆未能见诸实行。教育行政长官若只凭个人常识以处理专门问题，或遇事本个人主观成见，毫无客观事实作根据，该是何等危险的事。"② 上述评论或有可商榷之处，但的确反映了学界高层对教育学及其研究抱有的片面认识对中央研究院教育研究所未能设立的影响。

3. 体制原因

除经费和认识原因外，国立中央研究院的成立本意及其与大学院、教育部的体制关系也在一定程度上导致了教育研究所设立一事屡遭搁置。

---

① 罗廷光. 教育之科学的研究（下）——谈教育研究所[J]. 时代公论，1932（18）：24-28.

② 罗廷光. 教育行政：上册[M]. 福州：福建教育出版社，2008：210.

1929年3月，中央研究院向中国国民党第三次全国代表大会报告工作时称："海通以来，除欧美学者在各地曾为零星之个人研究外，能以巨量金钱在中国为大规模之科学研究者，当首推日本。东亚同文书院以二十年之精力，从事于中国之经济社会调查，其精密皆非吾国人意想所及。最近日本外务省对华文化事业局复以所得庚子赔款之大部分，在上海设自然科学研究所，在北平设人文科学研究所，开办费皆在五百万元以上……而其研究之问题，据所宣布者，如沿海之鱼类研究，各省天然化合（即矿产——笔者注）之研究等，均与中国经济主权关系甚大，其用心可知。中央研究院处科学幼稚、强邻虎视之中国，其责任不仅在格物致知，利用厚生树吾国文化与实业之基础，且须努力先鞭，从事于有关系国防与经济之科学调查及研究，以杜外人之觊觎。"① 由此可见，中央研究院的成立及进行事业，本为振兴学术，与日本竞争，故有关工业及国防类事业进展迅速而顺利，而诸如教育这种不直接产生价值之科学及学术，则得不到相当重视。

早在1928年8月，陶知行②就在全国教育会议上提出设立教育研究所的议案："中小学教育，为国家根本大计，必须运用科学方法，分析研究，实地试验，方能免入歧路。吾国办教育的人，多半是为外国教育制度拉东洋车，一国拉厌了，又换一国，到底是拉来干吗？我们应当觉悟，惟独用科学的方法，才能建设适合国情的教育。"为此他建议："由大学院设立教育研究所，聘请专门人才，分工研究。所中大部分工作是研究试验中小学教育。"③此提案由审查委员会主张保留，大会议决成立，于是国民政府教育部成立后，为专门从事教育科学研究，拟于部内设立"中央教育研究所"，时间约在1930年上半年，当时拟具章程10条，称"教育部为谋教育行政与教育学术之联络，并谋以科学的方法改进全国教育起见，设立中央教育研究所"，其主要任务为"用科学的方法研究教育上各项应兴应革事宜，做成具体设计，供教育部采用"，④但其组织机构却"属于中央研究院之下，而与各研

---

① 中国第二历史档案馆. 中华民国史档案资料汇编：第五辑 第一编 教育（一）[G]. 南京：江苏古籍出版社，1994：1399.

② 即陶行知。陶行知原名陶文濬，1912年受王阳明"知行合一"思想的影响，并仰慕其为人，遂改名"知行"，于1919年正式更名并公开使用；后又认为"行"为"知"先，于1934年7月改名"行知"。

③ 中央教育科学研究所. 中国现代教育大事记（1919—1949）[M]. 北京：教育科学出版社，1988：162.

④ 中央教育研究所简章 [N]. 申报，1930-4-28（9）.

究所相联络合作"①。同年4月，在第二次全国教育会议召开期间，中央研究院曾招待与会人员，蔡元培就"中央研究院教育研究所"和"中央教育研究所"情况向教育界代表当面做了解释："研究院对于教育本有筹设教育研究所的计划"，只是这种"研究所范围甚广"，不是由"几个人所能办成"，也不是有"若干仪器即可办成一实验室"，必须得有"各种实验学校为其研究之场所"，"所需经费亦复甚巨"，因此不能着手；既然教育部有筹设"中央教育研究所"之计划，并且希望"与研究院方面合作"，对此"本院甚表赞同"。②前后观照，这种安排实在令人费解。中央研究院和教育部双方都想成立教育研究机关，也都想借此机关获得教育学术研究的成果，但双方都没有实际行动；而此时国立中山大学教育学研究所已设立两年有余，它在艰苦条件下亦进行了不少研究，并取得大量成果，因此蔡元培陈述的那些中央研究院教育研究所未能成立的原因不大能站得住脚。联想到此前不久蔡氏推行大学院制因遭抵制而失败，这给他造成的心理创伤和名誉损失应该更大，使得蔡氏不再力主设立原本在他主张之下设立的教育研究所，反倒是比较合乎情理的。而且前已述及，就在庄泽宣拟将国立中山大学教育学研究所转移以供中央研究院增设教育研究所时，蔡氏面对现成的机构，仍推三阻四，就更能说明问题了。

1930年5月6日，国民政府行政院第68次会议审议教育部呈送的"中央教育研究所简章"，决定照原案核准备案，由教育部公布，但随即遭到反对。如工程师张锡龄得知此事后，即向行政院写信"请饬教育部停止筹办中央教育研究所"，行政院以公函字第1043号回复称："毋庸置议。"③这个"中央教育研究所"虽然得到当时政界高层的支持，并已邀请相关专家，如请俞子夷担任初等教育组主任，杨廉为中等教育组主任，但因蒋介石其时正与阎锡山、冯玉祥等人进行"中原大战"，报道称因"战事未平，需款孔急"，④致使"中央教育研究所"因经费短缺而未能设立。对中央研究院来说，它本隶属教育部前身之大学院，后独立办理，现对应属教育部办理之教育研究所，自然也不好插手，况且自身经费并不宽裕，而本意上又相对重视"自然科学"研究，因此"中央教育研究所"和"中央研究院教育研究所"

---

① 张季信. 中国教育行政大纲[M]. 北京：商务印书馆，1934：110.
② 中央研究院招待会员[N]. 申报，1930-4-18（11）.
③ 中国第二历史档案馆藏国民政府档案. 请饬教育部停止筹办中央教育研究所[A]. 卷宗号：1—2359.
④ 教育研究所、中央教育馆均因款无着暂缓开办[N]. 申报，1930-8-20（17）.

就都在教育部与中央研究院的相互推诿中被搁置下来了。

尽管中央研究院几乎从一开始就筹划添设教育研究所，但终究未能实现，这既反映了中央研究院内外各种力量的斗争与妥协，也反映了"教育"作为一种"科学"甚至作为一种"学科"或"学术"受到时人质疑和批评的尴尬境遇。中央研究院始终未能成立教育研究所，对于近代中国教育事业及学术的发展固然是一个无法估量和弥补的损失，但从一定程度上说，也正是因为它的缺位，使社会从反面进一步认识到专门教育研究机构对教育事业及学术研究的推动作用，也使学界看清了教育事业对于教育研究及其机构的迫切需求，从而发出成立专门教育研究机构的呼吁。从这个意义上说，中央研究院教育研究所虽未能成立，但却催生了更多的专门教育研究机构。

二、教育发展对专门教育研究机构的需求

1928年南京国民政府的成立标志着国家实现了形式上的统一，使得全国政治环境相对稳定，中央和地方政府遂有较为充裕的力量和经费来发展教育事业，因而对教育学术研究的需求大大增加。在此之前，中国的教育研究仅停留在引进和传播阶段，研究事业只是由一些教育家个人来承担，而且被看作是授课之外的"业余活动"，教育研究并未获得正当地位并发挥其功效；同时，研究者之间缺少联系和交流的平台，没有形成学术共同体，常造成研究重复或不能深入。于是，学界开始呼吁成立专业化、体制化的教育研究机构。

近代中国教育研究机构是伴随着教育科学各分支学科的分化、成熟和高等师范教育的发展而逐步产生发展起来的，是近代教育学科发展到较高阶段的必然产物，其产生有着社会、思想、文化等多方面的广泛背景和深刻根源。中国从1901年开始引进西方教育系科，当时引进的学科主要有学校卫生学、学校管理学、教育学、教授学、教授法、教育史、教育心理学、教育行政学、教育学史、儿童教育等分支学科[1]。1902年，京师大学堂师范馆在国内最早开设了教育学课程，分4年规定教学内容，包括教育宗旨、教育原理、学校管理法以及"实习"，还规定了每星期的上课时数。近代中国大学教育学科以教育学、心理学为中心，学科不断分化整合，以20世纪初设置教育原理、教育史、心理学、教授法、学校卫生学等课程为肇端，随着教育

---

[1] 侯怀银. 中国教育学发展问题研究——以20世纪上半叶为中心 [M]. 太原：山西教育出版社，2008：37.

学各分支学科的引进及其在国内各类院校的开设,至 20 年代末先后形成了教授法、学校管理等教育学的主要分支学科,中国教育学的学科体系已渐次形成,各类大学开始设立专门的教育系科。在民国大学体系中,教育学系基本上是作为文学院或者师范学院的一个下属系科来设置的。随着师范教育的发展,高等师范院校开始成为教育科学研究的重要基地,在教育原理、教育行政、教材教法、学制课程及教育测验等领域进行了可贵的探索。为了满足培养教育专业人才的迫切需要,五四运动前后,中国高等师范院校开始设立教育系科,先后在北京高等师范学校、南京高等师范学校等师范类院校设置专门的教育系科。1920 年 1 月,北京高等师范学校经北京政府教育部核准,开办教育研究科,以教授高深教育学术、养成教育专门人才为宗旨,招收高等师范学校和专门学校毕业生及大学三年级学生,学制 2 年,设有教育原理、教育史、教育制度、教授法等分支学科,高等师范教育发展到了一个较高的层次。1923 年,北京高等师范学校升格为师范大学,其后南京、成都、广州、武昌、沈阳等高等师范学校纷纷并入其他院校而升格为综合性大学,并在其中成立教育系科或教育学院,史称"高师改大"运动。1929 年 7 月,国民政府颁布《大学组织法》,规定"大学分文、理、法、教育、农、工、商、医各学院","凡具备三学院以上者,始得称为大学。不合上项条件者为独立学院,得分两科",且"大学各学院或独立学院各科,得分若干学系"。[①] 为明确大学学科设置,国民政府又于同年 8 月颁布《大学规程》,其中对教育系科或教育学院的设置作如下规定:"大学教育学院或独立学院教育科,分教育原理、教育心理、教育行政、教育方法及其他各学系,大学或独立学院之有文学院或文科,而不设教育学院或教育科者,得设教育学系于文学院或文科。"[②]《大学组织法》和《大学规程》的相关规定为大学和独立学院中教育学院和教育系科的设置提供了法律依据,此后综合性大学中普遍设置教育系科,一般都设在文学院,或单设教育学院,承担起教育科学传播、研究与创新的重任,为近代中国教育科学及分支学科的发展作出了很大贡献。研究表明,至 1934 年,公、私立综合性大学中设立的教育系科有 29 个,独立学院中设立的教育系科有 11 个,且呈逐年增长趋势,但当时设立教育系科的综合性大学和独立学院在全国的行政区划中分布不均,主要分布在上海、北平、广州、南京等东部沿海地区,而其他地区如东北的辽宁、西

---

① 宋恩荣,章咸. 中华民国教育法规选编 [M]. 南京:江苏教育出版社,2005:395.
② 阮华国. 教育法规 [M]. 2 版. 上海:大东书局,1947:155.

北的甘肃及西南的云南、广西、贵州等地设置较少①，这也基本奠定了依托大学设立的教育研究机构的地域分布格局。综合性大学所秉承的学术精神和治学风格、文理科相互渗透的课程设置、雄厚的师资力量和相对宽裕的经费支持以及他们创办的各类教育刊物以及活跃的各类教育学术团体，使其具备较为优越的开展教育研究的客观条件，并为教育研究机构的创设打下良好的学术和组织基础。

与此同时，随着教育"科学化"运动的兴起，北京高等师范学校、南京高等师范学校及后来的东南大学、中央大学中的一批教育学者强调运用科学方法研究儿童心理、教育心理，编制心理及教育量表，又出现了实验教育学、教育测量学、教育统计学等新兴学科。在引进、应用西方教育理论的过程中，教育学者普遍发现其不合于中国教育实际之处，逐渐意识到外国社会环境的产物未必适合中国国情，西方教育理论必须与中国教育实际相结合并在此基础上进行教育学中国化、本土化的探索，由此发出"新教育中国化"的呼声。1928 年，庄泽宣在《如何使新教育中国化》一文中明确提出了"新教育中国化"问题，并进行理论阐述："要把新教育中国化，至少要合于下列四个条件：一、合于中国的国民经济力；二、合于中国的社会状况；三、能发扬中国民族的优点；四、能改良中国人的劣根性。"② 1934 年，他又进一步指出："三十年来中国教育制度的改造似乎犯了两个大毛病。一、所拟的制度不是受了日本的影响，便是受了欧美的影响；二、所拟的制度多偏于学校方面的教育，而不涉及社会教育。所以这些只是学制的改革，而不是真正的教育制度的改造。一种教育制度若确可称为'中国的'，决不是模仿任何国的陈规所可形成的，非自己去建设不可。"③ 对此，陶行知也有同感："盖今日中国之教育方法亦有两个缺点：一是方法不与方针一致，造就一人不能得一人之用；二是从外国贩来整套之理想与制度不能适合国情，不能消化，不能在人民生活上发现健全之效力。"④ 陈耿光也强调当时教育的弊病及其根源："中国创办了数十年的学校教育……但是主持教育者对于教育本身没有深刻的认识，对于教育与社会环境的关系没有切实的了解，所以教育事业上所表现的依然是病态百出，多可诽议。办教育而没有自

---

① 侯怀银，李艳莉. 民国时期教育系科的分布及其特征 [J]. 高等教育研究，2011 (10)：101-102.
② 庄泽宣. 如何使新教育中国化 [J]. 教育研究，1928，1 (2)：51.
③ 庄泽宣. 中国教育制度改造的我见 [J]. 中华教育界，1935，22 (9)：20.
④ 方明. 陶行知全集：第 2 卷 [M]. 成都：四川教育出版社，2005：469.

己的特殊见地，只是人云亦云，依样画葫芦，乃是一个最大的错误。"由此他断言："在不同的社会环境之下，是否可以将别国制度搬过来照样应用，那决不能没有疑问。教育不是可以独立存在的东西，是必须与社会环境相适应的。怎样的社会环境必须采用怎样的教育；反之，惟有怎样的教育才能维护怎样的社会……不明了社会的实际情形，把别个社会所产生的教育制度硬搬过来安上去，无异于削足就履，是必败无疑的。"[①] 所有这一切，标志着中国近代教育学科已走过"以引进为主要特征的初现阶段"和"以模仿为主要特征的初建阶段"，正跨入"以'中国化'为主要特征的探索阶段"，[②] 建立专门的教育研究机构以促进教育学的中国化进程成为学界的共同认识和普遍诉求。

三、大学、地方等主体创办教育研究机构概述

如前所述，中央研究院设立教育研究所的计划虽未实现，但对全国教育研究机构的创立无疑发挥了催生作用；伴随着教育学及其分支学科在高等师范及综合性大学的普遍设立，学界形成了创立专门教育研究机构的共同认识和普遍诉求。在此背景下，国立中山大学教育学研究所由著名教育学家庄泽宣于1928年2月创建并兼任主任，标志着近代中国国立大学教育研究机构的发端。

国立中山大学教育学研究所的创设是近代中国教育发展的客观需求与庄泽宣的学术研究思想相结合的产物。20世纪20—30年代，中西方教育交流在经历了"被动模仿"阶段之后，开始进入"主动融合"阶段。在这一过程中产生的新式教育制度，要想达到预期目的，不仅要中国化，而且要区域化和地方化，从而催生了大批教育学会及研究团体。它们吸纳了众多教育界人士，或对中国教育的现实问题进行分析研究，或对国外教育理论和方法进行本土化改造，以期能为中国教育改革和发展服务。但这一时期成立的教育学会及研究团体因其组织松散，经费不足，难以进行深入的教育科学研究与实验。对于理应作为教育科学研究主力的大学教育系科和高等师范，庄泽宣认为它们多半是训练师资而非教育研究与实验性质的，人才与经费又不集中，故而"效果较小"；若要深入地研究教育科学，则"应当选一个全国适

---

① 陈耿光. 中国农村与教育改造[J]. 教育杂志，1930, 22(11): 1.
② 侯怀银. 中国教育发展问题研究——以20世纪上半叶为中心[M]. 太原：山西教育出版社，2008: 20—50.

中的地方设一个教育研究所专做这件事……这个研究所的所在地应当有各种各级的学校，并且交通便利、消息灵通，不受政治与军事的影响，进行才能顺利"，并推荐上海为设立教育研究所最相宜之地。①

庄泽宣是我国现代民众教育的一位重要代表人物。早在留学美国期间，他便留心研究中国国内勃兴的"通俗教育思潮"和"平民教育运动"，在此基础上形成民众教育思想。1925年，庄泽宣任厦门大学教授，开始反思当时教育界对外国教育理论与方法全盘接受的弊病，初步形成"新教育中国化"的理念，并探索其实现途径，由此萌发了创建教育研究所的设想。1926年，他转赴国立中山大学，其时国立中山大学也计划创办教育学专业及教育学研究所，这与庄泽宣的设想不谋而合，他便开始积极筹办。1927年秋，国立中山大学在原有四学系的基础上，增设教育等三学系，并决定"设置各种专门学科研究所，为高级修业，及造业，及有相宜学力之外来研究学生作实地专门训练及发扬学术之用"②，"每系必有一研究所对之"③。在计划设置的研究机构中，教育学研究所便是其中之一。之所以创办教育学研究所，一方面是因为大学的工作应重研究，而国立中山大学"乃中山先生手创之唯一大学，为谋中国教育问题之研究与解决，应有教育研究所之创设"④；另一方面是因为"看见国内的教育太外国化而不合于国情"，⑤要使中国的新教育中国化，非经专家长期研究与实验不可，只有专业的研究机构才能集聚大批专家，而大规模的长期研究与实验则非专门研究机构不能胜任。经过一番筹备，1928年2月，国立中山大学教育学研究所正式成立，隶属文史科，并聘庄泽宣为主任，当年10月开始招收研究生。学界公认，这是"国内最早之专门教育研究机关"⑥，"我国有此种教育专门研究机构，实以此为嚆矢"⑦。

国立中山大学教育学研究所掀开了中国近代教育学术研究的新篇章，也为其他高校创办专门的教育研究机构树立了榜样。1931年7月，国立北平

---

① 庄泽宣. 如何使新教育中国化 [J]. 教育研究，1928，1 (2)：55.
② 黄义祥. 中山大学史稿 (1924—1949) [M]. 广州：中山大学出版社，1999：141.
③ 黄仕忠. 老中大的故事 [M]. 南京：江苏文艺出版社，1998：76.
④ 国立中山大学研究院教育研究所. 本所研究事业十年 [M]. 广州：编者刊，1937：1.
⑤ 国立中山大学教育学研究所. 国立中山大学教育学研究所一览 [M]. 广州：编者刊，1930：引言.
⑥ 国立中山大学研究院总办事处. 国立中山大学研究院年报 [M]. 广州：国立中山大学出版部，1937：165.
⑦ 国立中山大学研究院教育研究所. 本所研究事业十年 [M]. 广州：编者刊，1937：1.

大学女子师范学院与国立北平师范大学合组为新的国立北平师范大学，同时由新的国立北平师范大学将原女子师范学院研究所改设为研究院，分设教育科学门与历史科学门；教育科学门于同年9月正式成立，由著名教育学家李建勋兼任主任，招收研究生，并开展教育实际问题的研究。一年后，研究院改为研究所，撤销历史科学门，北平师范大学研究所成为一个单纯的教育研究机构。1934年，正当研究所各项事业在积累了一定经验的基础上走上正轨时，却遭到教育部训令停办，其后虽屡次呈请复设均未能实现。

1933年，雷沛鸿出任广西省（当时广西为省行政建制——笔者注）教育厅厅长。鉴于当时"新桂系"实行较为开明的地方政策，广西开始实施政治、经济、文化、军事"四大建设"，雷沛鸿在此背景下亲自拟订计划，在全省范围内推行普及国民基础教育运动。由于普及国民基础教育运动在近代中国尚属首创，无现成模式可循，为便于省政府领导全省国民基础教育运动的开展并减少其中的盲目性，雷沛鸿萌生了创办教育研究机构的念头并积极建议广西省政府，随后广西省政府批准了雷沛鸿拟订的广西普及国民基础教育研究院开办计划并任命他为该院院长。在广西省政府和教育厅的支持下，雷沛鸿于1933年12月主持成立了广西普及国民基础教育研究院作为广西普及国民基础教育的研究、实验和指导机关，这是广西第一个教育研究机构，也是近代中国第一个省级教育研究机构。

紧随其后，国立中央大学于1934年2月在著名教育心理学家艾伟的主持下成立了教育实验所。艾伟在实际工作中认识到实验对于解决教育问题的重要性，而过去虽然也进行过相关实验，但因无中心组织而未能集合研究力量。为培植实验人才并解决教育问题，他建议校务会议设立教育实验所，集中利用中央大学教育学院教育、心理两系人才与设备，用心理实验和统计的方法，解决教育问题，并创立中国化的教育心理学科。该所成立当年即招收研究生协助工作进行。

在近代中国教育研究机构的初创阶段，上述四所教育研究机构依托不同平台相继诞生，国立中山大学教育学研究所和国立中央大学教育实验所依托国立综合性大学，国立北平师范大学研究所依托国立师范大学，而广西普及国民基础教育研究院则属地方公立教育研究机构，它们的创办各有其背景，但在其发展过程中均为近代中国教育学术和教育事业的发展发挥了巨大的推动作用。

第三节 近代中国教育研究机构的拓展
（1934—1945）

晚清政府和北京政府曾相继颁布《奏定大学堂章程》（1904年1月）、《大学令》（1912年10月）、《大学规程》（1913年1月）和《修正大学令》（1917年9月）等章程法规，其中规定通儒院、大学院等为高等研究机构，但这类规定大都停留在纸面上，未能实施。自1934年开始，南京国民政府相继出台一系列与学术研究机构相关的法律法规，并在教育部成立了学术审议委员会，使得教育研究机构的学术研究和人才培养工作有法可依并部分地有了专门的管理机构。由于中央研究院和北平研究院作为独立设置的研究机构均不招收研究生，教育部便计划在这两所研究院之外，选择大学与独立学院[①]中设备充实、师资健全者设研究院所，为大学毕业生深造之地，于是教育研究机构有了得以成立与发展的制度保障及外部环境。抗战时期，国内教育事业遭到破坏，但因抗战时局的需要，教育研究机构却有所拓展，为战时教育学术的发展作出了卓越贡献。

一、南京国民政府的立法举措及其意义

南京国民政府成立后制定颁布了多项关于学术研究及其机构的法令，从而在法理和制度上保证了此类机构的地位及其各项事业的发展。必须说明的是，所有这些立法并不专门针对各类教育研究机构，但教育研究机构作为学术研究机构大家庭的一员，所有这些法律法规自然适用于它；而且这也表明，教育研究机构不再处于自生自灭的状态，国家层面的介入使教育研究及其机构既获得了支持和保障，同时也必须接受其规范和制约。

1928年5月，第一次全国教育会议通过了《整理学校系统案》，规定于大学以上设置研究院，专为大学毕业生之研究机关，不定肄业年限，此即为后来大学研究院所的由来。1929年，南京国民政府教育部公布《改进全国教育方案》，其第六章《改进高等教育计划》中规定"国立各大学应先后筹备研究院或研究所，在设备完成后，考选本校及其他大学毕业生作研究生，

---

① 依1929年7月26日南京国民政府公布的《大学组织法》相关规定，大学分国立、省立、市立及私立等类型，内分文、理、法、教育、农、工、商、医各学院，凡具备三学院以上者，始得称为大学，不合此条件者为独立学院，至少得分两科。

造就委身学术、埋首研究的学者，完成最高学府的任务"[1]，并专列一节对大学研究院所作出多项规定：

第一　国立各大学，除已设研究院或研究所的以外，凡国立大学具备下列各项条件的，得酌设研究机关。

甲、每年除大学各学院经常费外，还有确定的研究经费的。

乙、图书仪器标本等设备，比较充实的。

丙、校内教授对于某种学术有特殊贡献的。

第二　研究机关，设研究讲座三个以上时，称研究所；设研究所二个以上时，称研究院。

第三　研究院应以校名冠首，例如国立某某大学研究院；研究所应以学院或学系名冠首；研究讲座，以学程名冠首。

第四　国立大学研究院长，得由校长自兼；研究所所长，得由院长或系主任兼任，研究讲座导师，得由教授兼任。

第五　研究生资格以国立省立及已立案的私立大学毕业生经试验及格的为限。研究期限暂定为至少三年，研究期满，得应国家博士学位试验。

第六　除在校担任助教或助理而兼作研究生者外，每月得酌给津贴。

第七　国立各大学筹设研究所或研究讲座时，如需要多量款项且是必不可省的，应开列预算，呈由教育部转咨财政部核给。但各大学冗员及其他费用，应先酌量裁减移用。[2]

这可以说是中国政府最早对大学研究院所的设立进行规范的规定，其后的各种法令都以此为蓝本，依其中某些条款作出规定。同年7月，国民政府公布《大学组织法》，重申蔡元培的大学教育思想，规定大学应"研究高深学术，养成专门人才"，从而以法律形式确定了大学的学术研究任务，其中亦有"大学得设研究院"之明文规定[3]。1934年，教育部公布实行《大学研究院暂行组织规程》，对于大学研究院之设立条件、组织及研究生招考、毕

---

[1]　中国国民党中央委员会党史史料编纂委员会. 革命文献：第54辑　抗战前教育政策与改革[M]. 台北：台湾文物供应社，1971：164.
[2]　中国国民党中央委员会党史史料编纂委员会. 革命文献：第54辑　抗战前教育政策与改革[M]. 台北：台湾文物供应社，1971：171—172.
[3]　宋恩荣，章咸. 中华民国教育法规选编[M]. 南京：江苏教育出版社，2005：395.

业等事项均有详细规定，于是各校之成立研究院所者，始得有所依据。其中重要条文为：

第四条 研究院研究所及研究所所属各部之设置，须经教育部之核准。

第五条 设置研究院研究所之大学，须具备下列各条件：

（一）除大学本科经费外有确定充足之经费专供研究之用；

（二）图书仪器建筑等设备堪供研究工作之需；

（三）师资优越。

第六条 大学研究院设院长一人，得由校长兼任。各研究所及所属各部各设主任一人。

第七条 招收研究生时，以国立省立及立案之私立大学与独立学院毕业生经公开考试及格者为限，并不得限于本校毕业生。在外国大学本科毕业者亦得应前项考试。研究院各研究所或部必要时得停止招收研究生。各大学依本规程所招收之研究生，应于取录后一个月内连同资格证件报部审核备案。

第八条 在学位法未颁布以前，各研究生研究期限暂定为至少二年；期满考核成绩及格由大学发给研究期满考试及格之证书。前项考试机关应有经部核准之校外人员参加，其详细规则另定之。

第九条 研究生应习之课程及论文工作由各校详细拟订，呈经教育部核定。

第十条 研究生不得兼任校内职务。

第十一条 研究生成绩优异者得给予奖学金，其名额及金额由各校自定之。

第十二条 独立学院得准照本规程各条之规定设置研究所。[①]

另外，此规程第十三条还规定："各大学或独立学院，在本规程公布前，已设置研究所者，应照本规程第四条及第五条之规定，呈部审核，经审核认可者，方得继续设立。"[②] 例如，国立中山大学教育学研究所虽于1928年就已成立，但并未取得合法地位，直到此时遵照此规程改组后才予以认可。另外，当时因《学位授予法》尚未颁布，研究生研究期满考核及格并提出论文

[①] 宋恩荣，章咸. 中华民国教育法规选编[M]. 南京：江苏教育出版社，2005：399-400.
[②] 宋恩荣，章咸. 中华民国教育法规选编[M]. 南京：江苏教育出版社，2005：400.

经教育部复核无异后,只由大学颁发研究院所考试及格证书,并不授予学位。

1935年,国民政府及教育部相继颁布了《学位授予法》(4月22日公布,7月1日实行)、《学位分级细则》(5月23日公布)及《硕士学位考试细则》(6月12日公布),对于研究机构培养的研究生的考试及学位授予有了明文规定,遂使研究生培养工作得以依法进行。随着相关条例制度的明确及各学科专业人才和毕业生不断增加,由大学设立的研究院所逐步增多。依上述各项法令,教育部通令各大学研究院所于办理硕士学位考试时,务须遵照《硕士学位考试细则》第九条之规定,硕士候选人考试成绩经主试各委员分别评定后,提送考试委员会,由该委员会拟具考试及格报告书,经各委员签名盖章,并遵照第十条之规定"候选人考试合格之论文(附提要一份),试卷及各项成绩,应于考试完竣后一月内由校呈部复核"① 呈送教育部审查合格后,授予硕士学位;其论文成绩优异者,可由教育部刊印;并制定硕士学位证书、考试委员会报告书及研究期满成绩表的式样,颁发各校院研究院所通用(见附录二)。

1936年4月,教育部因各校在1934年《学位授予法》颁布之前招收的研究生即将研究期满,特颁《硕士学位考试办法》如下:

1. 参加硕士学位考试之研究生,应以各该大学研究院或研究所曾依《大学研究院暂行组织规程》第七条之规定将该生资格证件报部核准有案者为限;

2. 举行硕士学位考试之大学研究院或研究所,如尚未依照《大学研究院暂行规程》第九条之规定,将研究生应习之课程及论文工作呈经本部核定,应于举行考试前补报备核;

3. 举行硕士学位考试之大学研究院或研究所,应依照《硕士学位考试细则》第七条之规定,先期拟具校内外委员名单呈部核准;

4. 关于考试一切事宜,应由各该大学研究院或研究所与考试委员会,依照《硕士学位考试细则》之规定分别办理。②

1938年,教育部颁布《师范学院规程》,规定师范学院以单独设立为原

---

① 国民政府教育部参事处. 教育法令汇编:第1辑[M]. 上海:商务印书馆,1936:131-132.

② 中国第二历史档案馆. 中华民国史档案资料汇编:第五辑 第一编 教育(一)[G]. 南京:江苏古籍出版社,1994:1408-1409.

则，或于大学中设置之，当时各国立大学如中山大学、中央大学等校的教育学院奉令改为师范学院；同时，在吸取以往高等师范办学经验的基础上，规定师范学院得附设师范研究所，招收师范学院毕业具有研究兴趣，或大学其他院系毕业有两年以上教学经验之中等学校教员，研究期限2年，期满经硕士学位考试及格者，授予教育学硕士学位。这些规定确立了师范学院教育研究所作为教育科学研究机构的地位，同时也保证了其进行教育科学研究的"正当"与"合法"地位。其后，这些规定在1942年公布的《修正师范学院规程》中再次得以体现。

1939年，中华民国教育部根据第三次全国教育会议决议将《大学研究院暂行组织规程》第十条"研究生不得兼任校内职务"修订为"研究生不得兼任校内职务，但助教不在此限"，并规定助教兼研究生之办法为："1. 须经研究院所入学考试及各种学期学年考试；2. 研究期限须在3年以上；3. 应读学分及论文研究，须与普通研究生同。"[①]

按《学位授予法》及《硕士学位考试细则》相关规定，已获学士学位并曾在公立或立案之私立大学或独立学院之研究院所继续研究2年以上，经该院所考核成绩合格者，由该院所提出为硕士学位候选人。硕士学位候选人之论文，例须呈送教育部审查；经核定无异后，授予硕士学位。教育部对于硕士论文之审查一向并无专管机构，直至1940年教育部为推动学术文化的发展而组织成立学术审议委员会，自1943年始将各研究院所硕士学位论文之审查划归该会统一办理，从而使大学研究院所硕士学位论文审查工作有了统一的主管机关。

1941年，教育部鉴于过去两年各大学研究院所各学部招生多不足额，为促进各方对于国内大学研究所之重视起见，决定：（1）颁令昭示大学研究院所之重要，申明本国大学研究院所之硕士学位资格，与国外大学学位相等；（2）硕士论文由部统筹印刷，以提高本国硕士学位之地位。[②] 同年，教育部根据国民参政会及中国国民党第五届第八次中央委员会全体会议关于扩充研究院所之决议，确立各大学研究院所统筹设置原则：（1）充实原设学部：督令原有研究所各学部切实办理，并增加补助费，俾充实其设备及研究需要。（2）增设必需之学部：甚有需要之学科而国内尚无该项学部，或虽有该项学部而数量不敷者，就对于该科素有成绩之若干学校设置之。（3）扶植

---

① 叶佩华. 我国大学研究院所设施情形之检讨［J］. 高等教育季刊，1942，2（4）：67.
② 叶佩华. 我国大学研究院所设施情形之检讨［J］. 高等教育季刊，1942，2（4）：67.

优良之学校；成绩优良之学校，准其增设学部，俾其研究所与大学本部互相配合，而收相得益彰之效[①]。1942年，教育部鉴于各大学研究院所之学部已有相当数量，应在量的发展之上求质的改善，故确定其原则为：（1）集中人力物力，积极充实原有各研究院所；（2）已设置有相当数量之研究学部，不再增设；（3）有特殊需要而现时又尚未设置之研究学部，得由部斟酌实际情形，指定设备及师资优良之大学设置之[②]。

综上所述，在近代中国高等教育的发展过程中，国民政府及其教育部通过加强对高等教育的法制化管理，较为积极地修订和颁布了一系列有关高等教育的法规、法令和条例等，逐渐形成了有关高等教育发展的法律体系，而依托各类高等院校设立的研究院所遂得以在此体系内开展学术研究及人才培养等工作。从纵的方面来看，这些法令组成的法规体系形成了对大学研究院所进行管理的多种层次，诸如从《大学令》的基础法规到《大学研究院暂行组织规程》的中层法规再到《硕士学位考试细则》和《硕士学位考试办法》等指导性较强的具体条例均包含在内，使研究院所的发展既有基础法规的法理支撑，又有详细条例的具体指导，具有很强的可操作性；从横的方面来看，这些法规涵盖了大学研究院所的设立条件、性质、组织及管理体制等方面，并对其发展目标和方向作出明确规定，从各个方面规范和制约大学研究院所的工作，使它们能够在法律的保障下合理而有效地运作。这些法规法令与研究机构发展有较强的互动关系，并能因实际需要而进行修订或颁布新法，它们的互动作用促进了近代中国学术体制的形成与发展。唯其不足之处在于这些法规法令仅适用于国立大学和独立学院，而对私立大学、地方公立和私立研究机构却不曾提及，这也使得这类研究机构尤其是教育研究机构的发展因无相关法律法规的保障和规范而处于"自生自灭"状态。20世纪上半叶，相较于国立大学和独立学院，私立大学、地方公立和私立研究机构的发展无论从数量还是从水平来看都明显失衡，这也是一个很重要的影响因素。

二、研究事业与全面抗战时局的结合及其影响

全面抗战爆发后，各研究机构因随大学内迁，人才设备及经费各方面颇受影响，研究工作几乎陷于停顿，但几年后逐渐恢复，并有所发展。据统

---

① 叶佩华. 我国大学研究院所设施情形之检讨 [J]. 高等教育季刊，1942，2（4）：67.
② 叶佩华. 我国大学研究院所设施情形之检讨 [J]. 高等教育季刊，1942，2（4）：67-68.

计，1936年中国大学共有21个研究所、37学部；1937年全面抗战爆发后，下降至18个研究所、23学部；1939年恢复并上升至27个研究所、43学部，以后逐年增加。具体来说，1939年新设4个研究所、6学部；1941年新设12个研究所、13学部；1942年新设12个研究所、13学部，总计达55个研究所、75学部[①]，反较抗战前大幅增加。究其原因，主要有两点：第一因战争关系，兵器及战争物资的生产刺激了科学研究的发展，使"国人观感特别重视应用科学"，"政府对应用科学不惜用大量金钱，增添若干新机关"；[②] 第二因战争爆发，外汇汇率上升，留学生在国外所需费用较多，教育部因此颁布《限制留学生办法》，战前每年呈请留学并由教育部给予留学证书者均在千人以上，而1937年锐减为366人，1938年更减为92人，1939年则为65人。[③] 大学毕业生国外留学机会减少，而政府提出的抗战建国方略正在实行，对学术研究的需要尤其增大，而一般具有研究兴趣、有志深造的大学毕业生要想从事学术研究，除进入国内之学术研究机关外别无他途，于是大学研究院所之设置更为切用而必要。有鉴于此，南京国民政府遂采取特别政策，令教育部斟酌各国立大学原有人才设备，由教育部补助各校一定费用，原设研究院所恢复招生或增设研究所或学部，以应急需。当时已设立的教育研究机构有国立中山大学、国立中央大学，新设立者有国立西北联合大学（后因学校改组而演变为国立西北师范学院）（见表1-1）。各大学依《师范学院规程》将原教育研究所改称师范（科）研究所，每学部由教育部核给设备补助费2000元或3000元；另为奖励研究起见，每学部由教育部给予5名研究生生活费每人每年400元，5名之外由各校自行发放津贴。各师范研究所于1939年度重新开始招生，并对研究生资格作了一些变更：《大学研究院暂行组织规程》原本规定研究生不得兼任校内职务，自1939年度起规定研究生得兼助教，"自经通令后，各校研究院所招收研究生时，助教亦不少应试者"[④]。

[①] 叶佩华. 我国大学研究院所设施情形之检讨[J]. 高等教育季刊，1942, 2(4): 69.
[②] 中国国民党中央委员会党史史料编纂委员会. 革命文献：第59辑 抗战时期之学术[M]. 台北：台湾文物供应社，1972：123.
[③] 叶佩华. 我国大学研究院所设施情形之检讨[J]. 高等教育季刊，1942, 2(4): 69-72.
[④] 边理庭. 抗战以来高等教育行政的新设施[J]. 高等教育季刊，1941, 1(1): 289.

表 1-1　各国立大学师范研究所简况统计表（1941年）①

校名	所名	部名	部主任	专任一	专任二	兼任	研究生数
国立中央大学	师范科研究所（所主任孙本文）	教育心理学部	艾　伟	0	3	1	8
国立西北师范学院	师范研究所（所主任李建勋）	教育学部	李建勋	1	4	0	13
国立中山大学	师范研究所（所主任由研究院院长崔载阳兼）	教育学部	崔载阳	2	0	0	9
		教育心理学部	陈　立	1	0	0	3

资料来源：《我国大学研究院所设施情形之检讨》，《高等教育季刊》1942年第2卷第4期，第75页。

全面抗战时期，中国教育研究的中心任务是如何迅速普及教育，提高民众素质，激发爱国情操和增强民族精神，因此，师范教育和心理教育的研究受到格外重视，各教育研究机构都将研究事业与抗战时局结合起来，开展战时教育研究及实践。国立中山大学师范研究所设有教育和教育心理两个学部，教育学部分教育理论、教育行政、教材教法和教师问题四组，教育心理学部分理论心理、测验统计、学习心理和职业心理四组，两个学部分工合作，颇能反映当时中国教育学研究的特点。由于缺乏稳定的研究环境及经费来源，研究生也因战事缺招，研究工作受到一定影响，不能再像之前那样进行较多专题研究，主要开展了中小学生国难教育意见调查、战时儿童教育等与时局相关的战时教育研究。研究所代主任尚仲衣积极宣传抗日，撰写了《民族危难中的教育政策问题》《中国教育应有的转向》《致下乡做救亡工作的青年》等文章，指导抗日救亡运动的开展。在他的主持下，《教育研究》连续出版战时特刊。他还以教育研究所为阵地，在广州组织"抗战教育实践社"，举办自修班和特种训练班，兼任自修班的班主任，并安排教育研究所的师生担任自修班的教学工作，培养抗日救亡力量。国立中央大学师范科研究所注重教育心理的探讨，编辑出版期刊《教育心理学报》，还接受教育部国民教育司等机关委托，开展重庆迁建区小学教育测验及体格检查、重庆迁建区小学智力学力及体力调查研究以及由青年团、兵工厂等机关委托之各种

---

① 表内"专任一"指专任研究所教授者，"专任二"指由大学部教授兼任者，兼任指他校教员或职员兼任者。

测验及机械能力研究等；在艾伟的主持下，对大中小学及社会教育心理、军警心理、实业心理的研究，无论是广度还是深度，都达到了当时的最高水平。全面抗战爆发后，国立北平师范大学奉令迁往陕西西安并与北平大学和北洋工学院组成西北临时大学，后于 1938 年春迁往陕西城固，同年 4 月奉令改称国立西北联合大学，原北平师范大学整体改组为其教育学院，7 月间又依《师范学院规程》改称师范学院。为满足大学毕业生进一步研究之需，同时推进抗战建国工作，于 1938 年 12 月在李建勋主持下成立师范研究所。次年 9 月，国立西北联合大学奉令再次改组，其师范学院改组为国立西北师范学院，原西北联合大学师范学院师范研究所由国立西北师范学院继续办理，并于 1943 年迁往甘肃兰州。国立西北师范学院师范研究所虽远离战区，但在李建勋主持下，开展多项战时教育研究，如李建勋和许椿生合作开展的"战时与战后教育"研究、王镜铭主持的"战时民众组织与训练"研究等；此外，还有金澍荣、杨少松合作进行的"西北中等学校师资之改进"等研究即是针对西北地区战略大后方建设而开展的。

由于教育部对于师范学院以国立为原则审察全国各地情形分区设立，地方公立或私立院校不得设立师范学院，故此类院校也不得设立师范研究所，但对教育研究机构的设立却无明文规定，也就是说，既不提倡也不禁止；而且随着抗战局势的发展，在全国范围内又添设许多教育研究机构，使教育研究机构的发展呈现多元化的趋势，并在地域分布上也有了一些变化。当时的教育研究机构除前述之国立综合性大学和国立师范院校设立的师范研究所外，新设国立浙江大学教育学系培育院、国立社会教育学院研究部以及广西教育研究所和四川省立教育科学馆等地方公立教育研究机构，此外私立晓庄研究所、私立华西协合大学教育研究所、私立践四社会教育研究所（为纪念高阳而创办。高阳，字践四——笔者注）等私立教育研究机构也相继建立。上述新创办的教育研究机构主要是为了适应抗战对教育研究的需要，因此大多能与抗战时局相结合，在推动战时教育事业发展的同时为抗战建国事业培养高级人才。

1939 年 1 月，陶行知在创办晓庄学院的计划受阻后，退而求其次，改办晓庄研究所，作为生活教育社的一个附属机构，集中力量专门研究生活教育的理论与实践。为与抗战时局结合，晓庄研究所确定其宗旨为"研究问题，追求知识，以增加抗战建国之力量"[①]，并依陶行知的计划对战时发生

---

① 方明. 陶行知全集：第 4 卷 [M]. 成都：四川教育出版社，2005：599.

而被忽略的、同时又是亟待研究的各种教育问题如军队教育、壮丁教育、伤兵教育、难民教育等问题加以研究；陶行知还发表《岩洞教育的建议》《兵役宣传之研究》等研究报告，聘请专家对拟定的课题展开研究；同时，为切实解决战时天才及难童教育问题，在晓庄研究所附设育才学校；此外还主编《战时教育》月刊，编辑出版《战时儿童读物》《战时民众读物》等书籍，切实推动抗战建国事业的发展。1940年3月间，西南联合大学师范学院起草《师范研究所教育门计划书》，准备在当年秋季设置师范研究所教育门，招收教育及心理学硕士研究生，学制2年，借以研究教育学术，培养教育学术人才，并解决当前各项教育理论与实际问题，但终未能实现。1941年8月，民国时期唯一一所培养社会教育人才的高等院校——国立社会教育学院创立于四川璧山（今属重庆市——笔者注），它肩负着培养社会教育专门人才、研究社会教育高深学术的使命，而且社会教育在中国的发展起步较晚，为使其实施取得成效而减少人力物力财力方面的损失，学院于创办之初即设立研究部作为研究社会教育学术的中心。研究部成立后，通过社会教育专题的研究和设计、《教育与社会》和《社会教育季刊》等期刊的创办等方面的工作切实推动社会教育专门人才的培养、社会教育理论的传播及社会教育理论体系的构建。尤其是《教育与社会》季刊，在1945年7月抗战胜利前夕即以"战后中国社会教育建设专号"刊载一系列文章对战后社会教育建设进行专门探讨，有多位社会教育专家对战后中国社会教育建设建言献策，其后又在第4卷第3、4期合刊中对战后收复区再教育、国民体育、扫除文盲、农村社会教育等方面的问题进行探讨，广泛包含了社会教育的各个方面，应该说此举不但丰富了社会教育的理论，而且也具有现实的指导意义。1943年，私立华西协合大学在傅葆琛主持下创办教育研究所，通过创办刊物、举办教育学术讲座、编纂教育论文索引、设立专题研究等方式开展教育研究，特别突出了乡村教育理论与实践的探索。1944年，国立四川大学师范学院计划添设师范研究所以培植教育学术专门人才，但最终未能设立。

综上所述，全面抗战时期因特殊时局需要，教育研究机构在数量、类型和地域分布等方面都发生了若干变化。从类型看，国立中山大学师范研究所、国立中央大学师范科研究所以及计划设立而未能实现的国立西南联合大学师范学院师范研究所教育门和国立四川大学师范研究所依托国立综合性大学，国立西北师范学院师范研究所和国立社会教育学院研究部依托国立独立学院，四川省立教育科学馆和广西教育研究所属于地方公立教育研究机构，而晓庄研究所和华西协合大学教育研究所则属私立性质。因此，较之战前，教育研究机构在数量和类型上均有所增加。从分布地域看，战前国立中山大学教育研究所在广州，国立中央大学教育实验所在南京，国立浙江大学教育学系培育院在杭州，广西普及国民基础教育研究院在南宁，基本集中于东南与华南等教育发达地区。全面抗战期间因各战区及周边高校向内地迁移，国立中山大学师范研究所随校迁至云南澄江，后又迁到粤北坪石，国立中央大学师范科研究所随校迁至四川重庆，国立西南联合大学在云南昆明，国立四川大学在四川成都，国立浙江大学教育学系培育院和广西普及国民基础教育研究院停办。新设立的教育研究机构中，国立西北师范学院师范研究所（含其前身国立西北联合大学师范学院师范研究所）在陕西城固，后迁至甘肃兰州；国立社会教育学院研究部在四川璧山，后迁江苏苏州；四川省立教育科学馆在四川成都；广西教育研究所在广西桂林，后曾疏散至该省多个地方；私立晓庄研究所在四川重庆（后迁北碚），并在广西桂林设办事处；华西协合大学教育研究所在四川成都。总体看来，全面抗战时期教育研究机构实现了从东部向西部的转移，尤以四川最为集中，这与战时四川作为陪都重庆的所在地和战略大后方有关。以教育研究机构为平台的教育学术中心向西部内地转移极大地推动了西部地区的高等教育事业，同时也在西部地区播下了学术研究的种子；战后虽然多数教育研究机构回迁，但当地的教育学术水平却因曾设立过教育研究机构而得到提高，而且还有个别教育研究机构（如国立西北师范学院教育研究所）留驻西部地区，为当地的教育研究事业作出持久的贡献。

教育研究机构研究事业与抗战时局的结合促成了机构与事业两方面的拓展，从而使自身地位得以提高，并在经费和人事方面拥有一定自主权。这是积极的一面，但同时也产生了一些问题。由于研究所自身的发展，便逐步脱离各自所属学系，自成独立系统，遂对中小学师资培养及其研究的任务不够重视，逐渐演变成单纯培养研究生的机构，致使研究院所的师资得不到学校的支持，特别是基础课和专业基础课的开设有很大困难，教学与科研不能很好地结合，人员编制增多，这些问题又在一定程度上阻碍了教育研究机构的进一步发展。

三、地方教育改革与地方公立教育研究机构的建立

地方公立教育研究机构是近代中国教育研究机构的一个重要组成部分，本研究所涵盖的时间范围内主要有广西省政府先后创办的广西普及国民基础教育研究院和广西教育研究所以及四川省政府创办的四川省立教育科学馆，

第一章　近代中国教育研究机构的创立背景及过程

它们既是集师资培训与教育研究于一体的学术研究机构，也是地方教育行政的智囊机构，在指导地方教育实验与改革的同时，形成了颇具特色的教育学术文化。

广西普及国民基础教育研究院创办于1933年12月，但其研究事业的开展主要是在近代中国教育研究机构的拓展阶段。成立之初，它即确立"以学术研究所得之结果，辅助教育行政，完成普及国民基础教育之五年计划于全省"的宗旨[1]，并规定其主要事业及任务如下：（1）调查全省社会现状及民众生活需要，以为实施国民基础教育之依据；（2）研究和实验实施教育的方案；（3）训练和培养国民基础教育之骨干；（4）指导教师与学生开展实验活动；（5）编辑国民基础教育的各种教材[2]。鉴于国民基础教育体系复杂，又与一般的普及教育多所不同，雷沛鸿认为拟订研究计划极为重要，基于这种认识，研究院在创办过程中不仅制定了《广西普及国民基础教育研究院组织大纲》等全景式计划和《二十三年度广西普及国民基础教育研究院事业进行计划》《本院二十四年度工作进行计划总纲草案》等阶段性计划，还制定了《水利合作和养鱼合作问题》《人才问题与经费问题》《广西省苗族教育实施方案》等专题性计划[3]，应该说上述计划的拟订与实施是研究院在普及国民基础教育运动中取得较好成果的保证之一。研究院在两年半的存续期间成绩显著，依雷沛鸿的看法，所有五项研究事业"均能依开办计划所预定者逐步进行，随之以学术带动行政的理想并能依次实现"[4]。1936年6月，正当普及国民基础教育运动全面展开并取得初步成果之时，蒋桂矛盾激化，内战迫在眉睫，广西省政府全力以赴应付时局，难以继续支持普及国民基础教育运动，加之其早对研究院的进步活动甚为不满，省政府委员会议决免去雷沛鸿的教育厅厅长职务，停办广西普及国民基础教育研究院，将其改为广西教育研究所，隶属于广西大学。

全面抗战爆发后，广西教育事业得到较快发展，但因广西普及国民基础教育研究院停办后普及国民基础教育实验中如学校数量、质量、师资、教材、经费及辅导等问题日渐突出，于是为了加强教育理论研究以解决教育革新的实际问题，广西省政府决定将名存实亡的广西教育研究所收回并重组，交由教育厅办理，但起初一段时间收效不甚明显。1939年7月，雷沛鸿第

---

[1] 行政院农村复兴委员会. 广西省农村调查[M]. 2版. 北京：商务印书馆，1935：357.
[2] 吴桂就. 雷沛鸿与民族教育体系[M]. 桂林：广西师范大学出版社，2002：71.
[3] 喻本伐. 论雷沛鸿的教育实验思想[J]. 教育研究与实验，2006（6）：70.
[4] 陈友松. 雷沛鸿教育论著选[M]. 北京：人民教育出版社，1992：148.

四度出任广西省教育厅厅长，建议广西省政府为加强教育学术与教育行政之联系，使教育工作面临的问题得到解决，以期教育事业健全发展，并为培训中等教育师资及教育行政干部，应设立新的广西教育研究所，以继续广西普及国民基础教育研究院未竟的教育研究事业。次年5月，广西省政府委员会批准雷沛鸿起草的《广西教育研究所组织大纲》，聘请李任仁、陈鹤琴、陈剑脩、高阳为该所委员。8月初，广西教育研究所正式成立，广西省政府聘任李任仁为所长，并聘5~7人组成委员会，综理全所事务。研究所下设总务、研究实验、教学、辅导4个组，其主要任务是为"广西省中等教育师资之培养、辅导、检定、进修；国民基础教育、中等教育及其他各种教育理论、制度与方法之研究及实验；提供本省教育改进计划与实际问题之解决；省政府委托之有关教育事项之计划与研究等"①。8月28日—31日间举行了5次会议，出席者有李任仁、雷沛鸿、高阳、陈剑脩等委员，议决研究所规章制度多种。1942年4月，研究所与省立桂林师范专科学校合并，在此基础上成立广西省立桂林师范学院，研究所改为"广西省立桂林师范学院附设师范教育研究所"。次年1月，广西省政府重新制订《广西教育研究所组织大纲》，并提交广西省政府委员会通过，决议独立办理教育研究所；30日，广西教育研究所于普陀山旁原址正式恢复成立，聘请雷沛鸿为所长，原省立桂林师范附设师范教育研究所同时停办②。所内设中等教育与国民教育研究两部门，工作先是侧重中等学校师资的培训，嗣后则着力于国民中学课程和教材的实验研究。1944年9月后，因日军第二次入侵广西，该所奉令疏散，先后搬迁柳州、宜山、南宁、田阳，最后迁至百色，负责筹建公立西江学院，并开始国民大学教育的初步实验。1945年9月中旬，研究所迁回南宁原广西普及国民基础教育研究院旧址，所内人员兼任西江学院的工作，此后又致力于国民高等教育的研究和办理。1948年初，广西省政府裁撤教育研究所，其人员并入省立西江文理学院。

四川省立教育科学馆与广西教育研究所有着基本相同的创办旨趣和研究事业，它是在抗战中期由时任四川省教育厅厅长郭有守为谋求地方教育行政与教育学术的密切结合发起成立的。全面抗战期间，四川是陪都重庆的所在地，也是全国抗战的大后方，其战略地位十分重要。为了提高民族觉悟，唤

---

① 广西教育研究所. 广西教育研究所概览[M]. 桂林：广西教育研究所，1940：4.
② 广西壮族自治区地方志编纂委员会. 广西通志·教育志[M]. 南宁：广西人民出版社，1995：743.

起民族意识，四川省政府采取了一系列措施推动四川教育的发展，但各级各类教育在发展过程中凸显出各种实际问题，需要通过科学研究加以解决。另外，因战争局势，中国大批高校及文化团体迁至四川，而大批文化名人、教师、学生也随之涌入四川，为四川提供了丰富的智力资源，也给四川教育注入了新鲜血液；频繁的学术交流和活跃的理论探索使得四川各级各类教育得到迅速发展的同时，教学和科研水平也显著提高，四川省立教育科学馆即结合内外部条件得以成立。1939年3月，四川省政府"为谋教育学术与行政需要之密切配合，教育理论与教育实际之互相印证，及运用科学方法与技术辅助本省教育行政机关，改进全省各级学校教育与社会教育，以期增高行政效率，发展教育事业，适应战时需要，奠定建国基础"[①]，由新任教育厅厅长郭有守向四川省政府提议设立教育科学馆，以协助教育厅从事全省教育之调查、统计、编辑、研究、实验等工作。该提议经省政府会议通过，并令郭有守兼任馆长。经过一番筹备，至同年5月8日，四川省立教育科学馆得以正式成立，并订定《四川省立教育科学馆组织规程》，后经省政府委员会议决通过实行。该规程详细规定了教育科学馆的工作范围，主要在于对该省教育的各类实践问题开展研究、调查及实验，从而也明确了其自身定位："一对政府为教育学术与行政之咨询机关，二对本身为教育学术与行政之研究机关，三对全省各级学校教育与社会教育为辅导机关。"[②] 四川省立教育科学馆从自身定位出发，从该省教育实际出发，对该省教育展开广泛的调查、实验与研究，并通过通讯研究和讲习等方式培训国民学校和中等学校的教师，此外还主编多种教育辅导刊物，通过刊载国内外教育信息、发表教育论著以促起全社会对教育事业的关注与支持，并有力地辅助当地各类教育改革事业的发展。

这一时期，南京国民政府通过制定、颁布多项关于学术研究及其机构的法规介入并引导了学术研究机构的发展，教育研究机构也因此获得了相关的制度保障而在其体制化进程中迈出了关键的一步，从此走上了正规化的发展道路；全面抗战局势的发展凸显了对研究事业的需求，同时为教育研究机构提供了智力资源，成为促成教育研究机构在新的历史环境下得以拓展的契机；一些地方政府也在地方教育改革中认识并强调了教育研究的作用并创办了教育研究机构，在服务地方教育改革事业的同时为中国教育研究事业的发

---

① 国立编译馆. 四川省立教育科学馆五年概况[M]. 成都：国立编译馆，1944：1.
② 四川省立教育科学馆. 本馆概况[J]. 四川教育通讯，1946(5)：2.

展贡献了力量。总之，由于上述各因素的综合影响，这一时期的教育研究机构在自身发展上呈现出诸多特点，具体表现为在数量上大幅增加，类型上呈多元化趋势，并在地域分布上实现了从东部地区向西部地区的转移，从而在整体上体现了近代中国教育研究机构的拓展。

第四节 近代中国教育研究机构的衰落
（1945—1949）

抗战胜利后，原内迁各高校积极复员旧址办学，其时各类教育研究机构有留驻原校者，有随校回迁者，也有重新建立者；至少从数量上看，教育研究机构呈现出良好的发展势头，与此同时它们普遍希望在新的历史时期为教育学术事业作出更大贡献。但事实上，由于复员本身造成的各种影响，也由于内战爆发后经费短缺问题加剧，许多教育研究机构的发展反而不及全面抗战时期。一言以蔽之，这些表象的背后，是因为时局转变而致使国民政府自顾不暇，教育及其学术研究难免遭受冷落，各类教育研究机构也就在这种低迷状态中逐渐走向衰落。

一、抗战胜利后复员的影响

因抗战胜利后内迁各高校相继复员，原有的教学秩序被打乱，各教育研究机构的人员、设施都有不同程度的流失，致使其事业受到一定影响。

国立中山大学师范研究所随校回迁后于1946年复易名为"教育研究所"，仍保有教育学和教育心理学两个学部，但所刊《教育研究》在竭尽全力复刊后仅出版一期即"以战时损失重大，复员伊始，百端待举，财力益艰，竟无力继续"[①]。抗战期间，该刊虽曾两度停刊，其余时间则以合刊等形式不定期出版，但总算勉力维持；而抗战胜利后却再度停刊，复员影响之大可见一斑。国立中央大学师范科研究所随校回迁后改为"教育研究所"，设有教育学和教育心理学两学部，但教育心理学部于1947年初改称心理学研究所，并划归理学院，由此教育研究所仅剩教育学一个学部。同时，艾伟在抗战胜利后也遭受排挤，就在他去南京为学习心理实验班寻找新班址以期扩充实验时，该班却被并入中央大学师范学院附中，其研究工作失去了重要实验基地；研究所所刊《教育心理研究》及其英文简编也被迫停刊，对此他

---

① 编辑部. 篇首语[J]. 教育研究，1948，16（1）：1.

不无幽怨地说:"可是不幸得很,去年笔者由欧洲讲学归来,正当复员渐次告竣,似可重整旗鼓,以进行大规模的实验研究。同时英美学术机关,尤其是各国大学图书馆从前收藏有拙编的《教育心理研究之英文简编》的都来信,催寄该刊之继续出版之各期,笔者殊无法答复。因为抗战期间能排万难以创办的一种纯学术性的刊物而于复员以后,乃反不能继续,这真使国外人士不易了解。笔者由澳(指澳大利亚。艾伟于1946年8月代表教育部及教育学术团体联合会赴澳大利亚出席新教育同志会国际会议。——笔者注)归来之后,环境既日益恶劣,今非昔比……"① 组成国立西南联合大学的三校在抗战胜利后各自回迁,北京大学回迁后保留了教育学系,并于1947年底成立教育研究所。国立浙江大学于1948年初成立教育研究所。国立西北师范学院部分师生留在兰州,坚持办学,其余师生于1946年4月复员北平组成国立北平师范学院,并于1947年10月重新成立教育研究所,分历史、博物②、英文和教育四组,但研究人员、设施的分割给两校都造成了不良影响。国立社会教育学院于1945年奉令移设南京,勘定永久院址于南京栖霞山,并商借苏州拙政园为临时院址,研究部也随迁至此并正常工作。广西教育研究所迁回南宁后,专门致力于国民高等教育的研究和举办。四川省立教育科学馆于抗战胜利前夕由陈行可任馆长,对教育科学馆进行改组,主要是在馆内设立各级教育研究单位,对中等教育、国民教育等各类教育分国文、历史、地理等各科进行分类分科研究,并制订年度研究计划,对各类教育实践问题展开专题研究,课题以学校教育和社会教育为主。私立教育研究机构中,晓庄研究所在1943年后就名存实亡了,而华西协合大学教育研究所也于1944年后不了了之,但私立践四社会教育研究所的创办使得私立教育研究机构这一类型得以保留。1946年9月,江苏省立教育学院为纪念已故前院长高阳(高践四)生前功业,并发扬其社会教育学术思想,由院长童润之发起,与中国社会教育社合作创办私立践四社会教育研究所,进行社会教育各种专题研究,并从事高阳遗著之整理与民众教育教材之研究编撰。从总体上说,抗战胜利后高校的复员回迁给教育研究机构带来了发展的新契机,但主要表现为数量的增加,而其研究事业却一时难以恢复,有的教育研究机构则名存实亡。

---

① 艾伟. 写在教育心理研究专辑之前[J]. 教育杂志, 1948, 33 (4): 2.
② 博物学主要起源于中世纪,最初研究动物、植物和矿物,也包括人类学、考古学、化学、地理、地质和生理等方面,类似于今天的"科学"课程所涵盖的内容。

二、经费短缺问题加剧

经费问题向来是制约近代中国教育研究机构发展的主要因素。抗战胜利复员后不久即爆发内战，一方面致使大量教育经费被挪用，另一方面又因物价飞涨，各教育研究机构经费短缺问题加剧，结果大部分研究工作陷于停顿。例如，国立西北师范学院教育研究所在1947年向教育部报告改组情形时曾呈请教育部，"希能多予核发研究补助费，以利研究工作之进行"。而教育部于9月16日以"高字第50619号"指令拨发研究补助费700万元[①]。1948年4月27日，西北师范学院向教育部呈报《教育研究所特种研究计划书》称："本院教育研究所自本年三月起制作《西北师院小学成绩测验》之编制，估计此项研究工作，约需款五千一百三十万元，该所经费有限，无法匀支，兹遵照钧部卅六年十二月第六九七一八号训令《颁发大学研究所特种补助办法》拟具特种研究计划书一册，理合具文呈赍钧部鉴核，准予拨发研究补助费，以利进行。"而教育部回复："国立西北师范学院卅七年四月廿七日第三四三号呈件均悉，查本年度经费困难，凡非由本部委办或指定之研究工作，概不予补助，仰即知照。"[②]

内战爆发后，纸币贬值，物价飞涨，致使各研究机构本就窘迫的经费更是捉襟见肘，用于调查、测验、研究成果印刷、书刊购置等的经费均无法到位，研究工作难以为继。因国民党加紧进行内战，大量增加军费而压缩其他费用，教育经费只占年度预算的2.9%，科研经费更是少得可怜；经济持续恶化给教育研究人员的生活和研究工作造成极大困难，使得教育学者无法安心从事研究工作："图书仪器的设备，既不充分，研究便无从谈起。今日在学府里的教授们，所刊所读的，尽是战前的书籍，连最近世界的思想路线都不知道，还谈什么思想之创造。今日学府中教授们的生活，确已低到太不合理的程度了。照本月份洋银与美钞的价额计算，每月的俸给为银洋十五元或美钞十元，此种收入确与战前看门的或打杂的工役的待遇相等。以此种待遇要教授们来养活大小一家，并且还要负担儿女的教育费，与全家的医药

[①] 甘肃省档案馆藏西北师范大学档案. 国立西北师范学院教育研究所改组情况 [A]. 卷宗号：33-001-0181.

[②] 甘肃省档案馆藏西北师范大学档案. 民卅七年四月廿七日西北师范学院呈赍本院教育研究所特种计划书请鉴核由 [A]. 卷宗号：33-001-0056.

费，活都活不下去，如何能做研究与思想的工作。"①

鉴于上述情况，国民政府行政院和教育部也曾拟定战时教育措施，加拨经费，如1948年上半年国民政府行政院将国立大学研究所经费准予追加一倍，教育部奉令订定分配标准，教育研究所每所2000万元②；研究生补助费自1948年1月起为每人每月40万元，自4月起教育部再予调整，增至每人每月100万元，至7月再调整为每人每月140万元③。研究所经费和研究生补助都有所增加，但远不能弥补以天文数字暴涨的物价差距，生活状况持续恶化。"在内战正酣的1947年3月，大学一级教授的600元月薪④，只能买到不足3两白糖或不足1.5市斤食盐，已经到了难以维持基本生活的地步。一级教授如此，其他教职员的生活情况更可想而知了。"⑤ 著名教育学家赵廷为在比较了抗战前后研究条件的反差后也申述道："说来痛心！胜利以来，已有二年，而我国一切学术研究——包括教育学术在内——都继续在停顿状态之中。一般学术工作人员，除极少数拥有资产仍能保持币值而外，都在高物价的压迫下求生不遑，已无空余的时间及精力，继续攻修。实验设备既难利用，图书馆内容又极空虚。在战前每一学术工作人员莫不有一书室，书架上陈列专门书籍，俨然成一小图书馆。现则连中文的新出版书籍也无钱购买，还有什么话说。"⑥

三、制度层面的阻滞

全面抗战时期，兵器及战争物资的生产刺激了科学研究的发展，南京国民政府遂采取特别政策，划拨经费协助各国立大学研究院所恢复招生或增设科部。特殊时局对各类学术研究的特殊需要，催生了对研究机构的特殊政策，使大学研究机构有了较大发展，其地位也相应地得以提高。但在抗战后期，各研究机构注重研究生培养而放松了学术研究，出现了逐渐脱离相关学

---

① 袁伯樵. 我国高等教育何以不能担负学术研究的任务 [J]. 大学评论, 1948, 1 (4): 7—8.
② 国立大学研究所经费追加 [J]. 教育通讯, 1948, 5 (6): 34.
③ 研究生补费再调整 [J]. 教育通讯, 1948, 5 (9): 32.
④ 1947年3月时大学一级教授月薪600元，而1948年1月研究生补助费为每人每月40万元，似乎相差过大，但两处原文均如此，主要是自内战以来全国物价因金融混乱而飞涨，对照前文研究生补助费自1948年1—7月间作3次调整可见一斑。另据笔者查证，1947年时币100元只能买1/3盒火柴，故600元月薪"只能买到不足3两白糖或不足1.5斤食盐"的说法是可信的。
⑤ 李国钧，王炳照. 中国教育制度通史：第7卷 [M]. 济南：山东教育出版社, 2000: 250.
⑥ 赵廷为. 教育学术研究的重要性 [J]. 教育杂志, 1948, 33 (4): 4.

系而蜕变为单纯的研究生培养机构的倾向,这与"供给教员研究便利"[①]的初衷相悖。为纠正此种倾向,国民政府教育部于1946年7月24日—26日在南京举行高等教育讨论会,邀请大学校长及教育专家30余人参加,决议废除各大学研究所及研究学部名称,规定每一学系得设一研究所,研究所与学系完全打成一片,研究所主任由系主任兼任,系内教授、讲师均为研究所工作人员。随后于12月,教育部修订《大学研究院暂行组织规程》,重新颁定为《大学研究所暂行组织规程》,并要求各院校的研究院所自1946学年度第二学期起遵照新规程改组办理。与原《大学研究院暂行组织规程》相比,新规程的主要改变包括:(1)废除了研究院及学部,一律改称研究所;(2)为加强研究所与学系联系,规定各研究所应与各学系打成一片,学系名称即为研究所名称;(3)大学各研究所设所主任一人,由相关学系系主任兼任,系内之教授、副教授、讲师、助教等均为研究所之工作人员,不得另支薪金,亦不得因此减少教课钟点。显然,前两点改变并不能对研究所纠正其倾向有所帮助,反而带来一定的负面作用。李建勋就曾指出该规定"名义上为使各研究所与有关各系打成一片,事实上则为取消其独立性,于各研究所前途之发展,大有妨碍"[②]。而第三点改变特别是研究所工作人员不得减少教课时间之规定更是令人费解,对此李建勋愤然批评道:"殆谓研究不需要时间乎?抑大学教员任课第一,研究至下乎?但无论如何则不重视研究显而易见。"[③] 既然不重视研究,研究机构也就没有存在的必要,李建勋的批评可谓一针见血。《大学研究所暂行组织规程》本意上是要使研究机构与学系紧密联系,但实际却阻滞了其发展,抗战期间本已打下较好的发展基础,抗战胜利后正待扩而充之,这一进程却被粗暴地打断了。

与此同时,教育部又于1946年冬制定《改进师范学院办法》,其中规定师范学院以国家单独设立为原则,但国立大学可附设之;国立大学师范学院于必要时得设教育研究所;已有的师范研究所改为教育研究所。1947年,各大学根据《改进师范学院办法》及《大学研究所暂行组织规程》对原有教育研究机构进行了改组,但这种大规模的"钟摆式"改组也使得许多教育研究机构遭受干扰,甚至使其优良的学术传统中断或丧失,而其人才培养工作也随之受到影响。

---

① 宋恩荣,章咸. 中华民国教育法规 [M]. 南京:江苏教育出版社,2005:399.
② 许椿生,陈侠,蔡春. 李建勋教育论著选 [M]. 北京:人民教育出版社,1993:379.
③ 许椿生,陈侠,蔡春. 李建勋教育论著选 [M]. 北京:人民教育出版社,1993:380.

如前所述，近代中国教育研究机构伴随着中国近代教育改革事业、高等院校教育学科及其学术事业的发展而产生和发展。在 20 世纪 20 年代以前经历了一个较为漫长的酝酿时期；自第一个研究机构国立中山大学教育学研究所成立至抗战前期，其发展相对平稳；全面抗战爆发使各教育研究机构蒙受重大损失，但抗战时局的特殊需要又促使它们有所发展，呈现出良好的势头；然而抗战胜利后正值各高校复员、准备大力发展教育研究事业之际，反而遭到经费困难等各种因素的严重干扰和破坏。总而言之，近代中国教育研究机构走过了曲折的发展历程，其中既包含了成功的经验，也遗留了失败的教训，需要今天的人们认真总结。

第二章　近代中国国立综合性大学教育研究机构

在近代中国，国立综合性大学凭借其师资、经费及资源等方面的优势而成为创办教育研究机构的主要力量，并为教育研究机构的发展提供了较为宽阔而坚实的平台。1928年，国立中山大学创办教育学研究所，标志着近代中国专门教育研究机构的发端，它成立最早，存续时间最长，影响也最大。其后，国立中央大学、国立浙江大学、国立西南联合大学、国立四川大学、国立北京大学相继成立或计划创办教育研究机构，其中又以国立中央大学和国立浙江大学教育研究机构开展研究事业较多而影响较大。本章拟从创办背景及历史沿革、教育研究与实验、教育研究人才的培养、教育学术交流及编辑与出版等方面对国立中山大学、国立中央大学及国立浙江大学的教育研究机构进行具体考察，并在此基础上力求归纳和揭示近代国立综合性大学教育研究机构的主要特色。

第一节　国立中山大学教育研究机构

国立中山大学教育研究机构最初名为教育学研究所，由著名教育家庄泽宣于1928年2月创建并兼任所主任，1935年改称教育研究所，分设教育学及教育心理学两学部。1939年9月，研究所奉教育部令改名为师范研究所。1945年，该所复易名为教育研究所。存续期间，该研究机构聚集了大批教育学者，进行了大规模的教育学术研究与实践，创立了比较教育学科，培养了一批研究生，出版所刊《教育研究》110期、丛书34种、研究专刊7种，还与国内外著名教育机关及团体开展学术交流与合作，取得重大成就。国立中山大学教育研究机构的创建与发展，深刻地反映了近代中国教育学术体制化的总体面貌。

图 2-1　国立中山大学研究院教育研究所（1936 年上学期石牌粤汉路所址）

资料来源：《中山大学史稿（1924—1949）》，中山大学出版社 1999 年版，书前插图。

一、历史概况

1927 年秋，国立中山大学在原有四个学系的基础上，增设教育等三个学系，且"每系必有一研究所对之"[1]。之所以创办教育学研究所，一是因为国立中山大学"乃中山先生手创之唯一大学，为谋中国教育问题之研究与解决，应有教育研究所之创设"[2]；二是因为"看见国内的教育太外国化而不合于国情"[3]。正当筹备设立研究所之际，"广州起义"爆发，学校事务停顿，因而已录取的研究生及预约的教授均不能到校，于是由教育学系教师带领该系高年级学生着手先作初步研究。经过一番筹备，1928 年 2 月，国立中山大学教育学研究所正式成立，隶属文史科，并聘庄泽宣为主任，由校长允拨 6000 元为开办费，另有 3000 元为第一年经常费（薪金除外），当年 10 月开始招收研究生。这是近代中国第一个专门的教育研究机构，"我国有此种教育专门研究机构，实以此为嚆矢"[4]。

1933 年 8 月，庄泽宣因研究所虽成绩卓著，但学校不甚重视，不肯增拨经费以扩充研究设施，愤而去职，改任浙江大学教育系主任，并欲将教育学研究所的设备及人员转移，以供中央研究院增设教育研究所，为此专托高平叔向蔡元培建议中央研究院与中山大学洽商。而蔡氏当时无意于此，复信婉拒。研究所在新任所主任崔载阳领导下勉力维持。

1935 年，教育学研究所遵照教育部颁《大学研究院暂行组织规程》改

---

[1] 黄仕忠. 老中大的故事 [M]. 南京：江苏文艺出版社，1998：76.
[2] 国立中山大学研究院教育研究所. 本所研究事业十年 [M]. 广州：编者刊，1937：1.
[3] 国立中山大学教育学研究所. 国立中山大学教育学研究所一览 [M]. 广州：编者刊，1930：引言.
[4] 国立中山大学研究院教育研究所. 本所研究事业十年 [M]. 广州：编者刊，1937：1.

名教育研究所，主任为崔载阳，于5月间奉准立案，暂设教育学及教育心理两部。当年6月6日，中山大学研究院正式成立，于是研究所由属文学院转而改属研究院，正式招收研究生，授予硕士学位。至1937年，迁入研究院石牌新校区，并增设义务教育、心理实验及统计测验等研究室。全面抗战期间，政府统制外汇，限制学生出国留学，公布实行《限制留学暂行办法》；而教育部又以当时抗战建国工作正在推进之际，教育学术研究极为重要，乃斟酌各校原有人才设备，指令各校就原设研究科部，添招新生，或增设科部，以应急需，研究所遂成为培养高级教育学术专才及高深学术研究之机关。1938年7月，依据国民政府教育部公布的《师范学院规程》及《战时教育实施方案》中关于"师范学院应独立设置，或将大学教育学院改称"等规定，将教育学院改称师范学院。1939年9月，研究所奉教育部令改名为"师范研究所"，仍属国立中山大学研究院。

抗战中，研究所随中山大学先迁至云南澄江，后又于1941年随校部由云南澄江迁至粤北坪石。抗战胜利后，中山大学复员广州。1946年12月，教育部颁行《大学研究所暂行组织规程》，规定大学取消研究院，并依学系名称称为某研究所；国立中山大学研究院师范研究所依此规程于1947年12月呈报教育部，改名为"教育研究所"，改属中山大学师范学院。其后由于内战的影响及各种原因，研究所各项事业大大萎缩，研究生也所剩无几，研究所渐趋名存实亡。

二、组织、经费与设备

研究所成立之初，组织方面并不分部，只设主任一人，由教育学系系主任庄泽宣教授兼任，综理全所事务。因限于经费，同时为能在教学科研方面与教育学系协作，工作人员多由教育学系教授职员兼任，专职研究人员仅少数职员和研究生。成立后先设教育图书室，"复感教育问题应重实验研究"[①]，遂于1930年增设心理实验室，1933年增设教育博物室，研究所初具规模，各项工作次第展开。

---

① 国立中山大学研究院教育研究所. 本所研究事业十年[M]. 广州：编者刊，1937：1.

图 2-2 国立中山大学教育学研究所各室情形图

资料来源：《国立中山大学成立十周年新校落成纪念册》，国立中山大学出版部 1934 年版，第 88 页插图。

1933 年 8 月，庄泽宣辞职离校，学校聘崔载阳教授继任研究所主任。崔载阳继任后，即着手扩充组织机构，调整人员编制。研究所下设设备和研究两大部，设备部下分教育图书室、心理实验室、教育博物室和教育编译室；研究部下分实验心理部（主任许逢熙）、普通教育部（主任崔载阳）、社会教育部（主任周葆儒）及教育行政部（主任雷通群）。自 1934 年起，因工作范围扩大，陆续增聘专职人员，先后在研究所担任研究及指导工作者，计有陈礼江、邰爽秋、唐惜芬、古楳、林砺儒、范锜、雷通群、胡毅、许逢熙、王越、尚仲衣、杨敏祺、周葆儒、黄敬思、林本、陈节坚、高觉敷、钟鲁斋、邹谦等近 20 位教授。

1935 年，教育学研究所改名教育研究所，主任仍为崔载阳，于 5 月间奉准立案。10 月，《国立中山大学教育研究所章程》公布，依章程暂设教育学及教育心理学两部。教育学部承袭原教育学研究所，主任由崔载阳兼任；教育心理学部则是由汪敬熙于 1927 年创办的心理学研究所发展而来，主任由许逢熙担任。

1937 年 2 月，研究所于原有各室外，"依据教育研究工作之需要，暂设义务教育、民众教育、心理实验及统计测验等研究室。依科学方法，从事各室工作范围内之研究与实验"[①]。各室工作范围如表 2-1 所示：

---

① 国立中山大学研究院教育研究所. 本所研究事业十年 [M]. 广州：编者刊，1937：93.

表 2-1 国立中山大学教育研究所各研究室工作范围一览表

所	学部	研究室	工作范围
国立中山大学教育研究所	教育学部	义务教育研究室	义务教育研究资料之搜集
			义务教育实际问题之研究
			义务教育实验之设计与辅导
			实验课程与教材之编辑
		民众教育研究室	民众教育理论与方法之研究与实验
			民众教育各项实际问题及其背景之研究
			民众教育研究资料之搜集
			民众教育实验事业之设计与辅导
	教育心理学部	统计测验研究室	统计方法之研究
			教育统计材料之搜集
			测验理论之研究
			标准测验之搜集、修订与编造
		心理实验研究室	儿童本性之研究
			学习心理之研究
			教学技术之研究
			心理卫生之研究

资料来源：《本所研究事业十年》，国立中山大学研究院教育研究所 1937 年刊，第 94~95 页。

由于研究事业需要及经费相对宽裕，研究所开始增聘专职研究人员，负责研究工作及研究生指导。

表 2-2 国立中山大学教育研究所教职员简况表（1937 年 6 月）

职别	姓名	简历	到校年月
指导教授兼所主任	崔载阳	法国里昂大学博士	1927 年 5 月
教育学部指导教授	范锜	日本东京高等师范学校研究院专攻科毕业，美国哥伦比亚大学、哈佛大学、霍普金斯大学研究院研究（原文如此）	1931 年 8 月
教育学部指导教授	林本	日本东京高等师范学校毕业，东京文理科大学毕业	1935 年 9 月

第二章　近代中国国立综合性大学教育研究机构

续表2-2

职别	姓名	简历	到校年月
教育学部指导教授	雷通群	日本东京高等师范学校毕业，美国斯坦福大学硕士	1932年9月
教育学部指导教授	钟鲁斋	美国斯坦福大学教育学博士	1936年9月
教育心理学部指导教授	陈节坚	法国里昂大学哲学硕士，巴黎大学心理学研究所毕业	1935年8月
教育心理学部指导教授	高觉敷	香港大学文学学士，广东勷勤大学教育系主任	1936年9月
教育心理学部指导教授	杨敏祺	美国斯坦福大学教育心理学硕士	1934年8月
教育心理学部指导教授	王越	东南大学教育学学士，燕京大学及北京大学研究员	1933年10月
教育心理学部指导教授	邹谦	日本东京高等师范学校毕业	1936年9月
助教	方惇颐	国立中山大学教育学系毕业	1933年7月
助教	林锦成	国立中山大学教育学系毕业	1933年11月
助教	戚焕尧	国立中山大学教育学系毕业	1935年10月
助教	石玉昆	江苏省立教育学院民众教育系毕业	1936年9月
事务员	彭寿	曾任广东省实业厅秘书处科员	1928年10月
图书管理员	朱哲能	私立广州大学教育学系毕业	1929年9月
图书管理员	黄桂芬	香港皇仁中学毕业	1937年5月
图书室助理员	虞瑞章	国立中山大学附属初中毕业	1936年6月
书记员	郭激昂	大埔县一中毕业	1933年12月
书记员	郑佩英	中山县立高中师范科毕业	1934年9月
书记员	徐尧勋	广东省立勷勤大学商学院修业	1937年3月
小学实验班教员兼班主任	汪孟华	广东省立广州女子师范学校毕业	1936年8月
小学实验班教员	周玉珍	广东省立广州女子师范学校毕业	1936年8月
小学实验班教员	梁渭容	广东省立广州女子师范学校毕业	1936年8月
小学实验班教员	刘碧芳	广州私立协和女子师范学校毕业	1936年8月
小学实验班教员	李慕莲	广州私立协和女子师范学校毕业	1936年8月

资料来源：《国立中山大学研究院年报》，国立中山大学出版部1937年版，第71～73页及《本所研究事业十年》，国立中山大学研究院教育研究所1937年刊，第107～110页。

现依据表 2-2，对国立中山大学教育研究所研究人员的构成情况作一简要分析。首先从其基本构成来看，所内全体教职员 26 人，其中指导教授 10 人，约占 40%；另有助教 4 人，图书管理人员 3 人，书记员及事务员 4 人，小学实验班教员 5 人。因为该所专门设立了教育研究图书馆，所以图书管理人员也相对较多；而小学实验班是该所的一个重要实验基地，因此其中的教员设置也比较正规。对于这样一所研究机构，其中的研究人员（包括指导教授和助教）占据较高比例，反映出该所比较重视研究事业。其次分析 10 位指导教授的情况。就其学业背景来看，有 2 人留学法国，2 人留学美国，4 人留学日本，但留学日本的范锜和雷通群又有留学美国的经历，因此留学美国的实际是 4 人，这种多国留学背景有利于该所形成较为宽广的国际视野，机构内部所形成的同学或校友的人脉关系又能在一定程度上形成融洽的合作关系。另外，对留学生来说，外语是其长项，有些人精通两门以上外语，他们通过阅读和翻译国外教育资料和书籍，积极向国内教育界介绍和传播国外教育理论与方法，应该说这是中山大学教育研究所创立比较教育学科的一个决定性因素。再从上述 10 位指导教授的学科背景来看，崔载阳曾专攻教育哲学；范锜专攻社会学和哲学；林本专攻教育心理学；雷通群专攻教育学，尤长于教育社会学，学界一般都公认他是最早倡导教育社会学"中国化"的学者之一；钟鲁斋专攻教育学；陈节坚专攻心理学，在变态心理学研究方面颇有建树；高觉敷在香港大学专习心理学并打下翻译西方心理学著作的坚实基础；杨敏祺在斯坦福大学攻读心理测试和统计学；王越在东南大学时即师从陶行知攻读教育学，其后又入燕京大学研究院和北京大学国学研究所深造，师从黄节深入学习教育和国学，在人格测量和教育史方面均有研究；邹谦专研心理学，对哲学及普通心理学、教育心理学、政治心理学、经济心理学、法律心理学、文艺心理学及实验心理学等多个心理学分支学科都素有研究。应该说，这是一个相当强大的学术团队，各指导教授的专业背景涵盖了教育学与教育心理学研究的多个领域，各人又都在各自领域中多有成就，因此中山大学教育研究所才得以在教育学与教育心理学的广大范围内开展多项研究并取得良好成绩。再就助教及图书管理员等教职员来看，方惇颐、林锦成、戚焕尧等人相继留校工作，石玉昆毕业于江苏省立教育学院民众教育系，各人本有扎实的学业基础，经过各指导教授的"传、帮、带"即能迅速成长。方惇颐后来曾任《教育研究》主编，并有《教学视导方法之研究》等著作及《各国政治教育比较观》等多部译作问世，均被列为研究所丛书；石玉昆从其专业特长出发，来所后参与花县乡村教育实验区的实验工作，并写成报告《花县乡村教育实验区的实验工作》发表于《教育研究》1937年总第77期，总结了该实验区的成就与问题；彭寿（即彭仁山——笔者注）虽为事务员，但也积极参与研究，1929年开展《三民主义用字用词统计》研究，同时与庄泽宣合作开展《基本字汇的比较》研究，后将研究结果合编为《基本字汇》，被列为研究所丛书第12种，又于1932年增订邰爽秋编订的《教育论文索引》，被列为研究所丛书第18种；朱哲能从图书管理员本职工作出发，利用资料之便，将1928—1935年间中文教育刊物按创办时间、出版机构、所涉及的教育性质、名称索引等标准分类整理，编成目录索引，并撰成《八年来中国教育期刊之统计》刊载于《教育研究》1936年总第66期，为后来的研究者提供了极大方便。上述人员的成长从侧面印证了中山大学教育研究所良好的学术氛围和团队协作，由于有这样的研究和工作环境，才能使彭寿和朱哲能这样的一般职员不囿于本职工作而能在学术上有所建树，正所谓"不拘一格降人才"。

1939年9月，研究所奉教育部令改名为"师范研究所"，所主任由研究院院长崔载阳兼任，后由尚仲衣代理。此时期师范研究所仍设教育学和教育心理学两个学部，教育学部设教育理论、教育行政、教材教法和教师问题四个研究室，教育心理学部设理论心理、测验统计、学习心理和职业心理四个研究室。此外还增设编译委员会和师范问题研究室。编译委员会由高觉敷任主任委员，严元章为常务委员，方惇颐、吴江霖、倪中方为委员，负责编译工作和主编《教育研究》月刊。1946年，该所复易名为"教育研究所"，所主任由郭一岑担任，崔载阳为教育学部主任，蔡乐生兼任教育心理学部主任。

经费方面，研究所开办时由校长拨6000元为开办费，另有3000元为第一年经费（薪金除外），此外又于1930年获得中华教育文化基金补助3年，每年5000元，因此经费相对宽裕，研究所即在设备方面极力扩充，尤以教育图书增加最多，遂使开展研究更为便利。1928年春着手收集图书，一面由中山大学图书馆代觅旧杂志，并将已有之教育性质杂志拨入研究所，一面分别汇款5000法郎和1000美元至欧洲和美国购买新书，另汇500美元定购仪器。当年夏天，图书仪器陆续到校，研究所便以此为基础设立教育研究图书馆，专门收集国内外关于教育之书报及课本；每日开馆8小时，所内研究生、教职员及教育学系高年级学生经所主任许可均可到馆看书。至1929年，各种研究教育之必要书籍多已罗致，该馆遂多注意搜集国内外最新出版之丛刊报告、各国政府及地方政府教育报告等。至1935年7月，该所庋藏图书分中、日、英、法、德等文字，涵盖教育研究各个方面（见表2-3）。至于杂志方面，除散本外，已精装成卷者计有1280余卷，其中教育及心理方面之英文本510余卷，法文本110余卷，德文本40余卷，中文本380余卷；此外还有各种教育年鉴90余卷，中文普通杂志230余卷；西文杂志中50年以上完全者2种，30年以上完全者3种，20年以上完全者4种，10年以上完全者2种，20年以上几乎完全者7种，中日文杂志中完全者亦有7种；教育博物室中所藏照片，文化教育类1646幅，政治教育类2369幅，经济教育类448幅，军事教育类1746幅[①]，足见其资料之丰富。

表2-3 国立中山大学教育研究所教育研究图书馆藏书统计表（1935年7月）

类别	中文 书籍	中文 小册	日文 书籍	日文 小册	英文 书籍	英文 小册	薄张	法文 书籍	法文 小册	德文及其他 书籍	德文及其他 小册
教育总集类	51	2	25	0	94	14	未加分类	未加分类	未加分类	未加分类	未加分类
教育原理类	166	5	31	0	193	21					
心理科学类	301	21	14	0	748	98					
教育通史类	197	9	28	0	320	63					
教育行政类	235	38	16	0	632	266					
各级教育类	242	32	14	1	438	185					
各种教育类	417	166	24	10	447	517					
学校行政类	471	130	27	17	379	191					
课程教法类	279	37	15	0	350	86					
各科教学类	3211	11027	13	0	1132	825					
教育辅科类	380	38	10	0	29	0					
教育背景类	402	26	21	0	152	49					
合计	6352	11531	238	28	4914	2315	475	441	25	289	44

资料来源：《国立中山大学教育研究所之过去现在与将来》，《教育杂志》1935年第25卷第7期，第212页。

---

① 崔载阳. 国立中山大学教育研究所之过去现在与将来[J]. 教育杂志, 1935, 25 (7): 212.

三、渐次开展的教育研究与实验

(一) 教育研究及其成果

设立研究所的最初目的之一是为了"使得教员专门研究"[①]。首任所主任庄泽宣在述及研究所成立背景时说："我们一方面感到大学的工作本应以研究为主体，一方面看见国内的教育太外国化而不合于国情"[②]，而他在研究所筹备时期即认为"教育研究工作范围广大，在经费人才各种限制之下，——研究势所不能，故决定先从中国特有问题下手"[③]，由此确定了研究所的研究方向：(1) 关于中国文字教学方面，拟对国文教学作系统研究；(2) 关于民众教育方面，拟从分析千字课、编订基本字汇等工作着手；(3) 关于中国新教育，拟从政治、经济、社会等方面研究其背景，教育学研究所随后的研究工作即从上述几方面展开。不料正在该所积极进行筹备之际，突然爆发了"广州起义"，学校事务停顿，因而已录取的研究生及预约的教授均不能到校，于是由教育学系教师带领该系高年级学生着手先作初步研究，主要有小学生年龄性别调查、小学教科书之分析、平民读物之研究、儿歌及儿童游戏的搜求及广州小学和私塾的调查等。

及至研究所正式成立，研究范围暂时以基本教育之实际问题为主，包含儿童及成人两方面。当时，研究所的指导教授多从教育学系聘请，教育学系的教学与研究所的研究工作密切相关，相互促进，以便通过实践检验科研成果，并把科研成果积极地应用于教育教学实践，做到教学与科研齐头并进。由于所里有较强的师资力量，并逐年招收了研究生，同时还吸收了附小教员、高年级本科生及所外乃至校外的研究力量，研究所的研究范围也有所扩大，特别是在民众教育方面成果较为显著：庄泽宣在国内率先开设了"民众教育"课程，并主持进行了各种民众教育实验，通过对各类平民教育教材、民众普通读物和商店名号用字的统计分析，编出了"民众基本字汇"，又在此基础上编写出民众课本《人人读》（12册），后来该课本成为各地民众学校普遍采用的教材。

至1937年全面抗战爆发前，华南地区政局相对稳定，研究所迎来了近

[①] 国立中山大学研究院教育研究所. 本所研究事业十年 [M]. 广州：编者刊，1937：3.
[②] 国立中山大学教育学研究所. 国立中山大学教育学研究所一览 [M]. 广州：编者刊，1930；引言.
[③] 庄泽宣. 中国教育研究的后顾与前瞻 [J]. 广东教育，1946 (3)：16.

10年的"黄金时期",研究事业大幅发展;更由于中山大学为满足自身的发展需要而成立了研究院并将教育研究所列为研究院之一部,且在研究所内增设教育心理学部,使得研究力量大为增强,研究范围也进一步扩大。当时,研究所的研究题目集中在中小学国文教学、民众教育、教育行政和制度、教育心理、小学教育及与教育相关的一般问题的研究等方面,这些研究又被分解成其他较小之题目或缩小范围,多数取得成果,并发表于《教育研究》《教育杂志》等刊物上,还有一部分被列为研究所丛书或研究专刊。

表2-4 全面抗战前国立中山大学教育研究机构研究成果一览表①

类型	研究题目	研究者	研究期间	发表或出版形式
中小学国文教学的研究	编制小学课程原则研究	陆厚仁	1928年10月—1929年5月	第7、9期
	现代小学常识教材之分析	陆厚仁	1928年11月—1929年8月	不详
	三民主义化小学常识课纲目之拟订	陆厚仁	1929年9月—1930年	不详
	小学国语课程研究	王文新	1929年3月—?	不详
	小学分级字汇研究	王文新	1929年3月—1930年2月	丛书第14种
	小学分级词汇研究	王文新	1930年3月—1931年1月	第29、30、31期
	小学国语教科书的分析	戴先启	1928年—?	第1、3、4期
	儿童初级国语读本的演进之研究	安楚玙 骆宝本	不详	第55期
	初中国文教材研究	阮 真	1929年3月—1929年12月	第14、16期。
	中学作文题目研究	阮 真	1929年10月—1930年3月	丛书第10种
	小学作文错字统计与分析	包稚颐	1929年秋—1930年春	第21、23期
	中学生错字的分析	刘公铎	?—1933年9月	第45期
	儿童阅读兴趣的调查	徐锡龄	1929年11月—1930年3月	第21、23期,丛书第15种。
	从教师与学生观点拟儿童阅读书目	凌子鎏	1931年6月—1932年12月	第40期
	国文成语辞汇	黄雨璠	1930年9月—1931年4月	不详
	中大预科国文入学试卷研究	阮 真	1929年1月—1929年6月	不详
	小学国语读本之试编	刘孟晋	1929年10月—1930年2月	不详
	小学作文题目研究	凌子鎏	1930年8月—1931年4月	第27期

---

① 此表中"发表或出版形式"一项只列期号者均为《教育研究》,所列丛书均为"国立中山大学教育研究所丛书",所列专刊均为"国立中山大学教育研究所研究实验专刊"。

续表2-4

类型	研究题目	研究者	研究期间	发表或出版形式
民众教育方面的研究	基本字汇的比较	庄泽宣 彭寿	1929年1月—1929年5月	丛书第12种
	千字课的分析与民众基础读本编辑	伍瑞锴 周胜皋	1928年10月—?	课本一套10册，由商务印书馆出版
	乡村教育用图表之编制	古楳 何绍甲	1929年3月—?	不详
	三民主义用字用词统计	彭寿	1929年7月—1930年8月	第23、52期
	民众教育馆组织调查	黄裳	不详	第35期
	民众学校招生及留生问题	黄裳	不详	丛书第29种
	南洋华侨教育的调查	林之光 朱化雨	不详	丛书第30种
	编纂民众基本字典的理论与实际	李智	1935年9月—1937年6月	学位论文
	中国乡村青年训练问题	邹鸿操	1935年9月—1937年6月	学位论文
	普及教育有效办法之比较研究	不详	?—1937年10月	不详
	民众教育实验区之研究	徐锡龄	?—1937年底	第44期
	商店名号用字之研究	徐锡龄	1928年10月—1928年11月	第8期
	民众常识教材的搜集与整理	陈夏奇 刘圣瑞	1928年10月—?	民众常识教科书8册
	民众实用计算教材的搜集与整理	毕承英	1928年10月—?	编成实用计算教材
	广州平民读物研究	梁伟琮	1928年2月—1928年7月	第2、3、5期
	民众学校师资问题	王步春 林乾祜	1928年10月—?	不详
教育行政及教育制度方面的研究	县教育局行政组织研究	马鸿述	不详	丛书第25种
	教学视导方法之研究	方惇颐	不详	丛书第32种
	中学教务研究	张文昌	1931年8月—1932年7月	第36期，丛书第20、21种
	中学行政组织的研究	张乾昌	不详	第45期
	中学教职员资格及服务调查	陈显光	不详	第53期
	广东省中学校长的研究	马鸿述	不详	第67期
	大学课程及行政组织的研究	梁瓯第	1933年10月—1935年3月	第61期
	广州市小学教师生活的调查	陈振名	不详	第69期
	广州市小学生成绩的研究	伍慕英	不详	第55期
	家长对学校意见的征集	曹刍 庄泽宣	1929年6月—1930年12月	第24期

续表 2-4

类型	研究题目	研究者	研究期间	发表或出版形式
教育行政及教育制度方面的研究	小学训育问题之分析研究	刘孟晋	1929年4月—1929年8月	第9、11、13、14、15各期
	儿童道德判断之研究	黄恩澧	1928年11月—1929年4月	第12期
	书院教育之研究	梁瓯第	1935年9月—1937年6月	学位论文
	中国教育行政制度的研究	严元章	不详	学位论文
	现行教育法令之分析	马鸿述 梁瓯第等	不详	第69期
教育心理方面的研究	知觉距及其与学级年龄的关系	胡毅	不详	专刊之一
	写字习惯之时间方面的实验	胡毅	不详	专刊之二
	写字与运动能力的关系之研究	胡毅	不详	专刊之三
	默读速率与理解的关系	阮镜清	不详	第42期
	视觉指导及带行指导在迷津上学习的影响	廖鸾扬	不详	第43期
	情绪对于儿童行为的影响之研究	钱苹	不详	第55期
	木板构成测验之编造	胡毅	不详	专刊之四
	我国学校顽童几种心理特征的研究	谭允恩	1935年9月—1937年6月	第77期
	问题儿童研究	钱苹	1934年1月—？	学位论文
	中小学学生学习与气候之关系	富济	1935年9月—1937年6月	学位论文
	幼童图画智力测验	不详	不详	不详
	职业智力指数之研究	杨敏祺	不详	第67期
	阅读上知觉广度之发育研究	胡毅	1930年11月—1931年	不详
	写字之压力及速度研究	胡毅	1931年4月—？	不详
	写字笔法错误研究	廖鸾扬	1931年3月—？	不详
小学教育方面的研究	小学生年龄性别调查	钟自新	1928年2月—1928年4月	第2、4期
	小学教科书之分析	不详	1928年2月—1928年6月	不详
	广州小学及私塾的调查	张海鳌 李婉冰	1928年2月—1928年10月	第4、7期
	小学默字错误研究	周启巽	1928年—？	第5、6期
	民族中心小学课程之研究	崔载阳等	？—1934年春	第60期
	民族中心小学用书试编	不详	1933年冬—1937年6月	共编成书160册

续表2-4

类型	研究题目	研究者	研究期间	发表或出版形式
小学教育方面的研究	小学教科用书问题之研究	陈孝禅译	1934年7月—1937年5月	第62、68、70、71期
	一年短期义务教育方案之研究	不　详	不详	不详
	小学课程改造之研究	不　详	1933年秋—？	不详
	小学公民课程之研究	刘孟晋	1929年4月—1929年12月	不详
	算术科设备及教具之研究——小学三年级以上算术科应有设备及教具	居林才	不详	不详
	小学阅读材料及教法之研究	谢怀琛	不详	不详
	小学体育课程及选材	傅德清	1929年4月—1929年10月	不详
	小学能力分组能力测验	曹刍等	1929年9月—？	第14期
	小学生活化课程大纲的草拟	崔载阳	1929年4月—？	不详
	小学自然科问题教学法实验	高季可	1929年9月—？	第20期
	小学阅读测验报告	曹　刍 李敏钊	1929年—？	第25期
一般问题的研究	中国农村经济问题的研究	古　楳	1929年9月—1930年4月	报告由中华书局出版
	中国新教育背景之研究	古　楳	1930年6月—1931年8月	报告由中华书局出版
	中国教育与生产问题	古　楳	不详	第38期
	教育论文索引之编制	邰爽秋	1929年3月—1929年4月	丛书第18种
	教育学小词典之编订	庄泽宣	1929年3月—1929年6月	丛书第11种
	各国合作教育的调查	郑彦棻	不详	第46期
	简字研究及创制	陈礼江	1930年1月—？	不详
	成人学习文字的实验研究	徐锡龄	1929年10月—1930年10月	第26期
	各国战时学校动员调查	崔载阳	不详	报告由神州国光社发行
	战时教育工作计划之拟订	该所同人	1935年冬	第64期
	广西军事教育的考察	梁瓯第等	1934年4月1—22日	第58期
	童军教育意见调查	谭允恩	1934年4月—？	第59期
	中学课程的改造之研究	马鸿述	1935年9月—1937年6月	学位论文
	我国中学教学法改造的研究	不　详	不详	不详

续表2-4

类型	研究题目	研究者	研究期间	发表或出版形式
一般问题的研究	中上学生国难教育意见调查	富济 梁瓯第	1936年5月—1937年6月	第76期
	五个新兴国家的教育与建国之研究	不详	不详	不详
	现代三大派教育思潮的比较研究	杨泽中	1936年9月—1939年7月	学位论文
	用数量表现教学效率法	曹刍	不详	不详
	儿歌及儿童游戏的搜求	研究所	1928年2月—1928年12月	第1、3、4、5、9、15各期
	音乐的教材编制	高治平	1929年3月—1930年11月	不详
	九九乘法表应用上之分析	李国藩	1931年4月—？	不详
	儿童教育上赏罚感觉的研究	陈如山	1928年12月—1929年4月	不详
	儿童自由画实验	赵我青	1928年9月—？	丛书第1种
	儿童身体发育研究	胡毅	1931年1月—？	不详
	儿童牙患调查	徐锡龄 谢信生	1929年2月—1930年5月	第15、21期

资料来源：《国立中山大学教育研究所之过去现在与将来》，《教育杂志》第25卷第7期，第210~223页；《国立中山大学教育学研究所研究工作述略》，国立中山大学教育学研究所1931年刊；《本所研究事业十年》，国立中山大学研究院教育研究所1937年刊；《国立中山大学研究院年报》，国立中山大学出版部1937年版，第173~182页。

1937年7月，全面抗战爆发，受战争环境的影响，全国教育由平时向战时过渡。早在此前，研究所就受西南各省坚决的抗日态度影响，发起全所同人制订了《战时教育工作计划》，刊登在《教育研究》第64期上。这是全国最早的战时教育计划，此举立即引起全国反响。其时研究所的工作侧重于研讨全国战时教育方案及举办实际抗战教育，除将民族中心小学课程大规模试行于广东儿童教养院外，还集中研究三民主义教育，刊印《三民主义教育哲学》一书。

抗战期间，教育研究所随中山大学相继迁至云南澄江、粤西坪石、粤北梅县等地，颠沛流离，但仍弦歌不辍。由于没有稳定的研究环境及经费来源，研究生也因战事缺招，研究工作受到一定影响，不能再像之前那样进行较多专题研究，而只是由研究生在指导教授指导下进行研究，用研究成果撰写硕士学位论文。其余除一些与时局相关的战时研究如中小学生国难教育意见调查、战时儿童教育等之外，多数以讨论与月会为主要研究形式。这一时期的研究工作，根据每年任务定出研究主题及内容。如1937年度教育研究所的研究可归纳为5类：(1) 小学教育，主要有民族中心小学用书之改编、小学教科用书问题之研究、一年短期义务教育方案之研究等；(2) 民众教育，主要有乡村青年训练问题、普及教育有效办法之比较研究、民众教育实验区之研究、编纂民众基本字典的理论与实际之研究等；(3) 教育制度，主要有中国书院教育之研究、中国教育行政制度之研究及现行教育法令之分析等；(4) 心理方面，主要有我国学校顽童几种心理特征的研究、问题儿童研究、中小学学生学习与气候的关系之研究、小学高年级生对于学校训育奖惩方式心理倾向之研究、幼童图画智力测验的编造、职业智力指数的研究等；(5) 其他方面，包括中小学课程的改造、我国中学教学法改造的研究、现代三大派教育思潮的比较研究、中小学生国难意见调查及五个新兴国家的教育与建国研究等①，其中有多项是研究生的硕士论文选题。此后主要的研究课题包括：师范生入学因素之分析（倪中方）、现代教育哲学思潮之研究（杨泽中）、数系填充测验的试验研究（吴江霖）、干部训练之研究（张泉林）、中学导师制之研究（钟钲声）、教师组织问题之研究（梁兆康）、中学兼办社会教育之研究（严永爃）、中学课外活动之研究（丁宝兰）、女子中学训育之研究（李富婵）、人格适应问题问卷之标准化（陈藻芬）等②，其中多数为研究生的学位论文选题，研究的主题仍集中在民众教育、教育心理、教育行政等方面。

综观研究所的上述研究工作，可归纳出如下基本特点。

1. 研究主题丰富

以大的主题范围来划分，研究所成立之初确定的研究范围是中国文字教学、民众教育和中国新教育三大类，此后至全面抗战前的研究主题主要分布在中小学国文教学、民众教育、教育行政及教育制度、教育心理、小学教育和与教育相关的一般问题六大类，而全面抗战时期则主要集中于小学教育、民众教育、教育制度、教育心理和其他与教育相关的专题五大类，此外还开展一些与时局相关的战时教育研究。在这些大的分类下面，历年来形成许多小的专题，而且其中一些研究专题又被分解成更小的题目；这些题目涵盖了大到民族中心小学课程、中国乡村青年训练问题、中国教育行政制度研究、中国新教育背景等宏观理论研究，小到商店名号用字、儿童牙患等微观调查

---

① 国立中山大学研究院总办事处. 国立中山大学研究院年报[M]. 广州：国立中山大学出版部，1937：173—183.

② 中山大学师范研究所工作近讯[J]. 教育通讯周刊，1941，4(34)：5—6.

研究，几乎囊括了当时中国教育的各个方面，但从中可以看出，研究所对于国文教学、民众教育、教育心理和教育制度的研究是贯穿始终的，这些问题成为研究所研究工作的重中之重。研究所第二任所主任崔载阳曾于1941年对该所工作进行总结，认为1928—1933年这一时期，研究工作在方针上注重"学理研究"，在内容上注重"自由研究"；而1933—1940年这一时期，研究工作在方针上注重"国家建设"，如民族中心制课程的编制，在内容上则注重"中心工作"，即集中力量，分工合作，进行研究与实验，并以此建立全部工作之体系。[①]从研究所各时期研究主题的演变来看，的确反映了这一特点。譬如说，因为注重"学理研究"和"自由研究"，所以在1928—1933年这一时期（即庄泽宣任所主任期间），研究题目主要是一些较低层次的调查研究，如小学分级字汇研究等，基本上就是搜集一些书籍，采用统计方法求出常用字及最常用字的相关数据，以作编撰各类小学及成人识字课本之依据。庄泽宣本人的研究意识对这一特点的形成影响极大，他曾说："我们想不发空论，不说废话，足踏实地的做工夫。因为研究的对象的问题小，研究的态度和方法的关系较大。我们做的工作或者近于迂腐，近于愚笨，但是我们相信这至少是做学问的一种态度，一种方法，尤其在今日的虚浮的社会里有提倡的必要。"[②]而自1933年崔载阳继任所主任之后，由于研究所内外形势都发生了显著变化，他开始意识到建立研究所全部工作体系的重要性，遂根据研究所工作的实际状况，结合国内教育实际形势的发展，对研究所进行了大幅调整。首先扩充研究所组织机构，并增强师资力量，其次加强研究所与国内外学术团体和机构的交流与合作。由于研究所机构建制得到一定扩展，研究事业有所扩充，因此研究方向上开始有了"新的倾向"，即"从客观事实的寻求转到最高原理的发挥，从教育问题之个别的探讨与认识转到国家教育之全部的建立与试行"[③]。这种"新的倾向"在实际的研究工作中表现为注重"民族中心教育理论之探讨""小学课程改造之研究""中学课程改造之研究""战时教育工作计划之拟订""中国乡村青年训练问题""现代三大派教育思潮的比较研究"等宏观理论研究课题，表明研究所开始注重教育研究对社会的作用，同时也反映出它在研究层次上的提升，即由一般的学理探究转向国家建设这个中心任务。研究主题的发展与演变，不仅反

---

① 崔载阳. 从教育学研究所到师范研究所 [J]. 教育研究，1942，14（1）：1.
② 庄泽宣. 告阅者 [J]. 教育研究，1928，1（1）：1.
③ 崔载阳. 从教育学研究所到师范研究所 [J]. 教育研究，1942，14（1）：2.

映了近代中国教育改革事业及教育思潮演进的趋势，而且反映了研究所研究重心的变化以及主持者（所主任）研究意识及兴趣对研究方向的原生性影响。

2. 研究方法多样化

鉴于研究所丰富的研究主题，研究必须采取多种方法。研究所在开展课题研究的初期多采用调查、测验、搜集、整理等方法详尽占有资料，再通过数据统计、个案分析等实证研究方法归纳总结出一定观点和结论，而纯粹演绎推理的研究方法则较少运用。例如，富济承担的《中小学学生学习与气候之关系》的研究步骤就反映了多种研究方法的应用："(1) 搜集固有的材料，如书报什志，国内各地天文台报告等；(2) 搜集并整理中小学生在一年中每个月的学业作品；(3) 编制并印发调查表，调查各地中小学生一年内每个月的成绩记录，加以整理；(4) 统计结果，各月份中学生学业作品有否差异，学生成绩有否差异，其差异情形是否和气候相关；(5) 搜求结论，编制报告。"[①] 这里不仅用到搜集资料的各种具体方法，而且运用了样本调查、统计分析等各种实证研究方法，可谓其中的典型例子。研究所初期阶段多开展实证性研究，盖因研究所首任主任庄泽宣"不发空论，不说废话，足蹈实地的做工夫"[②] 的倡导，其留学美国的经历及他对杜威（Dewey）教育思想的推崇使研究所的研究路向倾向于实用和实证，但这种情况在1933年崔载阳继任所主任之后发生显著变化。崔氏在1942年曾撰文总结研究所发展历程，认为1933年是研究所在研究方法上由"科学研究"向"哲学研究"过渡的时期，随着研究课题开始转向"哲学""理论""价值批判""主义的研究""计划"与"改造"等，"一切都满充（原文如此——笔者注）着哲学的气味，与满染着行动的情调"；而在方法上，对于任何教育现象"都不只要求明了他的外形"，还得"追问他的内容"，即首先探究教育现象与整个社会的关系、对社会的作用；其次考察其来源、演变与发展及其在社会史和教育史上所处的阶段与地位和演变与发展的客观原因及内在动力；再次要理清教育现象在动态与静态时的状况并预测其未来的发展情形；最后还要对教育现象的价值进行批判[③]。在这方面，研究所对于"民族中心教育"理论体系的创立及实践是一个极好的例证。"民族中心教育"的理论是在埃米尔·涂尔干

---

① 国立中山大学研究院教育研究所. 本所研究事业十年 [M]. 广州：编者刊，1937：33.
② 庄泽宣. 告阅者 [J]. 教育研究，1928，1（1）：1.
③ 崔载阳. 从教育学研究所到师范研究所 [J]. 教育研究，1942，14（1）：3.

(Émile Durkheim）教育社会学的基础上批判、参考和吸收了杜威学说而建立起来的，崔载阳留学法国的经历及其博士论文中对杜威和涂尔干教育主张的比较研究对此影响极深。1929年9月，崔载阳在《教育研究》总第13期发表《涂尔干教育学说》一文，论述涂尔干教育学说及其与杜威学说之不同，指出涂尔干教育学说以社会学为理论依据，"是一种社会学派的教育学说"，"以社会为教育的起点与中心"。[①] "九一八事变"后，中日民族矛盾不断上升，为涂尔干社会本位教育思想的传播提供了机遇。1932年4月，崔载阳在中山大学教育系作题为《战时大学生应有工作》的演讲，强调个人服从和保卫民族、国家的必要性和重要性，有论者认为这是"民族中心教育诞生的一个信号"。[②] 同年11月，崔载阳与所内师生方惇颐、林锦成、戚焕尧、何绍甲等人开展"民族中心小学课程之研究"，其主要目的是"从课程方面研究出一个完成义务教育的经济办法"，其研究步骤与方法包括分析教育部颁发的小学课程标准、分析及比较各书局小学教科书、找出我国民族各方面之需要、探求编制课程之基本原理、根据儿童心理编排课程大纲、撰写编制教学用书之原则、撰写实施此项课程之有效方法及实验等，[③] 其后总结研究成果，撰为论文《根本改造我国小学课程之尝试》（又名《民族中心制小学课程论》），发表于《教育研究》1934年总第51期。1935年4月，崔载阳发表《民族中心教育的基本理论》一文，比较全面、系统地阐明民族中心教育的起源、本质、目的和方法，在此基础上进一步作系统化和抽象化的概括，提出"民族中心教育哲学"的概念，反映了"民族中心教育"从一般理论层面向哲学思考层面的过渡。在进行"民族中心制小学课程之研究"之初，其研究方法基本还徘徊在实证研究层次，但已开始借鉴国外教育理论对课程之中心任务进行设定，到《民族中心教育的基本理论》一文发表时，由于对其起源、本质、目的和方法等中心问题作了比较全面、系统的阐述而开始转向哲学层面的理论概括和提升，这与其时国内外的形势及其提出的教育任务相适应。也就是说，在这一时期，当教育学研究所的方针转向"国家建设"，又注重集合全所乃至更广泛研究力量的情况下，其研究方法必然会随之提升一个层次而转向"哲学研究"以承担较前一时期更为重大的理论研究任务。研究所在研究方法上的转变也从一个侧面反映了近代中国教育研究方

---

① 崔载阳.涂尔干的教育学说［J］.教育研究，1929，2（5）：1.
② 曹天忠.民族中心教育与近代中国教育重心的重建［M］//任剑涛，彭玉平.论衡（第4辑）.广州：中山大学出版社，2006：251.
③ 国立中山大学研究院教育研究所.本所研究事业十年［M］.广州：编者刊，1937：26.

法的演变过程,这可以看作是近代中国教育研究专业化形成的一个指标。

3. 研究主体多元化

虽然成立研究所的初衷是为了"使得教员专门研究"[①],但在研究工作展开的过程中,逐渐打破了这个设定。从表2-4来看,研究所研究课题的承担者身份是多元的,并不仅限于所内师生。研究课题承担者中,有庄泽宣、古楳、胡毅、杨敏祺、崔载阳、曹刍等所内教授,也有阮真、徐锡龄等副教授及谢信生等讲师,还有陆厚仁、王文新、黄雨璠、李智、邹鸿操、马鸿述、方惇颐、梁瓯第、钱苹、富济等多名研究生和钟自新、阮镜清、伍慕英、陈显光等教育学系高年级本科生。另外,郑彦棻是中山大学法学院院长,曾参与石牌乡村服务实验区设计工作;张文昌在入所研究前曾任中学教务主任;刘孟晋是校外小学教育专家;刘公铎是校外中学教师;高季可、居林才等人是中山大学附属小学教师。这些来自教学一线的人员往往能从教育教学实际出发发掘和研究教育教学问题,他们的加盟是对研究所研究事业的有益补充。例如,张文昌于1931年8月入所研究,之前曾任浙江嘉兴秀州中学教务主任,多年的工作经历使他积累了教务工作的许多材料,也使他对教务研究及其意义有更深刻的理解,因此入所后即着手"中学教务研究"。这项研究包括"中学教务表册研究""中学图书设备研究""中学教务行政研究""中学教务教学问题研究"及"中学教务指导及教员进修"五个方面的问题,其中"中学教务表册研究"是通过搜集60余所中学共800余种表册,加以分析及归纳完成的,其研究结果最终集结为"中学教务表册研究专号"发表于《教育研究》1932年总第36期。此类研究,谈不上有很高深的理论分析,但必须是经过长期资料积累并且对教务工作相当在行的研究人员才能意识到各类表格的作用并积极发掘它们的意义。因此,研究所内有着不同学术背景和工作经历的研究人员具有各自不同的特点和优势,这有助于他们在研究意识、研究视角、研究方法等方面相互借鉴和启发。从组织机构建设来看,这样做可以在不增加研究所人员编制的前提下增加并整合研究力量,使不同类型、不同层次的研究人员承担不同性质和难度的研究课题,从而使研究力量得到充分发挥。多元化的研究主体,使研究所能广泛发掘现实教育中的诸多问题,并能不受空间和经费限制展开研究,从而获得丰硕成果。研究所将其中大部分研究成果的报告、论文和摘要刊登在所刊《教育研究》上,另有相当数量的研究成果被列为研究所丛书或专刊,还有的被刊登在《教育

---

① 国立中山大学研究院教育研究所. 本所研究事业十年[M]. 广州:编者刊,1937:3.

杂志》《民众教育研究》等刊物上，为教育界同行提供指导和参考，极大地发挥了学术研究的效力和影响。

（二）教育实验活动的开展

研究所的研究工作，往往是与实验活动紧密联系在一起的，师生们通过多种实验活动，深入社会，既服务民众，又在实践中增进学识。这些实验活动为研究所的教育研究提供了实践依据，又使学生对所学知识进行巩固和验证。

自1930年起，教育学研究所开始认识到，教育问题的研究应注重实验研究，遂增开心理实验室，开展实验工作，通过运用自然科学的方法分析经验材料，以求得出精确的数据和结论，从而获得教育理论上的突破或为相关的教育改革提供理论支撑。这方面的实验主要有胡毅主持的"写字"与"阅读"系列研究（见表2-4）。此外，教育学研究所的教育实验活动基本上可归为学校内的教育教学实验和乡村教育实验区的社会教育实验两类，前者如1928年创办的民众教育实验学校、1931年创办的中山大学附属中学女子部并试行新法教学及1934年创办的民族中心小学实验班并实验民族中心小学4年制课程等；后者如在龙眼洞乡村教育实验区和花县乡村教育实验区内开展的"民族中心教育"实验与推广工作等。

1. 创办民族中心小学实验班

1934年2月，教育学研究所为实验新拟定的以"民族中心教育"为理论基础的民族中心小学4年制课程，创办民族中心小学实验班，招收"年在八九岁，而未尝有学校教育经验"[①]的学生入学，预期学生修满4年能达到普通小学6年毕业的程度。创办实验班的目的主要是"评定民族中心小学课程的效果""试行缩短小学修业年限的制度"及"试验动作中心的教学方法"，[②] 因此，该班在学制、课程、教学方法及教学设备等方面与一般小学有所不同。在学制方面，将普通小学6年学制改为4年，每年分4个学季，每学季分12周。实验班开设该所创编的"民族中心小学课程"，该课程"以民族为中心，以乡土为起点，以世界大同为终鹄，采单元与学科混合编制"[③]。从该课程宗旨出发，在4年学习期间，每年安排一个中心，分别是

---

① 国立中山大学研究院教育研究所. 本所研究事业十年 [M]. 广州：编者刊，1937：39.
② 此教学方法侧重"从做上学""教学以动作为主"，故称"动作中心"，即以动作为中心之意。
③ 国立中山大学研究院教育研究所. 本所研究事业十年 [M]. 广州：编者刊，1937：40.

"我们的乡土""我国民族的现状""我国民族的过去"和"我国与世界";在大的中心之下,每学季、每周都通过一个学习中心来贯穿全部教材,并按照民族基本需要划分为"人文""政治""军事"和"经济"4 科基础教育,分别与普通小学的"国语、音乐、美术""公民、社会、说话""体育、卫生、童军"和"自然、劳作、算术"等科目相对应,所用教材全部由教育学研究所编辑,因教学过程注重讲解、表演、故事、劳作、实验、参观、调查、复习等方式,所编教材中只列举各环节的步骤或问题,"以养成学生实际做事之技能,及启发他们研究思考之能力"。① 在教学方面侧重"从做上学",具体而言就是"教学以动作为主""教材教法混合为一""课内课外打成一片""每节时间可以伸缩""整个社会皆为课室"和"学生主动先生辅导"等原则。② 由于民族中心小学实验班打破了传统的课堂教学模式,其教学取得良好成绩,一年后对民族中心小学实验班进行测试,结果显示实验班学生修业一年之程度与城市小学学生修业二年之程度相等③。

2. 创办龙眼洞乡村教育实验区

1934 年春,教育学研究所为协助番禺县政府改进该地乡村教育,并使该所研究乡村教育的学生有实习及研究机会,乃建议中山大学与番禺县政府合办龙眼洞乡村教育实验区,希望从教育入手,以乡村小学为中心开展文化普及和成人教育工作,从而达到改造乡村社会之目的。同年 11 月 16 日,教育学研究所与教育学系召开了该年度第二次联席会议,讨论了"关于开办民众教育实验区"的提案,议决"推请周葆儒先生、崔载阳先生、雷通群先生担任指导员,并请各指导员与番禺县详商开办事项"④,开始各项筹备工作。经教育学研究所与教育学系会订章程,函商番禺县政府梁翰昭县长同意,准照备案,于 1935 年 1 月 1 日正式成立教育实验区,以番禺县龙眼洞乡为实验区址,办事地点设在龙眼洞一洞宗祠及乡立小学校内,实验区教员由研究所学生担任;实验区开办费 300 元,每月常用费 200 元,由中山大学与番禺县政府分担。

实验区设指导委员会,实处领导地位,由研究所及教育学系联席会议推选 3 人,番禺县政府推选 1 人联合组成;指导委员会设主席 1 人,代表该会

---

① 国立中山大学研究院教育研究所. 本所研究事业十年 [M]. 广州:编者刊,1937:41.
② 国立中山大学研究院教育研究所. 本所研究事业十年 [M]. 广州:编者刊,1937:41.
③ 崔载阳. 国立中山大学教育研究所之过去现在与将来 [J]. 教育杂志,1935,25 (7):222.
④ 教育系及教育研究所本年度第二次联席会议纪录 [N]. 国立中山大学日报,1934-11-21.

执行会务、召集开会并担任会议主席，首任委员会主席为周葆儒；实验区设正副主任2人，分别由乡长兼任和乡立小学校长兼任。其组织系统如图2-3所示。

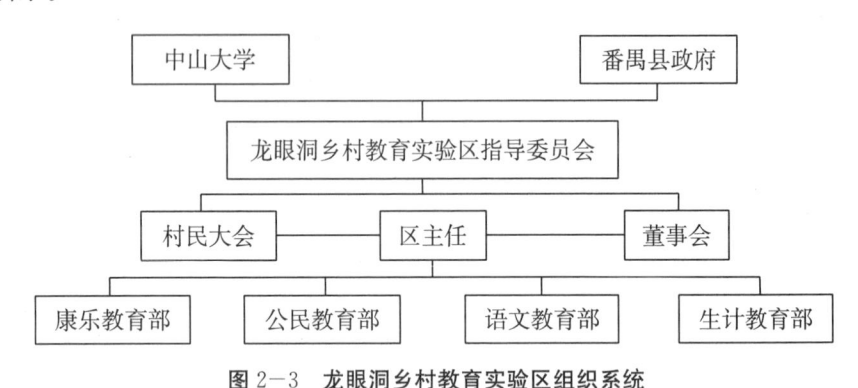

```
        中山大学                      番禺县政府
              \                      /
         龙眼洞乡村教育实验区指导委员会
           /            |            \
      村民大会        区主任         董事会
       /         |         |          \
  康乐教育部   公民教育部  语文教育部   生计教育部
```

图2-3 龙眼洞乡村教育实验区组织系统

资料来源：《龙眼洞乡教实验区近讯》，《国立中山大学日报》1934年12月12日。

实验区以教育为出发点而开展乡村改造工作，全部工作以其对象分为儿童、青年、妇女和年长四组，而以其内容分为生计教育、公民教育、语文教育和康乐教育四类。实验区开办后，举办了青年夜校和妇女星期班，教员由中山大学师生担任。1935年时青年夜校有学员130余人，妇女星期班有学员60余人。次年，实验区扩大到岑村、石牌、长湴等8个乡[①]。在所有工作中，儿童组的工作成绩最突出，它参照研究所民族中心制小学四年制课程而设立实验班，全部教学采用民族中心制小学办法，修业年限也相应缩短为4年。实验班课程分为"我们的乡土""我们民族的现状""我们民族的过去"和"我们的世界"4个大单元，每个大单元又可分为4个小单元；每个大单元为一学年的学习内容，其中的每个小单元开设一学期[②]。实验班教学用书也采用研究所编纂的民族中心制小学用书。实验区除举办夜校、识字班外，还举办荔枝椿象防治会、农业展览会、生计陈列室、巡回书廊、民众墟场图书馆、墟日书信代写处、民众阅报栏等项事业，广泛开展乡村社会改造活动。1936年9月30日，实验区指导委员会召开了1936年度第一次会议，会议对此前一年半的工作进行了总结，认为实验区的乡村小学在改进乡村社会中心的实验、民族中心小学课程的实验、集团教育实验、乡村青年训练、

---

① 广州市天河区地方志编纂委员会. 广州市天河区志 [M]. 广州：广东人民出版社，1998. 608.

② 周葆儒. 华南的一个乡村教育实验区 [J]. 中华教育界，1935 (6)：27.

推进义务教育、识字教育等方面都取得了较好成绩。[1]

3. 成立花县乡村教育实验区

1936年1月，中国社会教育社在广州举行第四届年会，决定与广东省教育厅及国立中山大学在广东举办一个实验区，以"寻求推行普及教育的最经济办法和适应生活需要的教育设施，藉供省内外各地参考"[2]，而研究所也为了"谋整个理想教育系统之树立"[3]，正在计划筹办以"县"为基础的乡村教育实验区，三方一拍即合，经数次之讨论决定合办，由研究所担任设计及辅导工作。同年5月，各方在中山大学召开了第二次筹备会议，通过实验区选址标准、董事会及主任人选、实验区主旨等各项事宜，确定董事会为实验区最高行政机关，由广东省教育厅、中国社会教育社和中山大学三方各选出3人组成，并聘请研究所主任崔载阳兼任该区主任。1936年9月择定花县为区址，即于10月1日开始办公，1937年1月24日举行开幕典礼。实验区组织系统如图2-4所示。

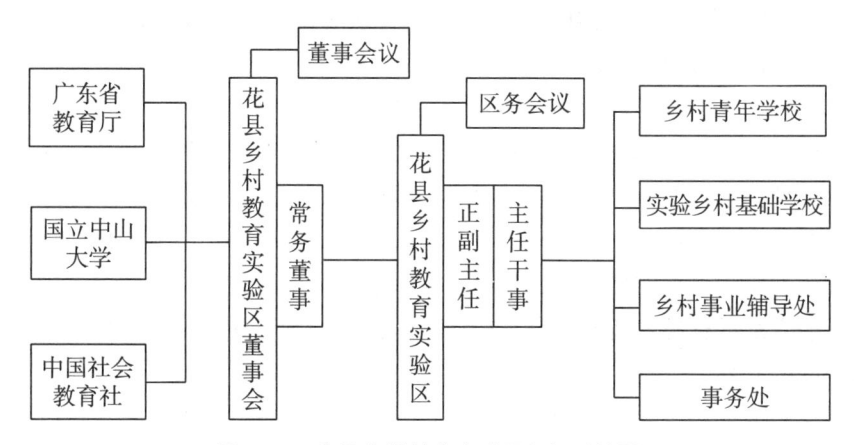

图2-4 花县乡村教育实验区组织系统图

资料来源：《花县乡村教育实验区的实验工作》，《教育研究》1937年总第77期，第109页。

花县乡村教育实验区的主要工作涉及乡村青年训练实验、乡村基础教育实验、乡村事业辅导等方面，每项实验中又各有其具体的方针、内容与

---

[1] 龙眼洞乡村教育实验区指导委员会廿五年度第一次会议录［N］. 国立中山大学日报，1936-09-30.

[2] 石玉昆. 花县乡村教育实验区的实验工作［J］. 教育研究，1937，10（5）：108.

[3] 崔载阳. 国立中山大学教育研究所之过去现在与将来［J］. 教育杂志，1935，25（7）：223.

方法。

首先，乡村青年训练的目标在于养成乡村中坚人物以从事乡村服务事业，主要以民族中心教育、劳动实践教育和乡村更生教育为方针，以精神训练、基本知识训练、实用技术训练和乡村服务训练为基本内容并确定各项训练之标准，每项又可细分为若干科目，通过设立乡村青年学校开展工作。具体来说，精神训练包括纪念周、精神讲话、民族运动讲话、音乐等方面，基本知识训练包括国语、算术、簿记、社会、自然、农业概要、农事实习、农村工艺、国防大意、军事训练等方面，乡村服务训练包括乡村学校设施法、农村合作、乡村问题、农村服务等方面，意在通过对乡村青年依前述标准进行各方面的训练而使其具备"1. 就事实之可能及环境之需要，接受科学方法，经营其农业，或其他生产事业，以达到自食其力的目的。2. 能参加或协助乡村基础学校或类似机关之乡村工作。3. 能领导本乡青年，组织青年团体，共同进修身心，锻炼体魄，充实力量，以为乡村再造民族自卫的准备。4. 推动青年集体的力量，努力于乡村服务工作，并设法促进乡村再造及广义的民族自卫工作之进行"[①] 等方面的能力。

其次，乡村基础教育实验的目的是"想从一乡乡民训练及乡村建设辅导之进程中，探求培起乡民力量及充实乡间资源之途径及方法，并从而谋乡村之再造及民族之复兴"[②]，并设立乡村基础学校为其实施机关。乡村基础教育实验分乡民训练与乡村建设辅导两类，前者又分精神训练、知识训练、技术训练及组织训练四项，后者又分文化建设、政治建设及经济建设三项，每项均确立最低标准，所有学科采用混合编制为原则，科目尽量减少并注重各科之间的联系。[③]

实验区的第三项工作为乡村事业辅导，其本意在寻求如何有效完成乡村建设任务的方法，但以当时国内外的形势而言，更迫切的工作是"普及最低限度的文字教育工作"，并试行能够更有效地完成这种工作的制度[④]。相较于前两项实验，乡村事业辅导的范围非常广泛，它主要包括"一般的普及教育工作""乡村经济之改进""乡村保健之设施""乡村政治之训练"及"乡村领袖之组织""设立民众教育处"六个方面，每个方面都有许多具体的措施，其根本目的在于通过乡村教育的推行以改善民众生活从而达到改造社会

---

① 石玉昆. 花县乡村教育实验区的实验工作 [J]. 教育研究，1937，10 (5)：114.
② 石玉昆. 花县乡村教育实验区的实验工作 [J]. 教育研究，1937，10 (5)：120.
③ 石玉昆. 花县乡村教育实验区的实验工作 [J]. 教育研究，1937，10 (5)：121-122.
④ 石玉昆. 花县乡村教育实验区的实验工作 [J]. 教育研究，1937，10 (5)：126.

的目标。

综上所述，民族中心小学实验班在"缩短小学修业年限"和"以动作为主要教学方法"等方面的成功为民族中心小学的学制、教学的改革提供了有益的经验，同时也赋予"民族中心教育"实验极大的现实意义和推广价值。鉴于当时严峻的国际国内形势，研究所认为以乡村小学为中心而推行乡村教育进而改造乡村社会是一项意义重大、前景广阔而极具可行性的工作，随即以"民族中心教育"实验为中心任务，相继创办龙眼洞乡村教育实验区和花县乡村教育实验区，在实验区中广泛开展"民族中心教育"的实验与推广工作，这自然与当时中国社会实际情况密切相关，也反映了崔载阳对该类事业的理解。崔载阳在国家内忧外患之际，对乡村建设赋予更重大的意义："我们深信国家建设之开始有待乎乡村建设之开始……我们认定乡村建设之完成必有待乎国家建设之完成……我们不下乡培养民力，国家问题终无由解决。"由此他把大学与乡村的联系归结为："第一，大学所研究的资料和问题都直接和乡村有关；第二，大学毕业生的出路应在乡村开辟；第三，为了解救国难，应把农村民众训练与组织起来。"[①] 研究所开展的各项教育实验活动，尤其是民族中心小学实验班和乡村教育实验区的创办，明确地反映了研究所在当时研究工作重心的转变，体现了研究所对"民族中心教育"理论研究的深化。崔载阳曾撰文高度评价研究所的各类实验活动对教育研究的意义，认为它们实际起到了联系理论与实践的重要作用："由科学的研究以揭发一切精确的客观的教育事象，由哲学的研究以找出一些最高价值的教育原理。然后由实验教育工作负责把双方的研究成果加以配合，使双方的理论都能发为各种行动，形诸实际，以为改革整个国家教育之张本。如是三者互相为用，整个研究所的工作体系便从此建立，而远大的工作前途亦因此而开辟。"[②] 从实际效果来说，首先，研究所各类教育实验活动的开展，既解决社会实际的教育问题，又为研究所提供了研究素材和资料，研究所也借此实现了对社会的服务；其次，通过这些实验活动，研究所扩大了研究范围，在促进自身研究事业发展的同时也推动了教育学术的发展；最后，研究所以实际过程训练研究生，在增强其学术能力的同时也服务社会和民众，培养了他们的社会服务意识，真可谓一举三得。

---

① 郑彦棻. 国立中山大学乡村服务实验区报告书 [R]. 广州：国立中山大学出版部，1936：7.

② 崔载阳. 国立中山大学教育研究所之过去现在与将来 [J]. 教育杂志，1935，25（7）：211.

四、教育研究人才的培养与管理

中山大学教育学研究所创办的另一个目的是"训练教育学术研究人才"①，因此该所成立后，为造就专门精深人才，即开始招收研究生。自始至终，研究所招收研究生 50 名左右，明确可知在 1945 年前完成学业并获得学位者有 22 人，1945 年后又有约 13 人入所，完成学业情况不详，但总计完成学业者应在 30 人左右。学生毕业后服务于国立中山大学师范学院、国立中山大学附中、广东省教育厅及广西、四川、浙江、贵州等地的公私立学院或中学，为这些地区的教育事业发展及教育学术研究做出了重大贡献。

（一）研究生招生

研究所开办之初，即着手培养研究生。该所公布的招生简章对研究生资格作出详细规定："本所研究生之资格须具下列之一：（1）在大学毕业，曾专习教育学，并曾任职教育界一年以上者；（2）在高师毕业，曾任职教育界二年以上者；（3）在大学专习教育学，肄业二年以上，并曾任职教育界二年以上者；（4）在师范学校或中等学校师范科毕业，曾任职教育界五年以上，成绩确系昭著者。"② 1928 年 7 月开始招生，当年报名者有 20 人，按上述规定审查，结果合格者 5 人，但"惜因发表太迟，合格研究生多已就事，到校者仅 1 人"③。由于录取非常严格，所以在 1933 年前，总计仅有 6 人入所研究④。

自 1934 年起，研究所变更招生章程，将研究生入学资格提高，规定报考者须为国立、省立或立案之私立大学文学院毕业生，国立、省立或立案之私立文理学院毕业生以及中山大学承认的国外大学相当学系毕业生，且报考时须提交研究计划，说明入所后要研究的主要课题及其重要性与材料、方法和步骤。1935 年中山大学研究院成立后，教育研究所分教育学部和教育心理学部招生，每学部 2 人。但研究院招考人数较少，招考非常严格，宁缺毋滥，招生计划不一定足额完成。如 1935 年招生，教育研究所教育学部录取

---

① 国立中山大学研究院教育研究所. 本所研究事业十年［M］. 广州：编者刊，1937：3.
② 本校教育学研究所招生简章［N］. 国立第一中山大学校报，1927-9-10 (19).
③ 崔载阳. 国立中山大学教育研究所之过去现在与将来［J］. 教育杂志，1935，25 (7)：211.
④ 其中包括英国大学联华委员会派遣之委托指导生一名，即黛洛克（Darrock，全名不可考），以研究生身份入所研究。

2名，而教育心理学部只录取1名[①]。此后，研究所几乎每年都有人数不等的研究生入所研究（见表2-5）。

表2-5 国立中山大学教育研究机构研究生简况表

学部	姓名	性别	籍贯	履历	在学时间	研究课题
不分学部	陆厚仁	男	江苏川沙	江苏第二师范毕业，曾在该校附小及镇江中学供职	1928年8月—1930年6月	1. 编制小学课程原则研究 2. 现代小学常识教材分析
	王文新	男	江苏泰县	不详	1929年2月—1931年6月	1. 小学分级字汇研究 2. 小学分级词汇研究
	黄雨璠	男	江苏盐城	不详	1930年8月—1932年6月	中小学国文成语词汇研究
	张文昌	男	浙江嘉兴	上海沪江大学毕业，曾任浙江嘉兴秀州中学教务主任	1931年8月—1932年7月	1. 中学教务研究 2. 中学图书设备研究
	黄裳	男	江苏泰县	江苏省立教育学院毕业	1931年8月—1932年7月	1. 民众教育馆组织调查 2. 民众教育论文索引编制 3. 民众学校招生及留生问题
	黛洛克	女	英国	英国爱丁堡大学教育科毕业	1933年1月—？	师资训练问题
教育学部	林珠光	男	福建永春	国立暨南大学教育学院毕业	1934年7月—1936年1月	华侨教育之改进
	伍慕英	女	广东台山	国立中山大学教育学系毕业	1934年7月—1935年6月	中国女子教育问题
	梁瓯第	男	福建建阳	国立中山大学教育学系毕业	1934年7月—1937年6月	中国书院教育之研究
	马鸿述	男	广东台山	国立中山大学教育学系毕业	1935年9月—1937年6月	中学课程之改造
	邹鸿操	男	广东新会	私立岭南大学教育系毕业	1935年9月—1937年6月	中国乡村青年训练问题
	严元章	男	广东四会	金陵大学教育学系毕业	1936年9月—1939年7月	中国教育行政制度的研究
	杨泽中	男	江苏宜兴	江苏省立教育学院民众教育系毕业	1936年9月—1939年7月	现代三大派教育思潮的比较研究
	张泉林	男	广东南海	私立大夏大学教育学院毕业	1937年9月—？	干部训练研究

[①] 国立中山大学研究院总办事处. 国立中山大学研究院年报[M]. 广州：国立中山大学出版部，1937：2.

续表2—5

学部	姓名	性别	籍贯	履历	在学时间	研究课题
教育学部	钟钲声	男	广东梅县	国立中山大学教育学系毕业	1937年11月—1942年 1938年9月申请休学1年。1944年毕业于中央大学师范科研究所，获硕士学位	我国中学导师制之研究
	王宝祥	男	福建闽侯	国立厦门大学文学院教育学系毕业	1939年11月—?	三民主义教育政策之研究
	丁宝兰	男	广东番禺	国立中山大学教育学系毕业	1939年11月—1942年	我国中学课外活动之调查及其研究
	李富婵	女	广东东莞	国立中山大学教育学系毕业	1939年11月—1942年	我国女中学生训育问题之研究
	梁兆康	男	广东新会	国立中山大学教育学系毕业	1939年12月—1942年	各国教师组织及其活动的研究
	严永焜	男	广东顺德	国立中山大学教育学系毕业	1939年12月—1942年 1944年毕业于国立中央大学师范科研究所，获硕士学位。	中学兼办社会教育的研究
	梁瓯倪	女	福建建阳	厦门大学文学院教育系毕业	1940年8月—? 休学1年，1941年8月复学	中国历史教育的研究
	吴瑰卿	女	江苏上海	大夏大学教育系毕业，曾任大夏中学教员	1941年10月—?	中学英语作文教学研究
	关瑞铃	男	广东南海	国立中山大学教育学系毕业	1941年12月—? 休学1年，1942年7月复学	广东师范教育问题研究
	黎　鑫	男	广东新兴	国立中山大学哲学系毕业	1942年9月—1946年3月	国父教育思想研究
	马仕桥	女	广东台山	国立中山大学教育学系毕业	1942年10月—?	战时广东儿童教育事业的研究
	李觉清	男	广东东莞	国立中山大学师范学院英文系毕业	1943年10月—?	学校团务之研究
	沈坤仪	女	江苏常熟	国立贵阳师范学院教育学系毕业	1943年10月—?	不详
	游声洛	男	广东南海	国立中山大学师范学院毕业	1945年12月—?	教育研究法之研究
	陈恩教	男	广东化县	国立中山大学师范学院毕业	1945年12月—? 1947年2月—1947年9月休学	我国中学制度之研究
	吴寿颐	男	广东东莞	国立中山大学师范学院公民训育系毕业	1945年12月—? 1947年2月—9月休学	三民主义教育哲学研究

第二章 近代中国国立综合性大学教育研究机构

续表2-5

学部	姓名	性别	籍贯	履历	在学时间	研究课题
教育学部	赵世泽	男	广东南海	华中教育学院教育学系毕业	1947年2月—？入学时申请保留学籍	青春期学生生活经验之研究
	费圻钢	男	上海	国立暨南大学文学院教育系毕业	1947年2月—？	中国教育之改造研究
	黄凤章	男	广东罗定	不详	1948年—？	不详
	周德昌	男	海南琼山	国立中山大学师范学院毕业	1949—1952年	不详
教育心理学部	谭允恩	男	广东开平	燕京大学教育系毕业	1934年7月—1937年6月	我国学校顽童的几种心理特征的研究
	钱苹	女	江苏武进	光华大学教育学系毕业	1934年入中央大学教育实验所，1936年到中山大学教育研究所继续研究。1939年7月毕业，获教育学硕士学位	问题儿童个案研究
	陈臣辅（孝禅）	男	广东潮安	国立中山大学教育学系毕业	1934年7月—1937年6月	小学教科用书问题之研究
	李智	男	广西陆川	国立中山大学教育学系毕业	1934年7月—1937年6月	编纂民众基本字典之理论与实际研究
	富济	男	浙江海盐	私立大夏大学教育学院毕业	1935年10月—1937年6月	中小学学生学习与气候之关系研究
	吴江霖	男	福建晋江	厦门大学教育心理系毕业，曾在中央大学教育实验所研究一年	1937年9月—1939年7月	数系填充测验与智慧及能倾的关系研究
	陈藻芬	女	广东高要	国立中山大学文学院教育系毕业	1939年10月—？	儿童人格适应问题之研究
	何蹇	男	广东南海	国立中山大学文学院毕业	1939年11月—？	不详
	刘尧咨	男	广东潮安	厦门大学文学院教育系毕业	1941年12月—？休学1年，1942年复学	中学生择业心理研究
	朱曼殊	女	湖南湘乡	国立师范学院教育学系毕业	1943年10月—1945年10月 1946年毕业于国立中央大学师科研究所，获硕士学位	不详
	云昌海	男	广东文昌	广东文理学院社会教育系毕业	1945年12月—？	三民主义教育哲学发展史之研究
	詹秉绶	男	福建浦城	国立暨南大学毕业	1947年—？	不详

97

续表2-5

学部	姓名	性别	籍贯	履历	在学时间	研究课题
教育心理学部	吴灶大	男	广东新会	不详	1948年—？	不详
	卢仲衡	男	广东茂名	广东省文理学院毕业	1948—1952年	不同知觉对记忆的准确性和持久性的实验研究

资料来源：《本所研究事业十年》，国立中山大学研究院教育研究所1937年刊，第110～112页及《为谋新教育中国化——国立中山大学教育研究所研究（1927—1949）》，华南师范大学硕士学位论文，2003年，第38～42页。

　　研究生的招收方式也经历了一个演变过程，逐步走向正规化、制度化。最初，教育学研究所招收研究生采取学生申请、研究所审查的方式，要求学生在报名时除详细开列自己履历、资格外，还要说明外语阅读能力、以前学习过的教育学相关功课、以前所做的教育学相关研究以及现在打算研究的问题并拟出研究计划；而学校则"于接到来函后三星期内，由校长副校长文史科主任教育学研究所主任及教授，为详细之检定（审查之意——笔者注）"，如果通过检定，就可以入所研究了，只有在"报名人数过多时，当以考试决定去留"。[①] 后来逐渐在资格审查之外，对研究生各项能力进行测试。据有关人士回忆，其程序为："除了例行学科笔试之外，每人派一本英文书翻译了一个上午，每人选定一种小学科目编了六节的教材，口试有饼有茶像一个小茶会。没有发榜，东皋大道一间小洋房里的晚餐就是合格入所的通知。"[②] 所主任崔载阳也说："那时（指1935年前——笔者注）的研究生，入学不限人数，不限资格，不须考试。在学没有年限，不修功课。毕业后不须报部，亦无学位。"[③] 至1935年中山大学研究院成立后，研究所招收研究生的工作才变得正规化，对招生名额及考试科目都作了明确规定：每部每年招生2名，考试科目分普通科目和专门科目。普通科目包括国文、外国文（英、法、德文任选一种）和党义；专门科目中，报考教育学部者须考教育学、社会学、教育心理学、教育研究法，报考教育心理学部者须考生物学、普通心理学、教育心理学、统计测试。除普通科目和专门科目外，还须进行口试，内容为与所拟计划有关系的基本学科常识的问答[④]。

---

① 本校教育学研究所招生简章[N].国立第一中山大学校报，1927-09-10 (20).
② 余一心.研究生活的回忆[J].教育研究，1942，14 (1)：82.
③ 崔载阳.从教育学研究所到师范研究所[J].教育研究，1942，14 (1)：4.
④ 吴定宇.中山大学校史 1924—2004 [M].广州：中山大学出版社，2006：118.

至于研究生之待遇，初时"因经费关系，研究生概无津贴，仅供设备上之应用及研究上之指导而已"①，但对于设备之应用，学校概不收费，研究生也无需缴纳学费，另外还给予奖励，其规定为："研究生如研究一年后工作优良之时，本校可与以奖励金，此项奖励金之确定数目，由本校斟酌情形决定之。"② 但研究生不发津贴，导致他们因生活费短缺而不能安心在所研究，因此研究所自1933年秋规定研究生每月津贴80元，1935年又改为每生每月40元，以期能容纳较多学额。嗣后因战时关系，物价飞涨，研究生津贴也不断增加。

（二）研究生修业

对于研究所研究生应该修习之课程，1935年前并无明文规定，以培养研究生的独立研究能力为主。研究生在指导教授的指导下选定题目进行研究，学期论文、读书报告、专题研究和集体研讨是整个学习期间的主要形式。待修业期满，研究得有成果，再完成一篇"像乌龟背壳，除死方休的硕士论文"③ 即可毕业。1935年研究院成立后，颁行了研究生培养的相关规定，研究所依据这些规定采用年级和学分混合制，并为"求其教育学识造诣更深，研究技术更为熟练起见，遵照部定规程，再加训练"④，编订研究生课程，规定各科均开设一学期，计3学分；论文开设4学期，不计学分。研究生修业至少2年，须修满27～36学分，其中必修课24学分，选修课3～12学分（每学期临时公布）。至于其教学方式，除课堂讲授外，主要由教授指导研究生进行研究，大多采用哲学研究法⑤、调查法、问卷法、测验法及实验法进行相关训练。

---

① 庄泽宣. 本所十九年度工作概要 [J]. 教育研究, 1931, 4 (6): 76.
② 国立中山大学教育学研究所. 国立中山大学教育学研究所研究工作述略 [M]. 广州：编者刊, 1931. 57.
③ 余一心. 研究生活的回忆 [J]. 教育研究, 1942, 14 (1): 82.
④ 国立中山大学研究院教育研究所. 本所研究事业十年 [M]. 广州：编者刊, 1937: 3.
⑤ 笔者无法查到当时"哲学研究法"的确切含义，但参照本书表2-6及国立中山大学研究院教育研究所编《本所研究事业十年》中多项研究之过程，以及时任所主任崔载阳后来在《教育研究》1942年第1期发表的《从教育学研究所到师范研究所》一文中关于当时研究所研究方法及其内涵的转向等相关内容，可以推知此处的"哲学研究法"并非一般意义上的对"哲学"的研究方法，而是指在教育研究中加强理论探索，努力探寻教育及教育学术之"本质""目的""方法"等，力求构建教育学的哲学体系。

表2-6　国立中山大学研究院教育研究所课程及学分一览表（1936年度）

类别	课程	目的	内容	每周时数	学分
两部共修，以每学期必修一种为原则（9学分）	教育研究法	研究各种教育科学方法的沿革、内容及其现状；应用各种科学方法调查实验现代教育的重要问题，以期使科学的教育学有所进展；希望贡献研究所得结果，为改进吾国教育的参考	1. 研究科学方法的本质、教育调查法、实验法、测量法、课程编制法、常模法、图书之阅读法、做报告的方法等 2. 商订全学期调查实验计划	3	3
	高等教育心理学	使学者对于教育心理学作更深入的研究	教育心理学的范围及方法，人类的本性与儿童教育，行为的发展，学习的定律，学习方法的指导，学习的效率，学习的迁移，统计法，智能测量，教育测量，人格及其测量	3	3
	高等教育社会学	1. 探讨社会学各派的内容及其教育理论； 2. 阐发社会与教育之机能的关系； 3. 研究教育在社会上之应用； 4. 建立教育与社会之合体的本质论、目的论及方法论	导言，文化社会学派与教育，心理社会学派与教育，涂尔干社会学派与教育，生物社会学派与教育，马克斯·韦伯社会学派与教育，各派社会学之对象与教育，各派社会学之方法与教育，教育与经济，教育与政制，教育与家庭，教育与艺术，教育与宗教道德，教育之起源及演进，现代各国教育政策，学制，课程，训育，教学法	3	3
教育学部必修课（15学分）	课程研究	使学习者明了各家课程理论及编订各级课程之根据，以备对于课程之改进有所补助	课程意义，编订方法，学科组织，教材甄别，课程效率之考核，设计课程，各级学校课程，民众学校，科目支配与时间问题，改造原则	3	3
	教育行政问题	使学者明了教育行政上之重要问题及其解决方法	侧重现行教育法令之分析与批判，发现高等教育、中等教育、初等教育、师范教育及职业教育行政问题	3	3
	教育专史研究	使学者就教育史上某一领域作专深的研究。	书院制度史，中学课程史，各国教育与建国	3	3
	教育哲学问题	探讨教育哲学上之重要问题	教育之本质，教育之目的，教育之价值，教育之理想	3	3
	中国教育问题研究	发现中国教育中之基本问题，并研究其解决之途径	高等教育问题，师范教育问题，中等教育问题，初等教育问题，义务教育问题	3	3

续表2-6

类别	课程	目的	内容	每周时数	学分
教育心理学部必修课（15学分）	学科心理问题	解决学科心理之若干问题	分普通与特殊两方面：前者如小学生及中学生在学习各种科目时的心理历程，后者如读物行列长短及读物用纸等对于阅读效率之影响	3	3
	生理心理学	使学习者明了生理心理学之问题与范围及研究行为及人格之生理的基础	引论，接受的机构与运动的机构，编制的机构；行为之生理的基础，人格之生理的基础	3	3
	实验心理学	使学习者明了各种心理实验之方法及结果，并从事各种心理学上之实验	实验心理学之历史，现代各种心理实验方法与结果之介绍与批评，一般心理仪器之应用方法，个别认定几项实验从事研究	讲授、实习各2小时	3
	变态心理学	使学者明了变态心理学之问题及其与教育之关系	变态心理学的研究法，从精神病表现出的变态心理现象之研究，精神分析学说，精神分析学的方法	3	3
	心理学派别	使学者明了各学派之特点及其根据，以免限于一家之说	心理学之史的发展，实体学派，机能学派，行为主义，格式塔心理学，方位几何学的心理学，马堡学派，精神分析学，类型心理学，总结	3	3
两部共选选修课（任选3~12学分）	民族教育研究	使学者明了中国新兴的民族教育思潮的理论与实际，以为负荷中国新教育任务之准备	中国民族教育之来源及其异于各国者何在，协进的中国民族教育意义、背景及与现代各教育学说之比较，中国民族教育的目的及其与各国民族教育的目的比较，中国民族教育的方法及其与现代流行的教育方法的关系，中国民族教育的前途	3	3
	中学各科教学法	供给中学教学普遍应用的知识，讨论中学各科教学实际问题及改进，养成中学行政人员辅导各科教学的能力	绪论，自然科学教学法，语文教学法，社会科及其他科目教学法	3	3
	民众教育研究	指导学习者从事民众教育专题研究	研究民众教育之背景、目标、人员及方法等	3	3

资料来源：《本所研究事业十年》，国立中山大学研究院教育研究所1937年刊，第3~10页。

除修习学分外，研究生还要进行专题研究。研究生的专题研究工作由指导教授分别负责（见表2-7），每个专题都制订详细的研究计划，规定其步骤、方法与材料，使导师方便指导，也便于学生开展研究工作。通过专题研究，研究生在课题设定、资料检索、研究实施等环节都经历了实际训练，研究能力得以提高。

表 2-7　国立中山大学教育研究所专题研究项目一览表

研究者姓名	题目	指导教师	研究开始时间
陈臣辅（孝禅）	儿童读物的形式问题之研究	许逢熙	1935 年 9 月
邹鸿操	中国乡村青年训练问题	林本	1935 年 9 月
梁瓯第	书院教育之研究	范锜	1935 年 9 月
李　智	民众基本字典编纂之理论与实际	林本	1935 年 9 月
谭允恩	我国学校顽童之心理及其教育	许逢熙	1935 年 9 月
富济（伯宁）	中小学学生学习与气候之关系	王越	1935 年 9 月
马鸿述	中学课程之改造	王越	1935 年 9 月

资料来源：《教育研究通讯》1936 年第 1 卷第 2 期，第 33 页。

研究生在学期间，必须修习规定课程并获得规定学分方能毕业。研究生修业期间的成绩考核分平时、学期及学位考试三种。计算标准以 70 分为及格，60 分至 69 分须补考，不及 60 分者须重修。必修科的学期考核由研究所所务会议推定教授 3 人主持，会同评定成绩。规定凡全年成绩有 1/3 不及格者，或品行不端、违背校规者，或工作不力、不堪造就者，或资格不符、蒙混考入者，经院务会议通过，令其退学。研究生休学以一年为限，休学满两年以上者，经院务会议通过，令其退学。若其资格不符或蒙混考入，还须追回其已领之奖学金。研究生因工作需要，经院务会议通过，可延长研究时间，但不得超过一年①。

（三）研究生毕业及学位授予

1935 年 7 月《学位授予法》颁行前，研究所研究生在研究期满，研究得有成果后，参加研究所举行的毕业考试（考试委员会须有教育部核准的校外人员参加）并合格后，发给"研究期满考试及格证书"，即可准予毕业，但不授予学位。

及至《学位授予法》实行，研究所对研究生毕业及学位授予等工作有章可循，遂与先前有所不同。《国立中山大学研究院学则》规定："本院学制采

---

① 国立中山大学研究院总办事处. 国立中山大学研究院年报［M］. 广州：国立中山大学出版部，1937：7—10.

用年级学分混合制","本院研究生修业至少二年,并须修习二十七至三十六学分及交论文一篇,经院、所考核成绩合格者,得提出作为硕士学位候选人"[1]。根据此项规定,研究生于毕业考试前须将规定之学分修习完毕,所有考试及格,并提出专门研究确有创获之论文,经所主任及指导教授严格审定及院务会议认可,由学院提名为硕士学位候选人,然后参加由教育部组织的毕业考试。依 1935 年 6 月 12 日教育部颁布的《硕士学位考试细则》第三条之规定,研究生毕业还须经硕士学位考试委员会考试及格。作为考试机关的硕士学位考试委员会,依《大学研究院暂行组织规程》第八条"应有经部核准之校外人员参加"[2]之规定,由学校延聘经教育部核准的校内外委员若干人(各占半数)组成,并由教育部指定一人为主席。例如,1937 年研究院第一届硕士学位考试时,教育研究所聘请校内指导教授范锜、崔载阳、王越、林本、杨敏祺、雷通群、陈节坚、高觉敷、钟鲁斋为校内委员,校外学者林仲达、沈亦珍、林砺儒、曾昭森、钟荣光、黄华表、许崇清、谭卓垣为校外委员,合组硕士学位考试委员会,主席为崔载阳(经教育部核准)[3]。硕士学位考试分为学科考试及论文考试两种。学科考试是由考试委员会就候选人所修学科中指定与论文有关系之科目两种以上进行笔试,必要时还要在实验室举行实验考试;而论文考试就是由考试委员会就候选人所交论文提出问题进行口试,如有必要,还可加试笔试。这两种考试都于每学年第二学期末举行,考试日期及时间由硕士学位考试委员会确定。《硕士学位考试细则》还规定了上项考试的成绩计算方法:论文成绩占 60%,学科成绩占 40%,两种成绩均须在 60 分以上为及格。成绩不及格者,需再在所属院所继续研究满一年后,才可重新提出论文,并重新进行全部考试。对考试合格之论文、考试试卷及各项成绩,在考试结束后一个月内送教育部,经复核无异者,方可由学校授予教育学硕士学位。

  研究所研究生毕业后大多从事教育工作,他们的教学与研究成果影响了中国近代教育学术达半个世纪之久。如陈臣辅毕业后历任中山大学、湖南大学、湖南师范学院等校教授及教育系系主任,毕生致力于心理学研究,著有开创性论著多部,其中《普通心理学》在相当长的时期内作为国内师范院校

---

[1] 国立中山大学研究院教育研究所. 本所研究事业十年 [M]. 广州:编者刊,1937:98-99.
[2] 宋恩荣,章咸. 中华民国教育法规选编 [M]. 南京:江苏教育出版社,2005:400.
[3] 国立中山大学研究院总办事处. 国立中山大学研究院年报 [M]. 广州:国立中山大学出版部,1937:23.

教材，在全国产生较大影响；他还在全国高校中率先建立巴甫洛夫条件反射实验室，促进了我国心理学的发展。周德昌毕业后曾在中央教育行政学院、中央教育科学研究所、华南师范大学等处工作，致力于中国古代、近代教育史及教育思想史的研究，出版专著多部，对我国教育史学科的建设作出了突出贡献。另有张泉林、卢仲衡等人各自在教育学、教育心理学领域勤奋耕耘，成就卓著。研究所毕业生之所以能在学术上取得优秀成果，在很大程度上应归功于研究所的专业训练和培养。

五、独树一帜的教育学术交流

教育学术交流不仅扩大了中山大学教育研究机构在国内外的影响，也使它争取到许多向国内外同行学习、借鉴其研究成果的机会，成为当时译介国外教育思想的排头兵，从而较早地培养了所内师生的国际视野和思维，使他们得以从更高的层次和更广阔的视野来观照和审视中国教育及其学术的发展。

（一）教育合作与交流

《国立中山大学教育研究所各研究室暂行章则》规定："各研究室得由本所与国内外学术机关及团体，作各种学术研究上之联络及出版物之交换。"① 因此，研究所始终注意与国内外著名教育机关积极联络，开展合作研究与学术交流。1930年，研究所受美国品格教育协会（The Character Education Institution）委托协助修订儿童道德信条，受瑞士国际教育局（The International Bureau of Education）委托调查中国儿童读物，受比利时国际家庭教育委员会委托征集关于中国家庭教育资料，并受英国世界成人教育协会（The World Association for Adult Education）委托调查在中山大学的推广工作。1933年1月，英国大学联华委员会根据中英庚款协定派遣留学生来华研究，将其中一名学生委托该所指导。此外，该所积极与英、美各著名教育学术组织建立联系，且与各大学及学术团体交换出版物。对于国外重要教育研究及运动，常由所内研究人员撰文通过《教育研究》及其他刊物介绍给国内同行。1932年，庄泽宣趁赴欧洲考察教育之便特约《国际教育杂志》编辑F. 司乃得（F. Schneider）撰写《德国教育研究》，由司徒义、谭允恩译成中文，于1934年以研究所专刊形式出版（见表2-10）。此外，得到

---

① 国立中山大学研究院教育研究所. 本所研究事业十年 [M]. 广州：编者刊, 1937：95.

美国哥伦比亚大学师范学院国际研究所特许，将该所编纂的1929年和1930年英文版教育年鉴译成中文，分别由商务印书馆及中山大学出版部出版。

当时在国内，中国教育学会、中国社会教育社及中华儿童教育社均有着悠久的历史与突出的地位。广州为华南教育重镇，研究所为协助上述学会在南方之发展及唤起广东学术研究兴趣起见，发起组织广州分社，联络南方社员，共谋社务发展。另外，研究所为"使社会人士认识到本所内容及引起其对于教育研究所的兴趣"①，曾举办展览会5次，前3次分别在1929年、1930年及1931年，内容多属研究工作及出版物；第4、5两次为中山大学校庆纪念会而举行，展览内容除研究工作及其成果外，并开放实验室及博物室，实验室中"陈列各种仪器，并选出简易而饶有兴味者十余种，指导参观者自行试验，以引起参观者对于科学研究的兴味，并藉此机会搜集研究资料"；博物室展品"除标本、仪器、挂图、手工、玩具、模型等外，以教育照片为主，计分三十种，每种一厚册或二厚册，多为关于教育活动之重要图片"②。

（二）参加和主办教育会议

如前所述，中山大学教育学研究所为全国首创，其研究水平始终居于全国前列，在国际上也有相当影响，故若干国际教育会议均指名要求其派员参加。1932年夏，研究所主任庄泽宣应邀赴欧洲参加第六次国际新教育会议，在会上作题为《中国新教育趋势》的讲演。他回校后又于11月应邀前往岭南大学作题为《赴欧调查教育所得》的讲演，又赴广州青年会讲演《出席世界新教育会议之经过》。

由于教育研究所做了大量工作，取得可观成绩，所主任崔载阳奉令于1937年7月参加在法国巴黎举行的国际初等教育及民众教育会议，在会上讲演《中国民族教育哲学》，就我国民族本质与教育真义加以阐发。据报道，崔载阳在此次会上提交的关于民族中心教育的论文"极为各国代表所称许"。③

至于国内学术会议，该所亦甚踊跃参加。如两度参加中国社会教育社年会，第一次为在河南省开封市召开的第三届年会，由崔载阳代表该所出席；

---

① 国立中山大学研究院教育研究所. 本所研究事业十年[M]. 广州：编者刊, 1937：58.
② 国立中山大学研究院教育研究所. 本所研究事业十年[M]. 广州：编者刊, 1937：58.
③ 研究院各所部主任及指导教授公宴崔主任回国纪盛[N]. 国立中山大学日报, 1938-03-10.

第二次为 1936 年 1 月 18 日—22 日召开的第四届年会，为"沟通南北教育界之间的联系，加强珠江流域与黄河、长江流域三大区间的学术交流"，[①] 中国社会教育社议决交由中山大学主办、教育研究所承办，并聘所主任崔载阳为筹备会副主任。对于此次年会的召开，崔载阳认为它不仅"充分表示出本社生命之继续不断的扩大，从长江流域、黄河流域沛然的扩大到珠江流域"，而且"从国家的角度而言，确实表明我国无论南方北方，他们的文化教育始终都是一有机的大整体，不可分离的统一体"，[②] 由此可见，研究所对于社会教育学术及事业的拓展功不可没。此外为宣传和扩大民族中心制课程的成果和影响，所主任崔载阳于会议期间陪同全体与会者参观教育研究所及该所附设的民族中心小学实验班"成绩展览会"。

研究所认定乡村建设为中国民族自救运动之唯一出路，认识到至 1935 年为止在广东从事乡村工作者虽颇不乏人，但因未有联络，工作上未能收效，即与广东省立民众教育馆共同发起举行广东乡村工作讨论会，于 1935 年 2 月 12 日—13 日在广东省立民众教育馆举行，借以交换实际经验及讨论实施办法，所主任崔载阳在会上作题为《乡村工作的我见》的演讲。

（三）国内外教育考察

教育学研究所成立后，注重考察学习外国教育经验，决定每年举行国内或国外教育考察一两次。当时，研究所注意到菲律宾教育进步较大，有许多值得我国教育借鉴之处，因此于 1929 年 1 月中旬，由庄泽宣、崔载阳、古楳、曹刍等四位教授奉校命组成菲律宾教育考察团，对其教育背景、大中小学校、师范及职业教育作为期三周的考察，其间获得许多有关菲律宾教育状况的材料和信息，返国后写成报告发表于《教育研究》"菲律宾教育考察专号"上（见表 2—8）。为了进一步活跃对外学术交流，1932 年夏研究所主任庄泽宣利用出席国际新教育会议之便，顺道至意大利、法国、德国、英国、瑞士、丹麦、捷克斯洛伐克等国考察，通过考察了解到第一次世界大战后欧洲教育的发展趋势主要表现为对体育的注重、学校教育的生活化、专家的训练与信任以及加强国际联络等方面。1937 年 7 月，所主任崔载阳出席巴黎国际初等教育及民众教育会议，会后顺道考察德国、瑞士、苏联、波兰、捷克斯洛伐克、丹麦、英国、美国等各国教育，特别注意考察各国教

[①] 社教社四届年会续议补志 [N]. 国立中山大学日报，1936-01-30.
[②] 中国社会教育社第四届年会筹备委员会. 中国社会教育社第四届年会纪念册 [M]. 广州：培英印务局，1936：125.

育研究事业及民族教育设施。

国内方面，1928年5月，庄泽宣利用出席在南京召开的全国教育会议之便，带领4名本科四年级学生（当时尚无研究生）考察江浙两省教育，其成果由研究所出版为《江浙教育考察报告》；1930年，庄泽宣又率16名学生考察江浙、平津、辽宁等地教育。1934年4月，研究所"以为两广相邻，在学务上应多方取材并联络"[1]，遂组织广西教育考察团，分军事教育、学校教育、教务行政、基础教育4组。其中，以学生梁瓯第等4人组成的军事教育组先后考察梧州、南宁、柳州、桂林等地，历时20余天，主要内容有"驻省军事最高机关、军事政治学校、航空学校、干训大队、军训独立队、初中军训大队、高中以上学校军事训练、民团训练、公务人员军训、看护训练"[2]等，考察细致，收获良多，撰有《广西军事教育之考察》长篇报告，刊于《教育研究》总第58期。

（四）邀请专家学者举行学术讨论及专题报告

1935年1月，梁漱溟南下广西讲学时途经广州，于30日应邀在研究所作报告，对听众提出的乡村建设中面临的关键问题"（一）工业与农业哪个在先，（二）政治与教育哪个有效果，（三）总与分哪个力量大"[3]提出自己的看法。同年12月，晏阳初应崔载阳等人邀请，在研究所作题为《中华平民教育促进会工作的演进》的报告，论及平民教育促进会如何由识字教育进入农村建设阶段，以"文艺、生计、卫生、公民"四大教育改造社会"愚、穷、弱、私"四大毛病等问题，呼吁学生走出书斋，到广大农村去教育民众以救亡图存。1936年9月27日，研究所邀请陶行知来校主持"新文字讨论会"。另为唤起中山大学师生对民众教育的深切关注与认识，研究所特于1936年11月30日邀请民众教育先导者、江苏省立教育学院教授俞庆棠来校讲学两周，演讲现阶段所需要之教育、如何使学校社会化、民众教育的理论与实施、公民教育与民众教育、丹麦的教育、乡村工作讨论会、民众教育问题及国难期间的民众教育等题目。其他专家学者也相继应邀到研究所讲学，如钟鲁斋、罗廷光等知名教授，他们在比较教育方面都有新的创作和收获，其讲学对于研究所比较教育学科的创立及学术研究气氛的形成产生了直

---

[1] 梁瓯第，伍慕英，张乾昌，等. 广西军事教育之考察［J］. 教育研究，1935，8（2）：46.
[2] 崔载阳. 国立中山大学教育研究所之过去现在与将来［J］. 教育杂志，1935，25（7）：220.
[3] 周葆儒. 漱溟先生的三个答案［J］. 教育研究，1935，8（1）：7.

接影响。罗廷光于 1943 年 6 月 10 日—22 日应邀到研究所作专题演讲，其题目有《各国教育行政之背景与趋势》《我国学制改革问题》《政治教育之展望》《文武合一的教育》等①。研究所有时也采取集中讲专题的做法，如 1944 年 5 月 15 日—19 日，一连五天请邱大年教授讲学，总题目为《教育思想体系的演变》。

研究所常邀请专家学者来所讲学或作专题报告，同时也应邀外出讲学，借以活跃学术气氛，提高师生研究兴趣，促进学术交流。1935 年夏，崔载阳应雷沛鸿之邀到广西普及国民基础教育研究院讲学数周，讲题为《民族中心教育的基本理论》，其主要内容包括民族中心教育的来源、本质、目的、方法等。为了欢迎崔氏，该院同工同学及暑假讲习会会员一律出席，听众踊跃，讲词发表在《广西普及国民基础教育研究院日刊》第 184 号上。

全面抗战时期，研究所的研究活动以举行月会为主，会上进行学术讲演。第一次月会于 1939 年 10 月 19 日举行，由严元章讲《教育与政治》、钟钲声讲《广州中学的导师制》。后改为半月会，由心理学部和教育学部分别主持，包括讲演、座谈、报告等形式，作为全所师生交流学术研究成果的重要措施。半月会的讲演者多为校内外学术专家，如 1939 年 11 月 9 日的半月会采用学术讲演形式，请研究院院长崔载阳讲《师范学院建设方针》，杨泽中讲《冯友兰近著新理学》，戚焕尧讲《本校师院实施导师制意见之调查》等。据报道，每场讲演结束后均展开讨论，"学术空气异常浓厚"。②

六、丰富多彩的编辑与出版活动

为了给研究所所内人员及学界同行发表研究成果提供平台，以求扩大研究所的学术影响及推进当时教育改造及现实教育问题的解决，中山大学教育研究机构编辑的出版物计有《教育研究》月刊、"教育丛书"及"研究实验专刊"三种。

（一）创办《教育研究》月刊

1928 年 2 月，研究所在庄泽宣主持下创办定期刊物《教育研究》，初定除假期休刊外，每月出版 1 期，全年 8 期。起先由该所印行，第 41～48 期交由神州国光社广州分社印行，自第 49 期起由中山大学出版社发行③，至

---

① 罗廷光教授昨在研究院举行专题讲演 [N]. 国立中山大学日报，1943-06-18.
② 研究院师范研究所第十五次半月会情况 [N]. 国立中山大学日报 1940-12-06.
③ 吴定宇. 中山大学校史 1924—2004 [M]. 广州：中山大学出版社，2006：92.

1944年11月停刊。1946年2月复刊后出版第109期，但由于战时损失重大，经济困难，该刊被迫再停；直至1948年9月，第110期（最后一期）才得以出版。

对于《教育研究》的办刊宗旨，首任主编庄泽宣在创刊号中曾如是阐述："我们希望……篇篇文章含有研究的性质或是可供研究的材料，至少我们想不发空论，不说废话，足蹈实地的做工夫。因为研究的对象的问题小，研究的态度和方法的关系较大。我们做的工作或者近于迂腐，近于愚笨，但是我们相信这至少是做学问的一种态度，一种方法，尤其在今日的虚浮的社会里有提倡的必要。"[①] 1933年，崔载阳接任主编后进一步申述该刊宗旨为"发扬教育学术，供给研究资料，提出实际问题，力避空论，以开创教育界实事求是之风气"[②]。1934年方惇颐接任主编，他对前两任主编的办刊宗旨"更不敢不慎守勿替"。[③] 正因为如此，《教育研究》在其20年的办刊过程中能始终保持较高的学术水准。

《教育研究》发表的文章包括教育通论、心理科学、各国教育、教育行政、普通教育、专门教育、社会教育、学校行政、课程教法、各科教学10大类，文章体裁有论著、专题研究、实验报告、新刊介绍、国外教育研究摘要等。全面抗战前，与《教育研究》交换出版物的各大学及学术团体"以美国为最多，凡115处，其次为英国，凡15处，德国5处，加拿大5处，此外澳洲、比利时、捷克、丹麦、法国、荷兰、印度、伊兰（即伊朗——笔者注）、意大利、日本、菲律宾、波兰、瑞士、苏联等国与本所交换刊物者亦不少"[④]。《教育研究》拥有一个极具实力的作者群体，先后为之撰稿者有200多人，当时国内教育界著名的专家学者如陶行知、梁漱溟、邰爽秋等常在该刊发表文章。在登载的数百篇文章中，以教育理论研究及讨论当时教育问题两大类主题占较大比例。从1929年前后大力提倡重视小学教育到1939年热烈讨论师范教育，从教育哲学、心理学到各级各类教育、教程、教育行政组织以至教务表册等许多具体问题，几乎无不涉及，且曾发表许多精辟的、在全国有影响的文章，既反映了20世纪30—40年代教育思潮的演变，也切实服务于当时的教育改造事业，为其指明了发展方向。

---

① 庄泽宣. 告阅者 [J]. 教育研究，1928，1 (1)：1.
② 《教育研究》征集外稿简则 [J]. 教育研究，1934，7 (5/6)：版权页.
③ 方惇颐.《教育研究》百期回顾与今后期望教育研究 [J]. 教育研究，1942，14 (1)：86.
④ 国立中山大学研究院教育研究所. 本所研究事业十年 [M]. 广州：编者刊，1937：56.

据不完全统计①,《教育研究》每年刊登国外教育类的文章基本在 5 篇以上,1932—1934 年间达到高潮,110 期总计刊登约 96 篇(见图 2-5),另加 10 期、22 期、32 期、46 期、50 期、56 期及 73、74 期合刊共 7 个外国教育专号;自 69 期至 77 期还辑录了"国外教育研究摘要"。所有文章及摘要以研究国外教育理论与方法为主,向国人介绍了国外教育制度及其改革实况,为国内同行提供了国外教育界最新信息及动态,成为当时连接国内外教育界的重要桥梁,并对中山大学比较教育学科的创设发挥了巨大的推动作用。

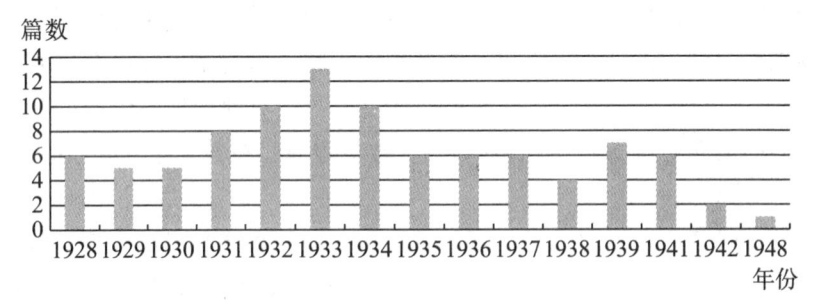

图 2-5　《教育研究》历年刊登国外教育类文章数量变化示意图

数据来源:对中国国家图书馆馆藏电子文献《教育研究》各期统计所得。

加强教育理论与实践相结合是该刊的特色之一。1935 年刊印的总第 64 期载有《战时教育工作计划》,由该所集体拟订,反映了我国学界最早对战时教育工作的认识和看法。全面抗战开始后,该刊为适应形势发展,在研究所代主任尚仲衣主持下,于 1937 年 11 月、12 月和 1938 年 2 月、3 月连续出版了四期战时特刊,尚仲衣也亲自撰文《民族危难中的教育政策问题》《中国教育应有的转向》《致下乡做救亡工作的青年》等发表于战时特刊,以期为抗日救亡运动提供理论借鉴。姜伯韩、雷沛鸿等人也为抗战期间的教育改革提出了许多可贵的建议。编辑出版大量专号、特刊、特辑(见表 2-8)是该刊的另一特色,这类专号、特刊、特辑大多围绕当时国内外教育理论与实践的重大课题进行专题性的研讨,其针对性之强、涵盖面之广、分析力度之大,较之当时国内同类刊物,均属上乘。

---

① 对《教育研究》的统计信息因 78、79、83、89、90 各期的缺失而不完全。

表 2-8 《教育研究》刊发专号、特辑及特刊一览表

名称	总期号	刊印时间
菲律宾教育考察专号	10 期	1929 年 3 月
欧美新教育运动专号	22 期	1930 年 10 月
读法专号	25 期	1931 年 2 月
日本教育研究专号	32 期	1931 年 12 月
中学教务表册研究专号	36 期	1932 年 5 月
中国教育与生产问题专号	38、39 期合刊	1932 年 11 月
各国合作教育专号	46 期	1933 年 10 月
苏联第一个五年教育计划专号	50 期	1934 年 3 月
新德国教育特辑	52 期	1934 年 5 月
各国大学教育专号	56 期	1934 年 12 月
民族中心小学课程专号	60 期	1935 年 5 月
大学课程与行政组织专号	61 期	1935 年 9 月
八年来中国之教育研究专号（上）	65 期	1936 年 2 月
八年来中国之教育研究专号（下）	66 期	1936 年 3 月
广东各县教育现况特辑	72 期	1936 年 12 月
最近各国教育专号	73、74 期合刊	1937 年 3 月
战时特刊第一期	79 期	1937 年 11 月
战时特刊第二期	80 期	1937 年 12 月
战时特刊第三期	81 期	1938 年 2 月
战时特刊第四期	82 期	1938 年 3 月
教师专号	83 期	1938 年 4 月
导师制专号	84 期	1938 年 5 月
师范学院问题特辑	87、88 期合刊	1938 年 12 月
百期纪念专号	100 期	1942 年 2 月
学制问题中心号	103、104 号	1942 年 7 月
教育研究法专号	105 期	1942 年 9 月
今日的心理学专号	108 期	1942 年 12 月
教育理论特辑	109 期	1946 年 2 月

资料来源：《本所研究事业十年》，国立中山大学研究院教育研究所 1937 年刊，第 59~60 页；《民国时期的教育》，广东人民出版社 1996 年版，第 266~267 页及《教育研究》各期信息。

（二）编辑出版丛书与专刊

《国立中山大学教育研究所各研究室暂行章则》规定：每学期结束时，各研究人员须将研究及实验情形做成报告，某一问题研究或实验得有结果时，经研究所审查认为有特殊价值的，可编为该所丛书或专刊。[①] 1929年3月，该所设立丛书委员会，并与上海民智书局订立承印合同，出版发行"国立中山大学教育学研究所丛书"，印刷费全由该局负责。自第28种起改由中山大学出版部印行，至1936年共计出版丛书34种（见表2-9）。这些丛书分研究和通俗两类，研究类丛书"以具有教育研究性质及可供教育上之研究资料或工具者为限"，而通俗类丛书则"以能帮助教育界同人解决实际问题为准"。[②]

表2-9　国立中山大学教育学研究所丛书一览表

编号	编著者	书名	主要内容	出版时间
1	赵我青编	儿童自由画研究	内收《我们应该提倡儿童自由画》（何思敬）、《勒基的儿童画论》（崔载阳）、《我们为什么要提倡儿童自由画》（赵我青）3篇文章，书前有儿童画8幅	1929年11月
2	阮真著	中学国文校外阅读研究	分课外阅读教材评议、校外阅读教材、指导学生校外阅读计划及方法等6章	1929年8月
3	崔载阳译	苏俄小学课程	译自一本用法文撰写的有关苏联对于小学课程的正式报告，主要介绍苏联小学课程大纲及乡村、城市小学的课程内容，并对各科教育法进行说明	1929年8月
4	［英］米歇尔·韦斯特（Michael West）著　周胜皋译	学看外国文之研究（一个根据于实验的报告）	作者在印度用直接法教印度人阅读英语的实验报告	1929年11月
5	阮真编	中学作文教学研究	论述作文教学的目的、问题等，共7章	1929年11月
6	庄泽宣著	如何使新教育中国化	收《三十年来中国之新教育》等6篇论文	1929年11月

---

① 国立中山大学研究院教育研究所. 本所研究事业十年［M］. 广州：编者刊，1937：95.
② 国立中山大学研究院教育研究所. 本所研究事业十年［M］. 广州：编者刊，1937：78.

续表2-9

编号	编著者	书名	主要内容	出版时间
7	庄泽宣编	一个教育书目	收1905—1930年间国外出版的有关教育的图书近80种，分教育概论、教育心理、教学法、教育行政等17类	1930年5月
8	阮真编	中学国文各学程教学研究	中学国文学程讨论及国文科各学程教育研究	1930年6月
9	古楳著	乡村教育新论	分乡村教育运动概略、乡村社会之分析研究、乡村教育设施3编，共19章	1930年8月
10	阮真编	中学作文题目研究	分研究目的及方法标准、1921年前之中学作文题目研究等5章	1930年8月
11	庄泽宣编	教育学小词典	收教育学名词2000多条	1930年9月
12	庄泽宣、彭仁山编	基本字汇	收单字5262个，分常用字、备用字、罕用字3类，按18种笔形排列	1930年10月
13	[美] E. H. 雷森纳（E. H. Reisner）著 崔载阳编译	法德英美教育与建国	分法国教育与建国、德国教育与建国、英国教育与建国、美国教育与建国4编。原书名：*Nationalism and Education*	1930年12月
14	王文新编	小学分级字汇研究（小学国语课程研究报告之一）	分材料收集、分析统计、小学识字限度、各级识字限度等7章	1930年12月
15	徐锡龄著	儿童阅读兴趣研究	分读书的兴趣、看杂志的兴趣、阅报的兴趣、调查以后情形等6章	1931年7月
16	赵邦镶编译	德国青年运动	介绍当时德国青年组织的活动	1932年5月
17	[美] G. D. 斯吹尔（G. D. Strayer）、N. 挪尔斯窝斯（N. Norsworthy）撰 陈礼江译	普通教学法	分教师之工作、教学中之注意和兴趣、习惯之养成、教师对于想象力的利用、如何促进思维、个别差异对于教师之重要、训练的迁移等15章 原书名：*How to Teach*	1932年
18	邰爽秋编订 彭仁山增订	（增订）教育论文索引	1912—1929年各杂志发表的1939篇教育论文目录。分教育通论、普通教育行政、学校行政、各种教育问题等7类	1932年9月

续表2-9

编号	编著者	书名	主要内容	出版时间
19	[美]司提反·卡波特(Stephen Cabot)著 唐惜分、方惇颐译	欧洲的中学教育	分德国学校、法国学校、新旧英国中学、丹麦民众中学及结论5编 原书名：Secondary Education in Germany, France, England and Denmark	1933年4月
20	张文昌著	中学教务研究	分行政、教学、指导3编，讲述教务的行政组织与行政人员、选科、成绩考查以及自修指导、教员的教学指导与进修等	1933年6月
21	张文昌著	中学图书及科学设备研究	分图书设备研究及科学设备研究2编。上编介绍74所中学图书设备的现状、几种中学生阅读的书目及调查等；下编介绍全国8省68校自然科设备调查结果，美国1931年35州的调查结果等	1933年10月
22	[日]小川正行著 廖鸾扬译	德国新教育	分10章，介绍德国新教育的学校与其主要的倾向，包括作业学校、田园家塾、共同社会学校、生产学校、自由学校等	1933年10月
23	[美]E.L.桑戴克(E.L. Thorndike)著 胡毅译	人类的学习	分12讲讲述人类学习的性质进化的事实与理论，学习的规律和教育心理学问题 原书名：Human Learning	1933年11月
24	姚德润、许绍桂译	最近各国的历史教学	主要介绍当时苏联、法国、德国、奥地利、英国等国家的历史教学情况	1934年3月
25	马鸿述编	县教育局行政组织研究	对广东、广西、福建、浙江、安徽5省389县之教育行政组织的详细调查	1934年3月
26	廖鸾扬编	近代日本教育史	分近代日本教育发展之社会的经济背景、近代日本教育发展之思想背景、明治初年日本教育等10章，介绍自明治初至大正、昭和时代的日本教育情况	1934年8月
27	[美]C.E.梅里安(C.E. Merriam)著 方惇颐译	各国政治教育比较观	分5章，内容有政治教育、政治结合的社会因素、政治教育方法和系统的比较等	1934年10月

续表2-9

编号	编著者	书名	主要内容	出版时间
28	[美] C.C. 克劳福 (C.C. Crawford) 著 方惇颐译	修学的技术	分10章，讲述怎样选课、做笔记、听讲、利用图书馆、准备论文、从事实验工作以及养成修学习惯等技术	1935年10月
29	黄裳著	民众学校招生暨留生问题的研究	分绪论、民众学校组织概况、民众学校招生问题、民众学校留生问题及结论5章	1935年12月
30	林之光、朱化雨著	南洋华侨教育调查研究	分3编，共15章，讲述南洋华侨教育的史实、调查和改进	1936年2月
31	伍瑞锴著	小学标本仪器各科教具自制及运用法	1. 博物标本采集及制作法；2. 理化仪器自制及运用法；3. 各科教具及运用法	1936年
32	方惇颐编	教学视导方法	分9章分述教学视导的意义与需要，教学视导的制度与人员，教学视导的原则，教学视导的各种方法、计划、视察、指导、进修等问题及视导效率的考核问题	1936年
33	[美] W.G. 黎德 (W.G. Reeder) 著 马鸿述译	怎样写论文	分12章，对论文性质，问题的选择、确定与计划，参考书目的编制，材料的搜集，与教员的商议，材料的组织及诠释，论文的文笔、引证及注释，统计图表的调制，论文的付印等均有详明的讨论	1936年
34	庄泽宣等译	各国中等教育之扩张	译自美国哥伦比亚大学师范院国际研究所编纂的1930年教育年鉴，以各国中等教育之扩张为讨论中心，对各国中等教育发展的历史及其改进的趋势讨论甚详	1936年7月

资料来源：《民国时期的教育》，广东人民出版社1996年版，第266～267页；《民国时期总书目（1911—1949）(教育·体育)》，书目文献出版社1995年版及《本所研究事业十年》，国立中山大学研究院教育研究所1937年刊，第78～80页。

研究成果中，除列为丛书外，遇有篇幅较少之专门研究，则由该所自印为"国立中山大学教育学研究所研究实验专刊"，至1937年共编印7种（见表2-10）。

表 2-10　国立中山大学教育学研究所研究实验专刊一览表

编号	编著者	书　名	主要内容	印行时间
1	胡毅著	知觉距及其与学级年龄之关系	检查、测验不同年龄儿童的视力，研究知觉距的发育情形（阅读实验之一）	1932 年 5 月
2	胡毅编著	写字习惯之时间方面	分析影响书写中国字速度的各因素（书写实验之一）	1933 年 5 月
3	胡毅，林锦成著	写字与运动能力之关系	不详（书写实验之二）	1934 年 6 月
4	胡毅著	木板构成测验说明书	不详	不详
5	［德］F. 司乃得（F. Schneider）著 司徒义、谭允恩译	德国教育研究	介绍德国教育情况	1934 年
6	崔载阳、方悖颐著	民族中心制小学课程论	指出当时小学课程无中心等弊病，抽出以民族为中心，以政治、经济、军事及文化建设为骨干的小学课程	1934 年 4 月
7	崔载阳著	中国民族教育哲学（中法文本）	为崔载阳在法国巴黎召开的"国际初等教育与民众教育会议"上的演讲稿，对"中国民族中心教育"的基本理论进行哲学层次的思考	1936 年 7 月

资料来源：《民国时期的教育》，广东人民出版社 1996 年版，第 266~267 页；《民国时期总书目（1911—1949）（教育·体育）》，书目文献出版社 1995 年版及《本所研究事业十年》，国立中山大学研究院教育研究所 1937 年刊，第 80 页。

第二节　国立中央大学教育研究机构

国立中央大学教育研究机构发端于教育实验所，由艾伟创办。艾伟是中国现代教育心理学家，主要从事测验统计和汉字研究，在教育心理学方面特别是学科心理学和教育测验等方面有突出贡献。他 1919 年毕业于上海圣约翰大学，获理学学士学位；1921 年秋入美国哥伦比亚大学研究心理学，次年获硕士学位；后入华盛顿大学继续研究心理学，1925 年获哲学博士学位；同年归国后相继被聘为国立东南大学心理学教授、上海大夏大学教授兼师范科主任、国立中央大学教授。他于 1927 年任国立中央大学教育系主任，

1932年赴英国进修,任伦敦大学统计研究员,1933年回国后任国立中央大学教育学院院长,后任师范学院院长。1934年在国立中央大学创办教育实验所并兼任主任。

艾伟在教育心理学、教育统计学、心理与教育测验、学科心理、汉字心理等领域的研究是国内最早且独具特色的。从1925年开始,他用了近30年时间,潜心编制中小学学科测验。这些测验设计周密,其常模极具代表性。他编制和指导研究生或研究人员编制和修订的适用于我国中小学各年级学科测验、小学儿童能力与智力测验(文字的与非文字的两种)、中学语数英等学科的教学标准化测验以及其他测验达30余种,其测试结果为改进学科教学提供了心理学依据,开我国此类测验编制之先河,有助于当时教育教学的改善和推进,为我国近代教育史上应用科学方法于考核教学作出了突出贡献。艾伟毕生致力于学科心理研究,特别是语文与英语学科的学习心理研究。他和同时代的刘廷芳、蔡乐生等人在20世纪20年代就开创了具有我国特色的汉字心理学科,并在取得一定研究成果的基础上提出了一系列新观点;他大量引进国外"学习与发展"理论,为中国教育心理学在这方面的发展奠定了坚实的基础。他的研究对于提高汉字学习效能、推动汉字简化以及汉字由直排改为横排等方面均具有一定的理论与实践价值,他的专著《汉字问题》及《学科心理学》等为汉字心理学作出了可贵的贡献,这些研究成果至今仍不乏指导意义。

在艾伟等人的领导下,国立中央大学教育研究机构主要进行教育心理学的研究与实验,并培养了大批教育心理实验人才,还出版了教育心理学专刊和丛书。他们所做的将教育学建立在心理和生理研究的基础上从而使教育科学化的努力,至今仍符合国际教育学科发展的主流。

一、创设与发展

国立中央大学教育实验所成立于1934年,但其学术传统却可上溯至东南大学时代。1921年,东南大学成立,其教育专修科改为教育科,以训练研究人才、培养师资及教育行政人员为宗旨,虽未成立专门的教育研究机构,但教育研究的传统自此形成。学校始终提倡学术自由,有着民主、宽松的学术氛围,教师中如艾伟、萧孝嵘、赵廷为等人都曾做过许多研究工作,但这种研究较为分散,几乎是各自为政,研究效果不甚明显。艾伟在述及当时情形时曾指出教育发展导致教育学术研究的需求,并力主在教育科内开展各类教育研究、测验、教材审订、教法试验、学务调查等事业①。

1928年5月，国立中央大学成立，其教育学院以"研究教育学术、培养师资及教育行政人才、辅助教育事业之改进"为宗旨②，实际已具备教育研究机构的各项功能，只是没有成立相应机构。为使教育研究走上科学、规范、制度化的道路，艾伟萌发了创办教育研究机构的想法，并在教育学院的发展计划中提出要统筹教育研究："本院各种教育问题之研究，当有一联络机关，以谋经济而增效率。"③此即为后来教育实验所之雏形。据此，中央大学教育学院教育、心理两系教授于1930年3月建议创办教育研究所，意在集中人才设备扩充实验范围，后因种种原因，教育研究所未能正式成立，仅于1932年出版罗廷光《教育研究指南》一书，专供同学做教育研究时参考。1933年，中央大学教育学院在进行计划中拟订"筹设教育研究所，在本校设立研究讲座时筹备"④，但仍未能成功。

1934年，艾伟主持教育学院工作，越发认识到"近代教育学为一种实验科学，故一切教育问题如欲解决，应从实验入手。吾国自举办所谓新教育以来，业有三十年之久，其成绩不甚显著，其原因不在主观之经验，即在盲目之效仿。在此过渡时期中，斯二者之所以占有势力者，以缺乏举行教育实验之科学人才也"⑤，而"过去虽进行教育实验多种，但以无中心组织，未能为外界人士所注意"，因此"深以吾国改进教育之途径，舍实验而莫由，而实验工作之提倡，当自培植人才始"⑥。为此，他根据1930年创办教育研究所之议案建议校务会议"于教育学院内就教育、心理两系之师资设立教育实验所，招收研究生若干名，利用该院设备，俾对各项教育问题作一科学的研究"⑦。1934年2月25日，经校务会议议决，核准教育学院试办教育实验所，由艾伟兼任主任，并由两系教授推定艾伟、杜佐周、萧孝嵘、许恪士四人组成委员会，商定具体计划，指导工作进行。该所创设主旨，在于集中利

---

① 艾伟. 国立中央大学教育学院过去现在与将来 [J]. 教育杂志，1935，25 (7)：200-201.
② 艾伟. 国立中央大学教育学院过去现在与将来 [J]. 教育杂志，1935，25 (7)：201.
③ 艾伟. 国立中央大学教育学院过去现在与将来 [J]. 教育杂志，1935，25 (7)：202.
④ 国立中央大学教育学院. 国立中央大学教育学院二十二年度进行计划 [J]. 国立中央大学教育丛刊，1934 (1)：284.
⑤ 中国第二历史档案馆藏国立中央大学档案. 研究院规程及其各所部概况（1941—1942年）[A]. 卷宗号：648-2463.
⑥ 中国第二历史档案馆藏国立中央大学档案. 教育学院成立教育实验所及劳作品展览问题 [A]. 卷宗号：648-2856.
⑦ 中国第二历史档案馆藏国立中央大学档案. 研究院规程及其各所部概况（1941—1942年）[A]. 卷宗号：648-2463.

用教育、心理两系人才设备，用心理实验和统计的方法，解决教育问题，建立中国化的科学教育。所内分陈列、研究两部，陈列部有教育资料征集、教具、儿童玩具、中小学教本、心理仪器、统计图表等组；研究部有心理、统计等组。1934年8月研究所开始招收研究生协助研究工作。

1938年7月，教育部颁布《师范学院规程》，中央大学依该规程设置师范科研究所，并将教育实验所改办为师范科研究所教育心理学部；1939年国立中央大学研究院成立后，改称国立中央大学研究院师范科研究所教育心理学部。按照规定，研究所设所主任1人，由师范学院院长孙本文兼任；学部设主任1人，负研究设计、指导及行政责任，由艾伟兼任，"以谋行政上之便利"；① 此外还设指导教授2人（萧孝嵘、潘菽）、特约教授若干人（蔡乐生、黄翼、郭任远），负教学及指导研究责任；另有研究员1人（方东澄）及研究助理3人（林凤藻、张述祖、符仁方），襄助主任进行研究并分担行政工作。在研究事业方面，教育心理学部一方面自行计划，一方面接受外界委托，进行研究工作；同时培育人才，为专科以上学校准备师资，"实备欧美Research Institute和Graduate School两种特性"。② 次年9月，艾伟、常道直、萧孝嵘于所内附设"学习心理实验班"，通过实验研究初中生国语、英语、算术三科的学习心理。

1944年8月11日，经教育部高字第39013号指令核准设立师范科研究所教育学部，其目标在于使学者"（一）熟谙所专攻领域内一切有关重要文献，并旁及于其基础学科与辅助学科；（二）融贯各家各派之学说或主张，具有批判抉择之眼光；（三）善用各门教育科学所已获得之成果，解决实际的及理论的问题，以期造就大学教育学科师资及教育行政专才"③。该学部设教育哲学及教育史、教育及学校行政、中小学教材教法三组，主任为常道直。

1946年3月，按《改进师范学院办法》，师范科研究所改为教育研究所，所主任及教育心理学部主任均为艾伟。同年12月，《大学研究所暂行组织规程》颁布，按规定撤销研究院，各研究所附于各学系，师范科研究所改称中央大学教育学院教育研究所，主任由教育系主任徐养秋兼任，导师由教

---

① 国立中央大学学生自治会. 国立中央大学概况·二十九周年校庆纪念[M]. 重庆：编者刊，1944：31.
② 中国第二历史档案馆藏国立中央大学档案. 中大师范学院概况[A]. 卷宗号：648-771.
③ 中国第二历史档案馆藏国立中央大学档案. 国立中央大学师范研究所教育学部计划大纲[A]//为增设中国文学、法律、教育三研究所与教育部的往来函. 卷宗号：648-2471.

育系教员兼任。

1947年初，遵教育部令按《大学研究所暂行组织规程》将教育心理学部改称心理学研究所，划归理学院，教育研究所仅剩教育学部。1949年，校务委员会73号发文称："本校各研究所应归有关各系一办理，无须另设机构，提请公决一案，兹经本会第四次会议决议：研究所名义取消，原有工作由各该系负责继续进行。"① 由此，教育学研究所被撤销，原有工作由教育系负责继续进行。

在中央大学教育研究机构的创办过程中，经费是首当其冲的重大问题。教育实验所成立后，因系试办，故未能获得教育部拨款，"一切费用，由各系撙节而来。且因有大部分事业系受外方委托，故经费亦有由外方津贴者"②。为保证教育实验所顺利运行，艾伟将他任中华教育文化基金董事会教育心理讲座时所购的大批心理学书籍、仪器以及私人藏书数百册一并捐赠，并接受英美政府、学术机关及私人捐赠，使教育实验所图书设备有所改善。至改组为教育心理学部后，每年由教育部拨给3万元经费，并接受外界委托进行各类测验而获得部分款项反哺研究机构的发展。由此可见，经费短缺一直是限制其事业发展的因素之一。

二、教育心理研究、实验及其成果

教育实验所因其主要研究力量艾伟、萧孝嵘等人的学术志趣而偏重于教育心理学的研究、实验与测量，体现了艾伟的实用科学观和教育科学化、中国化的研究路向。20世纪20—40年代，中国出现了西方心理学输入与传播的热潮，学术界普遍热衷于对其理论与方法进行全面复制。西方心理学关于学习心理的研究起步较早，范围较广，多以白鼠、狗和猩猩等动物为实验对象，设置控制条件进行实验研究，总结出"刺激-反应"等各种学说，演绎应用于人类学习。但是人类的学习过程与动物不一定相同，教室里的情况和实验室里的情况也有很大差别，所以在实验室里以动物行为为对象所获得的定律，对于教室里的儿童不一定适用。艾伟检讨其中不足，认为"过去之教育改革，侧重经验，甚至盲目仿效，因之改革以后，成效毫无"③。作为一个实验心理学家，艾伟非常重视运用学科心理结合实际开展科学的实验研

---

① 南京大学校庆办公室校史资料编辑组，南京大学学报编辑部. 南京大学校史资料选辑[M]. 南京：编者刊，1982：529-530.
② 庄文亚. 全国文化机关一览[M]. 上海：世界文化合作中国协会筹备委员会，1934：45.
③ 艾伟. 国立中央大学教育学院过去现在与将来[J]. 教育杂志，1935，25 (7)：204.

究，他曾撰文总结道："在中国，关于教育的实验研究并不是没有人在埋头地做……国外所研究的结果可以作我们的参考，但我们不能盲目地引用，况且许多基本教育的问题是我国的特殊问题，必须我们自己从事实验，而无法可以借鉴的呢！"[①] 以此认识为指导，教育实验所及其后的教育心理学部从中国教育实际出发，对西方心理学理论与方法进行中国化的修订与改编，使其适用于中国教育问题的解决。艾伟依据他15年来从事教育心理实验之经验，深信教育问题仅靠仿效的方法并不能解决，必须从事心理的实验与统计的归纳，始能发现事实或真理。从这种主张出发，该所逐步开展大规模的实验工作。

鉴于上述原因，教育实验所成立后，"将固有之研究范围，扩而充之，以适应社会之需要也"[②]。当时进行的有汉字测量、知觉调度、沮丧儿童之分析、墨迹测验及作文评价等方面的工作，其中"知觉调度"由萧孝嵘主持，"汉字测量"由艾伟主持，其研究结果分别列为该所《心理教育实验专篇》第一期和第二期。此外，该所还受中华文化基金董事会委托进行全国中学英文教学实验研究；另拟定的工作有修订小学各种教育测验、职业指导中客观心理技术之研究、教科书之分析研究与实验、中学会考方法的科学研究等[③]。办理一年后，因认识到其"研究工作虽有猛进之趋势，但其范围大半属于校内者"，遂及时修改扩充计划，明确"其实此机关之设置，乃为社会服务者，社会人士对于教育上产生疑问，均可委托本所同人代为解决"[④]。教育心理学部成立后，其研究工作主要有中小学各科学习心理之研究、文白衔接问题之研究、甄别异常儿童心理量表及中小学智力与教育测验之编制等项，取得不少研究成果。此外鉴于全面抗战爆发后西南各省教育发展迅速，特别是中等学校扩充设置者较为显著，但各校在质的方面达到何种程度并不为教育行政机关所明了，为"从学术研究上得有结果来作行政设施的根据"，[⑤] 该所于1941—1944年间接受教育部国民教育司、湖北教育厅、中国教育学会等机关委托，开展黔川鄂三省中小学教育测验、西南各省小学教师检定、全国中等学校体育测验统计、重庆迁建区小学教育测验及体格检查、重庆迁建区小学智力学力及体力调查研究以及由青年团和兵工厂等机关委托

---

① 艾伟. 战后中国之教育实验[J]. 教育杂志，1923（1）：18.
② 艾伟. 教育实验所之使命[J]. 国立中央大学教育丛刊，1934，1（2）：1.
③ 庄文亚. 全国文化机关一览[M]. 上海：世界文化合作中国协会筹备委员会，1934：45.
④ 艾伟. 国立中央大学教育学院过去现在与将来[J]. 教育杂志，1935，25（7）：204.
⑤ 艾伟. 学术研究与行政设施[J]. 高等教育季刊，1941，1（1）：214.

之各种测验及机械能力研究等,研究结果大多发表于该学部发行的《教育心理研究》上,"以诊断其缺点所在,俾作厘定改进方案之张本"①。通过对小学生体格检查结果的分析,制定了《全国儿童身高体重对照表》等多种量表,对初等教育的发展起到了很好的指导和推动作用。教育心理学部在教育及应用心理学研究上根基较为深厚,除教育心理学方面的研究与实验外,还在中等教育等方面进行过广泛深入的研究,曾有国文、英语、数学等中学基本科目的学习心理研究和课程标准的厘定等研究成果受到教育部重视且得到专门津贴;另对大中小学心理、军警心理、实业心理、学习心理及发展心理等领域的研究也取得丰硕的收获(见表2—11)。

表2—11 国立中央大学师范科研究所教育心理学部研究成果一览表

分类	项目名称	研究者
军警心理研究	军官智慧团体测验(AB两种)	萧孝嵘
	飞机机械人员之智力常模	萧孝嵘、张义尧
	情报人员之甄别测验	萧孝嵘
	飞行人员之情绪稳定性测量器	萧孝嵘
	警官智慧团体测验(甲乙两类,各5套)	萧孝嵘、丁祖荫
	普通警察智慧团体测验(甲乙两类)	萧孝嵘
	普通警察智慧个别测验(10余种)	萧孝嵘、丁祖荫
	交通警察测验(2套)	萧孝嵘、丁祖荫
	刑事警察测验(2套)	萧孝嵘、丁祖荫
	警政人员生活调查表格	萧孝嵘、丁祖荫
	情绪镇定性之实验研究	萧孝嵘、胡先进
	防空知识测验	倪中方
大学心理研究	初编大学心理测验之完成	萧孝嵘、吴江霖
	订正塞斯通大学智慧测验之完成	萧孝嵘、吴江霖
	新编大学心理测验(5套)	萧孝嵘等
	大学生自由联想之研究	萧孝嵘
	语数形测验	张德琇

① 中国第二历史档案馆藏国立中央大学档案.研究院规程及其各所部概况(1941—1942年)[A].卷宗号:648—2463.

续表2—11

分类	项目名称	研究者
中学心理研究	中学学科测验	艾伟、郭祖超
	中学智慧测验	萧孝嵘
	订正×○测验B种	萧孝嵘
	个人事实测验第二种	萧孝嵘
小学心理研究	一、二年级用小学智慧测验	萧孝嵘
	三至六年级用小学智慧测验	萧孝嵘、徐正稳
发展心理研究	知觉单元之发展研究	萧孝嵘
	情绪稳定性与年龄之关系	萧孝嵘
	情绪稳定性与年级之关系	萧孝嵘、唐齐安
	中美英德比西量表订正本之订正	萧孝嵘等
实业心理研究	数种德国工业心理测验与美国机械能力测验之统计分析	萧孝嵘
	技工通性心理测验之标准化	萧孝嵘、程法泌
	塞斯通职业指导测验订正工作之完成	萧孝嵘、吴江霖
	新编职业指导测验（7种）	萧孝嵘、张义尧
	在学习技能时重速度与准确性之比较研究（3种）	萧孝嵘
学习心理研究	中学教学法之实验研究	艾伟等
	全体与部分二法之实验研究	萧孝嵘
	赞扬与申斥对于学习效率之影响	萧孝嵘、张义尧等

资料来源：《中国战时学术》，正中书局1946年版，第153~158页。

1944年教育学部成立后，为谋对教育学术有实际贡献及训练研究生独立研究能力，选择中小学行政上亟待解决的问题如学生训导、课程、教学等，由教授指导研究生进行调查及实验研究；此外还接受中央或地方教育行政机关及公私立学校委托，进行系统的学务调查，或为之解决某种教育问题[①]。

与此同时，为使研究实验结合实际，教育实验所创办万青试验学校，结合心理和教育测验诊断儿童智力，选择优秀儿童入学，因材施教，进行各种

---

① 中国第二历史档案馆藏国立中央大学档案．为增设中国文学、法律、教育三研究所与教育部的往来函[A]．卷宗号：648—2471．

心理测验与研究，使学生学业成绩进步非常显著。1939年9月，内迁至重庆的师范研究所鉴于中学教育阶段内学习课程之类别及其分量极其重要，而教育部颁布的课程标准在这些方面的实际情形亦需通过实验证实，于是由教育部拨发专款，在艾伟、常道直、萧孝嵘等人主持下创建"学习心理实验班"（其全称为"国立中央大学研究院教育心理学部中学六年一贯制学习心理实验班"，教育部将其简称为"艾氏实验班"），对初中生国语、英语、算术三科的学习心理及心理机制问题进行实验研究，并制定一套学科学习心理测验的内容、程序及其规范。实验班曾进行"篇幅长短与诵读速率之关系""朗读与默读之比较""教材内容与学生学习兴趣之相关研究""韵文与散文在持久记忆上之比较""整篇诵读与分段诵读在效率上之比较""英语学习心理（朗读练习）""数学学习中的恢复记忆、避免遗忘、保持记忆"等各种专题的实验研究，并将所得各项成果刊行为《学习心理实验班教学报告》，逐一公布以资一般学校取法。此外，实验班在国文和英文之教材、阅读、背诵、造句、拼法及默读、朗读速度等方面均获有实验结果，并为获得对各种教育问题进行计量研究的工具，编有数学、史地、理化、卫生、动植物等科标准测验共30余套。测验编制完成后，该所人员分头在各校实施，以求诊断教育症结之所在，教育部门对此异常重视，拨款资助其各项设计与实验。王秀南曾对上述成绩作了很高的评价，认为"学习心理实验班"的创立对于学科心理的实验"尤为举国无匹的贡献"。[1] 抗战胜利后，艾伟在中央大学遭到排挤，当他到南京为学习心理实验班寻找新班址以便扩充实验时，该班却被并入中央大学师范学院附中。艾伟为此悲愤地责问教育主管部门："我在中大任教已满21年，终日埋首研究，与人无争，竟仍不免少数人之猜忌，以至20余年之学术基础被其推翻，此成何世界？"[2]

三、培植教育心理实验人才

教育实验所创办之初，艾伟等核心人物即已认识到"吾国改进教育之途径，舍实验而莫由，而实验工作之提倡，当自培植人才始"[3]，遂计划招收研究生，以期利用该院设备对各项教育问题作科学的研究。因经费支绌，研究生研究期限仅定一年，故对于研究生之甄录极端慎重。自1934—1937年

---

[1] 王秀南. 十年来中国实验教育的回顾与展望 [J]. 中华教育界, 1947 (1)：76.
[2] 艾伟. 战后中国之教育实验 [J]. 教育杂志, 1923 (1)：29.
[3] 中国第二历史档案馆藏国立中央大学档案. 研究院规程及其各所部概况 (1941—1942年) [A]. 卷宗号：648-2463.

每年招生 4~5 名，各生均能在教授指导下切实工作，其工作内容如表 2-12 所示。

表 2-12　教育实验所研究生所开展的实验和研究工作简况表（1934 年 10 月）

姓名	所担负之实验工作	个人之研究工作	指导教授
高光世	作文评价问题	汉字测量	艾　伟
邹有华	1. 整理教育局局长之问卷 2. 绘制教育调查应用图表 3. 整理算术测验成绩	1. 教育行政上从事管理问题 2. 我国教育经费之现状、危机及其整理	夏承枫 王书林
郑沛暘	确定数种功用之常模	1. 知觉调度 2. 辨别效率 3. 动作正确性	萧孝嵘
钱　苹	墨迹测验工作	沮丧儿童之分析	萧孝嵘

资料来源：中国第二历史档案馆藏国立中央大学档案《教育学院成立教育实验所及劳作品展览问题》，卷宗号：648-2856。

教育实验所研究生主要是展开教育心理学研究，研究期限虽仅一年，但各生均创有不俗成果，其所研究之专题皆印订成册，报告社会（见表2-13）。4 年之中总共有毕业生 11 人，均服务于国内各大学，任副教授及讲师等职。其中如邹有华于1935 年毕业，后历任国立暨南大学、国立师范学院、华南师范学院等校教授以及中国教育学研究会理事、广东教育学研究会理事长、中国成人教育协会理事、广东省成人教育协会副会长。他长期从事教育和教学理论、教育测量与统计的教学和研究，主编《教育基本理论研究》，主译《心理与教育的测量和评价》（上下册）等，并发表《常态几率曲线及其在教育测验上的应用》《略述心理与教育测量的原理和方法》《心理与教育测量百年的回顾与前瞻》等多篇论文。

教育实验所在《学位授予法》颁布后，其研究生招生、修业及毕业工作照章进行，每年招生 4~5 名（1937 年新生未能入学），唯其修业年限仍为一年。教育实验所改为师范科研究所教育心理学部后，于 1939 年正式招收研究生，为专科以上学校准备师资。研究生投考资格为"毕业于国立或已立案之私立大学或独立学院，体格健全，有志深造者"[①]，符合条件者经入学考试合格才能入所研究。考试科目包括普通科目和专门科目两种，普通科目

---

① 中国第二历史档案馆藏国立中央大学档案. 国立中央大学研究院招生简章及其他章则[A]. 卷宗号：648-3716.

包括国文和英文，专门科目包括普通心理、生理心理及变态心理（教育系毕业者以中外教育史及教育哲学代替）、教育心理（包括儿童心理）、测验统计等。1944年设立教育学部后，招收研究生考试课目中的普通科目与教育心理学部相同，专门科目有教育哲学、中外教育史、教育行政、教育心理学和测验统计等。研究所着重研究，课程相对较少，包括基本科目（含生理心理学、学习心理学、学科心理学、试验心理学）和高等科目（含近代心理学之史的背景、格式塔心理学、比较心理与教育、教育心理学大观、知觉心理学、测验之理论与实施、行为发展），"但对每一课程，则必求其精奥详尽与彻底之了解，是故上课时采取讨论方式而非讲授方式也"①。

1934—1948年，国立中央大学教育研究机构共招生44人（见表2-13），明确可知获得学位者18人②，完成学业者当不止此数，因资料缺乏，难以统计。

表2-13　国立中央大学教育研究机构历年研究生简况表③

学部	姓名	性别	籍贯	履历	在学期间	论文（报告）题目
教育实验所（不分学部）	钱苹	女	江苏武进	1933年上海光华大学教育学系毕业	1934—1935年	抑郁儿童之个案研究
	郑沛嶅	男	不详	1934年清华大学心理系毕业	1934—1935年	知觉调度之研究
	邹有华	男	福建福州	1934年国立中央大学毕业	1934—1935年	教育行政上人事管理问题
	高光世	男	福建福州	1934年国立中央大学心理系毕业	1934—1935年	汉字之测量
	周祖训	男	河南内黄	1933年国立中央大学教育学院教育系毕业	1934年—？未及半年，即奉命主持信阳师范学校，故研究工作未能完成。	
	孙邦正	男	安徽宣城	1935年国立中央大学教育学院教育系毕业	1935—1936年	编造小学高级史地测验

---

①　国立中央大学学生自治会. 国立中央大学概况·二十九周年校庆纪念［M］. 重庆：编者刊，1944；31.

②　根据中国第二历史档案馆藏国立中央大学档案648-2463、648-3716~648-3739内相关信息统计。

③　1937年录取研究生4名，唯以抗战发生，国立中央大学西迁至重庆，各生未能来所工作；1939年未能招到研究生；1946、1947年未招研究生。

续表2-13

学部	姓名	性别	籍贯	履历	在学期间	论文(报告)题目
教育实验所（不分学部）	丁祖荫	男	江苏无锡	1935年国立中央大学心理系毕业	1935—1936年	语顺测验之试编
	宗亮东	男	江苏宜兴	1935年国立北平师范大学教育系毕业	1935—1936年	机械能力测验之标准化
	祝其亲	不详	不详	1935年国立浙江大学教育系毕业	1935—1936年	儿童语言发展研究
	蔡素芬	不详	不详	不详	1936—1937年	初中儿童入学智慧测验之编造
	吴江霖	男	福建晋江	1936年厦门大学教育心理系毕业	1936—1937年结业后又在中山大学教育研究所教育心理学部继续攻读，1939年8月获硕士学位	塞斯通职业指导测验之标准化
	林富平	不详	不详	不详	1936—1937年	中学会考成绩与原校成绩之相关
	汪百熙	女	不详	1933年燕京大学文学院教育学系毕业	1936—1937年	天才幼儿社会行为之发展
师范科研究所教育心理学部	纪祥睦	女	山东胶县	北平师范大学教育学院教育系毕业	1938年—？后退学。	不详
	汝若愚	男	甘肃天水	私立辅仁大学教育学院教育系毕业	1940年—？	不详
	闵灿西	男	湖南岳阳	私立武昌华中大学教育学院教育行政系毕业	1940—1942年	国语朗读与默读之比较研究
	郭祖超	男	江苏青浦	国立中央大学教育学院心理系毕业，任该校助教	1940—1942年	学业成绩上四角相关之研究
	朱道俊	男	湖北武昌	湖北省立教育学院乡村教育系毕业	1940—1942年	领导品质实验研究
	张德琇	女	湖南汉寿	国立中央大学教育学院心理系毕业，任该校助教	1940—1942年	语数位形测验之编制与试用
	林凤藻	女	湖南石门	国立中央大学毕业	1941—1945年	英语生字学习之实验研究
	张述祖	男	山西保德	国立北平师范大学毕业	1941—1944年	按错计分作文测量法之研究
	杨　清	男	陕西府谷	国立西南联合大学毕业	1941—1944年	国语诊断测验之试编
	杨振海	男	河北完县	北平师范大学毕业	1942—1945年	儿童做梦之研究

续表2—13

学部	姓名	性别	籍贯	履历	在学期间	论文(报告)题目
师范科研究所教育心理学部	卢濬	男	云南泸西	西南联合大学毕业	1942—1944年	小学国语默读习练进步的实验研究
	唐齐安	女	江苏镇江	1940年国立中央大学毕业	1942—1945年为1941年所招学生，保留学籍一年	算术试题测验诊断性之研究
	温同庚	女	广东台山	金陵女子文理学院哲学系毕业	1943年—？	不详
	杨继本	男	河南广武	国立西北联大教育系毕业	1943—1945年	汉字构造在学习上之影响
	李象伟	男	浙江鄞县	国立浙江大学教育系毕业	1943—1945年	不详
	符仁方	男	四川万县	国立中央大学教育学院教育系毕业	1943年—？后转教育学部。	不详
	吴倜	男	湖南岳阳	国立武汉大学文学院教育系毕业	1943—1945年	高小与初中算术教材应否重复之研究
	朱宕潜	男	江苏睢宁	国立中央大学教育学院教育系毕业	1943年—？不报教育部	不详
	姚秀华	女	湖北汉阳	1942年国立中央大学理学院心理系毕业	1944—1946年	听和读的了解的比较研究
	李熙	女	湖南临湘	1944年国立中央大学师范学院教育系本科毕业	1944年—？	不详
	蔡绮宽	女	江西南康	1945年国立中央大学理学院心理系毕业	1945—1947年毕业于该校心理研究所	不详
	朱曼殊	女	湖南湘乡	国立师范学院教育系毕业，曾入中山大学师范研究所教育心理学部研究	1945—1946年	血型与智慧及性格之关系
师范科研究所教育学部	高谧	男	四川郫县	1943年国立中央大学师范学院教育系毕业	1944—1946年	不详
	申惠文	男	江苏江阴	1940年国立中央大学教育学院教育系毕业	1944—不详	不详
	杨志今	男	湖南常德	1943年国立中央大学师范学院教育系毕业	1945年—？	不详
	万梅亭	男	江西临川	国立浙江大学毕业	1945—1947年	不详
	李绍白	男	江苏丹阳	国立西北师范学院教育系毕业	1945—1947年	不详

续表2-13

学部	姓名	性别	籍贯	履历	在学期间	论文（报告）题目
教育研究所	范鸿麟	男	湖北鄂城	1944年国立中央大学公民训育系毕业	1948年—？	不详
	谢立明	男	江西赣州	国立暨南大学毕业	1948年—？	不详

资料来源：中国第二历史档案馆藏国立中央大学档案648-2463及648-3716至648-3739。

毕业研究生服务于国立中正大学、四川省立教育学院、国立中央大学等处，以张德琇、张述祖、杨继本、朱曼殊等为代表的毕业生对中国教育心理学科的研究与实验贡献卓著。其中张德琇曾于1940—1942年任教育实验所助教，并兼读研究生，获硕士学位。1942年9月起她转任四川省立教育学院讲师、副教授，所著论文《语数位形测验的编制报告》获得全国学术二等奖，遂成为心理学界第一个获全国学术奖的学者。1946年9月，她携《儿童心理的发展》论文赴美参加国际劳工会议，为解除童工的疾苦而奔走呼吁，后就读于美国哥伦比亚大学、哈佛大学等校，并长期从事教育心理学、儿童心理学、教育与心理测量等学科的研究和教学工作。1972年，她回国任湖南师范大学外语系、教育系教授，编撰的《教育心理研究》一书被许多师范院校列为教材，专著《创造性思维的发展与教学》系国家教委"七五"期间重点科研项目；另著有《语数形测验第1、2类》《心理作战》等书及《启发式与传授式教学对比的实验研究》[《湖南师院学报（自然科学版）》1983年增刊]等近20篇论文。

四、从《心理教育实验专篇》到《教育心理研究》

教育实验所的出版物在心理学及教育心理学界可谓一枝独秀。1934年2月，教育实验所创刊《心理教育实验专篇》，用以发表各项教育心理实验报告，为不定期刊物，刊载艾伟、萧孝嵘等人研究成果，共出版4卷7期，1939年6月在重庆由师范研究所编辑发行最后一期（见表2-14）。

表 2-14 《心理教育实验专篇》各期论文一览表①

卷期	著者	篇名	出版时间
第一卷第一期	萧孝嵘	知觉单元形成之条件（一）	1934 年 2 月
第一卷第二期	艾 伟	汉字测量	1934 年 3 月
第二卷第一期	艾 伟	中学文白测验结果之比较研究	1935 年 6 月
第二卷第二期	郑沛曒	知觉阈度之研究	1935 年 7 月
第三卷第一期	萧孝嵘、宗亮东	机械能力测验之标准化	1936 年 6 月
第三卷第二期	萧孝嵘	知觉单元形成之条件（二）	1936 年 12 月
第四卷第一期	萧孝嵘	订正古氏儿童智慧测验	1939 年 6 月

资料来源：《心理教育实验专篇》各期信息。

其后在师范科研究所教育心理学部时代，艾伟等人认为教育在于改变人之行为，人类行为研究是心理学之范围，心理学是教育之科学基础，教育与心理学有密切关系，心理学应用于教育，即为教育心理学。他还看到，"在二十年前之吾国，心理学与教育即已发生关系，其密切性似与年俱增"，而"最近数年中，军事、实业、医务等与心理学之关系虽已引起社会人士之注意，然其应用普遍尚不及教育什之一也"，故而"教育之与心理学既有密切之关系，则一般教育家对于此自应加以重视"，并且"兹值抗战建国期间，教育事业日见发展，其需要心理学研究之切，自不待言"。② 在此背景下，为昌明教育心理学术，发表同人研究心得，并满足国内中等学校教师对教育心理科学研究结果之参考读物的需要，于战时艰苦条件下，独力创办发行《教育心理研究》季刊，由艾伟负责主编，于 1940 年 3 月在重庆创刊。该刊以阐发教育心理学术，报告实验研究结果，并讨论教学上之一切问题及科学方法为宗旨，所载内容主要为教育心理学研究专题（学习心理、学科心理、教学、教法、教师问题、学习心理实验班教学报告等）和心理学研究成果（普通心理、实验心理、儿童心理、生理心理、医学心理、心理卫生、管理心理等）以及测验编制和统计测量等，"计分四部：一曰论著，对教育学术，作理论之阐发；二曰研究，刊载教育实际问题之科学研究报告；三曰新著介绍，搜罗国内外新近出版有价值之专书或论文提要叙述，以减少读者之精力

---

① 其中第三卷第一、二期题头为"国立中央大学教育实验所心理教育实验专篇"，第四卷第一期由国立中央大学研究院师范研究所于重庆编辑发行。
② 艾伟. 创刊词 [J]. 教育心理研究，1940（1）：5.

时间与经济；四曰教育问答，刊载一般性之教学实际问题之商讨"[①]。除教育心理学及心理学方面的论著而外，《教育心理研究》亦间载教育学、生理学、神经学、统计学等方面之论著，倡导在教学、教育工作实际条件下的实验研究，并交流科研成果，指导实践，堪称我国抗战后期教育心理学及心理学的代表性刊物。至 1945 年 6 月停刊，共出刊 3 卷 10 期，载文 92 篇，其中如黄翼《儿童"现象的因果思想"之选择条件》、艾伟《儿童阅读兴趣之研究》、汝若愚和闵灿西《国语朗读与默读之比较研究》、林凤藻《英文生字学习之实验的研究》、张述祖《中学生课间自由活动的观察研究》、杨清《小学国语默读诊断测验试编》及卢濬《国语默读练习进步之实验研究》均属教育心理学方面的重要文章。此外，该刊还印有英文简编，每年一期，截至 1947 年出版 4 期，分送欧美学者及学术机关，"其目的在换得些英语刊物以作从事研究工作者之参考"[②]。该简编刊载的研究论文为美国《心理学文摘》（Psychological Abstracts）所采纳，在国外同行中也颇得好评，苏格兰爱丁堡大学教育系主任戈弗雷·汤姆森（Godfrey Thomson）、美国俄亥俄州立大学心理系教授西德尼·普雷希（Sidney Pressey）、《咨询心理学报》（Journal of Consulting Psychology）主编 J.P. 西蒙兹（J. P. Symonds）等均曾来信赞誉。后因战事紧迫，运输困难，取得交换不多。

在教育心理学研究方面，艾伟主编的《教育心理学大观》可谓介绍国外教育心理学的一个较大部头专著。该书精选了英、美、加等国 1925—1940 年出版的教育心理学名著，由艾伟分发给郭祖超、张德琇、张述祖、杨清、汝若愚、林凤藻、闵灿西、朱道俊等人，嘱他们精读摘要，删其枝骈，择其要点译成中文，最后由艾伟审读校阅后编辑成书，于 1945 年 2 月至 9 月由重庆商务印书馆出版，分上、中、下 3 册。上册包括 J. 崔佛（J. Drever）著《教育心理学》（An Introduction to the Psychology of Education，1925）、J. 瓦德（J. Ward）著《心理学在教育上之应用》（Psychology Applied to Education，1926）、R. M. 吴国敦（R. M. Ogden）著《心理学与教育》（Psychology and Education，1926）、C. 福克斯（C. Fox）著《教育心理学：其问题与方法》（Educational Psychology，Its Problems and Methods，1927）4 部分；中册包括 W. C. 楚克拉（W. C. Trow）著《教育

[①] 中等教师主要参考读物《教育心理研究》季刊即出版 [J]. 教育通讯周刊，1940，3（7）：7.

[②] 艾伟. 写在教育心理研究专辑之前 [J]. 教育杂志，1948（4）：1.

心理学》（Educational Psychology，1931）、S. L. 普雷希（S. L. Pressey）著《心理学与新教育》（Psychology and New Education，1933）、J. M. 费勒其（J. M. Fletcher）著《教育心理学》（Psychology in Education，1934）3部分；下册包括 A. M. 章登（A. M. Jordan）著《教育心理学》（Educational Psychology，1934）、P. 散地放（P. Sandiford）著《教育心理学基础》（Foundation of Educational Psychology，1938）、C. H. 吉德（C. H. Judd）著《教育心理学》（Educational Psychology，1940）3部分。该书内容丰富，基本反映了1925—1940年教育心理学的发展，艾伟本人也认为此书的编辑出版意义十分重大："在此十五年中有关教育之心理学说在实验及理论上如何演进，就此十册可以窥其大概。此亦节省学者之时间、金钱与精力之一法也。溯自抗战军兴，交通梗阻，西书之运入既寥若晨星，而精神之食粮诚不可一日中断，此本书之所由编也。虽然，此种工作不云战时，即在平时，十年或十五年一为之，于吾国教育学术前途亦未尝无甚裨益。"[①]

上述几类出版物为教育实验所及其后的师范科研究所教育心理学部的研究成果提供了发表平台，为各类教育心理研究人员提供了参考读物，并向国内介绍了世界教育心理学研究的最新成果，既促进了国立中央大学教育研究机构与其他学术机构的学术交流，也体现了其国际视野，扩大了其学术影响。

第三节 国立浙江大学教育研究机构

国立浙江大学教育研究机构分别为教育系培育院和师范学院教育研究所，其设立主体分别为教育学系和师范学院。国立浙江大学教育学系设立虽然较晚，但它在成立之初即拥有一批知名教授，他们具备很强的研究意识和能力，在"教育科学化"思想的影响下，注重开展实验，用科学的方法从事教育学和心理学研究。为建立观察和实验基地以促进儿童心理学研究，教育学系于1935年创办培育院，但不久即因全面抗战爆发停办，此后多年未有此类研究机构。1948年初，为了满足当时对教育研究的需要，浙江大学师范学院创办了教育研究所。这两所教育研究机构虽然存续时间不长，但都曾开展过积极的工作，取得了一定成绩。

[①] 艾伟. 教育心理学大观［M］. 重庆：商务印书馆，1946，序一.

一、教育学系培育院

国立浙江大学教育学系于 1929 年 9 月成立,郑宗海任主任[①]。成立之初规模并不大,但拥有郑宗海、孟宪承、俞子夷、庄泽宣、黄翼、沈有乾等知名教授,堪称当时中国最强的教育学师资阵容,因而在很短的时间内就确立了在全国大学同类系科中的地位。这些教授大多曾留学欧美或出国考察,有的曾在国内著名高校任教,因而具备很强的研究意识和能力。受"教育科学化"思想的影响,他们利用实验手段进行教育学和心理学研究,以求证西方教育理论应用于中国教育的实际情况,在此基础上积极发展教育学和心理学的相关理论并促进教育实践。

1935 年秋,为建立儿童心理学研究和实验基地,教育学系在黄翼的建议下创办了培育院。黄翼于 1925 年秋赴美留学,1928 年在斯坦福大学获硕士学位。出于对儿童心理学的兴趣,他又入耶鲁大学师从著名心理学家阿诺德·卢修斯·格塞尔(Arnold Lucius Gesell)学习儿童心理学,从此奠定了他一生的研究基础;同时他还曾在斯密斯学院格式塔学派库尔特·考夫卡(Kurt Koffka)门下深造,从事心理实验研究。他于 1930 年获耶鲁大学哲学博士学位,同年回国担任浙江大学心理学教授,主要从事教育心理学和心理卫生方面的研究及教学工作。黄翼创办培育院的建议可以说是深受其留学美国时的导师格塞尔的启发。1920 年,格塞尔在耶鲁大学心理诊疗所创办了 2 岁组的培育院,通过创设优良的环境,使幼儿能健康发育,并为促进幼儿教育的改进,以院中幼儿为对象进行科学研究。这样,培育院因为注重增进幼儿心理健康,矫正其不良行为,已不再是单纯的教育机关,它同时还具有研究性质[②]。浙江大学教育学系创办的培育院集儿童健康心理教育与儿童心理实验研究于一身,依照心理卫生原则,对学前期儿童实施科学的教育,

---

[①] 据周谷平、许迈进、张彬编《浙江大学教育学院院史》(浙江大学出版社 2012 年版)称,教育学系成立时间也有 1928 年一说(见该书第 4 页注 3)。但笔者在何亚平等编《惊鸿浙大》(浙江大学出版社 2007 年版)第 160 页和应向伟等《名流浙大》(浙江大学出版社 2007 年版)第 28 页及杨达寿等编《浙大的校长们》(中国经济出版社 2007 年版)第 130 页等处均发现郑宗海来浙江大学的时间是 1929 年,特别是杨达寿等编《浙大的校长们》一书,对郑氏来浙江大学前后的时间、任职写得很清楚,认为郑氏是 1929 年 8 月来浙江大学的,这与 1929 年 9 月郑氏创办教育学系的说法吻合。因限于资料及时间,笔者无法找到进一步的直接证据,故暂存疑待考。至于 1947 年浙江大学呈请教育部设立教育研究所时所称"本校教育学系自民国十七年设立以来,迄今廿载",并不能证明是郑氏本人的说法,也不排除错记的可能。

[②] 费景珮. 培育院与幼稚园托儿所的区分 [J]. 教师之友,1936,2(1):28—32.

以求促进儿童心理的健康发展。

在培育院创办之前，浙江大学教育学系即"感到有附设实验学校的需要，已经有多年了，历来因大学经费的艰困，未能如愿实现"①。自1933年郭任远任校长后，出于专业背景，对于实验学校的设立甚为关心，并曾有先办小学之动议，后因所需费用过大，导致实验小学开办未果。1934年，教育学系添设了教育心理组，为"研究儿童心理和实施幼稚教育起见，便拨经费二千五百元决定先办小规模的培育院（Nursery School）"②，由教育学系主任郑宗海兼任主任，嘱费景瑚等人筹备开办事宜。培育院体制大致仿效格塞尔的模式，招收2.5~5岁幼儿入院。创办旨趣约有三点："1. 设置一个宜于卫生和身心发展的环境，使幼儿在年龄相仿佛的同伴中去共同游戏，共同作业，获得快乐和丰满的生活，养成良好的习惯和性情，并得了解社会生活的意义；2. 切实与家庭合作，藉谋家庭教育的改善；3. 为大学儿童教育的实验机关，使研究儿童行为发展时，有观察实验的机会；使研究教育实施时，有实地观摩的地方。"③创办培育院之建议的提出者黄翼在述及培育院创办动机时也曾有言："浙大教育学系原有《儿童心理学》《儿童训导与心理卫生》《儿童心理专题研究》等课程，辄以无附属之儿童学校可供观察、研究，实以为憾，间或借助于邻近小学校，然时间地点，常难适合，情境控制，政不在我；且一般学校，儿童在校生活，大部分无非上课，除课间休憩之数分钟外，无所谓自由活动，尤不合于观察之用，于是有自办某种试验学校之动议。培育院只须一班，经费较省；幼儿生活，无甚拘束，活动天然，最宜于观察；而此种幼儿学校，在我国尚属罕闻，颇有一试之价值，遂决定创设培育院焉。"④

培育院创办之初，设主任1人，主任教师1人，教师1人，重要事项由教育学系系务会议商量决定，培育院主任起初由教育学系系主任郑宗海兼任，后由黄翼担任，历任的主任教师有费景瑚（中央大学教育心理系毕业）、何志行（浙江大学教育学系毕业）等人，教师有朱润瑜（浙江大学教育学系毕业）、戴茆初（杭州师范学校3年制幼稚科毕业）等人。院中招收2岁半至5岁的幼儿20人，每半岁一个级段，每级段各有4人。为获得儿童心理

---

① 费景瑚. 国立浙江大学教育学系培育院筹备经过 [J]. 教师之友，1935，1（3）：342.
② 费景瑚. 国立浙江大学教育学系培育院筹备经过 [J]. 教师之友，1935，1（3）：342.
③ 费景瑚. 国立浙江大学教育学系培育院筹备经过 [J]. 教师之友，1935，1（3）：342-343.
④ 黄翼. 儿童训导论丛 [M]. 上海：商务印书馆，1948：132-133.

卫生研究的第一手资料，教育学系师生包括黄翼本人以院中幼儿为对象，主要进行了观察、训导实习、专题研究和个案研究四个方面的研究活动。

（1）观察——教育学系选修儿童心理学、儿童训导及关于儿童之专题研究等课程的学生，每周在观察室中观察1小时，为课程中必要工作的一部分。黄翼鉴于自己求学时代因无事前规划而致使"每作所谓观察时，辄觉满目儿童活动而已。不知应注意何事，应从何处着力，甚少切实之心得"[①]，因此指导学生试用有计划之观察，根据平时上课内容拟具一些问题，让学生针对题旨在培育院进行观察，收集事实材料，然后整理分析，撰写报告。通过观察，学生既练习了当时盛行的"短时间取样之系统观察法（short-time sample method of systematic observation）"，又因在观察时针对某一特定问题，观察的视角和效果也随之改变。当时经常有教育学系学生到培育院观察研究，由于儿童天性好奇，如遇外人来院，势必引起浓厚兴趣，停止原来活动而注意来人，而且儿童如发觉受人注意，常易发生怕生、羞怯，或炫耀、做作、"人来疯"等不自然态度，不但妨害儿童性格发展，而且影响观察结果。为避免这种弊病，培育院仿效耶鲁大学做法专设观察室，对此黄翼曾描述道："室在活动室之东，两室间隔墙板壁，挖去一截，长与墙等。高约三尺嵌以两层铁纱。观察室里面墙壁，全部漆黑，门缝用黑纸糊密，门内悬深黑帷幕两层，使出入时亦不甚透光。活动室一面之铁纱，则加白磁漆，使尽量反射光线，自观察室隔纱视活动室，人物动作，了如观火。自活动室视观察室，则白纱一片，两层映出幻文而已，纱后人物，一无所见也。观察自内铁纱下安置木板一长条，下设条凳，观察者可安坐作记录。"[②] 这种观察室有利于观察者获得真实的观察效果，不仅在当时不失为一种有应用价值的创造，即便是现在对于观察也具有特别的意义。实际上，现在的观察室只是对设备更新换代，其应用理念与设计原理依然未变。

（2）训导实习——教育学系修习儿童训导课程的学生在下半学期到培育院实习，帮助教师照料儿童，以替代静止的观察。这种办法的好处是研究者可以融入研究情景，在不被研究对象察觉的情况下获得真实的研究信息。如前所述，教育学系创办的培育院主要是儿童心理卫生的研究机构，试图通过实施心理卫生来开展儿童训导是培育院的一项重要工作，其目的在于增进幼儿的心理健康。为此，培育院儿童心理卫生的具体内容主要包括良好生活习

---

① 黄翼. 儿童训导论丛 [M]. 上海：商务印书馆，1948：157.
② 黄翼. 儿童训导论丛 [M]. 上海：商务印书馆，1948：140.

惯的培养、情绪和意志行为的调节及不良行为的矫正3个方面。早在1934年，黄翼在《学校训育的改造》一文中就批评了学校训育的传统理念和方法。他指出，在训育对象上，传统理念宣称有扰乱行为的儿童需要训育，而退缩胆怯的儿童因其不捣乱故不需要训育，从而在进行心理辅导时对他们有所忽视；在训导方法上，传统理念只关注儿童行为的客观性质而不考虑儿童的主观心理因素，因而学校训育的传统处置方法只根据社会的一般准则，旨在维护学校的纪律或教师的尊严，而忽视了这种处置对儿童的心理、特别是对其身心发育和性格形成会产生怎样的影响。现代心理卫生及辅导不同于传统训育，它注重的不是客观的社会准则，而是儿童行为的主观心理原因对其身心发育的意义，浙江大学教育学系培育院开展的训导实习在一定程度上就是为了帮助师生掌握现代心理卫生及辅导的理论和方法，借以改造传统的学校训育的理念与方法。1942年，黄翼出版了《儿童心理学》一书，进一步认为德育是培养道德心、促进个体与社会相协调的工作，心理卫生是维护心理健康、矫正心理问题的工作，而"儿童训导（Child Guidance）这个概念，包括道德教育和心理卫生两方面，是适合心理卫生原理的训导儿童方法"[①]。

　　（3）专题研究——教育学系四年级学生必须开展专题研究，以作为毕业成绩的一部分，因此专题研究凡选题在儿童心理方面，而需要关于幼儿之材料者，均可在培育院进行实验，收集材料。当时通过培育院收集研究素材进行专题研究而发表的文章有祝其亲的《儿童语言之功用》（载《中华教育界》1935年第7期）、邱壁光的《儿童性格评估法》（载《教育杂志》）等。此外，收集了研究素材并进行专题研究而未完成者还有路侗的《儿童之社会行为》及培育院教师何志行的《幼儿身长体重发展表》等。黄翼本人也在培育院搜集大量素材，在此基础上撰写成《儿童图画之发展》于1937年由长沙商务印书馆出版。该书采用儿童图画共78幅，是我国第一部研究儿童绘画心理特点的学术专著，它概要地介绍了20世纪30年代以前国内外儿童绘画研究在各方面所取得的成果，探讨了儿童绘画所涉及的诸多心理学方面的问题，在此基础上对儿童绘画中的一些重大理论和实践问题作详细阐述，极具参考和研究价值。此外，黄翼还根据在培育院的观察与研究，著成《遗尿》《增进幼儿的心理健康》两文，由培育院印行，一方面可作为幼儿教育研究的参考资料，另一方面有助于家长科学地认识此类问题。

　　（4）个案研究——培育院认识到幼儿行为的个体差异性，因此注重个别

---

　　① 黄翼. 儿童心理学 [M]. 贵阳：正中书局，1942：136.

第二章 近代中国国立综合性大学教育研究机构

指导，开展个案研究，以用作指导儿童的准备，所得材料亦有很高的学术价值，兼具研究与训导的双重意义。个案研究主要是应用黄翼编制的"儿童履历""报名时记录""儿童在家状况""儿童在院状况""性格评估表格""家族状况""住所状况"及"撮要"等表格，收集家庭访问、在院观察、体格检查、智力测验等材料，将儿童身心发育、生活习惯、情感冲动、待人态度等作详尽的个案记录，每个幼儿的材料都由一名教师负责收集编制，然后黄翼经常与各教师会谈："将撮要一一细读，互相质疑、纠正、批评、补充，以期所得印象，正确扼要，足以代表该儿之真正状况。如有阙疑，则随时补行调查。"① 这种个案研究能帮助研究者准确地了解和把握每个幼儿的一般情形与问题。正如黄翼所说："我们研究的目标，是要对于他们每个人有较深切的了解，来做训导时的帮助；还希望如果他们有些小的不适当的行为，也可以及早觉察，施行相当的矫正。"②

应该说，培育院在开办的过程中，已不仅是一所观察和实验的基地，在一定程度上它还是教育学系教授特别是黄翼本人科学的教育理念的实践基地。黄翼在回顾培育院工作时曾说："吾人深信以心理卫生为基础的儿童训导原则为教导儿童的最正当途径。许多向来视为道德上品行上之问题，根本实系心理卫生问题……近代之训导学说，以养成最健全正常之性格为目标，而良好之品行道德，自然亦在其中。此种理想之实现，要当以科学的心理学之行为观为出发点……作者与大学同学穷年讲习其说，深愧纸上谈兵。窃欲在培育院中试诸实际，此本院同人最勉力之一端也。"③ 他还在致章颐年的信中写道："在培育院方面，颇拟在心理卫生之实施方面作一种试验……惟窃思吾人研究心理卫生，若不大胆实施，何日得以脱离空谈之讥。故深愿服膺'以行为学'（learning by doing）之旨，冒昧实行。"④ 按黄翼的设想，研究院的工作与活动须依据儿童心理特征，因为"据儿童心理学研究，团体行为系逐渐演进而来。大抵两岁儿童，社会性尚甚幼稚……吾人施教方针，自当以促进团体性为目标，但亦当明了儿童社会行为进展之自然趋向，方免无谓之失望与不得当之强迫也"⑤。虽然创设了培育院，但黄翼严格划分它与幼儿园和学校的界限，认为儿童在6岁前身心发育未足，不适于正式严肃

---

① 黄翼. 儿童训导论丛［M］. 上海：商务印书馆，1948：159.
② 黄翼. 儿童训导论丛［M］. 上海：商务印书馆，1948：70.
③ 黄翼. 儿童训导论丛［M］. 上海：商务印书馆，1948：133—134.
④ 黄翼. 浙江大学教育研究概况［J］. 教育研究通讯，1936，1（2）：39.
⑤ 黄翼. 儿童训导论丛［M］. 上海：商务印书馆，1948：144.

137

的学校生活，否则有害无益，故"浙大培育院，有意力反此风，尽量与儿童以自由活动之机会，而寓指导于不觉之中"①。这种教育理念在培育院也得到很好贯彻，认为儿童的文字教育与具体经验，虽皆属必要，若论其先后之序，则具体经验应先于文字教育，故其组织的活动注重结合生活实际，主要开展节会（儿童节、植树节、元旦等佳节，制备应用物品，布置场所，以至实行庆祝，以及事后谈说在家庭及它处见闻经历为止）、种毛豆（自锄土下种至煮而食之）、写信（儿童自造信封，演习写信、读信、贴邮票、寄发、送信，以及因信中所说言语而引起之活动）、烹饪请客（用黏土或其他原料制造"食品"，继以烹饪、请客、宴会等活动）、旅行（用大积木制作舟车，扮演旅行之种种步骤，以及到达某目的地后之特殊活动等）、做豆浆（儿童参加豆浆之制造，自浸豆、磨碎、绞汁、沸煮，至餐点时饮用）等活动②，创设良好环境，辅助幼儿身心健康发展。

教育学系师生在办理培育院的同时还注重为家长服务，如向他们普及儿童教育方面的知识、帮助他们进行智力测验等。为增进院方与家庭的联络和合作，培育院形成家庭访问、家长会、接见家长等方面的制度：每学期开家长会 2~3 次，使培育院与家长及家长相互间都有接触机会，共同探讨教养儿童的方法，而且经常请医生、心理学家或教育家演讲关于儿童的各种问题；每学期对每个儿童家庭访问至少两次，从访问中了解和掌握儿童家庭状况及在家生活习惯等，这也是个案研究的一个环节；由培育院主任及教育学系教师每周接见儿童家长 1~2 人，对于个别儿童的生活情形交换意见，郑宗海、黄翼、庄泽宣等人均参与这项工作。

1937 年 7 月，正当培育院工作"经诸同事不断努力，预期之计划，方渐次实现"③之时，全面抗战爆发，杭州频遭日机轰炸，当时因无法保障院内幼儿安全，培育院遂停办且未能再复办，前后总计两年。培育院的创办是近代中国改造传统训育、实施儿童心理卫生、创立现代儿童心理辅导的重要尝试，不仅是教育学系学生学习和研究"儿童心理学""儿童训导与心理卫生""儿童心理专题研究"等课程的实验基地，也是他们致力于幼儿教育实验的示范性机构④。黄翼之子黄章恺认为："培育院是幼儿教育的场所，更是进行科学研究的场所，院内教师除了要按心理卫生的原理对幼儿实施教育

---

① 黄翼. 儿童训导论丛 [M]. 上海：商务印书馆，1948：135.
② 黄翼. 儿童训导论丛 [M]. 上海：商务印书馆，1948：147-148.
③ 黄翼. 儿童训导论丛 [M]. 上海：商务印书馆，1948：132.
④ 张彬. 浙江教育史 [M]. 杭州：浙江教育出版社，2006：544-545.

外，还须按日观察、记录孩子们的活动，浙江大学教育学系选修儿童心理的学生，更是每人必须到那里选定一个孩子，对之作系统的追踪观察和记录。"[1] 当时，浙江大学教育学系的师生结合教学、科研，把培育院作为实验基地开展幼儿教育实验，颇具典型意义；其幼儿教育实验活动对推进幼儿教育的科学化发挥了重要作用。

二、师范学院教育研究所

全面抗战期间，浙江大学辗转内迁。为解决浙江及东南沿海各省缺乏中等教育师资的问题，于1938年8月在江西泰和成立师范学院，任命郑宗海为院长，聘孟宪承兼教育学系系主任。

1947年，国立浙江大学鉴于该校"教育学系历史悠久，师资设备充足，现当建国时期，教育之研究工作，自属重要，且杭州为国民教育实验区之一，藉研究以资辅导，更属事半功倍。又该校前师范学院关于中等学校教材教法之研究工作已有相当成绩，若由教育研究所继续完成，更至切当"[2]，于10月11日提请国立浙江大学第63次校务会议讨论设立教育研究所案。至11月底，浙江大学鉴于"本校各科研究所已先后成立，成绩颇有相当进展，惟教育研究所尚付阙如，兹经本校第六十三次校务会议决议，于本年度内成立教育研究所，以应时势之需要"[3]，向教育部呈请设立教育研究所，当时提出以下三条理由：

> 一、本校教育系自民国十七年设立以来，迄今廿载，历年在郑宗海教授主持之下，素以研究工作为重，图书设备，年有添置，抗战播迁，幸未损失，于研究设备已粗具始基。过去研究成绩，因无相当组织，均由各教授自行交与书局印行及在各杂志发表，数量亦已不少。故就设备及教授之研究成绩而言，为促进研究工作起见，实有设立研究所之必要。

> 二、我国教育学术宜亟谋独立，为时论所重……我国教育之理论及制度，绵续二千余年，可资探究发扬者，靡有穷尽。清末西制东渐，新旧理论制度如何构合交融，以符国情而宏教化，应待研究之问题，既迫

---

[1] 贵州省遵义地区地方志编纂委员会. 浙江大学在遵义[M]. 杭州：浙江大学出版社，1990：604.

[2] 浙大增设教育研究所[J]. 教育通讯，1947，4（7）：25.

[3] 浙江省档案馆藏浙江大学档案. 为本校拟增设教育研究所呈请复核准予照办并核发该研究所经费以利进行由[A]. 卷宗号：53-1-567.

切而又浩繁，本校教育系愿尽设备人才之可能，分任一部分教育理论、教育史、比较教育及教育心理之研究，以期于我国学术之独立做一得之献替。

三、本校今岁奉部令与浙江教育厅会同在杭州市设立浙江国民教育实验区，从事国民教育各项问题之实验研究与推行。本校教育系教授参加者约四五人，甚为努力，故已有相当成就。惟求实施推行之有效，若干问题必付诸较为专精之研究，仅实验区之设备与人力，实犹未足以求此，非藉研究所之设立不可，如设研究所则实验区能相互辅翼之功效必更显提高不少，而不设则不能贡献于全国国民教育。①

当时，教育部为使大学各学系与其附设之研究院所打成一片，于1946年12月颁行《大学研究所暂行组织规程》，其中第四条规定了大学设立研究所须具备"除大学本学系一般经费外，有确定充足之经费专供研究之用，系内图书仪器等设备堪供研究工作之需，师资齐备"② 三项条件。浙江大学申述的三条理由即从这三项条件出发，教育部遂以该校所请尚合规定，准自该学年第二学期起，成立教育研究所。1948年2月，国立浙江大学师范学院教育研究所成立，由郑宗海任所主任。研究所遂依《大学研究所暂行组织规程》拟订《国立浙江大学教育研究所规程》作为该所工作准则，规定人员设置、主要事业及其他相关事项。依该规程，当时教育学院所有教师均为研究所研究人员，主要有郑宗海、孟宪承、陈立、王承绪、陈学恂、李相勖、俞子夷、吴志尧、王倘、朱希亮、赵端瑛、潘渊、周淮水、沈金相、赵乃抟（兼职）等人，这样的阵容在当时实属强大。当时研究所在资料方面也堪称完备，计有中文书籍954册，外文书籍1036册。

按此类研究所的成立目的，开展教育研究即为其基本事业。研究所成立后，即接手负责原由师范学院与浙江省教育厅合办之国民教育实验区，其后因"本校师范学院与浙江省教育厅原合办有国民教育实验区，惟以地点设在西湖，偏重乡村。兹以本校附近有工厂多所，失学之民众颇多，为补救计，经本校师范学院教育研究所详加筹划，拟自三十七年九月份起附设城市实验

---

① 浙江省档案馆藏浙江大学档案. 为本校拟增设教育研究所呈请复核准予照办并核发该研究所经费以利进行由[A]. 卷宗号：53-1-567.

② 吴镇柔，陆叔云，汪太辅. 中华人民共和国研究生教育和学位制度史[M]. 北京：北京理工大学出版社，2001：13.

民众学校一所，以资实验城市成人补习教育"①，遂于 6 月间向教育部申请划拨经费，并拟具《浙江大学师范学院教育研究所附设城市实验民众学校计划》，划定该校附近之三堡为实验区域，将区内 15~45 岁失学成人分设男女两班，在 1948 年先行计划进行实验区失学民众调查，主要开展"工人职业需要之调查、基本字汇之实验、识字教学应用感官辅助教具之研究、编辑以生计为中心之妇女读本、编订识字测验"等实验②，在开展成人补习教育的同时研究成人补习教育的方法与工具。

除开展教育研究外，研究所认为教育研究人才的培养也是当务之急，因此着手这方面的工作。依该所规程，就所内当时师资情况，分设"教育史与比较教育""课程教法""基本教育""测验与测量"及"发展心理"五组，计划每年招收研究生若干名。研究所规定研究生投考资格为"公立或已立案之私立大学或独立学院教育学系、心理学系、社会学系、哲学系及其他学系毕业生，对于教育学术具有深厚之兴趣者"③，并要求师范学院毕业生或师范生须服务期满方得应考，考试科目列英文、国文、教育概论及教育心理学四门。经招生考试，1949 年录取金慧（女）和吴祥骏二人为研究生④。为使研究生培养工作顺利进行，研究所又依《浙江大学教育研究所规程》相关规定拟订《国立浙江大学教育研究所研究生指导细则》，对研究生培养事宜作出详细规定：

一、本所暂设教育史与比较教育、课程教法、基本教育、测验与测量、发展心理五门，每门设导师若干人，由导师一位负责。

二、研究生须有导师一位担任指导。

三、研究期限二年，得延长一年。

四、研究生专题研究，应于第一学年第二学期开始，进行时，至少每两星期应按规定时间与导师谈话一次。

五、研究生必须按照部章修习二十四学分。考试成绩满七十分者始给予学分。如成绩不及格，其研究期限应酌予延长，如在三年内不能结

---

① 浙江省档案馆藏浙江大学档案. 拟自卅七年九月份起于本校师院教育研究所附设城市实验民众学校拟具计划呈请鉴核于国民教育补助费项下拨款进行由［A］. 卷宗号：53-1-567.

② 浙江省档案馆藏浙江大学档案. 拟自卅七年九月份起于本校师院教育研究所附设城市实验民众学校拟具计划呈请鉴核于国民教育补助费项下拨款进行由［A］. 卷宗号：53-1-567.

③ 浙江省档案馆藏浙江大学档案. 国立浙江大学教育研究所概览［A］. 卷宗号：53-2-19.

④ 浙江省档案馆藏浙江大学档案. 国立浙江大学一九四九学年度第一学期注册学生［A］. 卷宗号：53-1-4064.

束，即予退学。

六、研究生不得担任任何职务。①

对于研究生须修习的课程及学分，《国立浙江大学教育研究所规程》也作出相应规定（见表2-15）。

表2-15　国立浙江大学教育研究所课程设置及任课教师一览表（1949学年）

课程分类	研究分组	课程名称	任课教师	学分
公共必修课程	不分组	教育研究法	郑宗海等	4
		高级教育原理	孟宪承	4
		高级教育心理学	陈立	4
		高级教育社会学	王承绪	4
各组专门课程	教育史与比较教育组	教育思想史	孟宪承、陈学恂	4
		教育制度	王承绪、陈学恂	4
	课程教法组	课程研究	郑宗海、李相勖	4
		教法研究	郑宗海、俞子夷、孟宪承、李相勖	4
	基本教育组	国民教育研究	俞子夷、吴志尧	4
		社会教育研究	王倘、王承绪	4
	测验与测量组	高级统计学	陈立	4
		心理测量法	陈立	4
	发展心理组	高级儿童心理	朱希亮、赵端瑛	4
		变态心理学	朱希亮、潘渊	4

资料来源：浙江省档案馆藏浙江大学档案《呈报本校教育研究所于卅六年度第二学期成立附送规程祈核备案由》，卷宗号：53-1-567，内附《国立浙江大学教育研究所规程》相关信息。

《浙江大学教育研究所规程》还规定，对于所内导师及研究生的研究成果，经所务会议认可后可由该所出版为两类：一类为专刊形式，内容主要是专题研究；另一类为丛刊，由性质相似的若干篇论文汇集编成，两类都定为不定期刊物。但在笔者资料查询的范围内未发现此类出版物实体及出版信息，据此推测可能仅有相关规定，但未能有相关出版物出版。

---

① 浙江省档案馆藏浙江大学档案. 呈报本校教育研究所于卅六年度第二学期成立附送规程祈核备案由 [A]. 卷宗号：53-1-567.

由于存续时间很短，浙江大学创办的两所教育研究机构均没有得到充分发展，其研究事业不多，影响也不大，但它们还是表现出若干特色。教育学系培育院两位一体，既是幼儿施教机构，又是幼儿心理卫生教育的研究机构，它依照创办者的构想，在进行观察、训导、实习、专题和个案研究的同时，为幼儿创设良好的成长环境，并为家长普及儿童教育方面的知识，从更大意义上推进幼儿心理卫生教育的发展；师范学院教育研究所在开办之初即以国民教育为己任，积极开展城市成人补习教育，并通过这种教育活动来实验成人补习教育的研究理论和工具，这同时也成为该教育研究机构利用研究成果为社会服务的一个方面。

第四节　近代中国国立综合性大学教育研究机构的主要特色

以国家层面的规范、高等教育的发展、特别是教育学科各分支学科的创立为背景，近代中国国立综合性大学凭借其人才、资源及学科综合性等方面的优势，率先创办了教育研究机构，并通过其自身发展，推动了近代中国教育学术专业化、体制化的进程。1928年国立中山大学在庄泽宣的主持下创办了国内最早的教育研究机构——教育学研究所；其后，国立中央大学也在艾伟的建议下创办教育实验所，国立浙江大学在黄翼的建议下创办培育院，开始了教育学与心理学的研究与实验。抗战中因为特殊的时局需求，中国大学研究院所进一步扩充，国立综合性大学的教育研究机构也随之增加。1940年，国立西南联合大学师范学院教育系因现有师资与设备均较充实，为训练学生学术思维能力，养成其科学态度、见解与技能，拟于当年秋季成立师范学院师范研究所教育门，借以研究教育学术，培养教育学术人才，并解决各项教育理论与实际问题。同年3月，教育学系起草了《师范研究所教育门计划书》，准备在秋季设置师范研究所教育门，招收教育及心理学硕士研究生，学制2年，但此计划至抗战胜利西南联合大学结束时仍未实行[①]。1941年8月，国立四川大学师范学院曾拟增设师范研究所，但因该院成立未久，师资设备尚未达标而未能设立。至1944年，国立四川大学师范学院又以"抗战以还，国立大学转徙播迁，仪器图书，损失甚重；唯本大学地处后方，校舍

---

①　西南联合大学北京校友会. 国立西南联合大学校史——一九三七至一九四六年的北大、清华、南开［M］. 北京：北京大学出版社，2006：384.

巍然独存，设备有增无损，而关于心理教育、公民训育之仪器图书，尤属丰富。本院创办迄今，已届第三学年，学生瞬将毕业，其志愿继续研究者，颇不乏人；而本大学文学院教育学系历届毕业学生，希望入研究所者，更不在少数"① 等为由，计划添设师范研究所，招收校内外师范文理各院毕业生，培植教育学术专门人才。计划中的师范研究所暂设教育学和公民训育两个学部，教育学部暂分教育哲学、教育行政、各科教材教法、教育心理及测验4组；公民训育部暂分公民和训育两组，但至1945年7月时师范研究所尚未设立，此后再无相关信息。1947年底，国立北京大学教育学系经教育部核准设立教育研究所，由陈雪屏任所长。当年研究所就招收研究生1人；至1949年，该所有研究生2名、助教兼研究生1名。1948年2月，国立浙江大学师范学院经教育部核准设立教育研究所，开展的教育研究工作有附设城市实验民众学校和培养研究生。虽然教育部颁行《大学研究院暂行组织规程》《学位授予法》《师范学院规程》等法规以规范大学研究院所的发展，但国立综合性大学中，除国立中山大学、国立中央大学和国立浙江大学等校先后设立教育研究机构并有所成就外，其他如国立西南联合大学、国立四川大学等校仅有计划而未能创办，国立北京大学只是勉强设立了此类机构，其相关事业更是微乎其微，这也佐证了近代中国教育学术及其机构艰难的发展历程。

鉴于国立综合性大学突出"学科性"的基本特点及创办者的研究意识和兴趣等方面的原因，近代国立综合性大学各教育研究机构既反映出其共性特征，又呈现出各自的特色，从而形成了丰富多彩的教育学术精神和传统，成为近代中国教育学术史的重要组成部分。

一、注重基础性、理论性研究

德国大学新理想之倡导者约翰·戈特利布·费希特（Johann Gottlieb Fichte）和弗里德里希·丹尼尔·恩斯特·施莱尔马赫（Friedrich Daniel Ernst Schleiermacher）指出："大学乃是致力于科学知识之不断的新创造之机关。"② 即言明，大学为现代学术生产机关，所以大学教育并非仅供学生学习现成知识，更要自觉地从事知识创新。近代中国国立综合性大学研究力量雄厚、经费相对宽裕、学术环境良好，依托它们而创办的教育研究机构充

---

① 陈刚. 师范学院工作之检讨与展望[J]. 国立四川大学校刊，1944，16（1）：3.
② 常道直. 师范教育论[M]. 北平：立达书局，1933：58.

分利用这些优越条件，广泛开展教育研究。众所周知，教育属于一种社会事业，自身既具理论性，又具实践性，因此"教育研究"与文史哲等人文学科的研究有所不同。一般而言，"教育研究"所包含的内容大致可分为"学理性研究"和"应用性研究"两大类：前者主要属"学科取向"，以教育学科专门理论的构建与拓展为旨归；后者主要属"问题取向"，以教育事业发展中的实际问题为中心，通过研究与实验辅助教育事业的改进为目标。国立综合性大学教育研究机构的研究事业既包含学理性研究也包括应用性研究，二者互为依托：前者的目标在于为实践提供依据和支撑，并扫清技术方面的障碍；后者则从实践问题出发，探求其中的普遍规律并上升至理论以便更好地指导实践。从国立综合性大学教育研究机构的学术取向来看，仍以学科取向为主，并且体现出基础性、理论性的特点。

国立综合性大学教育研究机构中开展的研究课题主要包括"民众教育""教育心理""大中小学教育现实问题"及"其他与教育相关的问题"四大类。实际上，由于中央大学教育研究机构和浙江大学教育学系培育院的研究课题均以教育心理为主，纯教育类研究课题相对较少，故上述四大类研究课题仅在中山大学教育研究机构中广泛开展，可作为国立综合性大学教育研究机构的代表。由于庄泽宣对民众教育的重视和倡导，中山大学教育学研究所在民众教育方面的研究课题众多，成果丰硕，影响较大者为庄泽宣和彭仁山编《基本字汇》。中山大学教育研究机构在"大中小学教育现实问题"方面的研究范围更加广泛，包括"中小学国文教学的研究""小学教育方面的研究"及"学校教育行政及教育制度的研究"等方面。陆厚仁、王文新和阮真在中小学国文教学的研究方面取得很大成绩，阮真的作文教学研究尤有特色；以崔载阳为核心，汇集研究所诸多研究力量的"民族中心小学课程研究"是该所最重大的研究课题，通过民族中心教育理论的探索，不仅以论文、专刊和丛书形式发表大量研究成果，而且还专门编制民族中心小学课程及相关教材，并成立实验班开展课程实验，获得极大成功。在"其他与教育相关的问题"方面，具体的研究题目不一而足，影响较大者有"战时教育研究"和古楳主持的中国教育与经济系列研究，前者主要通过对国外战时教育的研究及战时教育工作计划的拟订，对战时教育作出积极应变；后者则以教育经济学的眼光观照中国乡村教育，对当时及其后的中国教育尤其是中国乡村教育有极大的指导意义。三所教育研究机构都开展了"教育心理研究"，但呈现不同特色：中山大学教育学研究所主要关注知觉、运动、儿童心理等专题，中央大学教育实验所则关注汉字教学、心理测量、军警心理、学校心理等领域,浙江大学教育学系培育院则主要开展儿童心理研究。这取决于各教育研究机构主要负责人及主要研究人员的研究意识与研究志趣,如庄泽宣、艾伟和黄翼等人都深切注意到科学的心理学研究必须以科学的实验方法为基础,才能得出合理的结论以促进中国教育的发展。综观上述课题,一般以区域性或全国性的教育问题为出发点,以教育理论的中国化、本土化探索为目标,研究题目和内容都比较具体,并非空洞的宏大叙事。在 20 世纪 30—40 年代的中国,中小学教育、民众教育等问题与社会联系非常紧密,可以说是事关社会发展的基本问题,因而此时期的教育研究机构总体而言对教育研究的课题设置大多从中国特有问题着手,以期能切实与"新教育中国化"的目标相联系,这是综合性大学教育研究机构注重基础性研究的一面。此外,它们还有注重理论性研究的一面,因为在当时的中国,教育学虽然已较为发达,各分支学科都已创立,但其理论尚未充分"中国化",即尚未与中国教育实际充分结合,为此必须通过理论探讨促进教育学各分支学科的理论构建。从上述各教育研究机构的课题设置情况可以看出,它们大量开展纯学术的学理探讨,与其开展的以教育实践问题为对象的"应用性研究"课题相比,理论性研究在综合性大学教育研究机构中受到更多重视,这是由综合性大学的"学科性取向"、各教育研究机构核心人物的研究意识和专业背景以及他们通过改造国外教育理论以促进其中国化、本土化的学术理想等因素共同决定的。

二、积极引进和运用科学研究方法

20 世纪 30—40 年代的教育研究已与以往大有不同,以往那种片面注重定性研究和文本分析的传统方法已远远不能适应教育研究的要求,尤其是欧美教育"科学化"运动的兴起和发展引导中国于 20 世纪 20 年代掀起轰轰烈烈的教育"科学化"运动之后,实验、测验与调查等教育研究方法受到普遍重视。国立综合性大学教育研究机构的研究人员特别是创办者等核心人物均充分认识到科学的研究方法在教育研究中的重要作用,如艾伟即认为:"教育测验是科学的重要工具,在这样的工具不完备的时候,欲求教育之科学化,那真是缘木求鱼了。"[①] 因此,为能以科学方法研究教育,国立综合性大学教育研究机构积极引进和运用新的研究方法。与近代中国教育理论一样,近代中国教育研究方法在引进后也经过了模仿、改造、融合与创生的过

---

① 艾伟. 小学教育测验说明书 [M]. 上海:中华书局,1939. 引言.

程，其间的改造与融合是教育学"中国化"的一个侧面。20世纪20年代末，中国教育学研究者开始认识到只有遵循自然科学的原则和方法去研究教育，教育学才能成为真正的科学，遂从借鉴西方研究方法着手，联系中国教育现实，积极倡导运用科学方法开展教育研究并同时进行教育研究方法的改造。在此背景下，国立综合性大学教育研究机构结合自身的学科性特点和研究路向，积极引进和运用教育实验和教育心理测量与统计等科学方法，特别是教育实验在其研究事业中占据较大比重，大有将其作为研究与改造中国教育的基本途径之势。中央大学教育实验所主任艾伟对"教育实验所"名称的解释反映了教育实验极受重视的缘由："研究二字其所含之意义甚为笼统，不如实验二字之较为具体。所谓研究未必经过实验之历程，而可靠的及客观的研究则必为经过实验之研究。故与其名为教育研究所，宁名为教育实验所。"[1] 这既是国立综合性大学教育研究机构与其他类型教育研究机构有所区别的相对特点，也是它们能将自身研究提升层次、推向深入的重要原因。

以具体的研究路径对国立综合性大学教育研究机构所开展的教育实验进行划分，大致有两种不同的基本类型：一种是在实验室或学校环境中的可控性实验，它通过运用自然科学的方法分析实验所得材料，以求得出精确的数据和结论，如艾伟在中央大学教育实验所开展的汉字心理实验，通过等组实验对研究对象进行测验、调查，对所得材料进行统计分析，在汉字心理、常用字汇、汉字简化、汉字的横排与直排对阅读的影响、阅读心理等方面开展广泛研究，其结果为编写小学国语课本提供了直接依据；另一种是社会实验，如中山大学教育学研究所和浙江大学师范学院教育研究所创办的乡村教育实验区、国民教育实验区等，通过实验区的社会实验，收集乡村教育和国民教育相关材料进行理论探索，同时又以所得理论对社会实验有所指导。总体来说，国立综合性大学教育研究机构对前一种实验的运用比较成功，中山大学教育学研究所在一些重大课题如"民族中心小学课程"的研究中即采用实验方法，为此专门成立实验班以验证所得理论；中央大学教育实验所由于创办者的研究意识及专注于教育心理学研究的特点，在汉字心理、阅读心理、学习心理等课题中均采用实验方法开展研究，并且设立专门的实验班作为实验基地，对班内学生进行大量的教学实验，据此对国外教育心理学理论进行验证；浙江大学教育学系培育院本身兼具研究和实验两种功能，它不同于由研究机构附设的实验机构，也不同于单纯的幼稚园，应该说它结合了研

---

[1] 艾伟. 教育实验所之使命 [J]. 国立中央大学教育丛刊，1934, 1 (2): 1.

究机构与幼稚园的特点，其中的研究事业虽然不多，但其本身即建立在实验的思维之上，其创办宗旨即言明："为大学儿童教育的实验机关，使研究儿童行为发展时，有观察实验的机会。"① 因此在其观察、训导实习和专题研究等活动中均渗透实验思想。国立综合性大学教育研究机构在教育实验过程中还采用观察、统计等方法，这见证了它们引进、模仿、融合国外教育研究方法的历程，也反映出科学的精神已深刻地影响着各教育研究机构的研究事业。

国立综合性大学教育研究机构还密切注视国外教育发展动态，利用多方优势，积极引进教育研究的工具如各类量表等。这些研究工具在国外有广泛的应用，但并不一定完全适合中国教育实践，基于各研究机构教育"中国化"的认识及目标，这些研究工具与研究方法一样经历了改造、融合与创新的过程，努力与中国教育实践相结合，开始探索中国教育发展的自主道路。如中央大学教育实验所曾开展大量专精的研究工作，遂使对各类量表的引用、验证、改造成为其独具特色的事业。艾伟、萧孝嵘等人曾在引进和参考国外量表的基础上编制各类测验量表多种，并修订"墨跋智力量表"（Merrill-Palmer Scale）等多种量表，对中国心理测验产生重要影响。国立综合性大学对教育研究工具的自觉改造也从一个侧面标志着中国教育学术研究逐渐走上"中国化""本土化"的发展道路。

综上所述，国立综合性大学教育研究机构的创立契合了中国教育学科和教育事业发展的需求，通过大量教育学和心理学的研究、实验及测量，通过其中对方法的探索与运用，为中国教育科学体系的创立奠定了基础，切实地促进了教育学术的进步。另外，它们为中国教育培养了相当数量的专业研究人才，各教育研究机构的特点对他们的成长也产生了颇深的影响，这些人日后成为中国教育界的中坚力量，在一个较长的时期内影响和推动了近代中国教育学术的发展。同时，国立综合性大学教育研究机构在其自身发展的过程中还与近代中国教育学术制度互动共生，在发展自身的同时也促进了中国教育学术制度的建立与完善。

---

① 费景瑚. 国立浙江大学教育学系培育院筹备经过［J］. 教师之友，1935，1（3）：342－343.

第三章　近代中国国立师范院校及独立学院教育研究机构

近代中国高等师范教育肇始于1902年京师大学堂师范馆的开设。中华民国成立后，以清末几所优级师范学堂为基础，先后改办为北京、南京、广州、成都、武汉、沈阳等高等师范学校，高等师范教育得到进一步发展。北京高等师范学校和南京高等师范学校为其中的佼佼者，两校在1920年前后相继开设教育研究科，培养教育研究人才。教育研究科虽然不是真正意义上的教育研究机构，但它部分地开展了教育研究机构的研究事业，为教育研究机构的创办奠定了人才和制度基础。近代中国国立师范院校及独立学院设立的教育研究机构主要有国立北平师范大学教育研究机构、国立西北师范学院教育研究机构和国立社会教育学院研究部。1931年，国立北平师范大学设立研究院，次年改组为研究所，研究范围缩小为教育科学一门。国立西北师范学院教育研究机构最早成立时名为国立西北联合大学师范学院师范研究所，后随学校改组而改名为国立西北师范学院师范研究所。此外，为培养社会教育专门人才及研究社会教育高深学术，国立社会教育学院于1941年成立之初即设立研究部。本章以国立北平师范大学、国立西北联合大学和国立西北师范学院教育研究机构的学术渊源和师范性特点及国立社会教育学院研究部教育研究与社会相结合的特点为主线，对其创办背景及历史沿革、各项研究事业及其主要特色等问题展开论述，以期展现它们对近代中国教育学术研究及其制度化进程的推动作用。

第一节　国立北平师范大学教育研究机构[①]

国立北平师范大学教育研究机构发端于国立北平大学女子师范学院研究

[①] 此机构存续近20年，而组织更迭复杂，各时期命名亦不统一，故以"国立北平师范大学教育研究机构"通称之，但仍有不确之处，如其后的校名变化无法一一体现，但无法进一步统一。

所，中经国立北平师范大学研究院教育科学门、国立北平师范大学研究所等时期和西迁办学时的国立西北联合大学师范学院师范研究所、国立西北师范学院师范研究所、国立西北师范学院教育研究所以及抗战胜利复员北平后的国立北平师范学院教育研究所等时期，存续近 20 年，机构组织更迭复杂，但素有深厚的学术研究传统，且多数时候由其灵魂人物李建勋任负责人或主要研究力量，故能将教育实际问题研究、教育研究人才培养和各科教材纂辑等事业勉力推进并取得切实成效。

图 3-1　国立北平师范大学研究所（1934 年）

资料来源：《国立北平师范大学一览》，国立北平师范大学 1934 年刊书前插图。

一、几经反复的机构沿革

就其组织机构而言，国立北平师范大学教育研究机构发端于国立北平大学女子师范学院研究所，然就其学术事业而言，则可追溯至更早成立的北京高等师范学校教育研究科。1920 年 2 月，北京高等师范学校开办教育研究科，李建勋任主任，以教授高深教育学术、养成教育专门人才为宗旨，招收高等师范本科毕业生、各专门学校毕业生、大学毕业生及三年级以上肄业生，从事高深教育学术之探讨，学习的课程包括哲学、美学、心理学概论、教育学、教育史、教授法原理、生物学、社会学概论、教育哲学、教育心理、普通实验心理、教育社会学、教育卫生、小学教授法、儿童心理、教育行政、教育统计、哲学史、心理测量、社会问题、道德哲学、实用心理、各国教育制度、教育调查法等 24 种，两年毕业，毕业考试及格者给予教育学学士学位。从 1920 年到 1925 年，教育研究科共培养了 5 期 97 名教育学研

第三章　近代中国国立师范院校及独立学院教育研究机构

究生[1]，其中有康绍言、邵松如、常道直、方永蒸、薛鸿志、殷祖英、黄远诚、武绍程、李荣锦、陈兆蘅、黄公觉、汤茂如、曹配言、赵维桢等中国早期的教育学家。通过开办教育研究科，北京高等师范学校积累了人才培养和学术研究方面的经验，并形成教育研究的风气和传统。

1923年北京高等师范学校改为国立北京师范大学后，教育专业训练之成分日减，教育学术研究之成分日增。学校以"研究专门学术，造就师范与中等学校教师及教育行政人员"为宗旨[2]，明确规定学校负有培养中等学校师资、教育行政人员和研究专门学术双重任务。这种规定与以往高等师范学校的办学宗旨有很大不同，以往高等师范学校一般不担负研究专门学术的任务。从国立北京师范大学这时的规模、力量和人才培养目标来说，它已不限于中等学校各科师资的培养，而是兼负从事学术研究和培养各科教育专门人才的重任了。

1930年6月4日，北平大学第二师范学院（1927年合并成立北平大学时计划由原北京女子师范大学与原北京女子大学合并成立，但未成事实；后北京女子师范大学改立为国立北平大学女子师范学院，与北师范大学另组成为国立北平师范大学——笔者注）"为提高本院毕业生之程度，及增加对于学术界教育界之贡献"，[3] 设立研究所，院长徐炳昶兼任所长，并聘黎锦熙为副所长，以停办预科所节余经费之一部作为研究所经费，每月计1500~2000元。研究所曾制定《研究所章程》《研究所分组研究细则》等规章，规定内分教育学等八组，并聘有导师、研究员，招收研究生。

1931年7月，国立北平大学女子师范学院与国立北平师范大学合组为新的国立北平师范大学，并将原女子师范学院研究所与北平师范大学教育研究科合并改设为研究院，依当时条件，先分设教育科学与历史科学两门。教育科学门于1931年9月成立，由李建勋兼任主任。据《教育科学门章程》，教育科学门"以研究高深教育学术，藉资改进中国教育为宗旨"[4]；在机构建制方面，除设研究主任及导师外，另设助教及助理员等，负责指导研究工

---

[1] 北京师范大学校史编写组. 北京师范大学校史　1902—1982 [M]. 北京：北京师范大学出版社，1982：64.

[2] 朱有瓛. 中国近代学制史料：第3辑（下）[M]. 上海：华东师范大学出版社，1992：592.

[3] 北京师范大学校史编写组. 北京师范大学校史　1902—1982 [M]. 北京：北京师范大学出版社，1982：83.

[4] 黎锦熙. 研究所略史 [J]. 师大月刊，1932（1）：60.

151

作并处理日常事务。

1932年7月，李蒸正式被聘为北平师范大学校长，但该校学生反对李蒸掌校，并提出"停办研究院"作为李蒸掌校的条件之一①；而李蒸也在到任前与时任教育部部长朱家骅商定了师大整理计划。李蒸就任后，即遵照教育部训令整理校务，提出《国立北平师范大学整改计划书》，组织校务整理委员会修订研究所章程，并以原研究院"其中一部分工作是研究金石考古之学，因此引起外面许多人的批评，说师大是研究教育的机关，除此以外研究普通学术，已经离开了师大的特殊立场，实不相宜；同时教育部也主张取消研究院，充实大学本部"②等为由裁撤历史科学门；另因"顾虑外间批评，缩小范围，集中精力，专门研究教育问题"③，于1932年9月6日经校务会议议决将研究院改为研究所，规定其任务为"研究教育实际问题、培养教育学术专家及搜集整理并编纂各科教材"④，校长李蒸依研究所章程兼任所长，并聘李建勋、黎锦熙、钱玄同为主任导师，分掌教育研究及教材纂辑事宜。经过"整理"后的北平师范大学研究所在办学宗旨上与研究院时期最根本的变化就是把此前的"研究高深教育学术"改为"研究教育实际问题"，取消了除教育学外其他文理各门学科高深学术的研究，"专以教育为鹄，道通为一，不复分设两门矣"⑤，由此变成了一个单纯的教育研究机构。

1934年5月，教育部令国立北平师范大学自1935年度起设立教育研究所；该校拟将研究所扩大组织，改为教育研究所，内部组织重新划分为研究生指导部、教育问题研究部和教材纂辑处，并编制新预算，由教育部指拨某项庚款为经常费。当月底，李蒸赴南京向教育部报告学校行政状况，并对设立教育研究所事宜进行接洽，主要是根据全部具体方案向教育部呈请增加经费。但教育部指拨的某项庚款只对未设立研究所的大学进行补助，李蒸接洽增费遂无结果。因此，北平师范大学方面"对研究所改为教育研究所后，只能对组织上略事变更，期能与教（育）部新颁《研究所组织规程》相符合，一切限于经费，惟有就小规模范围内进行"⑥，改办教育研究所的计划遭到搁置。

---

① 特委会开紧急会议[N]. 世界日报，1932-6-27.
② 李蒸. 师大研究所开学典礼讲演[J]. 师大月刊，1933（8）：124.
③ 李蒸. 师大研究所开学典礼讲演[J]. 师大月刊，1933（8）：124.
④ 国立北平师范大学. 国立北平师范大学一览[M]. 北平：国立北平师范大学，1934：235.
⑤ 黎锦熙. 研究所略史[J]. 师大月刊，1932（1）：69.
⑥ 师大研究所改组，决就小范围内进行[N]. 世界日报，1934-6-16.

第三章 近代中国国立师范院校及独立学院教育研究机构

1934年7月4日,教育部以"研究所学生仅十二名,而职员计有四十八人,月耗经费三千八百元,无何特殊设备,成立以来尚无成绩可言"[①] 为由训令研究所停办,北平师范大学在取消纂辑员、结束教育问题研究、解聘部分职员的同时,以"研究所研究生训练之设立,在师大甚为需要"[②] 为由呈请教育部准予续办,然未蒙照准,遂不得不于9月间办理结束事宜,并将所余研究生12人及相关教职员3～4人归并教理学院,[③] 以便其完成学业;另由校长会同教育、文、理等学院院长将原研究所教育问题研究部改设为教育问题研究会,继续研究事业。

1935年5月31日,国立北平师范大学以"本校研究所遵令停办业将一年,本校为全国唯一之师范大学,不仅造就中等学校师资为国服务,且须研究教育学术以资改进,值此国步艰难,教育救国之时,非人才学术双方兼顾不足以挽救危亡,本校似属责无旁贷"及"本校研究所前奉训令停办,曾经呈请改办教育研究所,未蒙照准,本难再续,惟念本校责任之重大,国家需要之迫切,钧部对于研究所法令上之提倡,经费上之设计,本校组织之需要,设立条件之渐备,工作中断之可惜"[④] 为由,据理力争,再次呈请教育部于1935年度起设立教育研究所。对此,教育部于7月6日指令北平师范大学"目前应力谋本科设备之充实,所请设立教育研究所,应从缓议"[⑤],教育研究所改办计划再遭搁置。黎锦熙因此事在《研究所略史》中感叹道:"论曰:师范大学研究所者,师范大学之'生命线'也……故师大而无研究所,终将不能成其为'大';研究所而办理不善,则亦'大而无当'……古人有言,'天作孽,犹可违;自作孽,不可活'。尚慎旃哉!"[⑥] 此番言论,固因师大研究所而发,但其言之所指,恐远不止师大研究所一隅。

抗战期间,国立北平师范大学西迁陕西,于1937年9月间与相继迁来

---

① 中国第二历史档案馆. 中华民国史档案资料汇编:第五辑 第一编 教育(一)[G]. 南京:江苏古籍出版社,1994:210.
② 师大校长李蒸谈话,决呈部请续办研究所[N]. 世界日报. 1934-07-11.
③ 1931年国立北平大学女子师范学院与国立北平师范大学合组为国立北平师范大学后,分文学院、教育学院和理学院三个学院,文学院设在石驸马大街原北平大学女子师范学院校址(现北京市西城区新文化街鲁迅中学校址),教育学院和理学院设在厂甸原北平师范大学校址(现北京师范大学附中),合称教理学院。
④ 北京师范大学档案馆藏校史档案. 1934年北平师大关于设立教育研究所问题与教育部的来往公文[A]. 卷宗号:1-12.
⑤ 北京师范大学档案馆藏校史档案. 1934年北平师大关于设立教育研究所问题与教育部的来往公文[A]. 卷宗号:1-12.
⑥ 黎锦熙. 研究所略史[J]. 师大月刊,1932(1):148.

的北平大学和北洋工学院及河北省立女子师范学院之一部组成西北临时大学。1938年春，西北临时大学奉令再次迁往陕西城固，当年4月奉令改称国立西北联合大学，并将北平师范大学整体改组为其教育学院。7月间根据国民政府教育部颁布的《师范学院规程》中"师范学院单独设立，或于大学中设置之"之规定，国立西北联合大学奉令将教育学院改称师范学院①。此前，国立北平师范大学创办的研究所已奉令停办，因此国立西北联合大学参照《大学研究院暂行组织规程》及《师范学院规程》中相关规定，于1938年7月奉教育部令筹设师范研究所，12月师范研究所开始正式工作。1939年8月，国立西北联合大学奉教育部训令改组，其师范学院改组为国立西北师范学院，于9月1日正式成立，继承北平师范大学之一切，校址设在陕西城固②。原国立西北联合大学创办之师范研究所由国立西北师范学院继续办理，称国立西北师范学院师范研究所③。抗战胜利后，国立西北师范学院部分师生于1946年4月复员北平，成立国立北平师范学院。9月间，国立北平师范学院即与国立西北师范学院会商并向教育部申述"现在北平师院复校，似应根据前师大旧有组织，请求恢复"，"北平图书馆藏书丰富，学校林立，对于研究问题材料之参考，问卷之索答以及调查统计之搜集，均较在他处有极大便利"，"北平为文化发达、交通便利之区域，对于教授之选择及研究生之甄录，自易物色与拔取，而其研究之成绩亦当连带发生不同之影响"及"原任西北师院研究所主任李建勋、教授金澍荣均来北平服务，如西北师院研究所不移改北平师院，则一方有机关而缺人才，而一方有人才而无机关，有分则两难，合则两便之情形"④等理由，建议将国立西北师范学院教育研究所移设至国立北平师范学院，但未获准。后国立北平师范学院因教育学方面的师资和设备等均甚充实，于1947年10月经教育部批准另行成立教育研究所，院长袁敦礼兼任所主任，分历史、博物、英文、教育四组。此一时期研究所任务为"教育理论与实际问题之研究、各级学校各科教材教法之研究及教育学术及学科专业之培养"⑤。

在国立北平师范大学教育研究机构的发展历程中，多数工作由李建勋主

---

① 王明汉，衡均. 西北师范大学校史 1939—1989[M]. 西宁：青海人民出版社，1989：6.
② 国立西北师范学院（城固）. 院务概况[Z]. 国立西北师范学院校务汇报，1939（2）：4.
③ 关于其创设背景、历史沿革与研究事业详细情况，可参阅本书第三章第二节相关内容。
④ 甘肃省档案馆藏西北师范大学档案. 国立北平师范学院写给国立西北师范学院的函[A]. 卷宗号：33-001-0041.
⑤ 北京师范大学档案馆藏校史档案. 1946—1948年一般教务工作材料：国立北平师范学院教育研究所章程[A]. 卷宗号：1-75.

持展开，他的地位和贡献堪称首屈一指。李建勋（1883—1976），字湘宸，直隶（即今河北省）清丰（现属河南）人。李建勋1908年于北洋大学师范班毕业后，被派往日本广岛高等师范学校留学，1915年回国后任直隶省视学及直隶第一师范学校教务主任等职。1917年，李建勋经严修推荐公费赴美留学，入哥伦比亚大学师范学院专攻教育行政、教育统计和学务调查，并于1918年、1919年分别获理学学士和教育学硕士学位，其长篇论文《美国民治下的省教育行政》（英文版，1928年由上海商务印书馆印行）是中国留学生以科学方法分析研究美国教育行政问题的第一部专著，其末章及附录《直隶省教育行政组织之改革案》（由康绍言译成中文，1926年由北京文化学社印行）是斟酌我国国体、民情，并参考美国百余年所得之理论及事实（主要指州自治、民主制及专业化之行政管理等）而写成的，虽是为直隶省而作，但各省之教育状况亦皆大同小异，倘能根据其原理，变通其形式，实可作为改造当时我国各省教育行政之参考。1920年回国后他应北京高等师范学校校长陈宝泉之邀任教育科教授、教育研究科主任。1922年底他再入哥伦比亚大学师范学院深造，获哲学博士学位；1925年回国任清华大学、北京大学教授；1929年到国立北平师范大学任教，并任教育学院院长。1930年，他撰《地方教育行政之理论及其实施》一文，从理论与实践相结合的高度，全面系统地论证了教育行政在整个教育系统中的功效，指明教育行政"系指研究、讨论、计划、指导及处理教育之一切活动而言"。[1] 他强调教育行政机关的专业化、学术化的重要性与必要性，提出了"教育行政科学化"的口号，并主张教育民主，认为各级教育行政机关应成为具有代表性和权威性的民意机关，行政首长必须博采众议、集思广益进行领导，而不能独断专行。1931年9月研究院教育科学门成立后，李建勋兼任主任，开始主持教育研究工作，并亲自为新招收的研究生讲授教育行政方面的课程。1932年研究院改为研究所，李建勋任主任导师，在主持全所工作的同时为研究生讲授"教育研究法"及"学务调查"两门课程。他曾专攻学务调查，对这种新的教育研究方法极为重视，主张无论从事实验研究或进行教育改革，都必须从调查入手。在教学中为了联系实际，培养学生的调查能力，他于1932年和燕京大学教育系主任周学章共同领导教育系师生运用教育测验法及学务调查法，对天津30余所市立小学进行实际调查。及至国立西北联合大学筹设师范研究所，李建勋即被聘为研究所筹备主任兼师范研究所主

---

[1] 许椿生，陈侠，蔡春. 李建勋教育论著选[M]. 北京：人民教育出版社，1993：90.

任；在国立西北师范学院师范研究所时期亦兼任主任；而在抗战胜利复员北平后，国立北平师范学院欲将国立西北师范学院之教育研究所移设至北平时的申述理由亦有"原任西北师院（教育）研究所主任李建勋……来北平服务"①一条。综上所述，李建勋的工作贯通了国立北平师范大学教育研究机构的各个时期，他以高超的理论水平和丰富的实践经验，在学术管理、教学实践、教育理论和研究方法的引进等方面对国立北平师范大学教育研究机构作出了卓著贡献。

二、机构人员、经费及图书设备状况

从机构人员队伍建设方面来看，国立北平师范大学教育研究机构直至北平师范大学研究所成立后才开始独立而健全。据《国立北平师范大学研究所章程》及《国立北平师范大学研究所委员会章程》规定，研究所设委员会，其委员由校长于全校教授中聘任，委员会职权为"拟定全所进行方针，拟制全所预算，审核并通过研究生入学及毕业之成绩，审核并通过奖学金之给予，认可导师、纂辑员、助教等之资格，审核研究及纂辑之工作成绩，其他重要事项"②。另据《国立北平师范大学研究所章程》规定，设所长一人（兼任导师），由校长兼任；主任导师四人，分掌教育研究及各科教材搜集、整理、编纂、缮校等工作，由校长于全校教授中聘任；导师六人（实聘五人），协同主任导师，指导并训练研究生，从事教育研究、调查、统计等工作，由校长聘任；另有纂辑员、研究员若干，协同主任导师专任各科教材之搜集、整理及编纂等工作，由校长聘任；此外另设事务员及书记员若干人，分掌杂务及缮写等事宜，全所共有教职员50人。

表3-1　国立北平师范大学研究所教职员简况表（1934年）

姓名	性别	年龄	籍贯	学历及经历	到校年月	职务
李蒸	男	40	河北滦县	美国哥伦比亚大学硕士，曾任教育部社会教育司司长，曾代理北平师范大学校长	1931年7月	校长兼研究所所长
李建勋	男	50	河北清丰	美国哥伦比亚大学博士，曾任北京高等师范学校及东南大学、北京大学、清华大学教授	1929年9月	主任导师

---

① 甘肃省档案馆藏西北师范大学档案. 国立北平师范学院写给国立西北师范学院的函[A]. 卷宗号：33-001-0041.
② 国立北平师范大学. 国立北平师范大学一览[M]. 北平：国立北平师范大学，1934：237.

续表3-1

姓名	性别	年龄	籍贯	学历及经历	到校年月	职务
黎锦熙	男	45	湖南湘潭	北京优级师范学堂史地部毕业，教育部编审处文科主任，国语统一筹备委员会常务委员	1921年8月	主任导师
钱玄同	男	48	浙江吴兴	曾赴日本留学，后任北京高等师范学校国文教授、北平师范大学中文系主任、教授	1913年9月	主任导师
刘拓	男	35	湖北黄陂	美国俄亥俄大学博士，曾任北平师范大学理学院教授、院长	1926年10月	主任导师
程克敬	男	35	安徽合肥	美国哥伦比亚大学博士，曾任合肥三育中学校长	1933年9月	导师
常道直	男	38	江苏江宁	曾任国立中央大学教授、安徽省立大学教务长	1932年9月	导师
陈雪屏	男	33	江苏宜兴	美国哥伦比亚大学硕士，曾任北平师范大学教授、东北大学心理系主任	1933年9月	导师
王徵葵	男	32	河南罗山	美国芝加哥大学博士，曾任河南大学、辅仁大学教授	1933年9月	导师
黄敬思	男	37	安徽芜湖	美国哥伦比亚大学博士，曾任大夏大学、青岛大学教授	1933年8月	导师
齐永康	男	28	河北高阳	北平师范大学研究院毕业	1932年9月	纂辑员
何士骥	男	32	浙江诸暨	清华研究院毕业	1930年9月	纂辑员
宫廷璋	男	40	湖南湘潭	雅礼大学学士，曾任西安中山大学、北平中国大学讲师	1931年1月	纂辑员
刘汝霖	男	30	河北雄县	北平师范大学国文系毕业	1931年8月	纂辑员
孙楷第	男	35	河北沧县	北平师范大学国文系毕业，曾任该系助教	1931年8月	纂辑员
王重民	男	32	河北高阳	北平师范大学国文系毕业，北平图书馆编辑委员会委员	1931年9月	纂辑员
周国亭	男	30	山东恩县	北平师范大学史学系毕业暨研究所毕业	1933年2月	纂辑员
王兰荫	男	29	河北滦县	北平师范大学毕业	1933年8月	纂辑员
吴文金	男	30	北平	北平师范大学英文系毕业	1933年1月	纂辑员
王锦福	男	31	河北赵县	北平师范大学史地系毕业，曾任北平市第二中学、绥远第一师范学校、河北第二师范学校教员	1933年2月	纂辑员

续表3-1

姓名	性别	年龄	籍贯	学历及经历	到校年月	职务
黄现璠	男	27	广西扶南	北平师范大学史学系毕业	1933年2月	纂辑员
冯成麟	男	37	河北遵化	北京高等师范学校国文部毕业，曾任直隶省立第九中学校长、交通大学讲师、教育部秘书	1932年9月	纂辑员
郝家麐	男	31	山东济南	北平师范大学英文研究科毕业，曾任北平师范大学、北平法学院讲师，北平师范大学附属中学级任教师，民国学院教授	1925年9月	纂辑员
卢光彬	男	27	河北昌黎	北平师范大学英文系毕业，曾任河北省立第十师范学校教务主任及北平市多所学校英文教员	1931年8月	纂辑员
曹 鳌	男	32	湖南衡山	北京师范大学国文系毕业	1932年9月	纂辑员
罗根泽	男	33	河北深县	清华研究院毕业，曾任河南大学教授，河北大学、民国学院国文系主任，中央大学教授	1931年2月	特约纂辑员
何兆熊	男	33	河北深县	北京大学毕业，任教育部国语统一筹备委员会特务委员	1933年9月	特约纂辑员
白涤洲	男	35	河北宛平	北京大学毕业，任北平师范大学国文系讲师	1931年8月	特约纂辑员
杨独任	男	不详	江西	北平师范大学国文系毕业	1933年12月	特约纂辑员
颜长毓	男	不详	湖南安化	北京大学教育系毕业，曾任北平师范大学秘书处职员	1933年12月	特约纂辑员
盛代儒	女	32	浙江绍兴	北平师范大学史学系及研究院历史科学门毕业	1934年4月	特约纂辑员
张鸿翔	男	33	河北蓟县	北京师范大学史学系毕业，曾入国立北京大学研究所国学门学习，1931年赴日本研究史学	1932年9月	纂辑员兼索引工作之指导及监督
廖秉彝	女	32	江苏盐城	北平师范大学毕业，曾任北方中学、文治中学、铁路大学附中教员	1932年10月	助理
郭懿君	女	29	湖南益阳	北平师范大学教育系毕业，曾任益阳信义女子师范学校训育主任	1932年11月	助理
张泽润	女	25	河南商城	北平师范大学教育系毕业	1933年2月	助理
萧国华	女	26	河北	北平师范大学教育系毕业	1933年8月	助理

续表3-1

姓名	性别	年龄	籍贯	学历及经历	到校年月	职务
朱棣	男	31	河北涿县	北平师范大学毕业，曾任中等学校教员	1932年9月	助理
赵荣春	女	不详	辽宁安东	北平师范大学国文系毕业	1931年8月	助理兼索引工作之指导
白柳溪	男	39	北平	不详	1930年11月	助理
卢蕴伯	女	不详	四川重庆	不详	1934年2月	助理
高冲天	男	27	河北固安	燕京大学研究院研究生，曾任燕京大学附属中学教员、燕京大学教育系秘书	1932年10月	英文教学法研究员
戴骅文	男	38	天津	北京师范大学毕业，曾任英文教员	1933年8月	英文教学法研究员
孙钰	男	30	河北定县	北平师范大学英文系毕业	1931年8月	图书管理兼英文书记员
贾光达	男	33	河北大兴	不详	1932年10月	书记员
蔡恩泽	男	39	河北三河	京兆宝蓟中学肄业，曾任北平师范大学会计部事务员	1931年10月	书记员
汪子述	男	31	浙江杭县	湖南明德中学毕业	1933年8月	临时书记员
乌宝智	男	22	北平	朝阳大学肄业，北平华英打字学校毕业	1931年10月	打字员
李石僧	不详	不详	不详	不详	1933年11月	书记员
路春芳	不详	不详	不详	不详	1934年3月	书记员
张玉麟	不详	不详	不详	不详	1934年4月	书记员
王华隆	男	40	辽宁黑山	北京师范大学毕业，曾任北平辅仁大学、东北大学教授	1932年10月	自然科学教材组纂辑员
李耀春	男	不详	不详	北京高等师范学校物理部毕业，曾任中等学校教员、校长、教务主任	1933年9月	自然科学教材组纂辑员
杨尔琮	男	29	陕西榆林	北平师范大学数学系毕业，曾任北平师范大学附属中学、志成中学教员，弘文中学教务主任	1933年9月	自然科学教材组纂辑员
萧家驹	男	27	江西兴国	北平师范大学物理系毕业，曾任民国学院、铁路大学教员	1933年9月	自然科学教材组纂辑员

续表3-1

姓名	性别	年龄	籍贯	学历及经历	到校年月	职务
阎玉振	男	37	河北遵化	北平师范大学化学研究科毕业，曾任北平师范大学附属中学、河北大学教员，河北第五中学校长	1933年9月	自然科学教材组纂辑员
杨梦华	男	25	河北肥乡	北平师范大学地理系毕业，曾任河北省立第十三中学训育主任、《北方日报》编辑	1933年9月	自然科学教材组助理
周子强	男	28	四川剑阁	北平师范大学化学系毕业，曾任中国学院、艺文中学教员	1933年9月	自然科学教材组助理
刘文炳	男	30	河北高阳	北平师范大学生物系毕业，曾任北平市女子第一中学、励志中学、弘达中学、中国大学附属中学、辅仁大学附属中学教员	1933年9月	自然科学教材组助理
尹树松	不详	不详	不详	不详	1934年2月	自然科学教材组纂辑员

资料来源：《国立北平师范大学一览》，国立北平师范大学1934年刊，第260~263页。

从表3-1分析国立北平师范大学研究所教职员，可约略探知其机构人员队伍的结构与特点。首先从学历层次看，自所长至研究所导师计10人，其中8人曾出国留学，7人获硕士、博士学位；尤其值得注意的是，留学美国的7人中有5人同为哥伦比亚大学毕业，这主要是因为自20世纪20年代后，留美学生基本上掌控了中国教育的主导权，其中哥伦比亚大学毕业生对师范教育的影响最大，由此也反映出北平师范大学研究所的教育研究受美国教育学术的影响较大。而从学科结构来看，黎锦熙和钱玄同专治国语，刘拓以化学见长，其余7人均为教育学学者，其中李蒸长于社会教育，李建勋为教育行政、教育统计和学务调查方面的专家，程克敬工于教育实验及测验，常道直精于教育哲学，陈雪屏对教育心理学素有研究，王徵葵专攻教育统计，黄敬思擅长乡村教育及教育研究法。由此看来，研究所高层次研究人员中不仅有文科出身者，也有理科出身者；而且教育学出身的7人中，各人都有专精之处，基本已涵盖教育学研究的各个主要领域，这样的学科结构对于研究所的高深学术研究事业意义重大，所中研究生也可在学术上得到全面的培养和发展。再从年龄结构来看，李建勋和钱玄同最为年长，黎锦熙和李蒸居中，其余则在30~40岁之间，正是年富力强的时候，所以这个研究团队年龄结构也相当合理，正是所谓"老、中、青"结合的模式。此外，研究人员中还存在校友、师生等人际关系，这对于团队研究力量的协调动作和充分发挥不无裨益。至于研究所纂辑员层次的职员，一般都是大学毕业，曾担任教职等类工作，有一定实践经验者；许多纂辑员在实际工作中也受益匪浅，日后成长为学术大家，如张鸿翔、罗根泽等。另有一点值得注意，研究所职员中有多人只有职务而无具体工作，其他情况也无记载，推测可能是虚职，这也使得研究所冗员过多，以至于在后来成为被教育部勒令停办的口实。

抗战胜利后，西北师范学院部分师生复员北平，组成北平师范学院，其后成立教育研究所。教育研究所成立后即制定《国立北平师范学院教育研究所章程》，规定设主任一人，由院长（袁敦礼）兼任；依该院各学系性质分设历史、博物、英文及教育四组，主任由有关各学系主任兼任，分别为李飞生、郭毓彬、焦菊隐和金澍荣四人；其他工作人员则按《大学研究所暂行组织规程》中相关规定由有关各系之教授、副教授、讲师、助教等充任。此外照章设研究委员会，决定全所工作方针，除组主任为当然委员外，另由院长于该院参加研究工作之各系科教授中聘5~7人组织，乃聘艾伟、黄国璋、祁开智、李建勋、陆懋德、黎锦熙6人，并聘金澍荣为召集人[①]。此时期的人事安排也颇具自身特点，如袁敦礼以院长职兼任所长，实际只是行政领导，并不参与研究工作，而研究所下设四组的组长除金澍荣外多未参与研究所工作，真正起作用的是研究委员会；研究委员会组成人员中，李建勋和黎锦熙在北平师范大学研究所时期就在所中任职，李建勋和金澍荣还曾在国立西北师范学院师范研究所分别任所主任和专任教授，属于研究所的核心人物；其余人员中祁开智专攻物理，黄国璋通晓地理，陆懋德精研历史，都属学术名家，而艾伟曾创办国立中央大学教育实验所并在其中长期致力于教育心理学研究，对教育研究更是驾轻就熟，这样一个文理互补、经验丰富的研究委员会对于研究所各项工作的指导应该说是非常到位的。

研究经费自教育科学门时期就甚为紧张。北平师范大学校务会议议决，自1931年8月起每月预算教职员薪俸660元，一年应为7920元，但实支仅为6830元；预算补助金与奖学金每月350元，实际补助金每年仅支1700元，奖学金则一文未支；预算中英文书籍杂志置备费每月655元，一年应为7860元，实支仅为1222.60元；预算论文专刊调查表格等项印刷费每月135

---

① 国立北平师范学院. 国立北平师范学院教职员录[M]. 北平：国立北平师范学院，1948：33—52.

元，一年为 1610 元，实支仅 500 余元；调查费 200 元，实际一文未支。按照预算，教育科学门经费每月总计 2000 元，每年 24000 元，但实支仅 10600 元[①]，"所以如此者，一因政府未能按月将款发足，分配时诸感困难；一因本校未能实行研究院预算，则教育科学门之设备、调查等费大受影响也"[②]。北平师大研究院改为研究所后，经费预算每月 3000 元，实仅 2500 元，虽经多方极力搏节，仍不敷使用，致使研究所改办教育研究所的计划未能实现。

该所设备略分为校舍和图书两部分：教育科学门时期，校舍租用彰仪门大街（现北京市西城区广安门内大街回民中学校址）前商品陈列所楼底之东南角房屋 17 间为办公室及导师休息室，二楼南部东半段及东部房屋 37 间为图书馆，南部西半段之一部分房屋 8 间为教室。研究院改为研究所后仍租用上述校舍作图书馆、阅览室、教室、宿舍及办公室之用，并将石驸马大街原研究院索引工作处（现北京市西城区新文化街鲁迅中学校址）改为纂辑处，继续租用其房屋，因此校舍尚可敷用。至于图书资料方面，研究所存有中外文书籍 2000 余册，其来源有三：一部分是由前北平大学女子师范学院图书馆拨来的，一部分是其他机关或个人赠送的，一部分是研究所自己购买的，计有外文普通教育书籍 658 册、中文普通教育书籍 62 册、定期刊物 19 种（外文 16 种，中文 3 种）、学校规程 514 册、课程纲要 242 册、美国教育机关报告 119 册、哥伦比亚研究院博士论文 360 册及其他刊物 117 册，总计价值 2000 余元[③]。总体而言，北平师范大学研究所的图书设备质量较优，且范围较广，为其教育研究提供了充分的文献资料，其中的外文资料弥足珍贵，它们是使研究所与世界教育研究保持同步的关键要素。

三、时断时续的教育研究事业

（一）研究教育实际问题

国立北平大学女子师范学院研究所时期，曾制定《研究所分组研究细则》，规定教育学组的研究事业分为教育目的及原理、学制、学校、课程、教学法、学生生活、关于儿童的研究和译述等方面。1930 年 8 月，研究所拟订规模宏大的研究课题计划，其中即包含由研究员田培林承担的《中国学

---

① 黎锦熙. 研究所略史 [J]. 师大月刊，1932（1）：79—81.
② 许椿生，陈侠，蔡春. 李建勋教育论著选 [M]. 北京：人民教育出版社，1993：153.
③ 国立北平师范大学. 国立北平师范大学一览 [M]. 北平：国立北平师范大学，1934：225.

制变迁史研究》、研究生吕云章承担的《先秦教育思想研究》等研究课题[①]。

1931年9月北平师范大学研究院教育科学门成立后,以"研究教育实际问题,以求适当之解决"[②]为目标,开展"中小学各科一贯的教材"及"全国教育经费"等方面的研究,但以时间及人力所限,复以经费支绌,未能专聘研究讲席,研究未能得有结果。次年9月,北平师范大学研究院改为研究所时,复将"研究教育实际问题"列为研究所任务之一。研究所的研究按其范围和难易可分为两类:一类为"小问题或部分问题之研究",指研究生所作论文,可随研究生的兴趣自行选择,"除训练其研究能力外,论文本身对教育学术上,亦须稍有创造性的贡献,藉以解决教育上一部分切要问题"[③];另一类为"整个问题之研究",即由研究所导师提出重大教育问题,详加规划,然后指导助教、助理等共同研究。1932年,李建勋和燕京大学教育系主任周学章共同领导教育系师生在天津进行实际调查,写成报告《天津市立小学教育之调查》,介绍天津市小学行政组织、教师进修、学生成绩测验以及天津市教育局和教育经费的概况,被列为北平师范大学研究所教育专刊之一,成为近代中国颇具代表性的调查报告,受到国内外研究教育调查者的推崇。在李建勋的主持下,研究所师生在北平师范大学附属中学进行中学英语教学法实验,比较直接教学与混合教学之优劣;在北平师范大学附属小学进行复式制与单式制教学效果之比较实验;在北平师范大学附属幼稚园进行普通教学法与设计教学法之比较实验;开展师范学校小学行政、普通心理、教育心理及教育概论四种教育课程之教材及教法研究。此外,研究所拟定15种教育经费调查表,自1933年9月底分寄各省教育厅并请其转饬所属机关填写,以进行全国教育经费之调查;对于民众教育之意义及其设施,研究所拟定若干问题,发给各省民众教育机关及专家,征询其意见,并参考各种民众教育刊物,进行整理研究。上述各项研究均属前述之"整个问题之研究",也均获得不俗成果[④]。

1934年9月,研究所奉令停办,其后虽成立教育问题研究会以继续研究所未完成的工作,"但以限于经费,实难负高深教育学术研究之责任"[⑤]。

---

① 国立北平大学女子师范学院. 国立北平大学女子师范学院研究所一览[M]. 北平:国立北平大学女子师范学院,1931:19.
② 许椿生,陈侠,蔡春. 李建勋教育论著选[M]. 北京:人民教育出版社,1993:154.
③ 许椿生,陈侠,蔡春. 李建勋教育论著选[M]. 北京:人民教育出版社,1993:176.
④ 国立北平师范大学. 国立北平师范大学一览[M]. 北平:国立北平师范大学,1934:227-228.
⑤ 国立西北师范学院. 师范研究所概况[J]. 国立西北师范学院校务汇报,1939(1):6.

1947年10月，国立北平师范学院教育研究所成立，分设历史、博物、英文和教育四组，开展教育学及中学语文、英语、历史及博物等科教材教法的研究。

(二) 培养教育研究人才

国立北平大学女子师范学院研究所成立初期，规定该院毕业生有研究某种专门学术之志愿及能力者，或外院校毕业生、校外学者曾作某种专门学术研究得有成绩者，经所长提出、审查会通过后，可入所研究。1930年12月23日，经研究生审查会审查，录取教育学研究生2名（吕云章、何含光）。此外还规定该院第四学年学生，于提交某种毕业论文前，在请求各该系主任提请研究所审查会通过后，亦得入所研究，有学生萧季英和张钟郁入所研究，李建勋担任导师。后萧季英通过对北平市及河北、江苏、湖北、广东四省以及北平师范大学男附中与女附中的实际调查，写成研究报告《中学教师服务之状况》，分6章论述了中学教师的经验、学历、任务、待遇、生活状况等问题，并提出改进方法，以谋中学教育之进步；张钟郁则通过学理的参考和事实的调查与分析，对河北、察哈尔、两湖、江浙、广东等地的师范学校发放表格进行调查，并对其结果进行统计分析，以此写成研究报告《师范学校训育问题》，分5章阐述训育研究的目的、方法、功用、法则，以及训育的意义、方法和效果，以为全国师范学校训育之参考。以上两种报告于1932年被列为教育科学门专刊，由国立北平师范大学出版课印行。

1931年9月，国立北平师范大学研究院教育科学门甫一成立，为"养成学生独立研究教育实际问题之能力，使卒业后，无论在教育行政机关或各级学校服务，均能作研究及实验工作，以谋教育效率之增进"，[①] 即招收研究生20名，于10月开始上课，施以"研究知识之授与"与"研究技术之训练"。[②] 所谓"研究知识之授与"，即对研究生开设若干课程，分必修（含教育研究法、教育测验、教育实验及高等教育统计）、选修（含学务调查、高等教育心理、课程论、教育哲学）两种，均开设半年，每周2小时，计3学分；学生除必修科外，还须于选修科中选修2种。所谓"研究技术之训练"，即论文写作与指导，每周或每两周一次，每次约2小时，不计学分，其及格程度以带有创造性者为准；论文指导由导师李建勋、周学章、邱椿和杨亮功等分别就教育行政、教育测验及实验、教育哲学、教材及教法几个方面进行。研究生研究期限为1至3年，须修满16~18学分且所提交之论文及格

---

① 许椿生，陈侠，蔡春. 李建勋教育论著选 [M]. 北京：人民教育出版社，1993：151.
② 许椿生，陈侠，蔡春. 李建勋教育论著选 [M]. 北京：人民教育出版社，1993：151.

方可毕业。1932年，前述研究生照章应予毕业，并按各大学通例应称硕士，学校为此特呈教育部请求授予硕士学位以资提倡，而教育部为此指令师大："事关学位授与，应俟学位授与法公布后，再行照章办理，所请暂无庸议"①，终致毕业研究生未能授予学位。一年后，国立北平师范大学研究院改为研究所，以"训练教育之专门人才"②为其目的之一。所谓教育之专门人才，主要是教育行政与实验的专门人才，前者是为了弥补"中国教育的材料非常繁多，但是未曾整理，这都是因为教育行政人员未曾受过专门的训练"的缺陷，而后者则是因为"近代教育已走向科学的道路，一切理论均需要实验的证明方可为信，所以实验工作在教育上占有重要位置"③。为使此项工作顺利进行，研究所制定《国立北平师范大学研究所学则》《国立北平师范大学研究所研究生细则》等章程，对研究生入学资格、考试科目、应习学程（即课程）、考试及成绩、请假休学、奖学金及毕业等事宜作出详细规定，从而在制度上奠定了研究生培养工作的基础。此后国立西北师范学院师范研究所及国立北平师范学院教育研究所时期，在制定各项章程时都曾参照其中内容。

对于研究生入学资格，《国立北平师范大学研究所学则》和《国立北平师范大学研究所研究生细则》作相同规定："国立省立或教育部立案之私立大学毕业，经本所入学考试及格者；本大学教育系毕业生成绩总平均在七十五分以上，教育统计、教育心理、教育哲学、教育行政四科平均在八十分以上者免考；本大学他系毕业生，志愿研究各科教材及教法，平均成绩在七十五分以上，本系主科及教育必修科平均俱在八十分以上，并曾修习教育统计及教育哲学者免考。"④入学考试科目有国文、英文、教育心理、教育统计、教育哲学和教育行政，考试及格才能入所研究。研究所主要着眼于训练学生的独立研究能力，通过修习课程，授予学生一切研究上所需要的知识，同时让学生通过论文撰写，获得研究技术的训练。研究生修习课程与教育科学门时期相差不大，仅个别科目或学分数有所增加（见表3-2）；"至于课程之本身，除一、二科目外，乃多偏重研究的方法。其所以然者，乃在培养学生

---

① 师大研究生授硕士学位问题[N]. 世界日报，1932-04-17.
② 许椿生，陈侠，蔡春. 李建勋教育论著选[M]. 北京：人民教育出版社，1993：174.
③ 许椿生，陈侠，蔡春. 李建勋教育论著选[M]. 北京：人民教育出版社，1993：175.
④ 国立北平师范大学. 国立北平师范大学一览[M]. 北平：国立北平师范大学，1934：239-243.

研究之能力也"①。研究所课程分量以学分计算，凡每学期每周授课两小时、课外工作或预备 6 小时以上者，为 3 学分；而论文撰写则是在研究生入学后，提出论文题目，由主任导师指定导师一人或二人指导研究。按《国立北平师范大学研究所学则》规定，研究生须修满 30 学分，且所提交之论文经研究所委员会审查及格方可毕业。因当时《学位授予法》尚未颁布，学生毕业只发给毕业证书，并不授予学位。

表 3-2 国立北平师范大学研究所各科教学大纲一览表（1933 年 9 月）

类型	课程	导师	每周课时	学分	目的	内容
必修	教育研究法	李建勋	2	3	训练学生对于教育实际问题之研究习惯及能力	1. 问题：(1) 选择；(2) 性质；(3) 构成 2. 材料：(1) 性质；(2) 搜集 3. 研究法：(1) 历史法；(2) 实验法；(3) 统计法；(4) 事务分析法；(5) 个体研究法 4. 推断或解释：(1) 使材料便于推论；(2) 避免不能贯彻之推论 5. 报告：(1) 组织；(2) 体裁
	高等教育心理学（讲授一学年）	陈雪屏	2	6	使选习者能熟知各家方法学说之异同，获得解决实际教育问题之工具	1. 就儿童学之研究，追求行为之原始 2. 分析行为转变之模式，树立学习之原则 3. 根据个性差别与学习原则，说明教学所应遵循之方法
	教育测验法（须预修统计学与心理学）	程克敬	2	3	1. 明了施行及应用测验之方法 2. 训练编造量表之技能	1. 测验之功用和限制 2. 智慧测验 3. 教育测验 4. 实施测验之方法 5. 编造测验之方法 6. 求 TBCF② 之方法
	教育实验法（须预修教育测验法、实验心理学）	程克敬	2	3	1. 了解教育实验之原理 2. 应用教育实验之方法 3. 训练解决教育问题之科学的技能	1. 教育之理论与实验 2. 实验问题之选择 3. 实验方法之选择 4. 被试组之选择 5. 实验情形之统制 6. 实验结果之计算方法

① 许椿生，陈侠，蔡春. 李建勋教育论著选 [M]. 北京：人民教育出版社，1993：176.
② 1922 年，美国教育测量学家 W. A. 麦柯尔（W. A. McCall）应中华教育改进社之聘来中国担任该社心理研究主任之职，将他发明的 TBCF 测量法介绍至中国，曾为我国学校广泛使用。TBCF 测量法中 T（total ability）分数表示某种特性或能力，有纪念推孟（Terman）和桑戴克（Thorndike）之意；B（brightness）分数表示聪明程度，有纪念年龄量表的创始者比纳（Binet）与年级量表的创始者柏金汉（Buchinham）之意；C（classification）分数表示某种能力的年级地位，有纪念科提斯（Curtis）和喀推尔（Cattell）之意；F（effort）分数是一种努力分数，有纪念弗伦纯（Franzen）、平特纳（Pintner）、孟禄（Monroe）之意。

第三章　近代中国国立师范院校及独立学院教育研究机构

续表3-2

类型	课程	导师	每周课时	学分	目的	内容
必修	高等教育统计学（讲授一学年）	王徵葵	2	6	1. 明了教育统计较浅理论及公式之来源 2. 熟习教育问题上统计方法之应用	1. 教育统计图示及表列法 2. 集中量数之计算法及理论 3. 差异量数之计算法及理论 4. 相关量数之计算法及理论 5. 量数可靠性之方法及理论 6. 测验分数之整理法 7. 测验分数之可靠性及实效 8. 常态曲线之理论及应用
选修	学务调查（须预修教育统计法及教育测验法）	李建勋	2	3	培植学生对教育行政及教学各种问题之研究技能，以期增进处理学务之效率	1. 学务调查之性质及其功用 2. 决定教育政策所需之事件 3. 教育行政组织 4. 教师 5. 儿童
选修	课程研究（须预修教育原理）	黄敬思	2	3	使学习者对现行课程有充分认识，对编制原理有深切了解，并养成改造课程之能力	研究课程意义、功用、组织原则，订立课程标准的方法，教材的选择、排列及联络，以及对于现行各级学校课程的评论
选修	教育哲学及其研究法（须预修教育学、教育原理、哲学概论或西洋及中国哲学史、教育史）	常道直	2	3	使学者明了教育哲学在教育学科中之地位及其重要性，并启发其运用独立思想，解决教育问题之能力	1. 哲学之本质 2. 教育之本质 3. 教育与哲学之关系 4. 教育哲学之意义与功能 5. 教育哲学研究法
选修	乡村教育及其研究法	黄敬思	2	3	使学生得到系统的乡村教育概念，引起研究乡村教育之兴趣	注重乡村教育各种理论，略及各国与中国各地乡村教育概况，以及乡村学校组织、行政、课程、教材、方法及学校事业推广

资料来源：《国立北平师范大学一览》，国立北平师范大学1934年刊，第226~234页。

现据表3-2所列内容，对国立北平师范大学研究所教学情形略作分析。首先，所有必修和选修课程应该说涵盖了教育研究的主要科目，而且每门课程都拟订了教学目的及详细的教学内容，其中部分课程还要求预修相关课程，以便切实保证授课的效果。其次，各课程导师都是对该门课程素有研究的专家学者。再次，按研究所学则规定，研究生须在两年内修习30学分才能毕业，就表3-2中所列课程计算，每人须修习8门课程，每年须修习4

门课程；换言之，每学期中每周须上课 4 学时才能获得相应学分，另外还有每周或每两周 2 学时的论文指导时间，这样的课时安排不能说很繁重，这主要是因为研究所的课程设置以必需为原则，学生主要以实际研究为重点。最后，上述课程基本反映了当时教育研究的最新成果。如程克敬主讲的教育测验法中的 TBCF 测量法是美国教育测量学家 W.A. 麦柯尔（W. A. McCall）于 1922 年发明并介绍到中国来的，其后中国学校曾广泛使用，这说明研究所导师在选择教学内容时对世界教育研究成果十分关注和了解。

在招生方面，1931 年研究所招生 20 人，但"以畏难或他故而去者约三分之一，其计划二年以上完成其工作者有二分之一，今年（1932 年——笔者注）卒业者仅有 3 人"[①]。1932 年奉教育部令研究所停止招生。1933 年研究所秋招收新生 8 名，另有教育科学门时期旧生复学者 4 名，共 12 名。1934 年教育部训令研究所停办，未能招考新生，当时研究所有研究生 12 人，课业修毕，正在撰写论文，预定 1935 年 7 月毕业；待 2 年研究期满，其中成绩合格者仅有 5 名（见表 3-3），造册呈送教育部备案，教育部于 1935 年 9 月函复："查贵校研究所未经报部核准设立，且已由部令饬停办，所请学生备案一节，殊觉无所依据。为顾全各该生学业起见，可于各生研究期满，考核成绩合格后由贵校发给研究成绩证明书以资证明。"[②] 因此这些研究生仅得结业。研究生黄玉树（1893—1973）结业后回到家乡福建，受聘于私立协和大学任教育系教授，先后出版《小学教师》《中学校长》《中学教育行政》等书，1944 年受聘为国立海疆学校教务长，后改任厦门大学教授。研究生王启瑞（1903—1987）结业后受聘到河南信阳中学任教，1936 年 8 月任云南昭通中学校长，后历任蒙自中学校长、云南省教育厅督学等职。他们都在教育战线上奋斗一生，为中国教育事业的发展作出了宝贵的贡献。

---

① 许椿生，陈侠，蔡春. 李建勋教育论著选 [M]. 北京：人民教育出版社，1993：155.
② 北京师范大学档案馆藏校史档案. 1934 年北平师大关于设立教育研究所问题与教育部的来往公文 [A]. 卷宗号：1-12.

表3-3　国立北平师范大学研究所1935年结业生简况表

姓名	性别	年龄	籍贯	简历	论文题目
王启瑞	男	31	云南昭通	云南省立东陆大学毕业，曾任新平县立中学及陆良县立师范教员共2年	编制代数学测验量表
王寿平	男	40	河南商丘	北平师范大学教育研究科毕业，曾任河南省立第三师范学校、第四师范学校教员8年	中学国文教法研究
梁灿章	男	27	河南沈丘	北平燕京大学毕业	精神健康之检讨与实施
黄玉树	男	43	福建莆田	上海大夏大学教育系毕业，曾任福建省立莆田高中校长、莆田教育局局长等职共8年	中学校长职责之分析
徐桂贞	女	不详	吉林阿城	北平师范大学教育系毕业，曾任哈尔滨女子第一中学教员2年	近百年之中国教育政策

资料来源：北京师范大学档案馆藏校史档案《1934年北平师大关于设立教育研究所问题与教育部的来往公文》，卷宗号：1-12。

至1947年北平师范学院教育研究所成立，制定章程，规定研究生资格、修习课程及毕业条件。按规定，有两年以上教学经验的师范学院毕业生及公立或已立案的私立大学或独立学院毕业生，须经入学考试及格方可入所研究，国文、英文为共同必试科目，成绩须在40分以上。另有各种专门科目，依研究范围而有所不同：研究教育者考教育心理、教育统计、教育哲学、教育行政；研究中国语文科教材教法者考注音符号及国际音标、中国文字学、中国声韵学、中国文法、中国文学史、目录学；研究英语科教材教法者考语音学、修辞及作文、散文、英国文学史；研究历史科教材教法者考中国通史、西洋通史、中国近代史、史学方法；研究博物科教材教法者考普通生物学、普通植物学、生理学等，成绩须在60分以上[1]。另外，该院毕业生成绩优异的，可免部分或全部考试入所研究；各系助教合乎入所条件的，也可兼作研究生[2]。研究期限2年（助教兼任者3年），期满提交论文，经硕士学位考试及格并经教育部核准者，授予教育学硕士学位。研究所分别于1947年、1948年各录取研究生4名（见表3-4），研究教育及中国语文、历

---

[1] 北京师范大学档案馆藏校史档案. 国立北平师范学院教育研究所招考研究生简章［A］//1947—1948年研究生录取名册及成绩单. 卷宗号：1-83.

[2] 北京师范大学档案馆藏校史档案. 国立北平师范学院教育研究所章程［A］//1946—1948年一般教务工作材料. 卷宗号：1-75.

史、英语、博物等各科教材教法。研究生赵琏毕业后任北京大学西语系副教授、教授、博士生导师等职，先后编著《实用现代英语语法》、《英语》（高等学校试用教材）、《英语（学习辅导）》、《研究生英语》、《研究生英语自学手册》、《研究生英语写作》等，译著《百万英镑》等。研究生刘传芳毕业后历任河南睢县中学、永城高中和商丘师范学校等校教师，对中学语文教学素有研究，曾撰写出《在语文教学中启发学生积极活动的体会》及《长课文的讲授经验》等文章，并翻译了《英语心理学》《基础心理学》等专著中的多个章节。各位研究生以所学知识，刻苦研究，为新中国教材建设及教学法研究奠定了基础。

表 3-4　国立北平师范学院教育研究所研究生简况表①

姓名	性别	年龄	籍贯	简历	组别
赵琏	男	26	甘肃永登	国立西北师范学院英语系毕业，国立北平师范学院在任助教	英语组
刘传芳	男	31	河南商丘	国立西北师范学院教育系毕业，国立北平师范学院在任助教	教育组
刘师德	男	29	河南浚县	国立西北师范学院毕业，曾在河南省立信阳师范学校任教一年	教育组
李庆春	男	30	河北任县	国立西北师范学院毕业，历任国立北平师范学院等校教员	教育组
王焱	不详	不详	不详	不详	不详
徐道蕙	女	24	北京	1948 年辅仁大学教育系毕业	教育组
孙德俊	不详	不详	不详	不详	不详
陈思炎	不详	不详	不详	不详	不详

资料来源：北京师范大学档案馆藏校史档案《1947—1948 年研究生录取名册及成绩单》，卷宗号：1-83。

（三）搜集、整理并纂辑各科教材

依《国立北平师范大学研究所章程》，搜集、整理并纂辑各科教材也是研究所的重要工作之一，"系按教育上实际之需要，搜集各科教材，分别加以选择及整理，最后编纂为课本，以备中等学校之采用"②。1932 年 9 月研

---

① 其中研究生毕业及学位授予情况不明，部分研究生仅存姓名，其他情况不详。
② 国立北平师范大学. 国立北平师范大学一览 [M]. 北平：国立北平师范大学，1934：224.

究所成立时，因图书之便，将原教育科学门索引工作处改为纂辑处，并聘黎锦熙、钱玄同为主任导师，分掌教材纂辑事宜；后订定《国立北平师范大学研究所纂辑工作细则》，规定纂辑工作主旨、分组及各类工作人员职责。纂辑处成立之初，依纂辑工作细则分为国语国文、历史公民两组，按教育实际需要而分类纂辑教材；1933年9月添设自然科学教材纂辑组（见表3-5）。1934年7月24日纂辑处被取消。

表3-5 国立北平师范大学研究所纂辑处分组简况表

分组	主任导师	工作范围①
国语国文教材组（甲组）	黎锦熙	1. 文字形音义的源流变迁 2. 国语及古文的方法及修辞 3. 中国学术思想 4. 中国文学史 5. 近代白话文学作品 6. 旧籍的校理及读法门径
历史公民教材组（乙组）	钱玄同	1. 古史教材的辨订 2. 东北西北民族地理之特殊情况 3. 本国通史教材的根本整理 4. 正史索引之编纂 5. 中国教育史料之搜集 6. 中外国史地教科书译名之统一 7. 中等学校公民教材之搜集整理与编纂
自然科学教材组（丙组）	刘 拓	1. 中等学校算学教材之搜集整理与编纂 2. 中等学校物理教材之搜集整理与编纂 3. 中等学校化学教材之搜集整理与编纂 4. 中等学校生物教材之搜集整理与编纂 5. 中等学校地理教材之搜集整理与编纂

资料来源：《国立北平师范大学一览》，国立北平师范大学1934年出版，第245～246页。

1932年纂辑处开始工作时，甲、乙两组纂辑员每人担任一种教材之编纂，后因时局关系，工作略有停滞。1933年度工作开始时，将各纂辑员所任教材编纂的完成期限稍加延长，大多计划于1933—1934年完成（见表3-6中"本职"一栏）。此外，1933年度甲、乙两组总动员，在上述教材之外，拟以一年或一年半为期，编纂一种急切应用之中等教材，定名为"中等学校

---

① 本表所列甲组工作范围为总体范围，其具体教材编纂任务请参阅表3-6中甲组"本职"一栏。

国文教材选注"（见表 3-6 中"共同工作"一栏）。编纂该教材，先要按照教育部制定的标准收集适合"精读"及"略读"要求的国文教材：部定标准"精读"每周 3 小时，平均可读 2 篇文章，每学期平均约 40 篇，六学年须选定 500 篇左右；部定标准"略读"1 小时，平均以阅读 4 篇文章为度，每学期约 80 篇，六学年须选定 1000 篇。因此此种国文教材，须选注古今作品约 1500 篇，其类型"须包括各体模范文、应用文、文艺文及历代学术思想文（即某种应读之专籍之最精要的节本）"，① 每篇文章要求详加校注，务必详明正确、追溯其本源，对文章所出典籍及作者关系也要有系统的叙述。待国文教材作品选定满 500 篇时，"一面进行校注，一面将此成果交由本所研究导师指导研究生作教育上之种种研究，以便完成时按级排定，并解决国文教学上诸问题"②。在添设自然科学教材组后，聘纂辑员 9 名，搜集整理初高中代数、物理、化学、生物、地理等科教材，计划于 1934 年暑假完成。在不到两年的存续期间，纂辑处依教学之需要，搜集、整理并编纂大量教材，以供研究所研究及教学上参考之用，有力地促进了当时中等教育教材建设。

表 3-6　国立北平师范大学研究所 1933 年度纂辑工作简况表

分组	纂辑员	本职 纂辑任务	本职 期限	共同工作（中等学校国文教材选注）	附注
甲组	何士骥	《全文汇编》（高中文学教员参考）	原定 1933 年春假完成，延长一年	1. 审辨字体 2. 校注学术文之关于文字学者	1933 年 11 月请假赴陕西从事北平研究院考古工作
	白涤洲	无	无	1. 难字注音 2. 审辨白话文之国语词类，并注释 3. 校注普通国文	1933 年 3 月请假赴陕西中央研究院从事调查方音的工作，9 月复职。
	吴三立	《高中文字学》	原定 1933 年春假完成	无	1933 年底请假赴广州在中山大学任教
	何兆熊	无	无	1. 艰深词句之方法解析 2. 校注普通国文	
	宫廷璋	《修辞类纂》（高中修辞学教员参考）	原定 1933 年春假完成第一部分，1934 年暑假完成第二部分	1. 修辞上之说明 2. 校正标点符号及分段 3. 校注古文	

---

① 国立北平师范大学. 国立北平师范大学一览［M］. 北平：国立北平师范大学，1934：248.
② 国立北平师范大学. 国立北平师范大学一览［M］. 北平：国立北平师范大学，1934：249.

第三章 近代中国国立师范院校及独立学院教育研究机构

续表3-6

分组	纂辑员	本职 纂辑任务	本职 期限	共同工作（中等学校国文教材选注）	附注
甲组	刘汝霖	《学术编年》（中等国文科学术文参考）	原定1933年终完成第二期（南北朝），延长半年	1. 校注学术文 2. 考定作者年代事迹及学派源流	
	周国亭	助理学术编年选材	不详	校注学术文（以关于道教及方术者为主）	兼任专题论文
	罗根泽	无	无	1. 文学上之批评 2. 叙明作家与文学史关系 3. 校注古文	兼任该校国文系"文学史""诸子概略"课程讲师
	孙楷第	《宋人词话及元曲选注》（中学略读）	原定1933年暑假完成，词话延半年，元曲延一年	1. 校注近代白话文 2. 考释一般白话文中之较古词类及方言	兼任该校国文系"小说及小说史"课程讲师
	王重民	《书目举要及清代文集索引》（中学参考）	原定1933年完成，延长半年	1. 校注古文及诗词等 2. 考释古典古义及书目版本	
专任国文选注工作者	曹鳌	无	无	1. 协助主任导师收发整理 2. 校注古今应用文 3. 校注新文学作品	文学院助教，兼任
	卢光彬	无	无	1. 协助主任导师收发整理 2. 校注翻译文 3. 叙明外国作家年代事迹及其文学史上之关系	文学院助教，兼任
	郭昭文	无	无	1. 校注骈文及辞赋等 2. 考释古典古义	1934年2月请假赴日本留学，4月特约盛代儒继续工作
	杨独任	无	无	1. 校注普通国文 2. 调查现代作家及其派别	
	颜长毓	无	无	校注普通国文（以关于教育者为主）	
乙组	无	古史辨订	无	无	原未聘定纂辑员
	方壮猷	《东北史纲》及《历代异民族考略》（中小学教员参考）	原定1933年完成，史纲已出，下项延长半年	1. 考释关于异族之史地诸名词 2. 校注普通国文	兼任该校历史系讲师，1934年4月请假赴法留学
	无	本国史纲	无	无	原未聘定纂辑员

173

续表3－6

分组	纂辑员	本职 纂辑任务	本职 期限	共同工作（中等学校国文教材选注）	附注
乙组	张鸿翔	1. 外国史地课本之译名比较 2. 监督并指导正史索引工作	1项于1933年8月完成	1. 考释关于史地及制度等诸名词 2. 校注明清文章	专从事本职第2项工作
乙组	赵荣春	史记索引	原定1933年暑假完成，延长半年	1. 协助整理并校对 2. 1934年4月开始校注普通国文	
乙组	王兰荫	中国大教育史（与甲组刘汝霖、周国亭合作）①	不详	1. 校注学术文 2. 考释关于学制教育诸名词	
乙组	无	新增《公民》教材	无	无	未聘定纂辑员
教学法特别组	冯成麟	国文教学法	不详	1. 附校实验 2. 校注普通国文	
教学法特别组	黄现璠	历史教学法	不详	校注关于历史制度诸文	兼任专题论文
教学法特别组	王锦福	地理教学法	不详	1. 校注关于地理游记诸文 2. 考释地名	
教学法特别组	吴文金	英文教学法	不详	1. 校注翻译文 2. 叙明外国作家年代事迹及其文学史上之关系	
教学法特别组	郝家麐	英文教材	不详	同上	
教学法特别组	王华隆	《中国地理辞典》（与丙组合作）	不详	1. 校注关于地理游记诸文 2. 考释地名	
丙组	李耀春	初中代数	1934年暑假完成		
丙组	杨尔琮	初中算术	1934年暑假完成		
丙组	萧家驹	高中物理	1934年暑假完成		
丙组	尹树松	初中物理	1934年暑假完成		
丙组	阎玉振	高中化学实验	1934年暑假完成		
丙组	周子强	初中化学	1934年暑假完成		
丙组	刘文炳	高中生物学	1934年暑假完成		
丙组	王琪	初中动物学	1934年暑假完成		1934年1月辞职
丙组	杨梦华	初中地理	1934年暑假完成		

资料来源：《国立北平师范大学一览》，国立北平师范大学1934年刊，第248~253页。

① 原文如此，其具体内容和意义因无法获得此书及相关资料而不可知，推测可能相当于"中国教育通史"。

研究所纂辑处由原北平师范大学研究院教育科学门之索引工作处改办，其中部分工作人员是原研究院历史科学门的研究人员，故其主要工作仍在国语和历史方面，所得成果多被编撰为教材及参考书。然就表3-5与表3-6对照即可发现，虽然表3-5中划定甲、乙两组工作范围并罗列多项研究专题，但从表3-6即可发现，大多数并未能有效地开展，或虽开展而未得结果。就编纂的教材及参考书来看，似乎并非中等学校能够使用的普通教材，这也使得研究所研究成果的学术影响力未能充分体现。另外，因编纂对象的特点，主要采用了"校注""考释""审辨"等方法，这大约也是受到原来所做的索引工作及甲、乙两组组长的影响。

国立北平师范大学教育研究机构存在时间不长且分为几个相对独立的阶段，其机构更迭频繁，在此过程中人事、经费及时局环境等因素对其发展影响巨大，也使得教育研究机构始终没有一个稳定的研究环境，致使其学术影响较为有限。但国立北平师范大学教育研究机构努力实现师范性与学术性的统一，开创了师范院校进行教育研究的范例，为我国教育研究事业培养了众多人才，为我国教育理论的发展及基础教育教材建设和教法研究作出了不朽的贡献，更为重要的是它早期进行的教育研究体制化方面的探索为其后继者——国立西北联合大学及国立西北师范学院教育研究机构的设立奠定了基础。

第二节　国立西北联合大学及国立西北师范学院教育研究机构

国立西北联合大学及国立西北师范学院教育研究机构包含国立西北联合大学师范学院师范研究所、国立西北师范学院师范研究所、国立西北师范学院教育研究所等时期，最早于1938年12月西北联合大学时代设立，中经1939年9月因学校改组而改名为国立西北师范学院师范研究所，1943年移设兰州，1945年改称教育研究所，1946年4月部分师生复校北平，至1950年撤销。在此期间以地处西北之偏，复以时局之乱，而研究机构设置及各项事业始终不辍，计招收研究生51人，出版研究所专刊5种，并有多项研究成果完成，对中国教育研究及学术多有贡献。此外，研究机构还组织和指导社会教育实验区、国民教育实验区等社会教育事业，对西北教育进行积极的研究、辅导和改进。

一、机构创立与改组

1937年"七七事变"后,平津沦陷,由于日军"有意识地以大学等文化教育设施为破坏目标"[1],战区及相邻地区高等教育机构遭受空前破坏,为保护高等教育事业,国民政府令战区专科以上学校迁至内地办学。在此背景下,国立北平师范大学奉令西迁陕西西安,于9月间与相继迁来的北平大学和北洋工学院组成西北临时大学。1938年春,太原陷落,西安形势告急,西北临时大学奉令再次迁往陕西城固,当年4月奉令改称国立西北联合大学,并将北平师范大学整体改组为其教育学院。7月,国立西北联合大学依照国民政府教育部颁布的《师范学院规程》中"师范学院单独设立,或于大学中设置之"[2]之规定,将教育学院改称师范学院。时值抗战期间,因政府统制外汇,限制学生出国留学,一般具有研究兴趣的大学毕业生又苦于无研究处所可供他们作进一步研究;而教育部认为当时抗战建国工作正在进行之际,教育学术研究极其重要,乃斟酌各校原有人才设备,指令各校就原设研究科部,添招新生或增设科部,以应急需。此前,国立北平师范大学研究所已奉令停办,且经多次申请复办未果,此为天赐良机,国立西北联合大学便顺势而为,参照《大学研究院暂行组织规程》第一条"大学为招收大学本科毕业生,研究高深学术,并供给教员研究便利起见,得依大学组织法第八条之规定,设研究院"[3]及《师范学院规程》第十二条"师范学院得附设师范研究所"[4]之规定,于1938年7月21日奉教育部17330号训令筹设师范研究所,由师范学院教育系主任李建勋兼任筹备主任,着手拟订章程、聘请教授与职员以及招考研究生等工作[5]。同年10月7日举行的国立西北联合大学常务委员会第43次会议审议通过了《国立西北联合大学师范学院师范研究所章程(草案)》。至12月1日,师范研究所筹备完毕,开始正式工作,因经费所限,研究所起初仅先设立教育学部[6],并经国立西北联合大学常务

---

[1] 石岛纪之.中国抗日战争史[M].郑玉纯,纪宏,译.长春:吉林教育出版社,1990:61.
[2] 国民政府教育部参事处.教育法令汇编:第4辑[M].重庆:正中书局,1939:46.
[3] 宋恩荣,章咸.中华民国教育法规选编[M].南京:江苏教育出版社,2005:399.
[4] 国民政府教育部参事处.教育法令汇编:第4辑[M].重庆:正中书局,1939:46.
[5] 甘肃省档案馆藏西北师范大学档案.国立西北师范学院师范研究所概况[A].卷宗号:33-001-0314.
[6] 国立西北师范学院(城固).师范研究所概况[M].国立西北师范学院校务汇报,1939(1):6-8.

委员会第57次会议决议,聘请李建勋兼任师范研究所主任[①]。

1939年8月14日,国立西北联合大学奉教育部发教字第197号训令改组,其师范学院改组为国立西北师范学院,于9月1日正式成立,继承北平师范大学之一切,校址设在陕西城固。原西北联合大学创办之师范研究所由西北师范学院继续办理,称"国立西北师范学院师范研究所",所主任仍由李建勋兼任[②]。1940年3月,国民政府教育部令国立西北师范学院由陕西城固迁往甘肃兰州,并规定兰州为永久校址。院长李蒸亲赴兰州勘定校址,购置兰州市安宁堡十里店以西的大片荒滩,筹建兰州分院。1941年12月,兰州分院正式开学,采取分年搬迁的方法,至1944年全部搬迁至兰州,城固分院即宣布撤销。研究所分两批搬迁:第一批早在1943年10月迁到兰州,开始招收研究生,开展研究工作;第二批于1944年2月迁往。[③] 至1943年12月,研究所设教育学部和语文史地学部,语文史地学部下分语文组和史地组,研究实力有所增强。[④] 1945年7月,奉国民政府教育部令改称教育研究所,全所有研究人员6人,其中教授3人。研究所以教育学部为主体,组织和指导社会教育实验区、国民教育实验区、附属中学和附属小学实验班,开展各项教育教学研究。

抗战胜利后,西北师范学院师生300余人于1946年4月复校北平,组成北平师范学院,多数师生员工仍坚持留在兰州继续办好西北师范学院,为西北培育人才。西北师范学院教育研究所仍照旧办理,但因部分师生随复校运动离开,研究事业受到一些影响。1946年12月31日,研究所奉教育部第42316号"自该学年度第二学期起,依照教育部颁《大学研究所暂行组织规程》进行改组",按照当时教育部的规定,研究所主任由教育系主任兼任,教育系的教授、副教授、讲师都是研究所工作人员。[⑤]

国立西北联合大学及国立西北师范学院教育研究机构自1938年12月初筹备,至1950年因学校行政机构整编而撤销,共计存在12年。在此12年间,研究机构的师生怀着强烈的爱国热情,在艰苦的条件下,因陋就简,开

---

① 国立西北联合大学.李建勋先生兼任师范学院师范研究所主任[J].西北联大校刊,1939(10):19.
② 国立西北师范学院(城固).院务概况[Z].国立西北师范学院校务汇报,1939(2):4.
③ 甘肃省档案馆藏西北师范大学档案.二十八年至三十二年各学期工作报告表[A].卷宗号:33-001-0319.
④ 国立西北师范学院(兰州).院务概况[Z].国立西北师范学院校务汇报,1943(62):4.
⑤ 甘肃省档案馆藏西北师范大学档案.国立西北师范学院教育研究所改组情况[A].卷宗号:33-001-0181.

展教育研究、培养学术人才。然而因时局关系，学校的两次改组、一次迁校、一次复校以及研究机构自身的三次改组引起了不小的动荡，因此该研究机构始终未能获得稳定的研究环境和充足的研究经费，致使研究机构的研究工作及实践活动遭受极大限制，也削弱了该研究机构的学术影响。

二、机构建制、经费与设备

1938 年 7 月 27 日公布的《师范学院规程》第十二条规定："师范学院得附设师范研究所"，因此，师范研究所在成立之初称"国立西北联合大学师范学院师范研究所"。因经费所限，研究所起初仅先设教育学部，其中分设教育原理、教育心理、教育行政及教材教法四科，以便所内教授、专任教授和研究员分门研究，该学部研究生也可在上述四科范围内选择研究课题①。1939 年 9 月 1 日国立西北联合大学师范学院改组为国立西北师范学院后，国立西北联合大学师范学院师范研究所改称国立西北师范学院师范研究所，表明研究所直属学院，与学系并列。1943 年 12 月，研究所增设语文史地学部，下分语文组和史地组。

根据《国立西北师范学院师范研究所章程》，所内设主任 1 人，综理研究所一切事宜；助教 4 人，助理教授从事研究工作；事务员 3 人，分掌图书文牍及庶务事宜；书记员 3 人，分司图书管理、缮写及登记事宜②。因经费所限，研究所办理之初，内部人事组织力求缩减，原计划聘请教授 4 人，减为 1 人；助教原拟聘用 8 人，后改为 5 人；职员方面，计文牍 1 人、书记员 2 人；其余如庶务、图书管理等事务均由师范学院职员兼任。③ 研究所主任一职自研究所筹办至抗战后复员北平前一直由李建勋担任，其后由胡国钰担任。教学方面还聘专任教授 1 人，曾先后拟聘邰爽秋、黄觉民及范锜等教授均未果，于 1941 年度上学期聘得金澍荣为专任教授；另聘教授若干人，担任研究所教学、研究教育问题及指导研究生研究工作，程克敬、齐国梁、鲁世英、郭鸣鹤、胡国钰等知名教授先后受聘在该所工作。1947 年教育研究所改组后，由教育系主任胡国钰兼任所主任，当时教育系教授 6 人、副教授 2 人、讲师 4 人、助教 4 人均为该所工作人员。

---

① 国立西北师范学院（城固）. 师范研究所概况 [Z]. 国立西北师范学院校务汇报, 1939 (1): 6—8.
② 国立西北联合大学. 师范学院师范研究所章程 [J]. 西北联大校刊, 1939 (13): 15—16.
③ 甘肃省档案馆藏西北师范大学档案. 国立西北联合大学师范学院师范研究所筹设经过报告 [A]. 卷宗号: 33-001-0319.

表 3-7　国立西北师范学院教育研究所教职员简况表（1946 年）

职务	姓名	性别	年龄	籍贯
主任（教育系主任兼任）	李建勋	男	62	河北清丰
专任教授	金澍荣	男	39	广东番禺
讲师兼研究员	许椿生	男	35	河北清苑
讲师兼研究员	佘增寿	男	35	河北唐县
讲师兼研究员	韩温冬（遂愚）	男	37	河北行唐
助教兼研究员	杨少松	男	34	河北清苑
助教	李元魁	男	30	河北唐县
助教	蒋　信	男	30	河北尧山
助教	陈　侠	男	31	江苏仪征
事务员	李道正	男	37	河北束鹿
图书馆馆员	朱作桢	女	48	河北清丰
书记员	蒋凤翔	男	30	陕西城固

资料来源：《国立西北师范学院毕业纪念册》，国立西北师范学院 1947 年刊，第 30 页。

此外，自师范研究所起就设有研究委员会，以研究所主任为主席，委员由所内研究教授与师范学院各系主任组成，以便集思广益，推进研究工作。

在体制化的机构中，经费是除组织人事之外对机构运行有决定性影响的因素。因时处战乱时期，该研究机构在经费方面向来不宽裕。由于经费限制，师范研究所在成立之初仅设教育学一个学部，而在其后的发展中，经费更成为制约其事业发展、教授聘任、成果发表等的一个主要因素。每有研究人员历经辛苦完成的研究成果却因无经费印刷发表而无法供同行参考应用时，殊为可惜。

国立西北师范学院师范研究所成立时，全年经费 18000 元，其来源为：经常费预算每月 5000 元，因经费困难核减为 1000 元，全年 12000 元；从教育部拨师范学院之建设专款中每年拨给 2000 元作购置图书及杂志费；教育部每年补助 4000 元，分别作调查研究费用及研究生津贴。[①] 前面介绍的经常费中，研究所工作人员工资为每月 816 元，用于研究者的仅有办公费每月

---

① 甘肃省档案馆藏西北师范大学档案. 国立西北师范学院师范研究所二十八年度计划书[A]. 卷宗号：33-001-0319.

184 元和教育部补助的每年 2000 元；而所中教授、助教和文牍均折后发薪，庶务和图书管理则由庶务室和图书馆指定一人兼办，可见研究所经费之窘迫。

由于时局影响，纸币贬值，物价飞涨，致使研究所本就窘迫的经费更是捉襟见肘，使研究工作遇到很大困难。研究所常常筹措不到印刷调查问卷和进行实际调查的经费，而由研究结果编成的研究专刊亦无力印刷，另因西文书刊无款购置而无法参考国外最新研究。这些困难都使研究工作不能按计划完成，即使完成也无力发表而为同行参考。即便如此，研究所师生克服时局及经费之困难，坚持不懈，在培养人才和学术研究方面依然颇有成就。研究生景时春日后回忆道："抗日战争期间，西北师院教育研究所（应为西北师范学院师范研究所。研究所第二批迁兰时间为 1944 年 2 月，而改称教育研究所则为 1945 年 7 月。——笔者注）搬到了兰州，整个研究所和教育系办公室，合起来不到四间土平房，研究所的图书室只有两间小土房。在这生活条件差、图书设备极度缺乏的情况下，年逾六十的李先生（即李建勋——笔者注）每天都按时上班，对每个研究人员的实习和研究工作，都要进行具体的指导，关心年轻教师的成长……李先生对每个研究人员的学习和研究专题，都要进行定期检查，对每个人所提问题，都认真细致地进行解答。"[①] 李建勋作为学术带头人在艰苦环境下执着于研究所各项事业，对所内工作人员产生了巨大的精神感召，这也是研究所各项工作较有成绩的原因之一。

师范研究所设立后，立即着手置办相关设备及参考书籍。1939 年用前一年因未能招生而节余的经费 4000 余元购置英文杂志 32 种、英文教育书籍 49 册、博士论文 50 余册，又用当年由教育部拨发的建设专款 2000 元及因未能聘到专任教授而节余的经费 3000 余元添购教育参考书籍 141 册及英文杂志 4 种。1940 年补助费增加 1.2 万元，指定为充实设备及研究材料之用，研究所遂委托教育部代购机械计算机一台。此后，每年都在教育部拨发师范学院的建设专款中，由学院划拨 2000 元作购置图书及杂志之用，参考资料逐渐充实。[②]

三、以全面抗战时期西北教育为重点的研究事业

国立西北联合大学师范学院师范研究所虽然是一个新成立的研究机构，

[①] 中国人民政治协商会议全国委员会文史资料委员会. 文史资料存稿选编 24·教育 [M]. 北京：中国文史出版社，2002：960.

[②] 甘肃省档案馆藏西北师范大学档案. 国立西北师范学院院务概况 [A]. 卷宗号：33-001-0593.

第三章 近代中国国立师范院校及独立学院教育研究机构

但因与北平师范大学研究所有着极密切的渊源而具有深厚的学术底蕴和研究传统，也继承了北平师范大学研究所许多有形和无形的"遗产"。首先，所主任李建勋在国立北平师范大学研究院教育科学门时期就担任主任一职，此后虽机构更迭，但他一直在此机构中任主任导师；在西北联合大学师范学院师范研究所筹设时，他就兼任筹备主任，直到抗战胜利复员前一直任所主任，应该说他对于这个教育研究机构具有深厚的情怀；而且他在教育学术研究方面是个"老"人，作为学术带头人在研究所运行过程中是极为重要的。他曾两度留学于美国哥伦比亚大学教育学院，专攻教育行政学、教育统计及学务调查，于1920年任北京高等师范学校教育研究科主任，1931年任国立北平师范大学研究院教育科学门主任及研究所主任导师，对于教育学术研究，他有着敏锐的问题意识、高超的理论水平和丰富的实践经验。他反对从理论到理论的研究方法，主张对每个教育课题都要进行调查研究，在充分占有事实和文献资料的基础上，再进行分析研究，得出带有规律性的结论。他曾于1949年撰文《教育之科学研究》，对教育的科学研究进行总结，指出教育研究的科学性"系指用适当方法，整理所观察之事实，以了解其真相之谓"[①]，其方法不外乎历史研究法、常模调查法、实验法、溯因法（包括原因比较法、相关法、个案法及发展法）四类，而其步骤约有八项："一、问题的选择；二、问题的声述（原文如此，意为解释阐述。——笔者注）；三、调查有关研究；四、应用假说；五、搜集材料；六、整理材料；七、提出结论；八、作成报告。"[②] 这些方法和步骤也是他在办理研究所过程中积极实践的。不仅如此，在西北联合大学师范学院师范研究所的章程拟定、机构设置、人事分配、招生及研究事业等方面，李建勋都参照了以前的经验和办法，甚至他所担任的"教育研究法"和"学务调查"两门课程的课程纲要都参考了北平师范大学研究所时期的教学大纲。其次，研究所初成立时的主要研究人员如金澍荣、程克敬等人都是北平师范大学研究所旧部，本已有合作的经历与基础；而且师范研究所早期的主要负责人中，李建勋、金澍荣、程克敬均为哥伦比亚大学博士，鲁世英是哥伦比亚大学硕士，郝耀东、金澍荣与王凤岗同为斯坦福大学硕士，且郝耀东曾任哥伦比亚大学师范学院研究员，而刘亦珩与李建勋同为日本广岛高等师范学校毕业，彼此之间所形成的同学（或校友）加同事的关系使得研究所工作人员关系融洽，为学术研究提

[①] 许椿生，陈侠，蔡春. 李建勋教育论著选[M]. 北京：人民教育出版社，1993：375.
[②] 许椿生，陈侠，蔡春. 李建勋教育论著选[M]. 北京：人民教育出版社，1993：378.

供了良好的人文环境，也使他们各自的能力、学识及个性得到较为充分的发挥，减少了机构的"内耗"。正是由于上述原因，西北联合大学师范学院师范研究所甫一成立便能走上正轨，迅速而有效地展开以"训练教育学术专才"和"研究高深教育学术"为主的研究事业。

（一）训练教育学术专才

不可否认，研究机构的主持者对于研究事业起决定性作用，在训练教育学术专才这一点上，师范研究所主任李建勋有着深刻的认识。基于李建勋在国立北平师范大学教育研究机构的办理经验，国立西北联合大学在筹备成立师范研究所时就将"训练教育学术专材"[①] 作为成立研究所的目的之一，计划招收研究生进行训练。1938年，研究所因交通阻塞未能招到学生；1939年9月录取2名学生，并奉部令"师范学院各系助教，得兼作研究生"，录取助教3人；此后每年都有人数不等的研究生入所研究。据统计，至1948年，研究所共录取研究生51人，其中未到校2人，中途退学5人，休学14人（无后续信息，估计最终退学）。

表3-8 国立西北师范学院教育研究机构研究生简况表

姓名	性别	籍贯	履历	在学期间	备注
刘泽	女	辽宁辽中	河北省立女子师范学院史地系毕业，曾任河北省立沧县中学、山东省立女子中学等校教员	1939—1944年	后服务于四川省立教育科学馆
佘增寿	男	河北唐县	北平师范大学教育学系毕业，本院师范研究所在任助教兼研究员	1939—1944年	后服务于北平师范学院
许椿生	男	河北清苑	北平师范大学教育学系毕业，曾任河北省立正定师范学校教育教员2年，本院师范研究所在任助教兼研究员	1939—1943年	后服务于北平师范学院
郝鸣琴	男	河北平山	1935年北平师范大学教育学系毕业，历任北平师范大学教育学系助教、西北联合大学助教，本院教育系和师范研究所在任助教	1939—？	1945年尚在所
胡玉升	男	山东平阴	北平师范大学教育学系毕业，历任山东省立滋阳乡村师范学校教员、河北省立大名女子师范学校教员、广西省立武鸣初级中学教导主任等职	1939—1940年	于1940年11月12日呈准休学，后退学

---

① 国立西北联合大学. 师范学院师范研究所章程［J］. 西北联大校刊，1939（13）：15—16.

续表3-8

姓名	性别	籍贯	履历	在学期间	备注
关　斌	男	河南新安	河南大学英文系毕业，燕京大学研究院肄业，曾任河南省立汲县女子中学及山西铭贤中学教员	1939年	未报到
凌洪龄	男	江苏泰兴	1935年北平师范大学体育学系毕业，历任西北临时大学、西北联合大学助教，本院在任助教	1940—1943年	免试，后服务于西北师范学院
张柏林	男	辽宁辽中	北平师范大学理学院物理系毕业，曾任国立第一中学物理教员	1940—1945年	免试，入学资格至1947年时尚未核准
庄肃襟	男	山东莒县	西北师范学院教育系毕业，本院教育系在任助教	1940—1945年	免试
韩温冬	男	河北行唐	西北师范学院教育系毕业，本院师范研究所在任助教	1940—1946年	免试，后服务于西北师范学院
郭士豪	男	河北正定	北平师范大学教育系毕业，本院公民训育系在任助教	1940—1943年	免试
杨少松	男	河北清河	北平师范大学教育系毕业，本院教育系在任助教	1940—1945年	免试
梁钟瀞	男	河北无极	西北师范学院体育系毕业，本院体育系在任助教	1940—？	免试，后休学
苏竞存	男	云南剑川	西北师范学院体育系毕业，本院体育系在任助教	1940—？	免试，1944年6月休学，后退学
刘培桐	男	河南滑县	西北大学理学院地质地理学系毕业，本院史地系在任助教	1940—？	免试，1941年3月休学，后退学
赵兰庭	男	山东福山	西北大学国文学系毕业，本院国文系在任助教	1940—？	免试，1942年3月休学，后退学
苏光禄	男	察哈尔阳原	北平师范大学教育学院教育系毕业，曾任本院代用小学（城固县私立自强小学）校长	1940—？	免试，入学资格未获教育部批准
高振业	男	河北元氏	北平师范大学毕业，曾任本院附属中学师范科教员2年，本院教育系在任助教	1940—？	免试，入学资格未获教育部批准
李天祜	男	河南汲县	北平师范大学文学院历史系毕业，曾任国立第一中学教员2年	1941—1945年	免试，后任教于西北师范学院、兰州大学等
艾弘毅	男	吉林伊通	北平师范大学文学院国文系毕业，曾任陕西省立蒲城中学教员兼导师1年	1941—？	免试，1943年9月休学，后退学

续表3-8

姓名	性别	籍贯	履历	在学期间	备注
贾则复	男	山西稷山	山西大学教育学院中国文学系毕业，曾任私立太原新民中学教员2年、山西省教育厅秘书及第三科科长等职	1941—1945年	至1947年6月未得学位，服务于陕西省立师范专科学校
李之璞	男	河北冀县	燕京大学文学院教育系毕业，曾任四川北碚乡村建设研究院研究员、四川省璧山县来凤镇中心学校教导主任、私立中国乡村建设育才院教员	1942—1945年	因入学资格未核准，未得硕士学位。服务于四川乡村建设学院
孙天泰	男	山东招远	西北师范学院教育系毕业，本院教育系在任助教	1942—?	免试，后于1947年3月休学
辛治华	男	陕西长安	西北师范学院教育系毕业，曾任陕西省立鄠县师范学校教育科专任教员	1942—?	免试，后休学
李充皆	男	山东文登	北平师范大学学生，在西北大学国文系借读至毕业，曾任国立第十中学国文教员兼导师1年	1942—?	免试，1943年9月休学
柴森林	男	河北迁安	北平师范大学体育系毕业，曾任南开中学体育教员及西北大学体育系讲师，本院体育系在任助教	1942—?	免试，1943年12月休学
孙淑世	女	河南息县	西北大学生物系毕业，曾任本院附属中学生物教员1年，本院生物系在任助教	1942—?	免试，后休学
赵子洵	男	四川古宋	西北师范学院教育系毕业，曾任四川省立达县师范学校教务主任兼教学组长1年	1942—?	免试，未报到
刘文秀	男	吉林依兰	北平师范大学教育系毕业	1943—?	
沈庆华	男	河北南和	西北师范学院教育系毕业	1943—?	免试，入学资格至1947年1月尚未核准
徐永冰	男	河南睢县	河南大学文学院文史学系毕业，曾任国立第十中学导师兼国文教员半年	1944—?	1945年12月休学，1946年度下学期复学
亓茂昌	男	山东莱芜	西北师范学院教育系毕业，曾任该院生活指导组组员3年，本院公民训练系在任助教	1944—?	后休学
李元魁	男	河北唐县	西北师范学院教育系毕业，本院师范研究所在任助教	1944—?	免试，1946年休学

续表3-8

姓名	性别	籍贯	履历	在学期间	备注
张呈龙	男	河北获鹿	西北师范学院教育系毕业,本院教育系在任助教	1944—?	免试,后于1947年3月休学
蒋信	男	河北尧山	西北师范学院教育系毕业,本院教育系在任助教	1944—?	免试,后于1947年2月休学
宋福僧	男	河北深县	河南大学教育系毕业,曾任河南私立嵩英中学教导主任及宁强初级中学教导主任共3年	1945—?	
陈侠	男	江苏仪征	西北师范学院教育系毕业,本院师范研究所在任助教	1945—1948年	免试
孙昌吉	男	河北行唐	西北师范学院教育系毕业,本院教育系在任助教	1945—?	
于靖嘉	女	辽宁北镇	北平师范大学国文系毕业,曾任湟川中学、广西灵川县立国民中学、贵州镇宁三民中学教员	1945—?	免试
徐可观	男	安徽怀远	西北师范学院理化系毕业,曾任河南省立南阳中学理化教员,本院理化系在任助教	1945—?	免试,1946年1月休学
彭石麒	男	安徽五河	西北师范学院教育系毕业,本院教育系在任助教兼训导员	1945—?	免试
张孟献	男	河北元氏	西北师范学院教育系毕业,本院教育系在任助教	1945—?	免试,后休学
陈毓瓒	男	河北元氏	西北师范学院体育系毕业,本院体育系在任助教	1946—?	免试
张培然	男	河北濮阳(今属河南)	西北师范学院教育系毕业,曾任甘肃灵台县立中学校长等职,本院教育系在任助教	1947—?	免试
景时春	男	河北邢台	西北师范学院教育系毕业,曾任本院教育研究所助教1年,本院教育系在任助教	1947—?	免试
张有智	男	陕西城固	西北师范学院国文系毕业,曾任陕西省立汉中女子师范学校国文教员,本院国文系在任助教	1947—?	免试
曲文敏	男	甘肃陇西	西北师范学院英文系毕业,曾任甘肃省立兰州中学教员1年	1947—?	1948年因病休学
汪俊爵	男	江苏如皋	西北师范学院教育系毕业,曾任甘肃省立兰州师范学校教员,本院在任训导员	1947—?	免试

续表3-8

姓名	性别	籍贯	履历	在学期间	备注
赵中立	男	河北井陉	西北师范学院教育系毕业，曾任本院附属中学师范部教育科教员5年	1948—？	免试
师习安	男	甘肃临洮	西北师范学院教育系毕业，本院教育系在任助教	1948—？	免试
黎顺清	男	陕西南郑	西北师范学院教育系毕业，曾任陕西南郑中学专任教员兼教务主任、汉中女子师范学校教育科教员、陕西省立师范专科学校兼任讲师	1948—？	免试，后休学

资料来源：甘肃省档案馆藏《西北师范大学档案》中研究生名册，卷宗号：33-001-0314、33-001-0316、33-001-0390、33-001-0499。

表3-8中国立西北师范学院教育研究机构研究生的来源、学术背景及资历等方面的情况从一个侧面反映了其历史境遇。首先，从研究生的籍贯看，全部51名研究生中，有21人是河北籍，他们主要是原北平师范大学毕业生，因此与国立西北联合大学和国立西北师范学院本就有学术渊源；有10人来自西北师范学院辅导区（当时河南亦属该区）所辖省份，尽管西北师范学院教育研究机构在招生时对西北地区有所照顾，但这个数字相对还是较小，这主要是因为西北文化教育一向不发达，导致国立西北师范学院教育研究机构对西北地区高层次教育研究人才的培养贡献较小；另有20人来自全国其他省份，主要是北方地区，因为战时西北交通不便，信息闭塞，这也使得研究所学术效应的辐射仅限于部分地区，而缺乏与东南、西南地区的人才交流。从研究生的毕业院校来看，所有研究生中毕业于西北师范学院者有26人，占半数之多，毕业于北平师范大学者有15人，占1/3弱；而且前期录取学生中，北平师范大学毕业者较多，自1944年后西北师范学院毕业生占据多数，特别是1946年之后全部为西北师范学院毕业生。这主要是因为抗战胜利后，西北师范学院部分师生复员北平并另行组成北平师范学院，西北师范学院教育研究所因此受到一定影响，办学更加困难，加之时局不靖，只得以该校毕业生符合条件者充之；毕业于其他院校者仅有10人，约占1/5，其中还有4人毕业于西北大学，该校曾与西北师范学院同属国立西北联合大学。据此推测，外间可能对于西北师范学院教育研究机构并不了解，认为西北文化落后，交通不便，并不适合研究事业。这一点从北平师范学院成立后即向教育部提出将西北师范学院教育研究所移设北平师范学院的申请中也能窥知一二："北平图书馆藏书丰富，学校林立，对于研究问题材料之参

考、问卷之索答以及调查统计之搜集，均较在他处有极大便利"，"北平为文化发达、交通便利之区域，对于教授之选择及研究生之甄录，自易物色与拔取，而其研究之成绩亦当连带发生不同之影响"，① 连同根同源的北平师范学院都有如此成见，遑论外界社会舆论。由此可见，研究机构要成为学术中心，或者要发挥其学术效应，所处地域也是一个较为重要的因素。再从研究生的学科背景来看，毕业于教育系者有30人，毕业于体育系者有5人，当时教育学院包括教育系和体育系，那么该研究机构研究生中毕业于这两系的学生已占据其七成比例；毕业于其他专业的16人中，国文系6人，英文系2人，文史或史地系4人，理化系3人，另有1人专业不详。导致该研究机构研究生这种不甚合理的学科结构的主要原因在于其专业设置：师范研究所在开办之初仅设教育学部，其中分设教育原理、教育心理、教育行政及教材教法四科，直到1943年才增设语文史地学部，在此之前非教育专业学生主要从事教材教法方面的研究。最后，从研究生录取前的资历看，有30人以助教身份入所从事研究，这主要是因为1939年教育部根据第三次全国教育会议决议，将《大学研究院暂行组织规程》第十条"研究生不得兼任校内职务"修订为"研究生不得兼任校内职务，但助教不在此限"，并规定助教兼研究生办法三条，具体为：（1）须经研究院所入学考试及各种学期学年考试；（2）研究期限须在3年以上；（3）应修学分及论文研究，须与普通研究生同。另外，也是因为研究所地处偏僻，招生不易，故多录取该校助教入所研究。研究生中除助教身份外，有19人曾任中小学教职，另有2人不详，因为《国立西北联合大学师范学院师范研究所章程》及《国立西北师范学院师范研究所章程》中均将研究生入学资格规定为"国立省立及已立案之私立大学其他学系毕业，曾在中等学校服务二年以上，并经入学试验及格者"②，而在实际执行过程中，有部分研究生服务期限并未满2年。综上所述，西北师范学院教育研究机构由于地处西北，其学术效应发挥不充分，又因招收该校毕业生及助教过多而导致学科、学缘结构不甚合理。当然，今人不宜对战争年代而又地处西北偏远地区的一所教育研究机构求全责备；也正是因为"术业有专攻"，从而使得这所教育研究机构能培养出大量教育研究人才。

为了"培养教育学术专才"，研究所依《大学研究院暂行组织规程》《硕

---

① 甘肃省档案馆藏西北师范大学档案．国立北平师范学院写给国立西北师范学院的函［A］．卷宗号：33-001-0041．

② 国立西北联合大学．师范学院师范研究所招生简章［J］．西北联大校刊，1938（6）：26．

士学位考试细则》《师范学院规程》等文件拟订《国立西北联合大学师范学院师范研究所章程》，至国立西北师范学院时期又拟订《国立西北师范学院师范研究所章程》，从招生、训练、毕业及学位授予等方面制定相关规章制度，从而使国立西北联合大学及国立西北师范学院教育研究机构的研究生培养工作得以顺利进行。

1. 招生

根据《大学研究院暂行组织规程》第七条"招收研究生时，以国立、省立及立案之私立大学与独立学院等毕业生经公开考试及格者为限，并不得限于本校毕业生"[①] 及《师范学院规程》第十二条"师范学院得附设师范研究所，招收师范学院毕业、具有研究兴趣，或大学其他院系毕业、有两年以上教学经验之中等学校教员"等规定，国立西北联合大学师范学院师范研究所拟订《国立西北联合大学师范学院师范研究所章程》，其草案由徐诵明、胡庶华两位校务委员审查完毕，提请1938年10月7日举行的国立西北联合大学常务委员会议第四十三次会议审议通过，有关招生之规定如下：

1. 师范学院毕业，曾经入学试验及格者；

2. 国立省立及已立案之私立大学其他学系毕业，曾在中等学校服务二年以上，并经入学试验及格者；

3. 师范大学教育系毕业，成绩总平均在七十五分以上，教育统计、教育心理、教育哲学、教育行政四科平均成绩在八十分以上者免考；

4. 师范大学他系毕业生，志愿研究各科教材教法，其平均成绩在七十五分以上，本系主科及教育必修科平均成绩在八十分以上者免考。[②]

对于符合以上1、2两条规定者，还须经公开入学考试并成绩及格，才能成为研究生。考试科目为"教育系毕业者，考试国文、英文、教育概论、教育心理、教育行政、教育统计；其他学系毕业者，考试国文、英文及其毕业学系之专门科目"。具体来说，国文系毕业者，考中国文字音韵学、中国文学史、中国学术思想；英文系毕业者，考音韵学、作文、英国文学；历史系毕业者，考学术史、中国史、西洋史；地理系毕业者，考地理通论、中国地理、外国地理；生物系毕业者，考普通植物、普通动物、动物生理；数学

---

① 宋恩荣，章咸. 中华民国教育法规选编［M］. 南京：江苏教育出版社，2005：399.
② 国立西北联合大学. 师范学院师范研究所招生简章［J］. 西北联大校刊，1938（6）：26.

系毕业者，考理论力学、微积分及微分方程、复变数函数论；物理系毕业者，考光学、磁电学、高等力学；化学系毕业者，考无机化学、有机化学、理论化学①。这些规定涵盖了当时师范学院所有学系，考试科目至为详尽，并得到严格执行。如1938年招生考试因时局关系及交通阻塞，原定名额10人，应试者仅2人，因成绩低劣均未录取②。又如1940年招生考试，报名者有15名，其中12名按规定准予免考，实际参加考试者为田崇礼、余虹、袁向仁3名，因考试成绩未能符合本所预定标准而均未录取③。对于符合以上3、4两条规定者，予以免考，先后有37人免试录取，占72.5%（见表3—8），盖因国立西北师范学院地处西北，交通不便，生活艰难，加之战时时局动荡，遂致招生不易，多数时候以校内助教或该校毕业生在外服务符合条件者免试录取，已几近常态，由此也可见研究所办学之难。

无论考试还是免试人员，均须报教育部审核才能入所研究。《修正大学研究院暂行组织规程》第七条规定："各大学依本规程所招收之研究生，应于取录（原文如此——笔者注）后一个月内连同资格证件报部审核备案。"④ 1940年招生考试时，有12名考生按规定应予免考，报教育部审核后，教育部于1940年11月13日以高字第37907号指令令国立西北师范学院："查高振业、苏光禄二名现任校外职务，庄肃襟、韩温冬、郭士豪、杨少松、梁钟濬、苏竞存、刘培桐、赵兰庭等八名服务均未满一年，核与该院呈准之研究所招生简章第三、四两项规定不符。以上十名均无研究生资格，凌洪龄、张柏林二名应俟换缴正式毕业证书后再行核夺。"⑤ 经研究所再三申述，请求准予备案，教育部于1940年12月30日以高字第43503号指令师范研究所："查杨少松一名研究生资格准予承认。庄肃襟、韩温冬、郭士豪、梁钟濬、苏竞存、刘培桐、赵兰庭等七名既已取得助教资格，姑予变通，准为研究生。以上八名之正式大学毕业证书仰赶速办理，具报备核。至高振业、苏光禄等二名兼任校外职务，核与《大学研究院暂行组织规程》修正第十条'研究生不得兼任校内职务，惟助教不在此列'之规定不符，又该院研究所章程第十条亦有'研究生不得兼任其他职务'之规定，因未便曲解，该两名研究生资格碍难

---

① 国立西北联合大学. 师范学院师范研究所招生简章[J]. 西北联大校刊, 1938(6): 26.
② 甘肃省档案馆藏西北师范大学档案. 国立西北联合大学师范学院师范研究所筹设经过报告[A]. 卷宗号: 33-001-0319.
③ 甘肃省档案馆藏西北师范大学档案. 国立西北师范学院研究所二十九年度研究生新生[A]. 卷宗号: 33-001-0316.
④ 宋恩荣, 章咸. 中华民国教育法规选编[M]. 南京: 江苏教育出版社, 2005: 400.
⑤ 甘肃省档案馆藏西北师范大学档案. 教育部指令[A]. 卷宗号: 33-001-0314.

准予备案。"① 后高振业于1941年以助教身份取得研究生资格。

2. 待遇

《大学研究院暂行组织规程》第十一条规定："研究生成绩优异者得给予奖学金，其名额及金额由各校自定之。"据此，《国立西北联合大学师范学院师范研究所章程》第十四条规定："本所每年设奖学金三名，每名一百五十元，给予成绩之最优异者。"至国立西北师范学院师范研究所时此规定依然实行。同时，《国立西北联合大学师范学院师范研究所章程》还规定：研究生除免纳学宿费外，由研究所发放津贴每人每月生活费15元，但研究生不得兼任其他任何职业②。而在实际执行时，研究生可兼任校内助教，研究生津贴改由教育部补助，每人每年400元③，1940年后改为每人每年600元，受津贴的研究生不得兼任其他任何受有津贴之职务，如其无故退学或被开除学籍，则要追回一切费用④。

3. 训练

国立西北联合大学师范学院师范研究所对于研究生的训练分为两部分，即"一为学识之培养，一为技能之训练"⑤。所谓"学识之培养"，即研究生须按照规定的教育学科修习30学分（后遵教育部令改为20学分，见表3-9）；所谓"技能之训练"，即研究生须在修习完学分后，作带有创造性之论文一篇⑥。

表3-9　国立西北师范学院师范研究所研究生修习课程及学分一览表

学生类别	科目类别	课程	导师	开设课时	学分
各大学教育系毕业考入者（20学分）	必修（16学分）	教育研究法	李建勋	一学年，每周2小时	4
		高等教育心理	郝耀东	一学年，每周2小时	4
		高等教育统计	不　详	一学年，每周2小时	4
		学务调查	李建勋	一学年，每周2小时	4
		论文研究	不　详	一学年，每周2小时	不计学分

---

① 甘肃省档案馆藏西北师范大学档案. 教育部指令 [A]. 卷宗号：33-001-0314.
② 国立西北联合大学. 师范学院师范研究所章程 [J]. 西北联大校刊, 1939 (13): 15-16.
③ 甘肃省档案馆藏西北师范大学档案. 国立西北师范学院师范研究所二十八年度计划书 [A]. 卷宗号：33-001-0319.
④ 甘肃省档案馆藏西北师范大学档案. 国立西北师范学院院务概况 [A]. 卷宗号：33-001-0593.
⑤ 国立西北联合大学. 师范学院师范研究所招生简章 [J]. 西北联大校刊, 1938 (6): 26.
⑥ 国立西北联合大学. 师范学院师范研究所章程 [J]. 西北联大校刊, 1939 (13): 15-16.

续表3-9

学生类别	科目类别	课程	导师	开设课时	学分
各大学教育系毕业考入者（20学分）	选修（4学分）	教育哲学问题讨论（研究教育哲学问题者必选）	王凤岗	一学年，每周2小时	4
		课程研究（研究教材教法问题者必选）	金澍荣	一学年，每周2小时	4
		教育实验法（研究教育心理问题者必选）	程克敬	一学年，每周2小时	4
大学文理学院各系毕业考入，未曾学过教育者	除上述各种科目及学分外，须补修下列各科目	教育统计	不详	一学年，每周2小时	4
		教育哲学	王凤岗	一学年，每周2小时	4
		教育心理	郝耀东	一学年，每周2小时	4
		教育行政	李建勋	一学年，每周2小时	4

资料来源：甘肃省档案馆藏西北师范大学档案《国立西北师范学院院务概况》，卷宗号：33-001-0593。

以上所列之必修及选修科目都罗列了详细的课程纲要，以期学生能通过专业课程的学习，掌握教育研究的一般理论和方法，并在与导师合作的专题研究中付诸实践，最终能独立进行教育研究。现以"教育研究法"为例说明如下：

课程名称：教育研究法（每周2小时，一学年授完），四学分。

教学目标：使学生明了并能运用各种研究方法以独立解决教育问题。

教材要项及时间分配：

1. 绪论（共4小时）：(1) 科学思考之性质；(2) 归纳方法五种；(3) 教育的科学研究。

2. 问题（共6小时）：(1) 问题探求；(2) 问题抉择；(3) 问题构成；(4) 问题界说。

3. 资料（共6小时）：(1) 资料之意义；(2) 资料之性质；(3) 资料之搜集。

4. 假设之构成及试验（共4小时）：(1) 假设之性质；(2) 假设之功能；(3) 假设之搜求；(4) 优良假设之特质；(5) 假设之试验。

5. 研究法（共6小时）：(1) 研究法之分类；(2) 各种方法之用次；(3) 古德等之分类；(4) 各重要方法之特质。

6. 历史法（共6小时）：(1) 历史研究法之性质、价值及范围；(2) 资料搜集；(3) 资料批评；(4) 事实建立；(5) 结果报告。

7. 常模调查法（共 14 小时）：（1）用测验手续研究者；（2）用询问卷手续研究者；（3）用文件分析手续研究者；（4）用访问手续研究者；（5）用观察手续研究者；（6）用估价手续研究者。

8. 实验法（共 6 小时）：（1）实验法在心理及教育上之历史；（2）实验法之定义及特质；（3）实验法之普通原则；（4）组之分等及因数控制；（5）实验法评价及其瞻前。

9. 其他研究法，特别有因果关系者（共 6 小时）：（1）原因比较法；（2）相关法；（3）个案法；（4）发展法。

10. 资料之分析及解释（共 4 小时）：（1）分析之程序；（2）分析之统计法；（3）解释。

11. 结论及通论之构成（共 4 小时）：（1）通论之构成；（2）通论之检定；（3）通常错误之防范；（4）通论之两面；（5）述说结论之方法。

12. 研究报告之述作（共 4 小时）。

教学方法：1. 演讲；2. 讨论；3. 作报告。

指定参考书：12 种外文参考书[①]

在修习课程的同时，研究生还要与所内导师合作，进行专题研究，研究题目与抗战时局及西北地区高等、中等、师范教育紧密相关（见表 3—12）。通过这种课程修习加专题研究的训练方式，将现代教育机构的职能串联起来，在知识传授的同时进行学术生产和社会服务，力求使学生尽快掌握教育研究的基本理论、基本方法及其特点，并加强教育研究为社会实际教育服务的意识。

4. 毕业及学位授予

按照《国立西北联合大学师范学院师范研究所章程》规定，研究生入学后，须提出论文题目，由所主任指定教授 1~2 人指导研究，研究期限至少 2 年。研究生研究期满时，首先应修毕规定课程，获得相应学分；其次应完成研究论文，由所主任将研究生修业成绩及研究论文转送院长，再提交硕士学位考试委员会考试[②]。此项规定因学校改组未及实行，但在国立西北师范学院教育研究机构中全盘沿用。研究生论文完成情况见表 3—10。

[①] 甘肃省档案馆藏西北师范大学档案. 国立西北师范学院院务概况［A］. 卷宗号：33—001—0593.

[②] 国立西北联合大学. 师范学院师范研究所章程［J］. 西北联大校刊，1939（13）：15—16.

表 3-10　国立西北师范学院教育研究机构部分研究生学位论文简况表①

题目	研究者	指导者	备注
中国古代团体竞赛运动	凌洪龄	郝耀东、金澍荣	已获得硕士学位
三民主义与初中本国史教材	刘 泽	郝耀东	已获得硕士学位
影响学业成绩之重要因素	佘增寿	郝耀东、金澍荣	已获得硕士学位
中学国文精读教材	贾则复	李建勋、金澍荣	已获得硕士学位
秦汉两代之民族英雄及其影响	李天祐	李建勋、金澍荣	已获得硕士学位
中心及国民学校行政效率之研究	韩温冬	李建勋	已获得硕士学位
中学生生活之研究	李之璞	李建勋、金澍荣	送教育部审核
中学生心理卫生之研究	郭士豪	李建勋、胡国钰	
县（市）教育行政主管人员	陈 侠	李建勋	
专科以上学校的设置	许椿生	李建勋	
甘宁青三省之国民教育师资	郝鸣琴	李建勋	
初中物理标准测验	张柏林	金澍荣、李建勋	
专科以上学校训导工作实施之分析	庄肃襟	李建勋	
小学常识教材	杨少松	金澍荣	
汉中盆地之方音及其矫正	艾弘毅	李建勋	
师范学校辅导中心学校之研究	高振业	李建勋	
小学教师教学成功因素之分析	孙天泰	李建勋	
先秦诸子之道德教育理论	蒋 信	金澍荣	
大学入学试验之评价	沈庆华	李建勋	
吾国大学之共同必修科	宋福僧	李建勋	

资料来源：甘肃省档案馆藏西北师范大学档案《国立西北师范学院教育研究所专题研究及硕士论文清册（1948年4月）》，卷宗号：33-001-0318。

按1935年6月教育部颁布的《硕士学位考试细则》第三条之规定，研究生毕业还须经硕士学位考试委员会考试及格。作为考试机关的硕士学位考试委员会，依《大学研究院暂行组织规程》第八条"应有经部核准之校外人员参加"之规定，由学校延聘经教育部核准的校内外委员若干人（各占半数）组成，并由教育部指定一人为主席（见表3-11）。考试分学科考试和

---

① 1946年后入学者因无资料记录，未包括在内。

论文考试两种：学科考试由硕士学位考试委员就候选人所修学科中指定与论文有关系的科目两种以上，以笔试方式进行；论文考试由考试委员就候选人所交论文提出问题，以口试方式进行，实际就是现在的论文答辩。《硕士学位考试细则》第五条规定：考试成绩之核算，论文成绩占60%，学科成绩占40%，两种成绩均须在60分以上为及格。《硕士学位考试细则》第九条规定，硕士候选人考试成绩经主试各委员分别评定后，提送考试委员会，考试委员会根据候选人考试成绩最后决定是否合格，并拟具考试及格报告书。成绩不及格者，须在所属院所继续研究满一年后重新提出论文，并重新进行全部考试；成绩合格之论文、考试试卷及各项成绩遵照第十条之规定"候选人考试合格之论文（附提要一份）、试卷及各项成绩，应于考试完竣后一月内由校呈部复核"① 呈送教育部审查无异后，由学校授予教育学硕士学位。

表3-11 国立西北师范学院师范研究所硕士学位考试委员会一览表（1945年）

	姓名	年龄	籍贯	现任职务
主席	李建勋	63	河北清苑	西北师范学院师范研究所主任
校内委员	金澍荣	39	广东番禺	西北师范学院师范研究所专任教授
	胡国钰	52	河北大兴	西北师范学院教育系教授兼系主任
	程克敬	45	安徽合肥	西北师范学院教育系教授
校外委员	郑西谷	46	安徽庐江	甘肃省教育厅厅长
	宋恪	43	甘肃甘谷	甘肃学院院长
	郭维屏	42	甘肃武山	甘肃学院秘书长

资料来源：甘肃省档案馆藏西北师范大学档案《研究生李之璞硕士学位考试委员会报告书》，卷宗号：33-001-0317。

国立西北联合大学和国立西北师范学院教育研究机构总计招生51人（实际培养31人），明确可知授予硕士学位者仅6人，其余因硕士论文待修改或因入学资格未核准，未得硕士学位。另据表3-10的信息，有多人论文正在撰写，其后研究生也无统计信息，估计最终毕业者不超过半数。这些研究生毕业后服务于四川省立教育科学馆、国立北平师范学院、国立西北师范学院等处，为其时的中国师范教育输送了一批高素质人才。研究生许椿生毕业后曾任北京师范大学教育系副教授、中央教育科学研究所副研究员、河北

---
① 国民政府教育部参事处. 教育法令汇编：第1辑[M]. 上海：商务印书馆，1936：131-132.

师范学院教授及《教育史研究》主编等职,长期担任教育学与中国教育史等课程的教学研究工作,并发表教育学论著多篇。凌洪龄毕业并获得硕士学位,后在西北师范学院、西北师范大学体育系任教;1963年他创制"与体重计结合的杠杆测力计",由兰州市科学技术协会鉴定并通报全国;1986年以《高尔夫与捶丸的对比与它们的关系》一文在全国体育史论文报告会上作报告;1990年以《高尔夫球戏起源于中国古代捶丸的考证》一文赢得英国著名科学家及科学史学家李约瑟(Joseph Needham)的赞许。景时春毕业后任教于西北师范学院和西北师范大学,并任全国教育学研究会理事、全国教育统计与测量研究会常务理事、甘肃省教育学研究会副理事长等职,主要从事教育科学研究方法、教育统计学的研究,出版多部教育统计学专著。总的来说,多数研究生毕业后长期活跃在教育界,对中国教育学术发展贡献突出。

(二)研究高深教育学术

"研究高深教育学术",由教授"自作研究解答学术问题"①,也是国立西北联合大学师范学院师范研究所的宗旨之一。该所侧重于中等教育的各种研究,在李建勋的主持下,对中学师资和国文教学法的改进、英语课本和写作错误的分析、师范教育的改革等诸多课题贡献良多。

研究所成立之初,因种种原因未能聘到专任教授,研究工作由教育系教授、讲师及家政系主任兼任;且因地处陕南,交通不便,研究材料不易寄发和收集,又因经费困难,研究设备也不完善,所以研究进展缓慢。这一时期先后开展的研究课题有李建勋主持的"战前与战后教育"、程克敬主持的"师范学校训育"、鲁世英主持的"教师人格"等。② 1941年8月国立西北师范学院于城固召开西北师范学院辅导区中等教育辅导委员会第一次会议后,研究所承担了辅导该区内各省中等教育改进的研究任务,除将部分进行中的研究纳入外,还规划新的研究工作,如开展对中学教材、教法的分科研究,其中主要有金澍荣主持的"中学英语教材及教法之研究"(包括中等学校毕业生英语写作错误之分析、英语教本之分析、英语教学实况之参观及调查、海内专家意见之征询及新教本之编辑5部分)、"改进西北师范区中等学校师资之研究",李建勋主持的"中学国文因素分析教学法与普通教学法之比

---

① 甘肃省档案馆藏西北师范大学档案. 国立西北联合大学师范学院师范研究所筹设经过报告[A]. 卷宗号:33-001-0319.
② 《西北师大校史》编写组. 西北师大校史[M]. 兰州:甘肃人民出版社,2002:31.

较"，刘亦珩主持的"中学数学教材教法之研究"等，以期能以研究成果"协助师范学院所划区内教育行政机关研究教育问题并改进其教育设施"。①上述每项研究都拟订详细的研究计划，包括研究目的、研究动机、研究步骤及期限等，必要时还要对研究对象进行实况调查，如金澍荣主持的"英语教材及教法之研究"中有"英语教学实况之参观及调查"一项，研究者于1940年5月间制作"中学英语教材教法"调查表格，寄送各省英语教学成绩优良的学校，请其详细填写寄回，同时由参与该课题研究的尹赞钧赴陕南各中学观摩英文教学，并对教学实况进行详细记录，以作研究资料。②

当时，西北师范学院经常举办暑期讲习班，帮助当地教师提高业务水平，在讲习班上各科教师提出教材教法中存在的问题，研究所通常将这些问题立项为研究课题，如"初级中学英语课本之分析""高级中学英语课本之分析"和"西北中等学校师资之改进"等均属此类。这些研究课题集中于中学英语、国语、数学等各科教材教法及师范学校训育、家事、教育行政、教育通论等各科教材教法，并着眼于时局（抗战时期）和地域（中国西北），对社会教育和中学师资进行广泛调查研究，取得重大研究成果（见表3-12）。由于专题研究多由指导教师和研究生共同完成，研究生多能在研究过程中密切联系实际，通过调查促进学习，从而加强了他们对教育现状的把握，为他们日后的学术研究奠定了坚实基础。

表3-12 国立西北联合大学及国立西北师范学院教育研究机构研究课题一览表

题目	研究者	研究期间	研究计划（内容）	研究成果
中等学校毕业生英语写作错误之分析	金澍荣 尹赞钧	1938年12月—1939年8月	在汉中市南郑区搜集1938年度国立各院校统一招生考试试卷527份进行分析	研究专刊第一种第一册，1939年8月出版

---

① 甘肃省档案馆藏西北师范大学档案.国立西北师范学院院务概况[A].卷宗号：33-001-0593.

② 甘肃省档案馆藏西北师范大学档案.国立西北师范学院院务概况[A].卷宗号：33-001-0593.

第三章 近代中国国立师范院校及独立学院教育研究机构

续表3-12

题目	研究者	研究期间	研究计划（内容）	研究成果
战时与战后教育	李建勋 许椿生	1939年1月开始，两年完成，一半时间搜集材料，一半时间起草研究报告	第一篇 总论 　第一章 战争与教育 　第二章 战时与战后教育之性质 　第三章 过去教育之缺点 　第四章 今后教育之改进 第二篇 方策 　第五章 原则及范围 　第六章 行政机构 　第七章 经费 　第八章 设置 　第九章 师资 　第十章 设备 　第十一章 训育 　第十二章 体育 　第十三章 课程 　第十四章 教学法	研究专刊第二种，1942年6月出版
西北中等学校师资之改进	金澍荣 杨少松	1939年4月—1942年1月	第一章 绪论 　一、师资问题之重要性 　二、本研究之目的及方法 　三、材料来源及其限制 第二章 西北各省教育概况 　一、初等教育概况 　二、中等教育概况 　三、教育经费状况 　四、视导办法 第三章 西北各省中等学校教师服务状况述评 　一、教师之履历 　二、教师之任务 　三、教师之待遇 　四、教师之生活状况 　五、教师之进修状况 　六、教师之感想 　七、总评 第四章 改进建议 　一、改进师资之先决条件 　二、各种科目所需教师人数之决定 　三、教师服务状况之改进	研究专刊第三种，1942年7月出版
初中英语课本之分析	金澍荣 尹赞钧	1940年2月—1941年7月	该研究为"英语教材及教法之研究"之一部分	研究专刊第一种第二册，1942年出版

197

续表3-12

题目	研究者	研究期间	研究计划（内容）	研究成果
中学数学教材教法之研究	刘亦珩 刘汉江	1941年9月—1943年12月	一、现行中学数学教本量与质之分析 二、测验中学毕业生及中学生之数学能力 三、参观实际数学教学 四、征询专家意见 五、整理报告 六、编辑教科书	由教育部审核出版
高中英语课本之分析	金澍荣 李庭芗	1941年2月—1941年11月	该研究为"英语教材及教法之研究"之一部分	研究专刊第一种第三册，1945年出版
师范学校教育行政教材教法研究	李建勋 韩遂愚	1940年8月—1942年8月	以国民教育行政人员训练目标、现有师范学校小学行政教科书分析、现行文献中有关国民教育论述之分析及新县制下中心及国民学校行政实况调查的研究结果为依据，确定师范学校教育行政课程内容及教学参考资料，建议课程标准，并编辑适用之教材	研究专刊第五种，1946年2月印行
师范学校教育行政课本	李建勋 韩遂愚	1940年8月—1942年8月	为上项研究之一部分	中华书局1948年版
师范学校之训育	程克敬 佘增寿	1939年4月—1942年12月	第一章 绪论 一、研究之目的 二、研究之方法 第二章 目标 一、训育目标之检讨 二、实现目标之方法 第三章 组织 一、行政组织 二、导师制 三、学生团体 第四章 方法 一、军事管理 二、膳食管理 三、信件检查 四、服务指导（管理） 五、品性培养 六、行为指导 七、思想指导 八、需要适应 九、性的教育 十、校风培养 十一、才能培养 十二、兴趣培养	由教育部审核出版

续表3-12

题目	研究者	研究期间	研究计划（内容）	研究成果
师范学校之训育	程克敬 佘增寿	1939年4月—1942年12月	第五章　课外活动 　　一、课外活动之种类 　　二、推进课外活动所感之困难 　　三、课外活动之指导 　　四、课外活动之改进 第六章　考查与奖惩 　　一、操行考查 　　二、过失处理 　　三、奖惩问题 第七章　设备 　　一、普通设备 　　二、特殊设备 第八章　毕业生 　　一、服务状况 　　二、工作成绩 　　三、工作指导 　　四、联络办法 第九章　结论与建议	由教育部审核出版
中学国文因素分析教学法与普通教学法之比较	李建勋 贾则复	不详	不详	
教师之人格特质	鲁世英 杨少松	1940年5月—1942年7月	一、本问题研究之目的 二、关于教师人格特质以往之检讨 三、现在我国中等学校教师人格优点与弱点 四、将来中等师资训练关于人格陶冶之改进	
师范学校教育通论教材教法之研究	金澍荣 许椿生	1941年2月—？	一、教学目标之研究 （一）检讨"教育概论"与"教育通论"在功用及注意点上之差别 （二）分析整理与补充部颁课程标准中规定之教学目标 二、教材内容之研究（部定教材大纲之检讨）	
教师之职业道德	李建勋 景时春	1943年2月—1943年7月	一、问题声述 二、从校长观察及意见两方面统计实际状况 三、从教师本身、服务学校、当地社会、教育主管部门四方面分析原因 四、从教师本身认识、训练机关的培养及行政措施方面提出改进办法	
智慧之因素及其活动条件	胡国钰 杨少松	1944年3月—？	不详	

续表3-12

题目	研究者	研究期间	研究计划（内容）	研究成果
中学行政效率评点表	李建勋 韩温冬	1943年8月—1944年8月	对影响中学行政效率之因素加以检讨，并将每种因素订出理想标准。	
师范学校公民史地科课程专业化	金澍荣 陈侠	不详	不详	
教育哲学教材教法研究	慈连炤	不详	不详	
青年期之特性与教育	郭鸣鹤	不详	不详	
现行国民教育制度推行实际困难分析	郭鸣鹤	不详	不详	
教学辅导之理论与实际	陈侠	不详	不详	
师范学校家事科教材教法	齐国梁	不详	不详	
战时民众组织与训练	王镜铭	1939年4月—1941年7月	一、绪论（包括意义、研究目的与方法） 二、实况（包括中央及各省战时民众组训实施） 三、批评与建议（包括对组训目标、内容、方法等项加以批评，并建议系统的组训方案）	
西北师院小学成绩测验	胡国钰等6人	1948年4月—？	一、测验草案之编订：分析教材、读物及日常生活常识，寻求应测验事项 二、编拟试题及答案 三、邀请各科有经验之教师及专家审查并修改试题及答案	未获补助，研究中止

资料来源：甘肃省档案馆藏西北师范大学档案《国立西北师范学院教育研究所专题研究及硕士论文清册（1948年4月）》，卷宗号：33-001-0318；《国立西北师范学院院务概况》，卷宗号：33-001-0593；《二十八年度至三十二年度各学期工作报告表》，卷宗号：33-001-0319及《国立西北师范学院教育研究所特种研究计划书》，卷宗号：33-001-0318。

表3-12所列之研究成果中，已出版者系由研究所自印，其他已完成尚未出版及大体完成之专题研究，因研究所经费困难，无力印刷；呈请教育部准予补助后，奉令《中学数学教材教法之研究》《师范学校之训育》《师范学校教育行政教本》由教育部审核印刷，《高级中学英语课本之分析》《中等学校教师人格之特质》由教育部补助3万元，由研究所自行印刷出版。此外尚

有多种研究成果,因限于经费未能印行而为同行借鉴,实属憾事。

《国立西北师范学院师范研究所章程》规定:研究生除专题研究外,入学后须提出论文题目,由主任指定教授1~2人指导研究,并以此撰写学位论文。[①] 前述专题研究加上约30篇学位论文,以及其他发表于当时教育刊物的单篇文章,堪称蔚为大观。其中如李建勋、许椿生合著的《战时与战后教育》(主要内容见表3-12),通过欧美各国教育与中国实际情形之比较,讨论了战时与战后教育的意义与性质,指出中国教育中"宗旨未能贯彻、政策未能完整、机构未能健全、本身缺乏联系、学校与社会隔绝、缺乏人格培养、忽视体格训练、师资缺乏训练、教学偏重强记及经费未能充实"十大缺点,并针对这些缺点及战后教育需要,以科学化与专业化为改进原则,对各级教育行政机关机能及各级学校设施提出改进办法,"以期与《抗战建国纲领》有关之《战时各级教育实施方案》所定之方针及方案相呼应,达到教育建国之目的"[②]。该书侧重实际方面而较少理论阐述,是众多研究成果中影响较大的一种,以之"供师范学院教育学系、教育行政官厅及各级学校当局参考……倘所提各节,能被采择施行,则对于中国教育前途,不无小补"[③],其中指出的中国教育十大缺点即使在当今中国教育中也不同程度地存在,所提出的"方策"对现今的教育改革亦不乏参考价值。

抗战时期,华北及东南沿海相继失守,西南也岌岌可危,因而西北的战略地位空前提高,民众力量的调动事关抗战成败;而西北因地域关系,教育向来不发达,民众知识水平较低,要提高民众素质调动民众力量,端赖教育。国民政府在西北设立师范学院,并由城固移设兰州,其用意即在培养师资,研究教育学术,同时协助西北地方政府普及教育。西北师范学院出于自身的师范属性和培养中学师资的办学目标而对师范教育和中学教育关注较多,因此多项研究课题与师范学校和中等学校的教材教法相关,为培养中学师资、改进各科教学法提供了重要参考;对师范教育理论与实践问题的探讨集中在师范学校教育行政、教育通论、教育哲学、公民史地、家事等课程的教材教法方面,对其后我国师范教育的发展产生了积极影响。一些研究课题与时局紧密相关,如"战时与战后教育"和"战时民众组织与训练"等,另一些研究课题如"智慧之因素及其活动条件""青年期之特性与教育"等涉

[①] 甘肃省档案馆藏西北师范大学档案. 国立西北师范学院院务概况[A]. 卷宗号:33-001-0593.
[②] 许椿生,陈侠,蔡春. 李建勋教育论著选[M]. 北京:人民教育出版社,1993:258.
[③] 许椿生,陈侠,蔡春. 李建勋教育论著选[M]. 北京:人民教育出版社,1993:259.

及教育研究的心理方面，成为教育理论探究的发轫之作。上述研究多数采用常模问卷调查、教学实况的参观调查等研究方法，一般都强调从实际出发，以教育教学实况为研究对象，力求以研究成果为现实教育服务。

另外，该研究机构还联合教育学系组织和指导社会教育实验区、国民教育实验区等社会教育事业，对西北教育进行积极的辅导和改造。社会教育实验区前身为乡村社会教育施教区，由师范研究所讲师王镜铭组织同学于1941年1月19日在城固成立，划城东邺留乡为施教区域，他们白天开展爱国主义宣传教育工作，晚上授课扫盲，并进行时事宣传与爱国思想教育，很受当地群众欢迎；1942年9月改为社会教育实验区。西北师范学院迁到兰州后，又划定东至徐家湾、西至安宁堡为实验区域，在孔家崖中心学校设办事处，以十里店为中心，从事城镇社会教育实验；以孔家崖为中心，从事乡村社会教育实验。国民教育实验区由西北师范学院和兰州市政府合办，于1943年11月12日正式成立，划定东至徐家湾、西至孔家崖为实验区域，研究所负指导之责并承担部分实际工作。它们既是研究所的研究与实验基地，也是研究所开展社会教育与社会服务活动的主要平台。

全面抗战期间全国由师范类院校创设的教育研究机构仅有国立西北联合大学及国立西北师范学院教育研究机构一家，其任务一方面在于研究教育学术，另一方面在于造就教育专门人才。该机构在办理过程中，尽管经费不足、图书资料缺乏，但它荟萃了李建勋、齐国梁、金澍荣、程克敬等著名教育学者和一大批潜心教育学术的研究生，积极推进了西北教育的研究、辅导与改造。特别是城固时期，由于师范研究所的设立，国立西北师范学院的教育研究开展得很有成效，尤以"西北中等学校师资的改进""中等学校国文教学改革""初中英语课本的分析""中等学校毕业生英语写作错误的分析"及"战时与战后教育"等研究为主，产生了较大学术影响；更值得一提的是该教育研究机构对于中学及师范各科教材教法的研究，成为西北师范大学后来创立课程与教学论学科的学术基础。

第三节　国立社会教育学院研究部

国立社会教育学院是民国时期唯一一所专门培养社会教育人才的高等院校，1941年8月创立于四川璧山（今重庆市璧山区）。学院负有培养社会教育专门人才、研究社会教育高深学术的使命，工作以教学、研究、推广三者为主，尤重研究。学院对于社会教育学术研究与实验一直非常重视，历年来举办的各项研究实验都依照一定计划相互配合，以探索社会教育的理论与方法。为研究社会教育高深学术，并使社会教育的实施取得实效，学院于1941年8月成立之初即设立研究部以综理一切研究工作，在社会教育的人才培养、学术研究以及对社会教育事业的建言献策等方面作出了较大贡献。

一、机构设立与沿革

1938年7月，国民政府教育部提出设立培植社会教育人才的专科学校。1939年4月，教育部第996号令核准于1940年设立社会教育学院筹备处。1941年1月，教育部第1399号部令派陈礼江、吴俊升、钱云阶、刘季洪、邵鹤亭、高阳、杨菊潭、马宗荣、王星舟9人组成筹备委员会，并决定："院址设首都，在抗战期间，暂设重庆附近。"① 学院于短期内筹备就绪，于1941年8月1日正式成立，由教育部聘陈礼江为院长。陈礼江（1895—1984），江西九江人，1922年大学毕业后留学美国迪堡大学（DePauw University）、芝加哥大学，攻读教育学及教育心理学，获硕士学位。他于1925年回国出任江西省教育厅厅长，后曾任武昌大学、中山大学、江苏省立教育学院教授，国民政府教育部社会教育司司长、参事，1941年调任国立社会教育学院院长。

学院以培养社会教育人才、研究社会教育学术为己任。院长陈礼江曾撰文指出："社会教育在教育学中另成一部门，不过是最近几十年来的事。因为社会教育在史的发展上较迟，理论的建立，尚未能臻于完善的境地。"② 而且社会教育"既为适应建设新中国的需要，它的使命重大，对象广泛，究竟应该如何设施，才能收效，这是亟需要研究实验的问题。否则，贸然从事，恐于人力物力财力，均不免多所损失"③。从此种设想出发，学院自成立之初即设立研究部，其任务是"联络全院师生及其他专家工作人员等运用科学方法，研究社会教育之理论与实践"④，其目标为"研究社会教育之理论与实施，以便配合一般教育，建立新中国三民主义教育之体系，兼及各种学术思想之探讨与开发并指导学生研究，期以造就高级社会教育人才"⑤。

---

① 苏州大学社会教育学院武汉校友会. 峥嵘岁月：第1集［M］. 武汉：苏州大学社会教育学院武汉校友会，1987：1.
② 陈礼江. 本院设立之旨趣及办理方针［J］. 教育与社会，1942，1(1)：12.
③ 国立社会教育学院研究部. 国立社会教育学院设立旨趣和研究实验［M］. 苏州：国立社会教育学院研究部，1947：4.
④ 国立社会教育学院. 国立社会教育学院概况［M］. 苏州：国立社会教育学院，1948：55.
⑤ 国立社会教育学院. 国立社会教育学院概况［M］. 苏州：国立社会教育学院，1948：108.

研究部设立后，即着手充实图书馆的设备和资料，并选购各种图书杂志，于每月编排重要论文，制作分类索引以供参考；因更着力于社会教育研究与人才培养，遂尽量搜集有关社会教育书刊，专设社会教育资料室，分别编目庋藏；同时筹建博物馆，广选有关社会教育的实物材料作为研究的工具和参考。组织方面，研究部设主任一人，协同院长处理全院有关学术研究事宜，成立之初由院长陈礼江兼任，其后相继由程锡康、庄泽宣、古楳等担任；下设研究设计与编辑出版两组，各设组主任一人、干事若干人；此外，依照该院组织大纲第五章第三十六条之规定，凡院内专任教授、副教授、讲师、助教，除担任规定工作外均须担任研究工作，研究部尽量供给参考资料，提供出版方面的便利，并优先列入该院丛书。

表3-13　国立社会教育学院研究部职员简况（1945年）

	姓名	性别	年龄	籍贯	职务
现任职员	程锡康	男	39	江苏苏州	研究部主任
	马祖武	男	46	江苏南通	研究部研究设计组主任
	邵晓堡	男	37	江苏宜兴	研究部编辑出版组主任
	周澄清	男	29	湖南安仁	研究部干事
	雷鹏翥	男	29	湖南东安	研究部干事
	赵韵春	女	32	四川绵阳	研究部干事
前任职员	陈礼江	男	50	江西九江	研究部主任
	吴璋	女	不详	江苏	研究部干事
	许建国	男	不详	江西	研究部助理干事
	董汝瑜	女	不详	贵州	研究部干事
	刘鸣环	女	不详	江苏	研究部干事
	刘美若	女	不详	江苏	研究部助理干事

资料来源：《国立社会教育学院校友录》，国立社会教育学院1945年刊。

1945年抗战胜利后，学院奉令移设南京，勘定永久院址于南京栖霞山，并商借苏州东北街拙政园为临时院址，研究部随迁并照常工作。1946年9月，搬迁结束，新生部设栖霞山新校址，其余各年级则在苏州拙政园临时校址上课。1950年1月，苏南行署决定将国立社会教育学院与江苏省立教育学院、无锡中国文学院（原无锡国学专修学校）合并调整成为苏南文化教育学院，研究部撤销。

二、研究设计工作

国立社会教育学院担负建立社会教育理论体系的重任，因此"对于社会教育的源流、变迁、目标、任务以及制度、内容，甚至有关于社会教育的哲学、心理、社会组织等，均在研究之列，以期建立适合新中国需要的社会教育理论体系，同时更依据理论，研究或创设适合需要的教育方法和教育器材"[1]。从上述目标出发，研究部拟定其研究主要类别为"社教理论门、社教实施门、社教行政门、社教教材门、社教方法门、社教教具门、个别社教机关事业门及其他有关社会教育及一般教育学术文化等"[2]八大类，然后征请院内教员共同拟定各门专题，并请院长审定，再由研究部公布各门研究专题，研究人员须各自选定一个专题分别研究，也可由研究人员取得研究部同意后自定研究专题。研究方法除个别研究外，还注重集体研究——在个别研究进程中，同时发动组织各种学术研究会、座谈会等，以便研究人员充分发表意见，借收集思广益之效，并谋互相联络，因此力求与院内各处室、研究会、学系、科室及院外各种社会教育实验和研究机关、学术团体密切联系、互助协作，以期运用科学方法求得精密与深入之成果。为求了解某项实际问题及为研究便利起见，可协同院长派出研究人员赴著名实验区或教育文化机关参观访问，开展各项调查工作，务使理论与实践合而为一。

研究部研究设计组的具体工作包括探讨社会教育实施方法、介绍社会教育思潮、搜集并供给社会教育资料、约请院内外专家作社教专题讲演和撰述、鼓励并指导学生组织各种研究会等项，这些既是研究工作的内容，同时也为专门及专题学术研究提供支撑，并创造良好的学术研究氛围。时值战乱年代，研究部各项事业"虽在物质条件如经费和参考图书等异常缺乏的情况下，不容易进展，但工作同人仍本既定的计划，在可能的范围内，力求推进"[3]，因此所列各项计划，也取得相当成果（见表3-14）。

---

[1] 国立社会教育学院研究部. 国立社会教育学院设立旨趣和研究实验[M]. 苏州：国立社会教育学院研究部，1947：2.
[2] 国立社会教育学院. 国立社会教育学院概况[M]. 苏州：国立社会教育学院，1948：109.
[3] 国立社会教育学院. 国立社会教育学院概况[M]. 苏州：国立社会教育学院，1948：56.

表 3—14 国立社会教育学院研究部研究设计组工作计划
及成果一览表（截至 1948 年）

组别	主要工作计划	成果
研究设计组	约请本院教员作各种教育及与教育有关的专题研究	完成专题研究论文百余篇
	约请或联合各种专家开展各种社会教育实施的研究实验	
	鼓励并指导本院学生组织各种学术研究团体	
	举办各种社会教育论文竞赛	举办竞赛 7 次
	敦请国内外学者举行学术讲演	
	举行社会教育座谈会	举行座谈会 22 次
	举行各种社会教育实施概况调查	调查全国社会事业机关概况 1 次、农村社会概况 2 次、成人学习困难 1 次，并进行社交智力测验 1 种、社会关系调查 1 种、农村经济调查 1 种、农民生活程度调查 1 种、农民教育程度调查 1 种及文盲调查、民众学校毕业生调查研究等
	编造各科测验量表	编造量表 3 种
	搜集并研究各地民众读物	工作继续进行
	民众词汇研究	工作尚在进行，未得结果
	研究并绘制各种社会教育统计图表	工作继续进行
	研究并设计各种社会教育教材教具	工作继续进行
	为各地社会教育机关代办研究设计	

资料来源：《国立社会教育学院概况》，国立社会教育学院 1948 年刊，第 55～56 页及《教育与社会》1947 年第 6 卷第 1 期，第 61 页。

三、编辑出版工作

研究部下设研究设计与编辑出版两组，故编辑出版亦为其事业之一部，其具体工作包括编辑各种丛书及刊物、翻译有关社会教育名著等项。

表 3-15　国立社会教育学院研究部编辑出版组工作计划
及成果一览表（截至 1948 年）

组别	主要工作计划	成果
编辑出版组	编辑国立社会教育学院丛书	编辑出版丛书 1 种，其余继续进行
	编辑社会教育辅导丛刊	编辑丛刊 15 种
	编辑社会教育辞书	不详
	编辑中国社会教育大事记	工作继续进行
	编译各国社会教育名著	工作继续进行
	编辑民众读物	编辑民众读物 7 种，成人班、妇女班补充读物 5 种，民众读本 2 种，国民读本 1 种
	编辑民众应用文与乡土教材	编辑乡土教材 2 种
	编印《教育与社会》季刊	1942 年 1 月创刊于四川璧山，1946 年 12 月迁苏州出版，1948 年 12 月出版至 7 卷 4 期后停刊
	编辑社会教育论文索引	编辑论文索引 1 卷
	剪贴并征集社会教育参考资料	剪贴 400 余篇，征集 60 余种
	征集社会教育机关研究实验报告	工作继续进行

资料来源：《国立社会教育学院概况》，国立社会教育学院 1948 年刊，第 55~56 页及《教育与社会》1947 年第 6 卷第 1 期，第 61 页。

在编辑出版组的诸多工作中，《教育与社会》季刊的编印是较具影响的一项。该刊是研究部编辑出版组编印的当时中国唯一一份社会教育研究专业期刊，1942 年 1 月创刊于四川璧山，1946 年 12 月迁苏州出版，1948 年 12 月停刊，其内容主要包含"研究社教理论""介绍社教实况""报告实验结果""供给参考资料"及其他有关普通教育之论著。对于创刊背景，该刊《发刊词》写道："我们知道，学校为实施教育的场所，而教育又为一种社会事象，是瞬息万变的。学校决不会因社会事象之稍变，而即更动其程序，或超越其限度，所以学校教育，只能尽教育的一部分的能事，而不能负担其全能的任务。所谓全能的教育者，要在既定教育政策之下能顺应各种社会事象发生作用之教育也。""能尽这种任务之教育，自然不是受有限制的学校教育，而是以整个人生为施教时间、整个社会为学校、全民为对象、生活和一切事象为内容之社会教育。我们根据这种见解，拟将杜威'学校与社会'的主张，改为'教育与社会'，因而发行本刊，以供国人研究社会教育理论与实施之便利。"① 这也表达了该刊倡导"教育社会化"和"社会教育化",以求以社会力量发展教育,并以教育力量改进社会的办刊宗旨。

表 3-16 《教育与社会》部分载文篇名及作者信息一览表（1942—1948 年）

卷期号	栏目	篇名	作者	作者身份及学科背景
创刊号 (1942 年 1 月出 版)	论著	本院设立之旨趣及办理方针	陈礼江	本院院长,教育学、心理学
		吾国社会教育今后应特别提倡的事业	高践四	广西大学校长,乡村教育
		社会教育与国民道德	刘季洪	国民政府教育部秘书,化学、教育学
		社会本位的教育看法	瞿菊农	中华平民教育促进会研究部主任,哲学、教育学
		三十年来中国之社会教育概况（上）	钟灵秀	国民政府教育部统计室主任,社会教育
		民族健康与社会	章辑五	国民政府教育部国民体育委员会专任委员,体育
		"萧氏订正 XO 测验"B 种——测验情绪发展之一种工具（上）	萧孝嵘	中央大学教育学院教授,心理学
		桑代克对成人学习心理的贡献	陈友端	本院教授,教育学
		国语教育在社会教育中的地位	徐朗秋	本院教授,民众教育
		图书馆与社会	汪长炳	本院图书博物馆学系主任,图书馆学
第一卷 第 2~4 期合刊 (1943 年 12 月出 版)	论著	谈民众读物的全国性与地方性	志 向	不详,疑为笔名
		民众教育馆的历史背景及其时代使命	徐朗秋	见本表前项
		社会教育之重要参考资料——方志	汪长炳	见本表前项
		字汇研究概论	王文新	本院教授,国语
		英美教育广播的最近设施	程锡康	本院研究部主任,社会学
		三十年来中国之社会概况（中）	钟灵秀	见本表前项
		适应心理学与教育	高觉敷	国立师范学院教育系主任,教育学
		"萧氏订正 XO 测验"B 种——测验情绪发展之一种工具（续完）	萧孝嵘	见本表前项
		我对于社会教育的理想与希望	陈立夫	国民政府教育部部长,工科

---

① 责任者. 发刊词 [J]. 教育与社会,1942,1 (1): 2.

续表3-16

卷期号	栏目	篇名	作者	作者身份及学科背景
第二卷第1~4期合刊（社会事业专号）（1944年5月出版）	论著	社会教育与社会事业	陈礼江	见本表前项
		社会教育与社会行政	瞿菊农	重庆乡村建设育才院院长，哲学、教育学
		社会事业之理论及其目标	朱亦松	本院教授，社会学
		我国乡村社会事业的一个重心——农会	童润之	本院教授，教育学
		社会事业名词的诠释与商榷	言心哲	复旦大学社会学系教授，社会学
		社会事业的意义与分类	陈仁炳	本院教授，社会学
		中国历代所采用的民食政策	欧阳涤尘	本院教授，哲学
		社会建设之哲学的基础	朱亦松	见本表前项
		各国青年福利事业的一斑	周澄清	本院研究部干事，社会教育行政学
	译述	佛洛伊德（即弗洛伊德——笔者注）对于社会工作的理论与实施的贡献	丁瓒	本院副教授，心理学
		社区组织文献	吴桢	本院副教授，社会学
	特载	现阶段之社会行政	谷正纲	国民政府行政院社会部部长，政治经济学
		社会教育与社会礼俗	周钟岳	国民政府内政部部长，法政学
	书评	介绍几本有关社会事业的新书	汪长炳	见本表前项
	附录	本院社会事业学会之成立及其将来	宋继唐	本院学生，社会事业行政学
第三卷第1~2期合刊（图书博物馆专号）（1944年12月出版）	论著	国立中央图书馆之使命	蒋复璁	中央图书馆馆长，哲学
		我国图书馆之趋势	沈祖荣	文华图书馆专科学校校长，图书馆学
		图书选购论	汪长炳	见本表前项
		图书分类简释	熊毓文	本院副教授，图书馆学
		显微摄影制书术的器材与影片图书	徐家麟	本院教授，图书馆学
		美国公立图书馆推广事业	岳良木	本院教授，图书馆学
		美国图博事业之趋势	程锡康	见本表前项
		金石学与现代教育	祝嘉	本院副教授，文字学
		小型博物馆建筑与设备	黄元福译	本院教授，图书馆学
	特载	三年来之本院	陈礼江	见本表前项

续表3-16

卷期号	栏目	篇名	作者	作者身份及学科背景
第四卷第1～2期合刊（战后中国社会教育建设专号）（1945年7月出版）	论著	战后中国社会教育建设	陈礼江	见本表前项
		从教育哲学的三大源泉谈到战后中国教育哲学的建立	庄泽宣	本院教授，教育学
		我们对于战后教育建设的看法	童润之	见本表前项
			董渭川	本院教授，教育学
		战后中国社会教育建设的我见	许公鉴	本院教授，教育行政学
		战后我国社会教育建设之途径	方惇颐	本院教授，教育学
		战后社会教育建设的先决问题	陈友端	见本表前项
		从一九四四年英国教育法案谈到中国战后社会教育建设	程锡康	见本表前项
		战后中国的工人教育	马祖武	本院研究部研究设计组主任，教育学
		战后中国社会教育建设之路向与要领	邵晓堡	本院研究部编辑出版组主任，社会教育学
	专载	英国的成人教育	[英]罗士培演讲 程锡康译	英国驻华文化专员，英国利物浦大学教授
第四卷第3～4期合刊（1945年12月出版）	特载	回顾与展望——为本院成立四周年纪念作	陈礼江	见本表前项
	论著	日本与教育	余书麟	国立女子师范学院教授，教育学
		世界教育建设献议	陈礼江	见本表前项
		教育行政的复员与改造	庄泽宣	见本表前项
		收复区再教育问题	许公鉴	见本表前项
		战后国民体育	郝更生	教育部体育督学，体育
		今后的新闻事业与社会教育	葛赤峰	记者，新闻学
		论民众教育馆之出路	董渭川	见本表前项
		战后戏剧教育建设问题	谷剑尘	本院社会艺术教育系戏剧组主任，戏剧学
		战后扫除文盲问题的商榷	陈友端	见本表前项
		人民心理建设与社会教育	金祖祺	本院讲师，专业不详
		收复区农村社会教育的实施	毛万容	本院副教授，专业不详
		战后中国社会教育建设之设计与安排	邵晓堡	见本表前项
		我们对今后社会教育建设的意见	庄泽宣等	见本表前项

续表3－16

卷期号	栏目	篇名	作者	作者身份及学科背景
第五卷第1～2期合刊（1946年5月出版）	论著	我理想中的社会教育	雷鹏甍	本院研究部干事，社会教育行政学
		为社教运动祝福（诗）	马祖武	见本表前项
		美国公立图书馆推广事业（续）	岳良木	见本表前项
	建议与展望	收复区底重建与社会教育	陈礼江	见本表前项
		培育高级社教人才之我见	童润之	见本表前项
		当前社会教育的任务	徐锡龄	广东省立文理学院教授，教育学
		今后图书馆博物馆教育事业的展望	汪长炳	见本表前项
		论中等学校社会化	方惇颐	见本表前项
		我国社会事业今后之动向	张少微	本院教授，社会学
		我国之合作金融与合作事业	张迦陵	本院教授，专业不详
		社教人才训练中的实习问题	张济材	本院教授，专业不详
		改进社会教育的几点意见	姜 和	不详
		论以推行社教为主的新闻事业	葛赤峰	见本表前项
		社会教育师范的使命及其展望	石联星	本院教授，教育学
		我们要走向教育民主之路	王传鼎	本院讲师，民众教育
	论著	全国乡村社会组织调查的一个初步报告	庄泽宣	见本表前项
		改造我国教育方式的研究	董渭川	见本表前项
		社会教育必须完成其全面体系	邵晓堡	见本表前项
		清代社会教育之研究	张惠年	本院研究部干事，社会教育行政学
	心理研究	成人学习困难问题调查之初步报告	陈友端	见本表前项
		论时髦——一种社会心理现象的分析	舒 啸	不详，疑为笔名
		情绪的定型与可训练性	方 辰	本院教授，心理学
	特载	本院五年来之回顾	陈礼江	见本表前项

续表3-16

卷期号	栏目	篇名	作者	作者身份及学科背景
第五卷第3~4期合刊（1946年12月出版）	论著	人底本质与教育底社会的机能	许崇清	本院教授，教育哲学
		理想的大学与理想的大学生	杜佐周	本院社会教育行政学系主任，教育学
		我们为什么要办民众读物	顾颉刚	本院教授，历史学
		报纸与广播宜如何推进社会教育	俞颂华	本院新闻学系主任，政治经济学
		社会教育的回顾与前瞻	甘导伯	本院教授，教育学
		我国教育机会如何才民主化	董渭川	见本表前项
		补习教育及其重要法规	钟灵秀	见本表前项
		报纸怎样完成社教使命	马荫良	本院新闻学系主任，医学
		心理学上三个基本观点的检讨	金祖祺	见本表前项
		论人民世纪与人民教育	杨履武	本院社会教育行政学系学生
		介绍一位教育与社会的导师——杜威的教育思想	程懋珪	国立师范学院讲师，教育学
		歌曲	应尚能	本院社会艺术教育系音乐组主任，音乐
		艺术与心理卫生	向培良	本院教授，艺术学
		原始音乐、跳舞和诗歌的联系性	李钦	不详
	专载	从历史看中国社会	钱穆	五华学院文史研究所所长，历史学、国学
	特载	展望本院	陈礼江(讲述) 杨履武(记录)	见本表前项
	教育消息	有关国内外社会教育消息6条	无	无
	法规章则	补习学校规则	无	无
第六卷第1期（社会教育与新中国之建设特辑）（1947年3月出版）	社会教育与新中国之建设特辑	中国社会教育社第五届年会献词	陈礼江	见本表前项
		"社会教育与新中国之建设"讨论大纲	不详	不详
		写在"社会教育与新中国之建设"的前面	古楳	本院研究部主任兼教授，教育经济学
		社会教育协助新中国建设的前提	董渭川	见本表前项
		社会教育人员与新中国之建设	许公鉴	见本表前项
		社会教育辅导与新中国之建设	顾岳中	本院教授，教育学

续表3－16

卷期号	栏目	篇名	作者	作者身份及学科背景
第六卷第1期（社会教育与新中国之建设特辑）（1947年3月出版）	社会教育与新中国之建设特辑	图书馆教育与新中国之建设	汪长炳	见本表前项
		博物馆教育与新中国之建设	祝嘉	见本表前项
		电化教育与新中国之建设	汪畏之	本院电化教育学系主任，电化教育学
		戏剧与新中国之建设	谷剑尘	见本表前项
		音乐教育与新中国之建设	应尚能	见本表前项
		扫除文盲与新中国之建设	马祖武	见本表前项
		家庭教育与新中国之建设	孔文振	本院讲师，儿童心理学
	论著	戏剧与教育	罗廷光	中央大学师范学院院长，教育学
		论美育与社会之关系	朱炳成	不详
		社会教育师范学校制度之研究	杨履武	见本表前项
		苏州的文化	顾颉刚	见本表前项
	附录	本院各处部会馆室简明概况	无	无
		本院附属机关简明概况	无	无
		本院图书统计	无	无
第七卷第1～2期合刊（1948年6月出版）	论著	中国教育走错了路	古楳	见本表前项
		谈国民生活科学化	许崇清	见本表前项
		由原始艺术所见之原始艺术观	赵越	本院教授，艺术
		我看乐教	应尚能	见本表前项
		扫盲的行政师资与经费	董渭川	见本表前项
		儿童班注音符号教学法	张拱贵	本院副教授，中文
		再说"国民基本字汇"	金轮海	本院教授，中文
		补习教育的设施与实验	王本慈	本院讲师，民众教育
		宪政与社会教育之设施	韩鹏鸿	本院助教，社会教育行政学
		民间流行的二种社会教育及其改良	金祖祺	见本表前项
		中等教育的衔接问题	方惇颐	见本表前项

续表3-16

卷期号	栏目	篇名	作者	作者身份及学科背景
第七卷第3～4期合刊(1948年12月出版)	论著	社会教育的制度问题	周葆儒	江苏省立教育学院教授，社会教育学
		英国那丁亨成人教育之实验	钟道赞	教育部督学，职业教育
		语言与人道	徐朗秋	见本表前项
		剧团组织新论	谷剑尘	见本表前项
		论戏曲声韵	徐朗秋	见本表前项
		图书馆教育与民主政治	汪长炳	见本表前项
		美国图书馆事业概况	蒋复璁	见本表前项
		图书馆教育鸟瞰	钱亚新	本院教授，图书馆学

资料来源：创刊号部分、第2卷全卷、第4卷1、2期、第5卷全卷、第6卷第1期及第7卷1、2期合刊中的篇名及作者名来自原书，其余部分根据《教育与社会》季刊中收录的卷期目录及《全国高等院校社会科学学报1906—1949年总目录》，吉林大学出版社1984年版。限于资料，仍有部分缺失。

尽管表3-16仅列举了《教育与社会》季刊所刊载文章的一部分，但通过分析仍可探知其基本特点。

该刊虽名为季刊，但从表3-16及笔者所能查到的其他信息来看，多数时候都是两期或者三期合刊出版的，甚至有全年四期合出一卷的；1946年底，该刊曾刊登启事称"本刊自民国三十六年一月（第六卷）起，改出月刊"，[①] 但仅在第6卷第1期出版后，又将2、3期合刊为"基本教育特辑"，其后仍按季刊出版，且第7卷1、2期和3、4期都是合刊出版的，由此也可见其办刊之艰辛。

在办刊过程中，该刊刊发了"社会事业专号""图书博物馆专号""战后中国社会教育建设专号""社会教育与新中国之建设特辑""基本教育特辑"（6卷2、3期合刊，但笔者未找到原书）、"语言教育特辑"（笔者未找到原书，卷期不详）3个专号和3个特辑，集中力量对当时社会教育热点问题展开研究讨论，在促进社会教育研究的同时也推动了社会教育事业的进展，从而有助于当时在国内形成关注社会教育事业的热潮。1944年，该刊出版了"图书博物馆专号"，发表了蒋复璁、沈祖荣、汪长炳、熊毓文、徐家麟、岳良木等当时国内图书馆学界一流专家的论文，这主要是为配合与促进当时国立西北图书馆等机构的建设，同时提高国人对于图书馆在社会教育事业中的

---

① 责任者. 本刊启事[J]. 教育与社会，1946，5（3）：35.

辅助与促进作用的认识。1945年7月抗战胜利前夕，该刊及时刊出"战后中国社会教育建设专号"，对战后中国社会教育事业的发展进行展望和规划，这也正体现了该刊强烈的社会责任感和以社会教育研究来推动社会发展的意愿。

《教育与社会》季刊的栏目设置主要有"论著""译述""特载""教育消息"及"附录"等，与其"研究社教理论""介绍社教实况""报告实验结果""供给参考资料"及其他有关普通教育之论著的内容规划相呼应。就其中主体栏目"论著"类来看，表3-15所列115篇文章中，研究性论文仅有36篇，还不到1/3，其他则以动态介绍、知识普及和评论类文章居多，这说明该刊不同于当时国内其他教育研究机构如国立中山大学教育学研究所创办的《教育研究》和国立中央大学师范科研究所教育心理学部创办的《教育心理研究》等纯学术期刊，它不以纯学术性研究成果来推动社会教育理论及学科的发展，其基本取向在于表达作者对推进社会教育事业的某些思考及观点，这既是它的目的，也是它的特点所在。

至于《教育与社会》季刊的作者群体，也体现出该刊的某些特点。作为该院院长兼研究部主任的陈礼江共发表文章9篇，但研究性文章勉强只有3篇，后来相继任研究部主任的程锡康、庄泽宣和古楳分别有3篇、4篇和2篇文章刊出，其中研究性文章分别为0篇、2篇和0篇，虽然本研究的统计并不完全，但至少可以看出他们实际上并没有真正去做学术性研究；相反在前述36篇研究性文章中，倒有6篇是该院的副教授、讲师撰写的，如张拱贵《儿童班注意符号教学法》（第7卷第1、2期合刊）、张惠年《清代社会教育之研究》（第5卷第1、2期合刊），盖因这种研究费时费力，并且也不排除其他作者尤其是教授层次的作者并不擅长这类研究的因素。在身份可以确定的73名作者中，该院教职员占54人，由此可见该刊吸收外稿偏少，其创作口径非常狭窄，这显然不利于社会教育研究事业的发展，也不利于该刊的发展。在上述作者群体中，还有一些是政府官员，不过这些人都有良好的教育理论素养，并且因其职责所在也对教育及社会教育素有研究，他们发表的文章虽以阐述自身的见解为主，倒也不是没有见地，而且在一定程度上还对社会教育事业的发展有指导意义，或者也能借助这些人如时任国民政府教育部部长陈立夫的影响而促进政府对社会教育的关注。所有73名作者中，学科背景非常复杂，以教育学类居多，其他尚有图书馆学、心理学、社会学、哲学、政治学、新闻学、艺术类的，这一方面与该院当时学系设置有关，另一方面体现了该刊主旨所在，即教育是一种社会现象，要研究教育而且是社会教育，必须与社会相关的其他学科紧密联系和配合。

最后，这些作者中，实际也就是该院的教职员中，有多人与国立中山大学教育学研究所有关，如王文新、庄泽宣、方惇颐、徐锡龄、古楳、周葆儒等人。这既说明这些人始终站在社会教育研究的前沿，也与庄泽宣和古楳先后来到国立社会教育学院任研究部主任而吸引旧部一同为社会教育事业奉献力量有极大关系。

总之，《教育与社会》季刊通过艰辛的创办过程，对社会教育学术研究发挥了促进作用，也大力辅助了富有特色的社会教育事业的发展。

编辑出版组除编辑《教育与社会》季刊外，还于1943年3月31日在重庆创办《社会教育季刊》，以研究社会教育学术、讨论社会教育实施方法、促进社会教育发展为宗旨，主要栏目有论著、专载、教材教法、计划报告、社教动态、社教法令选辑、社教论文索引等，1943年12月31日刊完第4期后停刊。限于资料，笔者无法获知其刊发文章之篇名及作者情况，仅检索到一些零星文章，其中有第1卷第1期载文《最近中国图书馆事业之发展》（蒋复璁），第1卷第2期载文《敦煌千佛洞现状概述》（史岩）、《中国人物画衰落之原因》（许士骐）、《中国古代艺术鸟瞰》（傅振伦），第1卷第3期载文《国立西北师范学院学生社会服务工作介绍》（王镜铭）、《国立西北图书馆筹备计划书》（佚名），第1卷第4期载文《甘肃省社会教育概况》（郑西谷）、《陕西省社会教育概况》（王捷三）、《宁夏省社会教育过去与将来》（王星舟）、《教育部西北公路线社会教育工作队概况》（虞君质）、《国立西北图书馆筹备概况》（刘国钧）、《国立北平图书馆工作概况》（袁同礼）等文章。上述文章有关于图书馆者，有关于艺术考古者，也有关于社会教育概况者，主要是因为国立社会教育学院当时开设了这些学系，该刊为教师发表研究成果提供了平台；另外，该刊既以讨论社会教育实施方法、促进社会教育发展为宗旨，报告社会教育动态及相关辅助机构如图书馆的发展情形便是其分内之事。就上述文章的作者而言，蒋复璁是国立中央图书馆馆长，袁同礼为国立北平图书馆馆长，刘国钧为国立西北图书馆筹备员，其后任该馆馆长，三位都是著名的图书馆学大家；史岩为敦煌艺术研究所研究员，许士骐为国立中央大学艺术系教授，两位均以美术研究见长；傅振伦是史学名家，主要从事博物馆及考古工作；王镜铭曾主持国立西北师范学院师范研究所的研究课题；郑西谷、王捷三、王星舟分别是甘肃、陕西、宁夏三省（宁夏当时为省行政建制——笔者注）教育厅厅长，但他们并非一般的政客型官员，而是有教育学专业背景的教育名家。由此可见，为《社会教育季刊》供稿的作者群体有着很高的学术水平，而且其专业背景又非囿于教育一隅。尽管如此，从上述载文标题即可得知，这些文章大部分并非严格意义上的学术文章，不少文章属于对社会教育动态的报告，不过对于像《社会教育季刊》这种以促进社会教育发展为宗旨的刊物，这些文章反而是必不可少的，这也正反映了该刊辅助社会教育研究及发展的特色。

为了增强与外界的联系、宣传该部学术主张，国立社会教育学院曾于1947年编辑出版了《国立社会教育学院设立旨趣和研究实验》一书。此外，为供给大学教学用书，编辑出版组还着手编印"国立社会教育学院丛书"，其内容为与普通教育、社会教育及其他教育学科相关的研究著作，由该院教员分别著述，其第一种为钱亚新著《郑樵〈校雠略〉研究》，由商务印书馆于1948年12月出版。另外该院认为扫除文盲是中国社会教育第一要务，因此由研究部于1943年制订计划，由黄贵舜主持文言字汇研究，列出文言所需字汇以作文言识字教育之根据。至1946年4月，此项研究取得初步成果，列出文言基本字汇1504字，后由黄贵舜编撰成《文言字汇研究》，并被列入该院研究丛书。

四、专门人才培养

除前述两项外，研究部还开展社会教育专门人才的培养工作。依照该院组织大纲第五章第三十七条及三十八条之规定，研究部得招收研究生及研究员从事研究工作，研究生资格为"公立或已立案之大学毕业学生，研究期限一年，期满经考核及格，由学院给予证明书"；研究员资格为"国内社会教育机关服务人员，对于社会教育上某项问题有志研究者，经本学院院长批准，得入院研究。研究期限，自六个月至一年"。[①] 此外院内各系科学生也得各就所长，选定某项专题进行研究。研究生、研究员及各系科学生由研究部征请院内教员随时予以指导，还可于必要时商请院长特约院外专家担任某项研究工作，上述人员应在每月末向研究部报告所担任专题研究的进度，以备考核，每学期或每学年终了时将专题研究结果送交研究部考核或提交研究会议审定；凡有价值之著述，由研究部编辑出版组印行专册，或由其介绍出版；未经刊行之著述，陈列于学院或另辟专室以备参考。但在笔者目力所及的资料内，并未发现正式招收的研究生及进行之著述。

综上所述，以社会教育为研究中心是国立社会教育学院研究部的特色和

---

① 国立社会教育学院. 国立社会教育学院概况［M］. 苏州：国立社会教育学院，1948：68.

亮点。在8年的存续期间，从研究设计和编辑出版等方面都开展了大量工作，取得相当成绩。该院院长陈礼江曾总结道："在物质条件十分缺乏的情境下，能够表现这些成绩，自是差强人意，但我们决不引此为满足，还有许多问题，需要我们深入的研究，去寻求更合理的解答，现在这些，不过是已触到了问题的边缘，找到了解决问题的途向而已。"[①] 应该说，国立社会教育学院研究部立足本职，对运应社会教育的专业的学术研究成果来推进社会教育事业作出了积极的探索，作为当时唯一的以社会教育为中心的研究机构，发挥了自己的历史功用。

第四节 近代中国国立师范院校及独立学院教育研究机构的主要特色

概而言之，近代中国国立师范院校及独立学院教育研究机构集学术研究、专门人才培养及编辑出版事业于一体，体现了研究机构的基本职能。国立北平师范大学教育研究机构在人才培养和教材编纂方面着力较多，但因其研究事业时断时续，总体而言成绩不大；国立西北师范学院教育研究机构为适应战时特殊需要而生，其各项研究事业也着眼于抗战时局及西北地区教育现状，在教育研究和人才培养方面贡献突出；国立社会教育学院研究部立足本职，以实践性较强的教育研究及编辑出版事业切实推进其别具特色的社会教育研究。总之，近代中国国立师范院校及独立学院教育研究机构在其建设和发展的过程中形成了若干主要特色。

一、突出师范性

相对而言，国立师范院校教育研究机构在其研究工作和人才培养中比较突出师范性，即以中小学和师范教育为中心。首先，从本章述及的两所国立师范院校教育研究机构的研究课题看，可以发现它们始终以研究中小学及师范学校教育教学问题为主，重视开展中小学及师范学校调查及学务调查，旨在为更科学、更有效地培养和训练高质量的中小学及师范学校师资服务。可以说从北平师范大学研究院教育科学门和北平师范大学研究所，到西北联合大学师范学院师范研究所、西北师范学院师范研究所和西北师范学院教育研究所以及后来的北平师范学院教育研究所，都体现了这一特色。特别是西北

---

① 陈礼江. 本院五年来之回顾 [J]. 教育与社会，1946，5 (1)：56.

师范学院师范研究所从西北地区实际情况出发，在所中开展"中学英语教材及教法之研究""西北中等学校师资之改进""师范学校教育行政教材教法研究""教育之人格特质""教师之职业道德"等专题研究，这些研究围绕中小学及师范学校的教学展开，其成果对师范学院教育学系、教育行政机构及各级学校都有相当大的参考价值；特别是对师范院校来说，这些成果为中小学及师范学校的师资培养提供了理论依据。

1942年，李建勋发表《吾国高级师资训练之待决问题》一文，指出高等师范教育专门以培养中学师资为目的的缺陷。他认为，尽管建立高等师范学校的初衷是要训练中等学校的健全师资，但教育学术专才的养成和教育行政人员的培植也是高等师范院校义不容辞的职责，因此师范院校应当以"训练中等学校健全师资，培植教育行政人员，及养成教育学术专才为目的"[1]，这就点明了师范院校培养人才的师范性特色。依托师范院校创办的教育研究机构，其人才培养目标主要为中等学校师资、教育行政人员或教育学术专才。所谓教育学术专才，应该说与其他类型的教育研究机构培养的学术人才有所不同。对照前述国立综合性大学教育研究机构培养的学术人才，可以发现其更加注重理论的探索与建构，而国立师范院校教育研究机构培养的学术专才更倾向于实践应用，这一点在两所国立师范院校教育研究机构研究生修习的课程及其研究论文的选题中有充分体现。从表3-2及表3-9中可以看到，研究所开设的课程多数实践性较强，开设课程的目的多为"训练××能力""训练××技能""养成××能力"及"获得解决实际教育问题之工具"等方面，而课程内容也多以教学方法的训练与掌握为主，说明教育理论的学习主要为教学方法的掌握和应用服务。至于研究生研究论文的选题方面，国立北平师范大学研究所1935年结业的5名研究生中，有3人的论文题目是关于中学教育与教材教法的，而且"编制代数学测验量表"和"中学国文教法研究"均为实践性很强的研究题目；表3-10所列国立西北师范学院师范研究所20篇研究生学位论文中，有10篇是以中小学和师范教育为中心的。从一开始，国立师范院校教育研究机构就确定了师范性、实践性人才的培养目标。国立北平师范大学教育科学门成立之初，招收研究生即施以"研究知识之授与"与"研究技术之训练"，[2]其目的即在于"养成学生独立研究教育实际问题之能力，使卒业后，无论在教育行政机关或各级学校服务，均能

---

[1] 许椿生，陈侠，蔡春. 李建勋教育论著选［M］. 北京：人民教育出版社，1993：272.
[2] 许椿生，陈侠，蔡春. 李建勋教育论著选［M］. 北京：人民教育出版社，1993：151.

作研究及实验工作，以谋教育效率之增进"；[①] 而国立西北师范学院师范研究所对研究生则施以"学识之培养"与"技能之训练"。[②] 表述虽有不同，但其基本内容则一以贯之。

其次，国立师范院校教育研究机构比较重视中小学及师范学校各科教材建设。国立北平师范大学研究所在成立之初，即在其章程中规定"搜集、整理并编纂各科教材"为研究所的任务之一，并成立专门的部门——纂辑处，拟订《国立北平师范大学研究所纂辑工作细则》，延聘主任导师分掌具体事宜，以极大的人力、物力和财力投入其教材整理和编纂工作，也取得了较大成绩。就纂辑处编纂的教材而言，多数为中小学教材及教学参考书，其中丙组编纂成果最为丰富，全部为初高中自然科学类教材。另外还成立教学法特别组，进行国文、历史、地理、英文等科的教学法研究。比较有特色的就是纂辑处不仅仅为编著教材而工作，它把自身的工作与教育实际的需要、与研究所的研究工作紧密结合起来。如1933年甲、乙两组合作编著的"中等学校国文教材选注"就是一种"急切应用之中等教材"[③]，并且在工作计划中规定，待此种国文教材选注按标准选定500篇后，将此成果交由研究所研究导师指导研究生开展教育研究，以便完成时按级排定，并解决国文教学中的诸多问题，这表明纂辑处的工作不但自觉地为研究所的研究工作服务，而且也主动地利用研究所的研究力量解决其工作中的实际问题，实现了研究力量的互补与合作。有关教材教法的研究主要是在国立北平师范学院教育研究所时期开展的，据当时情况来看，主要开展了英语、历史等中学主要课程的教材教法研究。而国立西北师范学院教育研究机构则在教材教法研究方面开展了全方位的工作，取得较大成绩。当时开展的有金澍荣主持的"中学英语教材及教法之研究"，产生多项研究成果，对中学英语教学颇有建设性功效；还有刘亦珩、刘汉江主持的"中学数学教材教法之研究"，以及其他有关学校教育行政、训育、教育通论、公民史地、家事等学科的师范学校教材研究，这些占该机构研究课题的半数以上。可见，师范性的定位使国立师范院校教育研究机构的研究生从学生时代开始就接受教育教学类研究的扎实训练，因此他们在日后的教育和研究事业中大多以中小学及师范教育为研究中心，并具备很强的实践与操作能力。

[①] 许椿生，陈侠，蔡春. 李建勋教育论著选 [M]. 北京：人民教育出版社，1993：151.
[②] 国立西北联合大学. 师范学院师范研究所招生简章 [J]. 西北联大校刊，1938 (6)：26.
[③] 国立北平师范大学. 国立北平师范大学一览 [M]. 北平：国立北平师范大学，1934：248.

二、倡导研究教育实际问题

与国立综合性大学教育研究机构在研究事业上偏重于"学科取向"不同，国立师范院校和独立学院教育研究机构在研究事业上比较偏重于"问题取向"，即倡导研究教育实际问题。这一方面是受它们各自所属的院校性质的影响，另一方面也为各教育研究机构的创办宗旨所规定。常道直于1933年发表《师范大学之双重任务》一文便揭示了师范大学教育研究的特点，他认为师范大学的学术研究至少应包括"（甲）理论的教育学科；（乙）教育研究上所需要之辅佐学科；（丙）小学及中学教学上所需要之科目"等几项内容，然后指出："师范大学于研究上述各科目时，应着眼于一般中小学教学上之需要，是一条自明的原则。于此要辨明这条原则之适用，专限于各门学术研究之'广度'方面，而不包括'深度'方面。"[①]另有学者也撰文指出高等师范教育机构教育研究的特点在于"以中等学校或师范学校教师所需要的为研究的张本，并且以部订的中学课程标准作为他们研究的参考，着重在某一学科整个内容或全部问题的研究"[②]。此即言明师范大学教育学术研究应注重实际问题，因为师范大学教育学术研究主要与中小学基础教育紧密相连，而中小学基础教育是当时整个社会全部教育事业的重心，对中小学基础教育的研究决定其发展与质量。此外，各教育研究机构在创办宗旨中都规定研究教育实际问题，虽然西北师范学院师范研究所和国立社会教育学院研究部曾提出"研究高深教育学术"，但实际还是以中小学、师范学校教育问题及社会教育基本理论与方法为主。受此影响，依托国立师范院校和独立学院创办的教育研究机构并不以开展高深的理论研究为主，而是立足师范特色，选择与中小学和师范教育密切相关的实际问题，这自然对其学术研究的主题及其范围有所影响，但从另一个方面看却更能体现出此类研究机构及其研究事业的务实特点。

综观国立师范院校和独立学院教育研究机构的教育研究事业，可发现其开展最多、着力最多的约有"中小学教育问题""师范教育问题""战时教育问题"及"社会教育问题"等几个方面，其中"中小学教育问题"和"师范教育问题"是国立北平师范大学教育研究机构及国立西北师范学院师范研究所开展研究课题的主要方向，而"战时教育问题"与"社会教育问题"在国

---

① 常道直. 师范教育论［M］. 北平：立达书局，1933. 58.
② 李裕特. 师范学院应改为师范大学［J］. 中华教育界（复刊），1947（1）：9.

立西北师范学院师范研究所和国立社会教育学院研究部受到较多关注。"中小学教育问题"自国立北平师范大学研究院教育科学门时期即受到重视，其主要研究专题为"中小学各科一贯的教材"，至研究所时期则有中小学各科教学法的研究；国立西北师范学院师范研究所成立后，这方面的研究得到继承和发扬，研究题目进一步扩充，先后有"中学英语教材及教学之研究""改进西北师范区中等学校师资之研究""中学国文因素分析教学法与普通教学法之比较""中学数学教材教法之研究"以及中学行政效率及西北师范学院附属小学成绩测验等专题，涵盖了中小学教育中的教材、教法、师资、学校行政、成绩测验等各个方面的基本问题。出于为中小学及师范学校培养师资以及促进师范学校自身发展的需要，"师范教育问题"在两所国立师范院校的教育研究机构中也颇受重视，国立北平师范大学研究所先后开展师范学校小学行政、普通心理、教育心理及教育概论等课程的教材教法研究，国立西北师范学院师范研究所则将此类研究深化扩展，其专题有"师范学校教育行政教材教法研究""师范学校教育行政课本编辑""师范学校训育""师范学校教育通论教材教法之研究""师范学校公民史地科课程专业化""师范学校家事科教材教法研究"等教材教法类研究和"教师之人格特质""教师之职业道德"等教师教育类研究，并且产生大批研究成果以专刊或专著、教材等形式发表出版，对当时的师范教育颇具建设意义。

因时处战争年代，教育研究机构对战时与战后教育的发展多有探讨，国立西北师范学院师范研究所和国立社会教育学院研究部对"战时教育问题"的研究也投入了很大力量，主要有"战时与战后教育""战时民众组织与训练"等专题，国立社会教育学院研究部虽未规划专门课题，但通过该部发行的《教育与社会》季刊发表专门论著，对抗战胜利后社会教育各方面的事业进行展望与规划，以为其发展提供参照。至于"社会教育研究"，国立西北师范学院师范研究所和国立社会教育学院研究部开展的方式多有不同。国立西北师范学院师范研究所主要与教育系联合开办社会教育实验区，这种方式对于实验区来说旨在提升其民众的生产生活技能，而对研究机构而言则是以此积累研究资料，开展社会教育专题的研究。至于国立社会教育学院研究部，"社会教育研究"为其本务，它着眼于教育与社会的互动关系来开展社会教育的实践性研究，以其研究事业来看，其中鲜有"学科取向"意义上的课题，更多的则是本着"问题取向"意识，从实践层面出发研究与社会教育事业相关的各类问题，其途径包括各种社会教育实施的研究实验及概况调查、社会教育论文竞赛、学术讲演、座谈会、各种社会教育研究工具的编制、民众读物研究等方面（见表 3-14），此外还通过期刊登载大量社会教育研究方面的论文，丰富了社会教育研究的内涵。说到底，社会教育在当时作为一种有特殊意义的事业，对它的研究远未达到深入系统的理论层面，而且这一领域的研究者大多以实践为重，意在用实际行动推进该项事业的发展，唯其身为教育家，他们也深知理论对于实践的支撑作用，故而在实践过程中对理论加以研究以便能使社会教育事业取得实效。换言之，他们追求的更多是社会教育的实效，而研究事业只是为了更好地服务社会教育实践的发展。由此可知，国立师范院校及独立学院教育研究机构不如国立综合性大学教育研究机构在"学科取向"的理论研究方面那样卓有成效，它从自身属性及相关事业的特点出发，选择以实际问题研究为取向的路径，通过实际问题的研究及其成果指导各自事业的发展。

总的来说，近代中国国立师范院校和独立学院教育研究机构结合自身特点与时代要求，在研究事业和人才培养方面注重其师范性的发挥，为中小学和师范学校的发展提供师资和理论的支撑，并且在教育研究中倡导从中小学和师范教育以及社会教育的实际出发，以"问题取向"的研究思路进行理论探讨，既以其成果服务于各自的教育事业，又彰显了其研究特色。

第四章　近代中国地方公立教育研究机构

地方公立教育研究机构是近代中国教育研究机构中的一支重要力量，一般来说，它们开展的教育研究更注重地方性和实践性。20世纪前半叶，中国地方公立教育研究机构主要有广西普及国民基础教育研究院、广西教育研究所和四川省立教育科学馆，它们均由省级教育主政官员发起创办，其研究事业紧密结合各地社会和教育的实际情况，以调查实验、师资培训、教育辅导等工作为主，并强调教育行政与教育学术的结合。本章主要论述上述三所地方公立教育研究机构的创设背景及其开展的各项事业，并对其主要特色和意义进行分析概括，以期展现此类教育研究机构的全貌及其对中国教育事业及学术的推动作用。

第一节　广西普及国民基础教育研究院

20世纪20—30年代，广西省为促进全省教育发展，创办了广西普及国民基础教育研究院，其创办人为时任教育厅厅长雷沛鸿。该教育研究机构是集教学（师资培训）、科研于一体，教育理论与教学实践相结合的教育行政智囊机构，旨在造就教育人才，研究教育学术，运用科学方法解决教育现实问题。作为近代中国地方公立教育研究机构的典型代表，研究院不仅为广西国民基础教育和国民中学教育的发展提供了研究基地，而且为全省的教育实验和改革发挥了指导作用。

一、创设背景与历史意义

20世纪30年代初，新桂系鉴于严峻的国内外形势，认识到需要通过规模宏大的基础教育培养和训练大批有一定文化的基层干部和广大民众，配合在广西推行政治、经济、文化、军事四大建设，才能达到"建设广西，复兴中国"的目的；而他们又认为邹平、定县等地靠民间力量推行的放任式的民众教育颇难快速起作用，只有通过国民基础学校对学龄儿童和成人进行爱国

图 4—1 广西普及国民基础教育研究院

资料来源：《岭南文化百科全书》，中国大百科全书出版社 2006 年版，第 216 页。

主义教育，激发国民同仇敌忾，一致抗日，才能挽救中国，于是在广西推行开明的"行新政、用新人"政策，使广西风气更新，为教育改革提供了良好契机。在此背景下，雷沛鸿应李宗仁力邀于 1933 年第三度出任广西省教育厅厅长，决心对广西教育进行改革，并以此促进社会改革。他遂亲自拟定《广西普及国民基础教育五年计划大纲》（后根据实际情况于 1934 年 10 月 25 日经广西省政府第 152 次会议议决修改为《广西普及国民基础教育六年计划大纲》）、《广西国民基础教育指导区规程》和《广西普及国民基础教育研究院开办计划》等法案，并经 1933 年 9 月 13 日广西省政府委员会第 103 次常务会议决议通过，普及国民基础教育运动开始在全省范围内轰轰烈烈地开展起来。

广西普及国民基础教育运动在近代中国颇具开创性，开展如此规模宏大而又无现成模式可循的教育改造运动，必须进行认真而周密的调查、设计和实验，取得科学依据和经验后才能普及推广；而且普及国民基础教育的具体工作头绪繁多，任重道远，绝非政府行政机关独力所能胜任。据此，雷沛鸿指出："普及国民基础教育之实施，事属创举，凡理论之探讨、方法之研求，均应有一机关，专司其事，以辅助教育行政，完成五年计划。"[①] 因此创办教育研究机构实属必要。为便于广西省政府更有效地领导全省国民基础教育运动并减少教育实践过程中的盲目性，雷沛鸿建议筹设广西普及国民基础教育研究院，作为普及国民基础教育的研究、实验和指导机关。广西省政府委

---

① 广西省政府编辑室. 广西省施政纪录·教育篇 [M]. 南宁：广西省政府，1935：107.

员会第 103 次常委会决议通过雷沛鸿拟定的《广西普及国民基础教育研究院开办计划》，随即任命他兼任该院院长，进行筹备工作。为节省开办费用，研究院决定不建造新的房屋，由雷沛鸿出面，以南宁附近津头村之雷氏宗祠为院址（今广西医科大学一附院处），经过两个多月的筹备，于 1933 年 12 月 11 日成立。[①] 这是广西第一个教育研究机构，也是近代中国第一个省级教育研究机构，它"以学术研究所得之结果，辅助教育行政，完成普及国民基础教育之五年计划于全省"[②] 为宗旨，其主要事业及任务是：调查全省社会现状及民众生活需要，以为实施国民基础教育之依据；研究和实验实施教育的方案；训练和培养国民基础教育之骨干；指导教师与学生开展实验活动；编辑国民基础学校的各种教材。

1936 年 6 月，正当普及国民基础教育运动全面展开并取得初步成果之际，广西爆发"六一事变"，内战迫在眉睫，广西省政府全力以赴应付时局，不再支持普及国民基础教育运动，加上对研究院里的进步活动不满，广西省政府委员会议决免去雷沛鸿的教育厅厅长职务，停办广西普及国民基础教育研究院，将其改办为"广西教育研究所"，隶属于广西大学。雷沛鸿在 6 月 24 日发表的《讨论本院结束中应注意的问题》和 6 月 28 日发表的《在本院最后一次周会上的讲话》两文中，表达了他对此决议的不解和不满，后虽经他多方斡旋、反复磋商，仍不能改变"全部移交"的成命。6 月 30 日，雷沛鸿到欧洲考察教育，研究院停办，国民基础教育实验工作由广西省立桂林实验国民基础学校承担。

研究院从 1933 年 12 月开始，至 1936 年 6 月停办，存续两年半时间，功效显著。依雷沛鸿的评价，规模及事业逐年大有进步，所有五项研究事业"均能依开办计划所预定者逐步进行，随之，以学术带动行政的理想并能依次实现"[③]，而"其尤著者"有民族教育体系、教育方法（互教共学）、成人智力测验、成人教育、辅导制度、师资训练、教育内容及教材编制、生产教育、政治教育和科学教育、民团与国民基础教育的关系、村街国民基础学校对村街单位建设、教育工具、巡回图书事业、前学龄教育 15 项研究实验事

[①] 关于研究院成立日期，有 10 月、11 月、12 月 1 日、12 月 12 日等不同说法，此不一一列举。雷沛鸿亲撰《三年间国民基础教育运动的回顾与前瞻》（载《教育杂志》1936 年 26 卷第 9 号第 2 页）一文中写明研究院于 1933 年 12 月 11 日正式成立，故采此说。

[②] 行政院农村复兴委员会. 广西省农村调查 [M]. 2 版. 上海：商务印书馆，1935：357.

[③] 陈友松. 雷沛鸿教育论著选 [M]. 北京：人民教育出版社，1992：148.

业[①]。研究院为广西国民基础教育运动立下了汗马功劳，确实起到了学术策源地的作用，时人赞之"对于普及国民基础教育的研究与实验，颇有相当的贡献"[②]。研究院的作用还可以通过停办前后的比较显现出来。自停办后，广西普及国民基础教育运动在没有决策指导机关的情况下进行，各种问题逐渐显现，"往往有学校无学生，有学生无教师；即有学生、教师，教育也若断若续，有名无实"[③]，教育无专人负责、学校经费挪作他用、师资培训陷入停顿、教材编印半途而废等问题层出不穷。

广西普及国民基础教育研究院是广西普及国民基础教育的大本营和学术策源地，它以广西教育工作者为主体，也有少数外省教育界同仁参与其中，"从事社会、教育调查，实验研究、编辑课本和训练人才"，"准备给广西传统的教育制度以彻底的改造，提供学术策源和智力支持"[④]。它的创办，是为研究国民基础教育如何普及到广西全省乃至全中国。作为以省级教育研究机构为基础和平台创立的一种特殊的学术体系，研究院将教育学术研究与教育实践活动很好地结合起来，不但为普及国民基础教育提供决策依据，同时也是各种国民基础教育理论的实验场所；普及国民基础教育的许多重大问题，从教育方针的确立、组织原则的制定到师资的培训、教科书的编撰等，都经过了研究院的理论研究和实验认证，从而有力地保障了广西普及国民基础教育运动的顺利开展，使之成为20世纪30年代中国地方教育改革的典范。

二、组织机构、开办计划及经费来源

广西普及国民基础教育研究院是一所新型的学术研究机关，院长由教育厅厅长兼任，下设总务部（主任谢起文）、实验推广部（主任雷荣甲）和训练辅导部（主任潘一尘），工作人员10余人；三部之外尚有编译委员会、经费审查委员会及各项特种委员会。院本部以下按研究与实验需要，设科学馆、图书馆、医疗室、刊物发行处和实验中心区等。实验中心区以津头村为中心，包括20个村和两条街，方圆约20公里。实验区内设实验中心国民基础学校、幼稚师范班、实验工场、实验农场以及车缝、织袜、养鱼等生产项

[①] 李彦福，黄启文，莫雁诗，等. 广西教育史料 [M]. 南宁：广西人民出版社，1990：530.
[②] 国民革命军第四集团军总政训处. 新广西 [M]. 南宁：国民革命军第四集团军总政训处，1935：28.
[③] 韦善美，马清和. 雷沛鸿文集：上册 [M]. 南宁：广西教育出版社，1989：195.
[④] 曹天忠. 20世纪30—40年代广西的初等教育改革运动 [J]. 历史档案，2001（3）：119.

目为实验基地。研究人员分设研究学侣（名誉职，由著名教育专家兼任，不定期来院讲学、指导）、研究专员（亦称指导员）、研究干事、业务干事（行政人员），上述人员合称"同工"；来院研修或培训的人员（亦称艺友）分研究生（招收大学同等程度的学生，前后只招收了两名）、实习生（亦称高中师范班，招收高中程度的学生）、学习生（亦称乡村师范班，招收初中程度学生，学习时间两年）[①]。鉴于国民基础教育体系繁杂，又与普通的普及教育多所不同，雷沛鸿认定了拟订研究计划的重要性："先有计划，开始工作后便讲日程功，绝不因人的关系而加以轻重。"[②] 而且他认识到中国近代以来教育"即失败在没有计划。没有计划的结果，就只凭着个人的好恶或时代的潮流趋避而进展，以致成无政府状态"[③]。因此，研究院开办过程中，不仅有全景式的《广西普及国民基础教育研究院组织大纲》，也有阶段性计划，如《二十三年度广西普及国民基础教育研究院事业进行计划》《本院二十四年度工作进行计划总纲草案》等，以及一些专题性计划如《水利合作和养鱼合作问题》《人才问题与经费问题》《广西省苗族教育实施方案》等[④]，这些计划的拟订与实施是研究院在普及国民基础教育运动中取得较好成果的保证之一。

经费方面，按《广西普及国民基础教育研究院开办计划》规定，由教育临时费项下划拨研究院开办费2万元（研究院不建新校舍，开办费只供购备书籍仪器）和经常费5万元（内含调查费、研究费、短期讲习辅导费和编辑费等项）[⑤]。研究院开办的3个年度中，经常费和临时费均能足额领取，另有省政府委托办理事务所得款项和其他捐款、补助金及利息等杂项收入，因此经费较为充裕。

---

① 行政院农村复兴委员会. 广西省农村调查 [M]. 2版. 北京：商务印书馆，1935：357.
② 陈友松. 雷沛鸿教育论著选 [M]. 北京：人民教育出版社，1992：78.
③ 陈友松. 雷沛鸿教育论著选 [M]. 北京：人民教育出版社，1992：80.
④ 喻本伐. 论雷沛鸿的教育实验思想 [J]. 教育研究与实验，2006（6）：70.
⑤ 行政院农村复兴委员会. 广西省农村调查 [M]. 2版. 北京：商务印书馆，1935：357.

表 4-1　广西普及国民基础教育研究院历年领到经费数目表

院拨经费	金额（元）	广西省政府委办事业所拨经费	金额（元）
廿二年度院经常费	50000.00	廿三年度接收前省立民众教育馆经常费	19273.50
廿二年度院临时费	20000.00	廿三年度高中师范科毕业生集中训练经常费	5748.00
廿三年度院经常费	117279.00	廿三年度高中师范科毕业生集中训练临时费	1630.00
廿三年度院临时费	71646.87	廿四年度第一届幼稚师范科毕业生集中训练经常费	3520.00
廿四年度院经常费	154586.00	廿四年度第一届幼稚师范科毕业生集中训练临时费	2070.00
廿四年度院临时费	32241.62	廿四年度第二届幼稚师范科毕业生集中训练临时费	1600.00
小计	445753.49		33841.50

资料来源：《广西普及国民基础教育研究院三年来工作总报告》，广西普及国民基础教育研究院刊物发行室1936年刊，第253~254页。另有杂项收入18981.61元，总计收入498576.60元。

三、"四位一体"的事业及其特色

研究院集研究、调查、辅导、编辑于一体，既进行专题研究，也开展教育调查，还从事师资培训辅导及编辑教材报刊等工作，以期探索国民基础教育的理论和方法。《广西普及国民基础教育研究院开办计划》将其研究事业分为：研究设计、调查实验、短期讲习训练和辅导前方（试办区及推广区）服务人员并设法协助其进修及编辑教材，同时规定，以上各项事业进行之原则为"切合人生日用，应付目前急需"①。在此为方便叙述，将其研究事业第三、四两项合并为"训练与辅导"，其余各项单列，以展现其"四位一体"的事业规模及特色。

（一）从事国民基础教育研究

为给普及国民基础教育运动提供理论指导，研究并实验新的教育内容和方法成为研究院的首要工作。雷沛鸿十分重视教育理论对教育改革与实践的指导作用，他所倡导的国民基础教育是一项全新的事业，没有现成的经验可

---

① 行政院农村复兴委员会. 广西省农村调查[M]. 2版. 北京：商务印书馆，1935：357.

循，如果没有正确的理论指导，就会迷失方向。因而他从一开始就非常注重教育的"学术劳作"，认为"不学无术，必不足以言革新教育，更不足以言社会改造"；"不通过学术的劳作（即理论研究），去穷追真理，确定理想，组织理论，则所有实践，盲目将事，无所归宿"①。在论及国民基础教育的改革时，他说："实施前之假设与理论，赖有学术；实施期间之实际行动，仍赖有学术。"②他认定只有开展科学实验与研究，才能把握科学的方法，才能达到普及国民基础教育的目的。因此，他一贯强调："今后的一切问题，必须在专门学术上来求得解决。"③此外，雷沛鸿非常重视研究人员深入基层、深入群众进行研究实验，因为他认为："在现代，研究工作除了静态思辨工夫，还注重现实环境的调查、观察、实验……我们要创造新的教育学术环境，从事新的教育学术创造。"④本着上述认识，他将研究院的性质界定为"倾向于群（即大众——笔者注）的活动"⑤，并指出研究院的工作对象是民众的生活、是群众的活动，必须要有大众参加，而且在大众的实际生活中进行。为此研究院经常派出教学研究人员到各地区各县去辅导普及国民基础教育事宜，雷沛鸿还先后带领工作人员到基层去，深入群众作调查研究。

改革传统教育、实验新的教育内容和方法是研究院的主要任务。国民基础教育在试验、实施过程中，十分注意加强学术研究和学术指导，因为它不同于普通教育，其方方面面都需要深入研究实验，要走过一段从实践到理论再从理论到实践的过程。比如国民基础学校、国民中学的设立等，一般要经过实验论证，即先在邕宁、苍梧、桂平等县办校试点，取得经验后才在全省推广。研究院拟采用的"教学做合一""互教共学""三位一体""政教合一""小先生制"等教育理论，也都在实验区中根据设计方案经多次实验、论证，然后才向全省推广实施。

1933年，白崇禧鉴于严峻的国内外形势，认为用原来如晓庄、定县、邹平那种由学者组织民间力量办学的放任式政策收效太慢，不足以适应时势需求，遂向新任广西教育厅厅长雷沛鸿建议，通过民团力量推动国民基础教育，雷沛鸿表示同意。雷沛鸿接受白崇禧的建议后，十分重视研究民团与国民基础教育的关系，率领研究院工作人员就"如何利用民团组织推动国民基

---

① 陈友松. 雷沛鸿教育论著选 [M]. 北京：人民教育出版社，1992：393.
② 韦善美，马清和. 雷沛鸿文集：上册 [M]. 南宁：广西教育出版社，1989：163.
③ 陈友松. 雷沛鸿教育论著选 [M]. 北京：人民教育出版社，1992：209.
④ 陈友松. 雷沛鸿教育论著选 [M]. 北京：人民教育出版社，1992：126.
⑤ 陈友松. 雷沛鸿教育论著选 [M]. 北京：人民教育出版社，1992：126.

础教育"问题展开热烈的研讨。研究院在总结研究实验取得的成果时，代表性成果之一即为"广西民团与国民基础教育的关系问题的研究"。

国民基础学校的课程研究是研究院关注的重点之一。1934年6月，研究院组织了国民基础学校课程研究委员会，专门研究课程问题。委员会根据新的教育理论和教学方法，制定了国民基础学校的课程、教学纲要，编写了教材。经过两年多的努力，编辑出版的教材计有学龄前教育蒙养班的国语、算术、唱游（即唱歌和游戏）、工作（即劳作）等科教材，国民基础学校前期初级班的国语、算术、音乐、工作等科课本、教本和教学法，国民基础学校后期班的国语、算术、史地、自然等科课本和教学法，短期班的国语、算术、音乐、工作等科课本和教学法等共18种32册（见表4-3）。这些课本对全国通用小学教材内容进行删改、补充和调整，增加了乡土知识，体现了广西地方特色，也体现了爱国教育和生产教育的新教育思想。

除此之外，1935—1936年间，研究院还针对近代广西教育改革和发展的实际状况及需要，开展了民族教育体系、成人教育、辅导制度、师资训练、教育工具（新文字）、巡回图书事业、乡村保健事业、墨西哥教育与国民基础教育的比较、生产教育、爱国教育、村街基础学校的村街单位建设、中心国民基础学校的乡镇单位建设、学龄前教育、科学教育等专题研究。

雷沛鸿在留学期间曾研习法律，深知要普及国民基础教育，必须制定有关法规作为制度保障。为此，在开展研究实验的同时，研究院还以研究实验所得，结合广西政治、经济、文化等方面的实际，提出了有关国民基础教育的多种设想，同时又对教育行政的重大决策、法规、章则的制定进行论证，制定了《广西国民基础学校办理通则》《广西普及国民基础教育六年计划大纲》《广西普及教育令及广西各县实施强迫教育办法》《广西省表证中心校（示范性学校——笔者注）设置办理及组织规程》《广西省国民基础学校前学龄教育办法》及《广西普及国民基础教育指导区规程》等指导国民基础教育的章程法规，经广西省政府讨论决议并公布实行，后又在实践中加以修正补充，使之不断完善。

研究院提倡学术自由、兼容并蓄、博采众长的学风，先后从全国各地聘请了当时我国各主要教育流派与机构（包括平民教育派、乡村建设派、生活教育派、中华职教社等）的一些热心教育改革、积极从事新教育实验的专家学者如方与严、杭苇、黄齐生、程今吾、孙铭勋等到院工作，研究普及国民基础教育的理论、教育计划、教材及教法等问题，对教育新措施进行局部实验和理论探讨，积极开展生动活泼的教育内容和教育方法的实验，筹划和推进国民基础教育运动。他们做了大量有关国民基础学校和国民中学的创制工作，也做了大量调查研究、培训师资、辅导教学、编写教材、出版书刊的工作。

研究院对学术交流也很重视，常邀请国内学术名家及教育专家来院作专题讲座或学术讲演。例如，晏阳初作"关于河北定县的平民教育"的专题介绍、梁漱溟作"乡村建设，中学为体，西学为用"的专题讲座、陶行知作"生活教育""教、学、做合一"及"小先生制"等方面的演讲，蓝梦九介绍其教、作、用合一的学术思想。[①] 因雷沛鸿与中山大学教育研究所的学术联系，研究院于1935年夏邀请崔载阳讲学数周，题目是"民族中心教育的基本理论"，其主要内容包括民族中心教育的来源、本质、目的、方法等。为了欢迎崔氏，该院同工、艺友及暑假讲习会会员一律出席，听众踊跃，讲演稿后发表在《广西普及国民基础教育研究院日刊》第184号上。此外，还有胡适、章之汶、张君劢、马君武、竺可桢、费孝通及世界著名演说家、美籍传教士舍伍德·艾迪博士（Sherwood Eddy）等来院交流研讨，学术交流蔚然成风。

（二）划定实验中心区，进行教育调查和实验

为对普及国民基础教育方法进行科学实验和论证，研究院以院址为中心，划定亭子乡、津头乡共100平方公里区域为实验中心区，全区有20个村、两街一墟市，约2272户、13500余人。[②] 区内设有实验中心国民基础学校1所、国民基础学校13所、分校4所，作为研究院的教学实验基地。办得较为出色的是新兴村的实验中心国民基础学校和津头村的国民基础学校。胡适和陶行知分别于1935年和1936年到这两所学校考察、讲演，并撰文大加赞扬。区内还设有实验工厂、农场、林场、植物园等作为劳动生产实践基地。院内的研究员、导师、研究生、实习生等先在实验中心国民基础学校试验，后总结经验，然后逐渐向面上推广。

研究院开办之初，即成立调查统计室并拟订工作计划纲要，按纲要对全省社会基本情况开展大规模的调查。例如，1934年研究院对实验中心区的津头、凌铁、民兴、埌西、埌东、麻村、新兴7村的户口、学龄儿童、田亩面积以及各种农村经济状况进行调查，作为各村设立国民基础教育学校的依

---

① 政协广西壮族自治区委员会文史资料研究委员会. 广西文史资料选辑 第26辑 雷沛鸿纪念文集 [M]. 南宁：政协广西壮族自治区委员会文史资料研究委员会，1988：94.
② 钟文典. 20世纪30年代的广西 [M]. 桂林：广西师范大学出版社，1993：687.

据。调查统计室的各项调查工作取得大量成果，分别由该院刊行（见表4-2）。

表4-2 广西普及国民基础教育研究院调查统计一览表

分类	调查内容	调查结果	刊行时间
已完成者	对该院实验中心区作一般观察和初步概况调查	报告《中心区之一般观察》	1934年9月
	对该院实验中心区各村作户口调查，对津头等7村作初步经济调查	报告《本院实验中心区各村社会及经济调查统计》，全部以数据表达，不用文字说明	1935年10月
	利用该院实验中心区各村户口调查及津头等7村初步经济调查之材料与该院实验中心区内之城区及亭子墟的户口材料，绘制图表35幅	将前述35幅图辑成《本院实验中心区社会及经济调查统计图》	1935年8月
	对该院实验中心区内之亭子墟及附近之良庆墟作概况与物价方面的调查	报告《两个墟市的调查》	1935年7月
	调查搜集广西各县民歌童谣	已完成邕宁县民歌、童谣之搜集，并将广西歌谣、邕宁童谣进行整理、注释、编辑	至1936年尚未刊行
	自1935年11月至1936年4月，制作剪报以搜集各类材料	将剪报整理后分别归类，计有议论类5册、论著类9册、特刊类7册、新闻类8册、统计类8册、杂录类1册	非正式出版物
	1934年邕江涨水导致大量埌田被淹，损失很大，因此作埌田损失调查	报告《埌》①	1934年
	与南宁市公安局联合对城区各镇失学学龄儿童进行调查	统计材料归入《本院实验中心区社会及经济调查统计图》	不详
	搜集广西省文化经济参考统计材料百十种	绘制相关图表近70幅	非正式出版物

---

① 埌，音 láng，旧时邕江常涨水，故筑堤以防洪，南宁人称堤为"埌"，埌内开垦大量田地。广西普及国民基础教育研究院作为研究对象的"埌"为今南宁南湖公园所在处。

续表 4-2

分类	调查内容	调查结果	刊行时间
继续进行者	对平南一村、金桥三村及埌西农家的经济调查	调查完成，即将着手整理	不详
	整理编注邕宁民歌集	不详	不详
	对津头、民兴两村60户农家的生活费进行调查	一年前开始，仍继续进行	未刊行
未能完成或开展者	对广西省各县人情及风俗习惯的问卷调查	因问卷未能有效收回，收回者中无效者过多，致使调查失败	未刊行
	分县区对广西省文化与经济状况进行调查	因人事变动而搁置	不详

资料来源：《广西普及国民基础教育研究院三年来工作总报告》，广西普及国民基础教育研究院刊物发行室1936年刊，第9～11页。

除调查统计外，实验中心区还开展了改革基础教育学制、变革学校组织形式、变通课程及改编教材、集中训练辅导、建设生产教育基地、建设教育科研基地等实验。如1934年，研究院制定国民基础教育学制系统与定式学制系统比较图，把国民基础教育分为成人教育、基础教育和幼稚教育三段。同年，研究院设立心理测量项目，进行智力教育测验之编制及实施，主要编制了《成人用非文字团体智力测验量表（乙）》对16～45岁成人进行智力测验，另外还开展了中学用团体智力测验之编制、民族意识测验之编制及前学龄儿童智能测验之编制等工作。[①] 1935年，因认识到过去学校的教学法与国民基础教育的推广和普及不相适应，研究院曾作"教学做合一"及"互教共学"的教学方法研究，其目的是要冲破过去的书本教育、班级教育、学校教育和传授教育的藩篱，以展现教育的真谛、扩大教育的范围。研究院在实验过程中及时对实验的成绩和不足进行分析总结并据此修订实验计划，再经试办区实验并取得成效后才全面推广。总之，凡事都是先实验后推广，从而提高了教育改革的科学性，减少了盲目性。

研究院开办之初，未能很好地处理与实验中心区以及实验中心区与地方的关系，影响了研究、实验和推广工作。经过总结和讨论，最后确定实验中心区在研究院应另有地位，即实验中心区除本身是一个自治社团外，还是研究院的经纪人，它受研究院的委托，为其开展调查、辅导、实验等各项工作

[①] 《广西普及国民基础教育研究院总报告》编辑委员会. 广西普及国民基础教育研究院三年来工作总报告 [M]. 南宁：广西普及国民基础教育研究院刊物发行室，1936：12-14.

提供场所和平台，因而它与研究院的关系是"半主半客"的关系。为此，专门增设"实验中心区主任"一职，由研究院派人担任，以便协调各方关系，使实验能相对独立地进行。

（三）开展师资训练与辅导工作

国民基础教育是一项新的教育制度，必须配备新的师资，因此培训师资成为研究院的又一项重要工作。为此，研究院设立训练辅导委员会专门负责这项工作，除实行小先生制，采取任用师范学校毕业生、民团干部训练大队毕业生、初中以上毕业生或修业期满会考不及格者、现任小学教师或具有小学教师资格而志愿服务者为师等办法外，还举办各种培训班、讲习会来训练各类师资，以协助普及国民基础教育运动的发展。

自 1934 年起，研究院举办小学教师培训班，招收初中毕业以上程度的学生，培训 2 年，先后举办 5 期，培训约 200 人，补充国民基础学校师资。1935 年 3 月至 7 月，研究院举办高中师范科服务生短期训练班，集训了南宁和桂林两所高中的师范班毕业生 60 余人，学习半年后即分派到全省各县的 24 所乡镇中心国民基础学校工作。同年，研究院认识到生产教育在普及国民基础教育中的重要地位，遂将全年工作的重心转移至生产教育，雷沛鸿为此亲自主持开设生产教育人员训练班，并聘请章之汶主办，设于中心区垠西村，拟招收初中毕业生 50 人，计划以 3 年为期，专门培养辅导生产教育的师资及发展农村经济的专门人才。1935 年 8 月 26 日，经公开招考，由 31 名学员组成的生产教育人员训练班正式开学，该班开设国文、数学、物理、气象、森林、园艺、国民基础教育和音乐等 14 门课，学制 3 年，注重实地工作，个别指导，分组研究。1936 年 6 月，研究院因故停办，但生产教育培训班并未取消，后经呈准转移至与研究院有学术联系的柳州沙塘农业技术人员训练班，继续学业①。1935 年 10 月至 1936 年 7 月，研究院于中心区新兴村开办幼稚师范班，旨在培训"幼稚教育"师资，招收南宁、桂林女子中学的幼师毕业生学习 4 个月，共办两届，第一届学员 58 人，第二届 40 余人，学员毕业后都成为当地国民基础教育的骨干。

此外，研究院于 1934 年 7 月和 1935 年 8 月举办了两届暑期讲习会，代为广西省政府调训各县教育行政人员，进行为期一月的训练，旨在研讨各地开展国民基础教育过程中遇到的各种问题。1935 年底，研究院举办冬季作

---

① 《广西普及国民基础教育研究院总报告》编辑委员会. 广西普及国民基础教育研究院三年来工作总报告 [M]. 南宁：广西普及国民基础教育研究院刊物发行室，1936：177-186.

物讲习班，学员 80 人；另办少数民族特种师资训练班一期，培训特种师资 29 人，毕业后再回各县办理国民基础教育。与此同时，研究院还派员到陆川、平南、桂林、蒙山、苍梧、柳城指导国民基础教育暑期讲习会，并到 24 个县的乡镇中心国民基础学校巡回辅导，有力地促进了各地国民基础教育运动的开展。①

（四）编辑出版教材及报刊

较之当时全国实施的普通教育，广西普及国民基础教育在培养目标、教育对象、学制等方面发生了较大的改变，因而教育部颁布的《小学课程标准》显然已不适用，而新的课程标准和计划必须通过研究和实验来制定。为此，研究院于 1934 年 6 月组织了国民基础学校课程研究委员会，专门研究幼稚园、前期初级班、后期初级班、短期初级班及成人班课程问题。经过三个多月的研究，明确指出课程编制的宗旨是以民族解放运动为中心，以民族生活及儿童和成人发展的需要为基本原则，以设计法为基本方法，搜集大批材料，采取单元组织编制教材。根据上述宗旨，国民基础学校课程研究委员会拟订了《国民基础学校课程编制纲要》作为编撰教材的依据，突出了国语、算术的主体地位，增设了乡土概况、本省建设、民族历史及现状、世界大势等"四大单元"；教学内容方面也主张从广西本省实际出发，对同时期全国统一学制中小学规定开设的科目进行精简和合并。因当时各书局发行的课本不适宜国民基础教育，为适合当地需求，研究院邀请从事基础教育的专家组成编译委员会，计划在实验的基础上自主编写国民基础学校课本、教学参考书及有关爱国教育、生产教育、社会服务等主题的通俗读物，由研究院出版科出版发行。据曾在研究院负责编辑语文课本的叶蕴回忆，"为贯彻雷师（指雷沛鸿——笔者注）爱国教育与生产教育两大主旨，课文内容重点放在中国深久的历史、文化与科学创造、大好河山、广西的乡土特色——物产、风俗、好传统等，引进科学以破封建迷信，改变人民好斗性格，导致健身卫国的尚武精神。为适应初学儿童与青少年，多采取常用字及短句，采用易于上口的诗歌或民谣，又为了加强直觉与理解，每一课文都配附一幅相应的图画"②。在雷沛鸿主持下，研究院经过两年多努力，先后为蒙养班、国民基础学校前期初级班、后期初级班、短期班、成人班编辑出版国民基础读

---

① 朱杰军. 广西普及国民基础教育研究院 [J]. 广西教育史志，1992（5）：175-176.
② 政协广西壮族自治区委员会文史资料研究委员会. 广西文史资料选辑第 26 辑　雷沛鸿纪念文集 [M]. 南宁：政协广西壮族自治区委员会文史资料研究委员会，1988：141.

本、算术、史地、音乐、工作和国民基础读本教学法、算术课本教学法等共18种32册（见表4-3）。研究院编纂的这些教材对当时全国通用小学教材的内容进行删改、补充和调整，增加了乡土知识，体现了广西地方特色，也体现了爱国教育和生产教育的新理念、新思想，在近代中国普及教育工作中实属创举。

表4-3　广西普及国民基础教育研究院组织编写的教材一览表

类别	书名	册数	编者
已出版的国民基础学校教材	前期初级班用国语读本（一）（二）（三）	3册	叶蕴、倪培坤
	前期初级班用算术课本（一）（二）（三）	3册	倪焕周、黄旭初
	短期初级班用国语读本上、下册	3册	武宝琛
	短期初级班用算术课本上、下册	2册	林传炘
	后期初级班用国语读本（一）	1册	盛震叔
	后期初级班用算术课本（一）	1册	黄旭初
	后期初级班用史地读本（一）	1册	李竞西、曹钟瑜
	成人班用国语课本（一）（二）（三）	3册	武宝琛
	成人班用算术课本上、下册	2册	黄旭初
在印刷中的国民基础学校课本及教本	前期初级班用国语读本（四）	1册	叶蕴、倪培坤
	前期初级班用算术课本（四）	1册	倪焕周、黄旭初
	前、短期初级班合用工作教本	1册	杭苇
	前、短期初级班合用音乐教本	1册	满谦子、叶蕴
	成人班用国语读本（四）	1册	武宝琛
	蒙养班用国语读本（一）（二）	2册	缪荚和、倪培坤
	蒙养班用算术课本（一）（二）（三）（四）	4册	朱紫华
	蒙养班用工作教本	1册	缪荚和
	蒙养班用唱游教本	1册	马若纯

资料来源：《广西普及国民基础教育研究院三年来工作总报告》，广西普及国民基础教育研究院刊物发行室1936年刊，第5页及第243页。

为了配合广西普及国民基础教育的开展，宣传其理论及成绩，研究院还将普及国民基础教育的文件法案、相关资料以及研究院部分研究成果编撰出版为教学参考书及相关读物，计20种29册（见表4-4）。

表 4-4 广西普及国民基础教育研究院编写的教学参考书及相关读物一览表

编著者	书名	出版时间
广西普及国民基础教育研究院	本院一览	不详
广西普及国民基础教育研究院	广西普及国民基础教育研究院组织大纲	1935 年
雷沛鸿	本院的使命	1935 年
雷沛鸿	什么是国民基础教育（一）（二）	1934 年
雷沛鸿	中国过去的普及教育运动	1934 年
雷沛鸿	国民基础教育法案的立法精神	1934 年
雷沛鸿	国民基础教育实施步骤	1934 年
广西普及国民基础教育研究院	广西植物园概况	1935 年
广西普及国民基础教育研究院	垾	1934 年
广西普及国民基础教育研究院	中心区之一般观察	1934 年
广西普及国民基础教育研究院	两个墟市的调查	1935 年
广西普及国民基础教育研究院	本院实验中心区社会及经济调查统计图	1935 年
广西普及国民基础教育研究院	本院实验中心区各村社会及经济调查统计	1935 年
广西普及国民基础教育研究院	本院实验中心区现有事业分布图	1935 年
广西普及国民基础教育研究院	组织耕牛会须知	不详
广西普及国民基础教育研究院	农林浅说（6 种）	不详
广西普及国民基础教育研究院	广西民族英雄传（4 种）	不详
龚家玮	广西新教育之观感	1936 年
曾平澜	邕宁童谣集	不详
蓝梦九	教作用合一的教育	1935 年

续表4—4

编著者	书名	出版时间
广西普及国民基础教育研究院	广西普及国民基础教育研究院民国二十四年全年事业的鸟瞰	1935年
《广西普及国民基础教育研究院总报告》编辑委员会	广西普及国民基础教育研究院三年来工作总报告	1936年

资料来源：《广西普及国民基础教育研究院三年来工作总报告》，广西普及国民基础教育研究院刊物发行室1936年刊，第5页。

研究院相当重视国民基础教育的宣传，编辑出版了若干定期刊物，大量刊登宣传国民基础教育的宗旨、意义、动态及办学经验的文章，对全省国民基础教育运动发挥了积极的指导作用。另外，研究院还不定期出版一些汉语拉丁化新文字的小册子作为普及国民基础教育的辅助读物。现将定期刊物概述如下[①]：

(1)《广西普及国民基础教育研究日刊》，1935年1月20日创刊，至1936年6月30日研究院停办时停刊，出至500号，由雷荣甲、曾平澜主编；宗旨是传达消息，交换知识，砥砺学行，发扬与讨论广西普及国民基础教育的理论与实施，指导全省普及国民基础教育运动；开设专载、特载、专著、本院新闻、国民基础教育园地、通讯、教育消息、参考资料等栏目，广泛记载和报道了研究院各种活动、组织、章程、议决案等。

(2)《广西儿童》，周刊，1935年1月创刊，至1936年6月30日研究院停办时停刊，共出版38期，由研究院教师杭苇、肖施培等主编，内容有时事消息、儿童新闻、科学问答、名人介绍、诗歌童谣、儿童创作等栏目，向小学生灌输爱国思想，宣传抗日救国道理。

(3)《国民基础教育丛讯》，半月刊，1935年3月1日创办于南宁，至1936年6月研究院停办时停刊，共出14期，由方与严主编，旨在辅导国民基础教育的普及，着重讨论国民基础教育的理论与实践，研究普及国民基础教育的具体方法以及广西推行国民基础教育的实况等，包含基础教育行政章则、基础教育理论、基础学校各科指导方法、实际问题解答、小先生运动、互教共学实例等栏目。

(4)《国民基础教育周刊》，1935年8月起开辟于《南宁民国日报》副刊，至1936年6月研究院停办时停刊，共出版35期，由范昱主编，栏目有

[①] 朱杰军.广西普及国民基础教育研究院[J].广西教育史志，1992(5)：175—176.

冲锋号、探照灯、铁甲车、广播台、散兵线等，主要宣传国民基础教育的作用和理论，发行有关"爱国教育"之特辑号 15 次。

第二节　广西教育研究所

广西教育研究所是由时任广西省教育厅厅长雷沛鸿为继续广西普及国民基础教育研究院未竟事业，以该院被停办后改办的广西教育研究所为基础改组而成的另一所地方公立教育研究机构。它在时间、机构与事业上都与广西普及国民基础教育研究院有延续性，它的创办与事业发展较好地推动了广西国民中学教育和国民大学教育的发展，也是雷沛鸿对其教育行政学术化思想的践行。

一、创设背景与历史沿革

全面抗战爆发后，广西教育事业得到较快发展，但因国民政府教育部对于师范学院以国立为原则，致使广西省筹设师范学院之计划未获批准，而该省中等教育师资的培养、进修与辅导，各级教育制度方法之研究、设计与实验以及教育行政干部的培训，均为当务之急，不可无适当机关作出应对；而且广西普及国民基础教育研究院停办后，普及国民基础教育实验中如学校数量与质量、师资、教材、经费及辅导等问题更加突出。为加强教育理论研究以解决教育革新的实际问题，省政府决定将广西教育研究所收回并重组，交由教育厅办理，但起初一段时间收效不甚明显。1939 年 7 月，雷沛鸿第四度出任广西省教育厅厅长，建议广西省政府为加强教育学术与教育行政之联系，使教育工作面临的问题得到解决以期教育事业健全发展，并为培训中等教育师资及教育行政干部，应设立新的广西教育研究所，以继续广西普及国民基础教育研究院未竟的事业。1940 年 5 月 4 日，广西省政府委员会第 471 次会议通过雷沛鸿起草的《广西教育研究所组织大纲》，聘李任仁、陈鹤琴、陈剑翛、高阳为该所委员（教育厅厅长为当然委员）。[①] 6 月中旬，研究所委员会委员谈话会决定聘请康为该所秘书，丁绪贤、崔载阳和俞颂华为下属各组主任。7 月 1 日，开始筹备工作，借用教育厅资料室为临时办公地点。7 月 22 日，迁入桂林普陀山旁东灵街 2 号新址。8 月 1 日，新的广西教育研究所正式成立，聘李任仁任所长，下设研究实验、教学、辅导及总务 4 组，

[①]　广西教育研究所. 广西教育研究所概览 [M]. 桂林：广西教育研究所，1940：1.

以"广西省中等教育师资之培养、辅导、检定、进修,国民基础教育、中等教育及其他各种教育理论、制度与方法之研究及实验,提供本省教育改进计划与实际问题之解决,省政府委托之有关教育事项之计划与研究等"[①]为主要任务。

1941年9月,研究所成立国民中学研究室,雷沛鸿任主任,研究和修订国民中学教育法规。1942年4月,研究所与省立桂林师范专科学校合并,在此基础上成立广西省立桂林师范学院,研究所改为"广西省立桂林师范学院附设师范教育研究所"。是年秋天,广西省政府为使学术分工的精细,又有意将研究所恢复独立。1943年1月,广西省政府重新制定《广西教育研究所组织大纲》,并于1月12日提交广西省政府委员会通过,决议独立办理教育研究所;1月30日,研究所于普陀山旁原址正式恢复成立,聘雷沛鸿为所长,原省立桂林师范附设的师范教育研究所同时停办。[②] 研究所内增设中等教育与国民教育两个研究室,工作先是侧重中等学校师资之训练,嗣后则着力于国民中学课程和教材的实验研究。1944年9月后,因日军第二次入侵广西,该所奉令疏散,先后搬迁柳州、宜山、南宁、田阳,最后迁至百色,负责筹建公立西江学院,由此开始国民大学教育的初步实验。1945年9月16日,研究所迁回原广西普及国民基础教育研究院旧址,此后专门致力于国民高等教育的研究和办理。1948年初,广西省政府裁撤广西教育研究所,其人员拨入广西省立西江文理学院[③]。

二、组织机构建设

研究所成立之初,其行政组织采取委员会制,按《广西教育研究所组织大纲》第三条规定,研究所聘委员5~7人组成委员会,综理全所事务,由广西省政府聘任[④]。研究所组织机构分研究实验、教学、辅导及总务四组,各设主任1人,由委员会商请省政府聘任。按组织大纲规定,总务组主任由秘书谢康兼任;研究实验组的任务着重于教学辅导的设计及其实际问题之解决,因崔载阳不能来桂,改聘谢扶雅主持工作;教学组的任务是联系各高等教育机关办理中等学校教师培养及进修工作,由研究导师丁绪贤主持;辅导

---

① 广西教育研究所. 广西教育研究所概览[M]. 桂林:广西教育研究所,1940:4.
② 广西壮族自治区地方志编纂委员会. 广西通志·教育志[M]. 南宁:广西人民出版社,1995:743.
③ 蒙荫昭,梁全进. 广西教育史[M]. 南宁:广西人民出版社,1999:428.
④ 广西教育研究所. 广西教育研究所概览[M]. 桂林:广西教育研究所,1940:4.

组的任务是联系各师范学院从事教育辅导工作，因俞颂华推辞，继任人选未定。另据《广西教育研究所组织大纲》第五条规定，设秘书一人，研究导师、特约研究导师、研究讲师、研究干事、助理研究干事各若干人，由委员会商请省政府聘任；另有事务员、雇员若干人（见表4-5）。广西本边陲之地，教育文化本属落后，但因在全面抗战时期聚集了江苏省立教育学院等院校，另有广西大学等文教单位，一时间吸引了大批知名学者，扩大了教育研究所的人才基础，从而能创办一个令全国瞩目的教育研究机构。

表4-5 广西教育研究所工作人员一览表（1940年10月）

姓名	职务	姓名	职务
李任仁	委员	苏希洵	常务委员
高阳	委员	雷沛鸿	委员兼名誉讲师
陈剑翛	委员	谢康	秘书兼总务组主任
陈鹤琴	委员	丁绪贤	研究导师兼教学组主任
焦菊隐	研究导师	谢扶雅	研究导师兼研究实验组主任
黄文博	研究导师	龙家骧	兼任讲师
黄同仇	兼任讲师	朱揿	兼任讲师
朱智贤	兼任讲师	董绍良	兼任讲师
裘翰兴	兼任讲师	钱实甫	特约研究导师
韩达先	研究干事	张德乾	研究干事
黄焕乾	研究干事	钟毓文	研究干事
雷同云	研究干事	王增益	助理研究干事
俞渊	会计员	李思齐	事务员
葛芹发	事务员	陈超英	事务员
苏素玉	事务员	尹振雄	研究讲师
刘更生	代理庶务员	郭丽丹	雇员
王纬	雇员	周大祯	雇员
苏文	雇员	黎钟鼎	雇员
陆敬贤	雇员	钟世臣	雇员
洗履信	雇员		

资料来源：《广西教育研究所概览》，广西教育研究所1940年刊，第48～51页。

1943年1月研究所独立办理后，设所长一人，由雷沛鸿担任，综理所务；下设秘书、事务主任、中等教育研究部主任、国民教育研究部主任、会计室主任各一人，研究员、副研究员、助理研究员、事务员、雇员各若干人，另增设中等教育和国民基础教育两个研究室，将广西省立实验国民中学改为研究所附设机构，人员编制与普通中学相仿。

三、以国民中学教育为中心的研究事业

广西教育研究所继承了普及国民基础教育研究院的优良传统，在极端困难的条件下做了许多有益的工作。它是集科研、教学（培训各类师资）于一体，教育理论与教育实践相结合的教育行政智囊机构，旨在造就教育人才，研究教育学术，运用科学方法解决实际问题，为省政府和教育厅的教育决策提供理论根据，诚如广西省教育厅厅长、广西教育研究所所长李任仁所言："广西教育研究所，系适应中等教育师资培养与辅导之需要及研究教育学术与问题而设立。"[1]

（一）国民中学教育理论研究与实验

全面抗战爆发前夕，广西急需大批政治、经济、军事、文化"四大建设"人才，而"三三制"中等教育只能培养出单一的升学预备人才，既无一技之长又缺少专门训练，难以适应抗战救国形势的需要。有鉴于此，教育研究所对"三三制"中学教育进行了两方面的改革而改办为国民中学：一是学制改革，根据广西贫穷落后的客观实际，将普通中学初、高中各3年缩短为国民中学的4年，又分为前后两期（各2年），修完前期为结业，学完后期可毕业，并规定采取灵活的学分制，可休学也可复学，坚持读到第4年的可享受公费生待遇。二是教学内容方面的改革，暂时砍掉外语等一些要求较高的学科，增加一些师范、农、工、商等方面的初级专业知识，设农场、工场、商店以供学生实习，让学生掌握一技之长以解决就业问题；如想升学，第3年可补习外语再投考高一级学校。国民中学的毕业生具备充任基层公务员的资格，结业生到基层服务一年后工作优秀的可保送或投考民团干部学校或其他技术学校，因此就读国民中学既可升学又能就业，这使得国民中学在创办初期就显示出其旺盛的生命力，到1940年全省共创办有51所。由于发展过快，设备简陋，师资短缺，又因无相应教材而借用普通中学教材及毕业

---

[1] 桂林市政协文史资料委员会. 桂林文史资料：第35辑 李任仁诗文选 [M]. 桂林：漓江出版社，1997：57.

生升学不便等问题,国民中学逐渐引起社会责难。为研究国民中学这一新型学校及其制度以解决上述问题,雷沛鸿追溯这种中学制度在历史上的演进,又运用社会学方法研究它在发展过程中所必须具备的社会条件,还运用观察和实验方法探讨国民中学之理论与实践的相互联系,并于1941年9月在研究所内设国民中学教育研究室,亲任主任。1942年教育研究所一度降格改称"师范教育研究所"时,国民中学教育研究室仍独立出来继续工作,并邀请专家学者专门研究国民中学教育的各项问题,召开了上百次座谈会或小组会,取得了显著的研究成果。例如,出版《广西教育研究·国民中学教育专号》上、下辑,其中发表了黄旭初、苏希洵、董渭川、林砺儒、梁漱溟、童润之、唐现之等20余人撰写的30余篇论文,就国民中学的教育理想与理论、现状与问题、组织与设施、课程与教材、导师与学生、教育方法以及立法等诸多问题作了探讨;雷沛鸿本人也对国民中学制度发表了许多论著和演说,对于国民中学创建的社会背景、目的、性质、特点以及国民中学的教育使命、教育职责、施教对象、教学内容和方法等均有详尽的阐述和论证,这一切为国民中学这一新型中等教育制度奠定了坚实的理论基础。经过近一年的调查研究,重新修订了国民中学教育法规,起草了《广西国民中学办法大纲》《广西国民中学组织规程》《广西国民中学校长导师作用服务规程》和《国民中学最低限度设备标准》4项法规,并于1942年8月由省政府公布。国民中学新法规的制定实施使困境中的国民中学得以继续办理和发展。

1943年1月研究所恢复独立设置后,研究所人员与当时滞留广西的林砺儒、董渭川等教育专家就广西的国民中学教育、师范教育、战地教育和国民大学创制等问题开展深入研究,在总结经验的基础上,对国民中学的修业年限、学制衔接、学生出路、升学渠道、组织、设施、师资等问题进行深入讨论,并通过制定《广西国民中学新课程标准》对国民中学课程进行了全面修订。

(二) 中等教育师资培养与辅导

全面抗战时期,广西中等教育发展较快,急需师资,但又缺乏培养中等教育师资的师范学校,因此广西教育研究所一经成立,即投入全力培训中等教育师资,先后开办多种训练班和研究班,主要有:(1)童子军教练员训练班,学员77人,修业6个月。(2)文史地教学研究班,学员50人,开设普通教学法、国文教学法、历史教学法、地理教学法等课程。(3)国民中学教育研究班,委托疏散在桂林的江苏省立教育学院代办,学员34人。学员首先探讨国民中学教育及中等教育理论与实际问题,然后被分派到临桂国民中学等10校实习,由江苏省立教育学院导师巡回指导,最后整理总结经验,写成实习报告。(4)中等学校数理化教学研究班,为培养中等学校数理化师资,并训练理科仪器管理人员,同时为提高此类教职员之常识技能,增进其教学管理效率而开办,由丁绪贤负责筹备,招收高中毕业生60名,分数学和理化两组训练,期限1年,成绩及格者准予毕业,由省政府派往省内初中或国民中学服务。

此外,研究所为辅助全省各中等学校导师及教师利用业余时间研究与教育有关之学术,以解决理论与实际问题,增进教学效率起见,还附设函授学校,开办数学、国文、历史及地理四科,各科设名誉导师若干人、主任导师1人及导师若干人,分别担任编撰、答问及通讯等事宜。

(三)编辑教育书刊

为倡导研究教育学术,辅助教育工作人员之进修,并为交换其教学经验起见,研究所一经成立即编印月刊一种,定名为《广西教育研究》,于1941年1月1日创刊,编辑为卢显能。该刊创刊目的是"为集思广益,扩大研究及互相报道工作","运用科学方法,从事实际工作,以协助本省教育改进运动中所惹起的教育实际问题,内容着重研究改进高等教育、普通中学、国民中学、师范教育、职业教育、国民基础教育等问题"。[①] 栏目有短评、学术论著、本省与各地教育建设、教育问题通讯与讨论、教育工作人员生活、教育文艺、国内外重要教育消息等,主要撰稿人有林砺儒、林仲达、操震球、董渭川、朱智贤、谢康、焦菊隐、苏希洵、陈重寅、张雪门、汤松年、戴自俺、金开山、潘景佳、李微、李志曙等一众教育界名家。1943年以前,该刊内容多为文化教育方面的一般性商榷及议论;1943年春该所重组后,该刊从现实出发,对广西省教育问题,特别是国民中学教育、普通中学教育等问题作实际的研究、讨论与报道,先后刊行了体育教师专号(1943年1月)、《国民中学教育研究专号》(上、下辑)、《国民中学新课集特集》(一)(二)两集。1943年夏,刊物内容逐渐转移至国民大学之初步试验的探讨。1944年6月因研究所疏散停刊,1946年1月1日于南宁复刊,出版复刊号(即第七卷第一期)后再度停刊,共出版7卷37期。

广西的国民中学创办后发展迅速,到1940年全省共有51所,但因无相应教材而借用普通中学教材,受到教育界人士的批评。为解决国民中学的教

[①] 桂林市政协文史资料学习委员会. 桂林文史资料:第38辑 抗战时期桂林出版史料[M]. 桂林:漓江出版社,1999:384.

材问题，教育研究所与"广西省政府国民中学教材修订编纂委员会"通力合作，负责修订国民中学课程标准，编纂国民中学各科教材，但因经费不足，以致编纂人员未能按实际需要聘任，影响了工作的顺利开展。后研究所于1941年9月成立国民中学研究室，下设"国民中学课程委员会"，雷沛鸿为主任委员兼指导主任，林砺儒为委员兼总编纂，梁漱溟、林仲达为委员兼审校，其他成员有朱化雨、卢显能、乐茂松、操震球、罗子为、张健甫、杨熙时、徐锡珩、蔡英华、廖伯华、穆木天、马名海、张先辰、徐寅初、钱实甫、李微、张锡昌、欧阳予倩、傅彬然等人。他们以原来江苏省立教育学院编的《广西省国民中学课程教材及训导》为蓝本，除设计全套《广西国民中学课程标准》外，还编成《地方建设概论》（钱实甫）、《国民基础教育》（雷沛鸿）、《教育概论》（卢显能）等"国民中学"教材21种。

1943年，研究所曾成立编纂委员会及审查委员会，拟编印第一次广西教育年鉴。1946年1月，研究所组织了一个由3~5人组成的出版委员会，主持编纂出版事宜，曾于1946年1月25日创刊《教育导报》，但该刊于1947年12月25日停刊。此外，该委员会还编写了一套教育丛书（见表4-6）。

表4-6　广西教育研究所教育丛书一览表

著者	书名	出版时间
雷沛鸿	国民基础教育论丛	1946年11月
雷沛鸿	国民中学创制集	1946年11月
雷沛鸿	广西国民基础教育	1948年
雷沛鸿	广西地方文化研究之一得	1948年1月
卢显能	教育概论	1946年11月
卢显能	地方教育行政	1946年8月
卢显能	成人教育	1946年11月
卢显能	实习指导	1946年8月
卢显能	国民基础教育	1949年
周作福	教育方法	1948年
不详	国民中学导师手册	未出版
不详	国民大学创制集	未出版

资料来源：《广西文史资料选辑：第26辑　雷沛鸿纪念文集》，政协广西壮族自治区委员会文史资料研究委员会1988年刊，第279页。

（四）创立公立西江学院

为与国民基础教育、国民中学教育相衔接，广西教育研究所于1943年开始国民大学教育试验，并负责筹办公立西江学院，创立广西特有的国民基础教育、国民中学教育、国民大学教育一体贯通的教育体系。公立西江学院是由广西教育研究所创办并依赖教育研究所协助发展的高等学校，其整个构思和筹备都是通过广西教育研究所并由雷沛鸿牵头完成的。由一个教育研究机构筹备创设一所大学，在近代中国堪称绝无仅有。

公立西江学院从1944年筹设，1945年正式宣告成立，至1946年才取得合法地位，但创立西江学院的设想及蓝图在雷沛鸿头脑中酝酿已久。早在1943年7月，卸任广西省教育厅厅长的雷沛鸿应广西省政府聘请，出任广西教育研究所所长。为继续推行国民基础教育，衔接国民中学，1944年春，雷沛鸿在总结1942年私立南宁农业专科学校办学经验的基础上，设想由广西教育研究所与该校合作，进而提出创办国民大学的动议。1944年4月，他到右江一带考察教育，了解到左右二江及边远县份颇有"弃材及才难之叹"[1]，更增强了开办一所新型高校的决心；到邕宁县视察时，又了解到该县财政盈余甚多，拟增办一所完全中学，遂向该县建议，与其添办中学，不如创办一所独立学院以为地方培养人才；该县表示同意，并决定由邕宁县联络三南各县，共同出资办理。雷沛鸿遂邀请教育厅厅长苏希洵和部分在桂教育名家讨论经过修改的《筹设广西文理学院暨专科学校计划草案》，决定校名改为西江学院，兼办高等专门学校，从专科教育做起，将来图谋扩充发展，以便构成具有综合性的西江大学，并确定了办学方针、招生标准等。1944年6月1日，雷沛鸿与马名海、卢显能草拟了《发展国民大学教育计划大纲草案》，从教育改造和社会改造的互动关系方面阐发了创建国民大学的重要性和必要性。1944年6月4日，雷沛鸿邀集教育界著名人士及广西教育研究所一部分人员在广西教育研究所举行第一次筹备会议，就上述大纲草案展开了热烈讨论，初步解决了创办国民大学的可行性、先办理独立学院和以各县联立为办学原则等重大问题；紧接着又于6月11日，邀集三南各县留桂人士，在广西教育研究所举行第二次筹备会议，正式提出建立西江学院，并明确了创设要旨、进行程序、经费筹措、校名和地点等问题。7月18日举行第三次筹备会议，初步拟定以桂南籍人士为主的发起人名单，讨论通

---

[1] 陈友松. 雷沛鸿教育论著选[M]. 北京：人民教育出版社，1992：346.

过了由雷沛鸿起草的《创设西江学院建议书》，并成立了以雷沛鸿为主任委员的"西江学院筹备委员会"（共 15 人）。7 月 28 日召开第四次筹备会议，增选部分人士为筹备委员（共 17 人），对办学过程中有关实际问题作了具体安排，并决定向有关部门和社会散发《创建西江学院建议书》，邀请有关行政官员列名为赞助人。西江学院的创办，由抽象构想发展到具体设计，由教育领域扩展到政治、社会领域。

1944 年秋季，正当西江学院筹备工作紧锣密鼓进行之际，抗战形势发生变化，日寇第二次入侵广西，先后沦陷 70 余县。广西教育研究所被迫撤出桂林，迁至桂西重镇百色，继续担负筹建西江学院的使命。雷沛鸿于 11 月 5 日在百色行健中学主持了第五次筹备会议，参加此次会议的有时任广西省教育厅厅长黄朴心、前广西大学校长白鹏飞，以及部分区行政督察专员。会议决定设置西江学院校董事会，且公推雷沛鸿、苏希洵等人为董事，苏希洵为董事长，并以邵力子、李四光、李宗仁、白崇禧、黄旭初等人为名誉校董。与会者一致认为：因战争影响，省内高等教育机关已告停顿，应尽速在百色成立西江学院，并于短期内招生开学，以免青年失学。11 月 26 日，西江学院校董事会在百色正式成立，雷沛鸿被聘为首任院长，至此西江学院筹备宣告成功，开始进入组织实施阶段。1945 年 3 月，雷沛鸿根据董事会意见，决定暂以百色行健中学一部分校舍及田东简易师范学校为临时院址，先开办大学先修班两班，其中一班招收高中毕业生，修业半年；另一班招收高中肄业生，修业一年半，两班学生共 120 人。抗战胜利后，西江学院即于 1945 年 9 月 16 日从百色迁至南宁，并将原私立南宁农业专科学校并入西江学院，院址设在津头村原广西普及国民基础教育研究院旧址①。

第三节　四川省立教育科学馆

20 世纪上半叶，省级的地方公立教育研究机构除广西普及国民基础教育研究院和广西教育研究所外，比较突出的尚有四川省政府教育厅设立的四川省立教育科学馆。它由时任四川省教育厅厅长郭有守为谋求地方教育行政与教育学术的密切结合于抗战中期发起成立，成立后从该省教育实际出发，开展种类丰富、层次较深的教育研究、调查与实验，取得大量成果，并以通讯研究和讲习等方式对国民学校和中等学校教师进行培训，此外还主编多种

---

① 胡德海. 雷沛鸿与中国现代教育 [M]. 兰州：甘肃教育出版社，2001：22—23.

教育辅导刊物，通过刊载国内外教育信息、发表教育论著以促起全社会对教育事业的关注与支持，有力地辅助当地各类教育改革事业的发展，为战时四川教育研究及改革事业作出了不可磨灭的贡献，在当时的全国教育界形成一定影响。

一、创设背景与旨趣

全面抗战期间，四川是陪都重庆的所在地，也是全国抗战的大后方，其战略地位十分重要，这就要求其教育必须适应战争的需要，迅速提高人民群众的文化科学水平和爱国主义思想，以鼓舞斗志，增强抗战力量。为了提高民族觉悟，唤起民族意识，四川省政府在国民政府支持下，采取一系列措施推动四川教育发展，但各级各类教育的发展凸显出各种实际问题，需要通过科学研究加以解决。另外，因战争局势，中国近半数高校及大批文化团体内迁至四川，形成近代中国文教重心自东向西的大转移；而大批文化名人、教师、学生随之涌入四川，为四川提供了丰富的智力资源，也给四川教育注入了新鲜血液；国难当头，教育文化界有识之士以"教育救国"相号召，开展了频繁的学术交流和活跃的理论探索，致使四川各级各类教育得到迅速发展，教学和科研水平也同时显著提高，四川省立教育科学馆即结合内外部条件得以成立。

1939年3月，教育部秘书长、四川省政府委员兼新任教育厅厅长郭有守"为谋教育学术与行政需要之密切配合，教育理论与教育实际之互相印证，及运用科学方法与技术辅助本省教育行政机关，改进全省各级学校教育与社会教育，以期增高行政效率，发展教育事业，适应战时需要，奠定建国基础"[①]，向省政府提议设立教育科学馆以协助教育厅从事全省教育之调查、统计、编辑、研究、实验等工作。省政府会议通过该提议，并令郭有守兼理馆长，迅即着手筹备，克期成立。郭氏奉令后，即将厅内教育设计研究委员会、编审室、统计室、新教育旬刊社、图书室等部门合并入馆，聘原设计委员会委员汤茂如、薛鸿志、刘之介、张伸、穆济波等入馆工作，并聘汤茂如为副馆长。至同年5月8日，各方筹备就绪，四川省立教育科学馆正式成立，并订定《四川省立教育科学馆组织规程》（后于1943年春第608次省务会议通过修订为《修正四川省立教育科学馆组织规程》），经省政府委员会议决通过后实行。此项规程规定教育科学馆的职掌包括"关于教育科学各项成

---

① 国立编译馆. 四川省立教育科学馆五年概况［M］. 成都：国立编译馆，1944：1.

绩及教具之陈列展览，关于教育科学之研究实验与设计，关于各种教育方法及科学之实验事项，关于各种教育调查及教育测验之举行，关于科学仪器、标本、模型及其他教育用品之设计及推广，关于本省各级学校参考书、乡土教材、补充教材及民众读物之编审，关于各类教育设施、报告及教员进修手册之编印，关于教育科学期刊之编行，关于各级学校各科教学辅导之设计，关于本省教育工作人员所提各科教学问题之解答及其他咨询事项，关于国内外教育状况及新趋势之介绍"[1] 共 11 项。通过制定上述规程，四川省立教育科学馆将自身定位明确为"一对政府为教育学术与行政之咨询机关；二对本身为教育学术与行政之研究机关；三对全省各级学校教育与社会教育为辅导机关"[2]。至《修正四川省立教育科学馆组织规程》颁布，前述内容仅作少量调整，多数仍保留不变。

成立伊始，适奉四川省政府严令疏散，教育科学馆即疏散至郫县（今成都市郫都区——笔者注），并利用地利之便对郫县教育开展多项调查研究。从 1942 年开始，教育科学馆遵令办理国民教师通讯研究，负责辅导和解答小学教育相关问题。1948 年 4 月 10 日，教育科学馆遵国民政府教育部令改称"四川省立教育馆"，并于当年 5 月 8 日该馆成立 9 周年纪念日时正式更名。

二、组织机构、经费与设备

按《四川省立教育科学馆组织规程》规定，该馆设馆长一人综理馆务，由教育厅呈请省政府聘任。此职起初由教育厅厅长郭有守兼任，后由章柳泉、薛鸿志、陈行可等人继任。另设副馆长一人，由教育厅呈请省政府聘任，协助馆长处理馆务，当时聘得汤茂如担任此职。因郭厅长事务繁忙，汤茂如实际负馆长之责，综理教育科学馆各项事务。教育科学馆内分三组：一组承担教育行政、教育经费、教育视导、教育测验、教育统计及学校建筑设备、学校卫生等方面的调查、研究、设计、实验与编著等任务，二组承担各类教育与各级学校组织管理、课程教材教法及训育等方面的调查、研究、设计、实验及编审等任务，三组承担文书、事务、出版、展览、推广等任务。各组设主任一人，由馆长聘任，主持各该组事宜。各组依事务繁简，酌设专门委员、研究员、干事、助理干事、书记员等若干名，由馆长分别聘派；必

---

[1] 国立编译馆. 四川省立教育科学馆五年概况 [M]. 成都：国立编译馆，1944：2—5.
[2] 四川省立教育科学馆. 本馆概况 [J]. 四川教育通讯，1946（5）：2.

要时，各组得设各种委员会，处理与各组有关或偶发事项，人员由馆长指定。此外，每两周开馆务汇报会一次，由馆长召集主持；馆长缺席时，由各组主任轮流主持；各组主任、专门委员、特约专门委员、研究员须出席，主办会计人员及与汇报事项有关之干事亦须列席。汇报内容为审理该馆预算、决算、工作计划及应兴应革事项等，实际相当于教育科学馆研究委员会会议。

表4-7 四川省立教育科学馆工作人员简况表（1944年）

职务	姓名	性别	年龄	籍贯	简历	到职时间
馆长	薛鸿志	男	52	辽宁海城	北平高等师范学院教育研究科毕业，美国斯坦福大学硕士，曾任国立四川大学师范学院教授	1943年8月
一组主任	张 伸	男	47	浙江临安	英国伦敦大学教育研究员，美国密歇根大学硕士，历任中央政治学校、华西协合大学、金陵大学及国立四川大学师范学院教授	1944年1月
二组主任	田世英	男	32	江苏砀山	北平师范大学地理系毕业，历任本馆研究员、专门委员、四川省教育厅编审、中小学教职员及大学讲师等职	1943年9月
专门委员	禹 瀚	男	38	河北通县	北平师范大学毕业，燕京大学研究院毕业，曾任华西协合大学教授、教育部生物标本制造所制造组主任等职	1943年9月
专门委员	杨鸿昌	男	32	河南杞县	北平师范大学教育系毕业，曾任四川省立剑阁师范学校教育科教员兼附小校长	1943年1月
专门委员	丁秀君	女	不详	四川	北平师范大学教育系毕业，曾任四川省资中县立女子中学、省立成都女子师范学校等校校长	1944年4月
研究员	邱觉心	男	31	四川三台	四川大学教育系毕业，曾任中学、师范学校教职员及大学职员	1943年9月
研究员	余通灵	男	32	四川安县	四川大学教育系毕业，曾任安县中学教导主任、四川省立乐山师范学校教育实习指导主任等职	1943年8月
研究员	刘 泽	女	32	辽宁辽阳	西北师范学院师范研究所毕业，曾任山东省立女子中学、国立第六中学史地教员等职	1943年12月

续表4—7

职务	姓名	性别	年龄	籍贯	简历	到职时间
干事	倪 颖	女	34	辽宁铁岭	北平师范大学地质地理系毕业，曾任立达中学地理教员	1941年8月
干事	徐淑远	女	32	浙江绍兴	河南大学教育系肄业，历任广东惠阳女子师范学校教员、国民党中央党部干事、四川省教育厅科员	1943年1月
干事	朱朝珍	女	32	四川达县	四川省立成都女子师范学校毕业，曾任成都市立第九小学及四川省立北城小学教员	1940年2月
干事	许振君	女	32	四川资中	四川大学教育系毕业，历任小学教员、民众教育教师、中学教员	1943年9月
干事	罗辉英	女	40	四川广汉	四川广汉县立女子小学毕业，曾任四川省动员委员会干事、四川省田管处科员等职	1942年12月
干事	盘仕珍	女	32	四川永川	华西协合大学教育系毕业，历任中学教员、四川省政府科员、编辑干事等职	1943年10月
干事	李荣仪	男	31	四川眉山	成都艺专毕业，特种考试教育行政人员再试合格，历任中小学职员、教员、教导主任、校长及县政府督学等职	1944年1月
干事	裴 文	男	34	四川宜宾	四川大学物理系毕业，曾任四川省立宜宾中学、私立兼善中学、四川省内江县立中学数理教员	1943年
干事	钟可立	男	33	四川重庆	四川省立万县师范学校毕业，重庆大学肄业，曾任县政府科员、乡镇长及中学校长	1943年1月
助理干事	谢伯澈	男	32	四川成都	成都高级中学毕业，曾任县政府科员、小学校长、教员	1942年11月
助理干事	徐慧珍	女	34	江苏宜兴	江苏宜兴女子师范学校毕业，曾任小学教员、江苏省立中城小学教员及省立实验小学分校教员	1943年3月
助理干事	张 尼	女	32	辽宁安东	东北大学肄业，曾任四川省绵阳市三台县立中学国文教员	1943年9月

续表4-7

职务	姓名	性别	年龄	籍贯	简历	到职时间
助理干事	侯玉贞	女	32	山东	山东省立女子师范学校后期师范毕业,曾任山东省烟台市烟滩路小学教员、金堂女子中学女生管理员半年	1943年9月
助理干事	郑肇玖	女	31	四川仁寿	四川省立成都女子职业学校高级图书管理科毕业,曾任东大镇中心学校级任教员	1943年9月
助理干事	蔡明智	女	32	四川资中	县立女子中学高中部肄业,曾任家庭教师	1943年1月
助理干事	刘钧烈	男	33	四川华阳	私立大同高级中学肄业,曾任私立文华小学教员	1943年2月
助理干事	郭子聪	女	32	河南	河南省立开封第一女子师范学校后期毕业,曾任河南省立第十一小学及第三小学教员	1943年11月
助理干事	柯昌秀	女	32	四川岳池	四川省立成都女子职业学校毕业,曾任四川省立华阳中学会计员	1943年11月
助理干事	刘俊卿	女	31	四川绵阳	四川省立绵阳师范学校毕业,曾任民众教育馆教员及青义乡小学教员	1944年2月
书记员	杨元德	女	36	四川华阳	建国中学高中毕业,曾任市立中学教务员	1943年9月
书记员	孙宗培	男	32	四川资阳	四川省资阳县立中学毕业,曾任土地陈报办事处保管员及小学教员	1942年7月
书记员	罗诗群	男	32	四川灌县	四川省灌县初级中学毕业,曾任司书职(负责财务核算及文书档案管理工作的行政人员)	1943年2月
书记员	李天祥	男	32	四川宜宾	四川省立江安中学高中毕业,曾任小学教员	1943年10月
书记员	武春林	男	32	四川琪县	四川省立泸县师范学校毕业,曾任小学教员及一六四师四九团书记员等职	1943年10月
书记员	谢代蕃	男	31	四川成都	大同高级中学肄业,曾任双流县及郫县小学教员	1942年2月

续表4-7

职务	姓名	性别	年龄	籍贯	简历	到职时间
书记员	章文瑾	女	32	浙江新登	上海君毅中学高中毕业,上海法学院会计系肄业,曾任江西信丰县田粮管理处办事员	1943年12月
书记员	徐能甫	男	32	四川简阳	四川省简阳县立中学肄业,曾任四川省教育厅书记员	1943年2月
书记员	郑锦山	男	32	河北丰润	北京通州潞河中学高中毕业,曾任北平北方中学书记员	1943年9月
书记员	李成学	男	32	山东莱阳	国立二十二中学高中毕业,曾任基泰工程司助理员	1943年7月
电话生	李宗乾	男	23	四川简阳	曾任四川省简阳县电报局电务员	1940年6月
油印生	郑吉元	男	33	四川乐至	曾任四川省乐至中学事务员	1940年4月
会计员	张慧凝	女	40	上海	中国公学大学部商科会计系毕业,曾任四川省教育厅科员、四川省立成都实验幼稚园会计员	1943年1月
助理会计	陈静伦	女	32	四川蒲江	华美女子中学高中毕业,曾任地方法院会计助理	1941年11月

附:离职人员一览表（以聘任为限）

姓名	曾任职务	姓名	曾任职务
郭有守	兼馆长	陈养蒙	专门委员
汤茂如	副馆长	祝超然	研究员
章柳泉	馆长	康定夏	研究员
刘之介	二组主任	徐恒之	研究员
郭秀敏	三组主任	田泽芝	研究员
周清缉	三组主任	牛星垣	研究员
张云波	二组主任	苏诚鉴	研究员
江东之	三组主任	刘世锜	研究员
刘百川	一组主任	赵文杰	研究员
陈伯琴	二组主任	白林轩	研究员
罗学府	专门委员	吴天锡	研究员

续表 4-7

姓名	曾任职务	姓名	曾任职务
庄子毅	专门委员	钟禄元	研究员
张豁然	专门委员	申止固	研究员
叶绍钧（即叶圣陶）	专门委员	孙元琒	研究员
陈廷瑄	专门委员	陶元甘	研究员
朱启贤	专门委员	李金声	研究员
刘振羽	专门委员	齐东野	研究员
韩庆廉	专门委员	张鉴虞	研究员

资料来源：《四川省立教育科学馆五年概况》，国立编译馆1944年版，第38~45页。

如表4-7所示，教育科学馆的工作人员学历层次相对较高，主要研究人员中馆长和组主任有留学经历，并曾在大学担任教职；专门委员和研究员一般都毕业于高等院校，其中如禹瀚和刘泽还在大学研究机构深造，接受过学术研究方面的专门训练，并且他们都有在大、中、小学及师范院校任教的经历，对于教育教学一线的情况素有了解，这使他们在工作中易于联系实际。教育科学馆曾吸纳汤茂如、叶圣陶、朱自清、薛鸿志等著名教育家，汤氏在馆期间，以副馆长之职代行馆长之权，对教育科学馆各项事业颇有擘画之功；叶圣陶则与朱自清合作编纂了《精读指导举隅》与《略读指导举隅》，为中学语文教师指导学生精读和略读提供参考教材，还与田泽芝合作编辑《小学生诗选》，对四川省立教育科学馆的教育研究和教材编辑颇有贡献；薛鸿志长于教育统计，在馆内工作期间，撰有《四川中等学校教师概况》《四川省中等学校师资教育调查与解析》等多项教育统计报告，用数据分析四川各级各类教育发展情况，为教育研究与改革提供了事实依据。从年龄组成来看，除馆长薛鸿志和一组主任张伸较为年长外，其余研究人员均在30~40岁之间，应该说，这是一个很年轻、很有活力的团队，这也是教育科学馆能开展如此广泛的调查研究并取得巨大成绩的原因之一。

经费方面，教育科学馆无事业费，经常费亦属有限。成立当年经费为4万元，由教育厅从1939年度省教育文化费内匀支3.6万元，其余由印刷费项下匀支；其后每年均有所增长，大部用作俸给费和办公费（见表4-8）。因经费短缺，该馆多项事业受到限制，如1945年时曾因"本馆预算未列事业费专款"而将已发行之《国民教师通讯》月刊停印达5个月之久；后"乃循教育界之建议，募集本馆刊物基金，以其孳息，作印制工本之需"①，至1946年4月，募得国币291.85万元，此外各市县统购《国民教师通讯》及《四川教育通讯》者计44县，收入工本费国币903450元，加上零售收入国币223156元，约有400万元之数。②以此项存款之利息及馆内撙节之经费，勉力支付各项杂费。

表4-8 四川省立教育科学馆历年经费收支一览表（单位：元）

	年度	1939年度	1940年度	1941年度	1942年度	1943年度
收入	经常费	40000	72000	77900	101270	126588
支出	俸给费	26032	53448	57108	71892	89868
	办公费	8622	10812	17012	22055	29065
	购置费	2686	2940	2580	6123	7655
	特别费	2660	4800	0	0	0
	补助费	0	0	1200	1200	0

资料来源：《四川省立教育科学馆五年概况》，国立编译馆1944年版，第10页。

至于馆舍与图书等设备，教育科学馆一向不宽裕，但该馆于艰苦条件下极力撙节，多方添置，尚勉强敷用，不致对研究辅导事业影响过大。该馆原址在成都城守街，自疏散至茶店子后，原址房舍为四川省立图书馆所借用，教育科学馆则于1940年9月迁至茶店子教育厅疏散地址办公；1941年春教育厅在茶店子另砌房舍，将原有茅舍大部让与该馆，当时馆中仅有茅舍十余间，一、二、三组各占两间，馆长室一间，礼堂及陈列室三间，保管室一间，其余为职员宿舍。因馆内房屋实在太狭窄，每间宿舍都有三四人同住。1943年7月薛鸿志接任馆长后，深感有碍研究人员工作、生活，乃多方撙节，于原来男职员宿舍侧另砌宿舍三间。1945年4月陈行可接任馆长后，将该馆迁回城守街原址，但因疏散期间所有房舍为四川省立图书馆借用，而该馆新址又尚未建筑，故教育科学馆迁回后只有两馆合住，办公地点甚为拥挤，致使教育上多项实验计划无法落实。

教育科学馆为教育科学研究机关，对参考图书所需至殷。故甫一成立，馆长郭有守即将教育厅图书室让归该馆，同时多方敦请各机关书局赠送有关

---

① 四川省立教育科学馆. 本馆三十四年度工作计划暨实施概要[J]. 四川教育通讯, 1945(8): 18.
② 四川省立教育科学馆. 本馆概况[J]. 四川教育通讯, 1946(5): 5.

典籍书刊。历年复就购置费极力撙节，商同各部门研究人员，移用大部分以购置图书。以教育科学馆之性质，所藏图书以教育方面者为最多，除日常供给馆内人员参考切磋外，还可供教育厅及各有关机关人员借阅。经历年苦心经营，至1946年4月，馆中有中西文图书12593册，及期刊报纸若干。中文书籍中，综合类659册，哲学类237册，宗教类17册，自然科学类214册，应用科学类282册，社会科学类5632册，史地类395册，文学类381册，艺术类75册，字典、辞典及地图等参考用书70册，中国旧籍4486册；① 外文教育书籍及杂志135册，为馆长郭有守于教育科学馆创办初期委托美国麦克米伦（MacMillan）书店所购，1941年秋又委托美国贝克－泰勒（Baker & Taylor）书店代购图书杂志，除已购到书籍及杂志130余册外，尚余美金220余元，嗣后又于同年11月函请该店继续代购书籍及杂志30余类，但因太平洋战事爆发，所购图书杂志均未寄到。至于该馆所藏期刊报纸，大部分为各教育行政机关及文化团体所赠阅，约50余种1000余册。时处战争时期，杂志印刷困难，多时出时停，又因交通阻滞，邮寄不便，采购不易，且每每中途逸脱，教育科学馆经多方联系，函购罗致，以供研究参考，遂使教育科学馆的研究与辅导工作基本能与国内外同步发展。

三、颇具地方特色的教育研究与辅导工作

教育科学馆的工作主要包含研究与辅导两部分。属于研究工作者计有下列四项：（1）各类教育专题研究；（2）各级各类教育实验，各科教学改进实验，各项教育科学研究改革实验；（3）各种教育文献的整理；（4）其他现实教育中偶发问题之研究。属于辅导工作者计有下列四项：（1）协同教育厅辅导各级各科教学；（2）协同教育厅辅导县级教育行政及各级学校行政之改进；（3）协助各级教师之专业进修；（4）协助各级教师之个人进修②。此外，为实际辅导各级各类教育之进行，教育科学馆编行多种教育辅导刊物；由教育科学馆研究员、专门委员及特约专门委员并敦请馆外学者，以成都市各级学校学生为对象，前往各校作专题演讲；办理教育行政机关、学术团体及学校委托研究事项；承担教育厅委托之编辑、审查、设计、研究等工作；参加有关教育活动。教育科学馆在上述各类工作中均取得不俗成果，既促进了教育理论的研究，也在客观上推动了四川各级各类教育的发展。

---

① 四川省立教育科学馆. 本馆概况［J］. 四川教育通讯，1946（5）：4.
② 四川省立教育科学馆. 本馆概况［J］. 四川教育通讯，1946（5）：2.

（一）调查统计及专题研究

教育科学馆以发展四川教育事业、增进教育行政效能、适应抗战需要为工作核心，故其实施方针偏重于学术应用。为求彻底明了四川省教育行政及一般教育状况，该馆决定先从调查、统计、专题研究三方面着手。具体说来，教育调查分为综合的以县为单位的调查和分级分科的全省教育调查；教育统计依据教育厅各科室汇集之全省各级教育行政机关及各级学校的报告材料及该馆实地调查数字，分类统计，绘制图表，汇编成册；教育专题研究主要采取馆内小组座谈会、专题研讨会及调集馆外各级各科教师举行之某科教材教学研讨会等形式。

创办之初，即逢四川省政府严令疏散，教育科学馆遂疏散至郫县，自1939年6月至1940年1月间，对该县教育问题进行实地调查研究。首先，为明了地方教育实际状况、发现各级学校施教问题，以便提出改进县地方教育的建议，教育科学馆进行县地方教育调查，于1939年6月间协助郫县县政府联合当地热心教育人士及各相关公务人员，组织"郫县教育调查委员会"，分组分区进行综合调查，搜集材料甚多，经分类整理统计后编制报告，主要包括《郫县志要》《郫县教育调查综述》《郫县县立初级中学调查报告》《郫县县立幼稚园调查报告》《郫县小学学生及经费调查报告》《郫县小学训育调查报告》《郫县小学课程与教学调查报告》《郫县小学校舍与设备调查报告》《郫县小学教师生活调查报告》《郫县小学体育与卫生调查报告》及《郫县小学校史》11种[①]。其次，当时教育科学馆内分三组，教育调查研究的任务主要由第一、二组承担。第一组职员多系教育厅统计室原有之工作人员，并入教育科学馆后，仍以统计为主要工作，曾编行《四川省教育近况》一册。在最初的工作中，主要对教育厅统计室原有资料等教育文献进行整理，并依据以往统计材料对四川教育实际问题开展专题研究，这方面的成果主要有《二十六年度四川初等教育概况》、《二十七年度四川中等教育概况》、《二十八年度四川中等教育概况》、《二十六年度四川社会教育概况》、《二十七年度四川社会教育概况》、《办理郫县县立初中入学考试心理测验》、《四川全省地方教育经费概况》（张伸）、《小学行政手册》（张伸）、《四川中等学校教师概况》（薛鸿志）、《教师记录制度》（薛鸿志）、《儿童学习心理》（吴慧铃）、《四川省地方学校教育发展之趋势》（薛鸿志）、《四川中小学操行成绩考查法

[①] 汤茂如. 四川省立教育科学馆概况[J]. 教与学，1940，4(11): 25—26.

之研究》（罗学府）、《四川中小学各科成绩考查法之研究》（罗学府）、《四川省中等学校师资教育调查与解析》（薛鸿志）、《国语注音汉字之选择及注音字汇之编制》（薛鸿志）及《四川省地方教育设计制度之拟编》（薛鸿志）17种[1]；而第二组承担中小学各科教材及教法之研究编辑工作，业务较繁，复因人事更换较多，各科专门委员及研究员未能聘齐，致使原定工作未能全面开展，仅按已有之人力，分任各科调查研究编辑事项，其主要成果有《高中生物学实验教程》（禹瀚）、《初中国文教材教法调查研究》（蔡国政）、《初中英语教材教法调查研究》（王介平）、《初中算学教材教法调查研究》（陈伯琴）、《中等学校乡土教材》［包含国文（陈昭华、蔡国政）、历史（赵文杰）、地理（周清缉、张蕴华）、自然（禹瀚、陈伯琴）] 5项[2]。

1940年四川开始实施新县制，推行国民教育制度。教育科学馆为使四川教育达到整齐、精进、合理化、科学化的水平，积极协助四川省政府推行新政，对国民学校、中心学校乃至一县之国民教育的教材、教法、训育、设备及成绩考查等问题进行分析、研究与实验，并拟具有效办法供地方改进教育，"以促进教育行政之学术化，教育学术之科学化"[3]。同时，教育科学馆集中人力物力，致力于中小学需要的各科补充教材之编纂及各种教育制度与教学方法之研究实验，并以其结果编行丛书、丛刊及中等学校和国民学校教材，"务期教者有充分的参考资料，使学生实受其惠，使各级教学的引证说明均基于确切的材料"[4]。至1944年，专题研究工作已完成而出版或刊印者，计有5类39种（见表4-9）。

---

[1] 汤茂如. 四川省立教育科学馆概况 [J]. 教与学，1940，4 (11)：26.
[2] 汤茂如. 四川省立教育科学馆概况 [J]. 教与学，1940，4 (11)：26.
[3] 汤茂如. 四川省立教育科学馆概况 [J]. 教与学，1940，4 (11)：26.
[4] 四川省立教育科学馆. 本馆之任务 [J]. 四川教育通讯，1946 (5)：8.

表 4-9 四川省立教育科学馆专题研究成果一览表

类别	著译者	书名	出版或刊印单位及时间	主要内容
教材教法类（四川省立教育科学馆丛书）	叶绍钧 朱自清	精读指导举隅	商务印书馆，1942年出版	以《泷冈阡表》（欧阳修）、《药》（鲁迅）、《我所知道的康桥》（徐志摩）、《封建论》（柳宗元）等6篇作品为例，分别加以剖析，指明各篇旨趣和写作技巧，供中学语文教师指导学生精读参考
	叶绍钧 朱自清	略读指导举隅	商务印书馆，1943年出版	以《孟子》《史记·菁华录》《唐诗三百首》《蔡孑民先生言行录》《胡适文选》《呐喊》《爱的教育》为例，加以剖析，指出阅读应注意之点，供中学语文教师指导学生略读参考
	叶绍钧 田泽芝	小学生诗选	四川省教育厅，1944年刊印	从《古诗源》和《唐诗三百首》选取文辞浅明、意境为小学生所能理解而其宗旨又与现代生活不相违背之诗歌约50首，供小学生课余吟诵
	禹 瀚	成都平原树木检索表	四川省教育厅，1944年刊印	专供外出采集时便于携带检索用。如手执本书一册，行成都平原内，大多数树木之名称、科别等，均可随时查出，对于生物学教师率领学生到野外采集应用非常便利
	禹 瀚	高中生物学实验教程	四川省教育厅，1944年刊印	共分40次实验，每学期20次，每周一次，适供一学年之用。实验内容，除依照课程标准规定之教材外，更依照"乡土教材"由简而繁的顺序，列成有系统之教程
	禹 瀚	生物学教法与教材	四川省教育厅，1944年刊印	分6章，计10余万字。凡教学原理、教学方法以及教具之运用等，均详为说明，对于各项教材——动物及植物，亦均参照中国物产情形、学校设备、教育部颁布之课程标准及欧美现行课程标准详加讨论。书末附有初中动植物测验及高中生物学测验，可为教师测验学生成绩之参考
	陈伯琴 胡思齐	算学	四川省教育厅，1944年刊印	为国民教育师资训练班算学科教本，共分6章，前3章为运算法则及基本概念，后3章为应用方面
	田世英	中学地理新教法	商务印书馆，1942年出版	以人生与自然间之显著相关点作中心，将课本内之材料，组成一有系统、有兴趣、合乎时代需要之教案，共分9章
	田世英 郭秀敏	中小学地理教学法	四川省教育厅，刊印时间不详	分绪论、施教目的、课本选择标准、教案组织法、教室的布置及教具的配备、地图的运用、各项教材教法分论、乡土地理教学法及结论9章

续表4-9

类别	著译者	书名	出版或刊印单位及时间	主要内容
教材教法类（四川省立教育科学馆丛书）	田泽芝	应用文	四川省教育厅，1944年刊印	为一年制师训班教本，分总编、公文、书启、纪录、规章、契约及应酬文7章
	杨鸿昌	心理卫生与儿童教育	四川省立教育科学馆，1944年刊印	以心理卫生之原理与方法，分别讨论家庭教育、幼稚教育及小学教育之种种问题，计分10章
	邱觉心	教育通论	四川省立教育科学馆，1944年刊印	分教育的对象、何谓教育、社会组织与教育、教师、训导、我国教育的演进、我国新教育的萌芽及其发展、各国普及教育的趋势、中国教育家的生活与思想、西洋教育家的生活与思想、世界主要教育思潮及教育的研究方法12章
	邱觉心编黄建中校	柏拉图教育思想研究	四川省立教育科学馆，刊印时间不详	由希腊时代的文化、政治、地理、生计等背景解析柏拉图哲学思想之形成，推论如何由其哲学思想以构成其教育思想，进而解析其《理想国》与《法律篇》两大对话集之纲领主旨及相互关系，然后以比较研究法论述其教育思想之全貌及其对于近代教育思想之影响
	田世英	地理学新论及其研究途径	商务印书馆，出版时间不详	分地理思潮的演进及趋势、新地理的特性及启示、新地理的旨趣、地理因子分论、研究地理的基本条件与工具、专题研究撮要、实地考察、基本读物介绍及应备图籍8章
	康定夏译	化学大纲	四川省立教育科学馆，刊印时间不详	J. R. 刘易斯（J. R. Lewis）著，适用于大学一年级或高中教本或参考书。原书名：An Outline of First-year College Chemistry (Fourth Edition Revised and Enlarged)。
	贾寇	儿童心理学	四川省立教育科学馆，刊印时间不详	以介绍儿童心理的常识以及心理学家研究实验的结果为主，内容共12章
	蒋益明	第二次世界大战史	四川省立教育科学馆，刊印时间不详	含中国抗战、欧洲大战、太平洋大战等20章
	蔡乐生	中心国民学校适用常用字汇	四川省立教育科学馆，刊印时间不详	根据10余位中外学者之调查统计结果作综合研究，选择最常用之国字2000个，厘定其使用频率以供扫除文盲及编纂小学教科书之用
	杨鸿昌辑	四川儿歌选辑	四川省立教育科学馆，刊印时间不详	整理搜集到的儿歌，得40首，按字数多少与意义深浅加以排列，经四川省立成都实验幼稚园试用后调整列排次序

续表4－9

类别	著译者	书名	出版或刊印单位及时间	主要内容
教材教法类（四川省立教育科学馆丛书）	田世英	四川乡土地理	四川省立教育科学馆，刊印时间不详	分中等学校适用及小学适用各一册
	蒋益明 孙志侠 巫静华 蒙绍章	四川乡土历史	四川省立教育科学馆，刊印时间不详	分四川历史地理沿革、四川民族之发展、四川政治之演进、四川文化之特点、四川经济之开发、四川人物汇志、四川特殊风俗志略、四川对革命抗战建国之贡献及结论10章
	陈儒兰辑	四川乡土游戏教材	四川省立教育科学馆，刊印时间不详	四川各地儿童中最流行又经国民教师选择的较有意义的乡土游戏
	王舜山	儿童智慧	四川省立教育科学馆，刊印时间不详	量表测题按语言、数理、图形等为主要类别编制。语言类包含记忆、理解、语顺、填字、联想、类推等项，数理类包含数列、加减、乘除、数形交替等项，图形类包含记忆、分析、模仿、比较、形状、颜色、美感、空间、辨识等项
测验统计类	薛鸿志	四川省各县市国民教育调查及统计	商务印书馆，1942年出版	分8章介绍该省初等教育调查、统计的步骤，研究统计方法的运用、教育经费、教职员、学生、学龄前儿童及成人的调查方法等。
	薛鸿志	四川省教育近况	四川省教育厅，1939年刊印	介绍1935年度至1938年度上学期四川省教育行政及各级各类教育情况
	薛鸿志	四川省二十七年度初等教育统计	四川省教育厅，1940年刊印	内分总述、二十七年度全川初等教育总况、各行政区初等教育概况、各县教育经费预算数及省立小学概况5章
	薛鸿志	四川省中等学校第一届至第十一届会考统计	四川省教育厅，1939年刊印	分本篇内容、第十一届会考统计、第一届至第十一届会考统计结果3章，并附表11个、图1幅
	薛鸿志	四川省中等教育统计	四川省教育厅，1940年刊印	分四川省中等教育总况、中等学校之校史及校址、中等学校之学生、中等教育经费、中等学校之教职员等5部分
	薛鸿志	四川省中等学校第十二届至第十五届会考统计	四川省教育厅，刊印时间不详	该书编次及功能与《四川省中等学校第一届至第十一届会考统计》相同
	薛鸿志	四川省二十八年度初等教育统计	四川省教育厅，刊印时间不详	分二十四至二十八年度教育总况、二十八年度省联立各小学概况、二十八年度各县市初等教育统计、三十年度各县市岁入及教育文化经费预算4部分

第四章　近代中国地方公立教育研究机构

续表4-9

类别	著译者	书名	出版或刊印单位及时间	主要内容
训导类	陈纪喆	如何实施导师制	商务印书馆，1944年出版	分导师制之起源与其他训育制之关系、训导委员会之组织及其任务、导师工作之性质及范围、导师工作之推进、导师工作之调整5章
报告类	吴慧铃	郫县教育调查报告之一：幼稚园教育	四川省立教育科学馆，1940年刊印	分两编，讲述该县幼稚园概况和编者对幼稚教育工作的意见
	禹瀚	生物学科教学视察报告	四川省教育厅，1941年刊印	专科视察报告之一，通过实地视察采访，对四川省中等学校生物科教学情况，如教材、教法、设备及师资等，记载甚为翔实，并从实际情形加以研究，提出改进意见
	陈伯琴	算学科视察报告	四川省教育厅，1941年刊印	专科视察报告之二，分视察计划、视察工作、辅导工作及建议事项等4章，凡5万余字
	张云波等	边区施教团报告书雷马屏峨纪略	四川省教育厅，1941年刊印	系四川省政府边区施教团在川西南部施教之报告，计30余万字，并附图多幅，除详述雷波、马边、屏山、峨边之人文地文外，对于开发边区尤多切实建议
图表类	陈伯琴 胡思齐	立体几何挂图	四川省教育厅，刊印时间不详	立体几何挂图34幅，包括直线与平面图12幅，多面体、柱与锥图12幅，球及球面图10幅；另附说明书一册
	田世英	非洲形势图	四川省教育厅，刊印时间不详	以分层设色法绘制地形，以特殊符号区分疆界，并于图隅附雨量图、气温图、人口分布图等以供参考
	田世英 郭秀敏	四川省教育文化地图	四川省教育厅，刊印时间不详	总图4幅，包括中等以上学校分布图、自然环境图、人口分布图、各县入学儿童占学龄儿童百分比图，并含县（市）分图140幅，共144幅汇为一册
	朱朝珍	数学挂图	四川省教育厅，刊印时间不详	计有三角函数值图表、标准制和市用制换算图线表及开立方原理说明图等

资料来源：《四川省立教育科学馆五年概况》，国立编译馆1944年版，第12~23页及《四川教育通讯》1945年第8期，第14~18页。

至1944年，教育科学馆有多项研究已完成并编为专书，但限于经费而未能刊印；此外还有多项尚未完成继续编研之专题（见表4-10）。

263

表4-10 四川省立教育科学馆已编未印之专书及继续编研之专题一览表

类别	编研者	书名或专题名	备注
已编未印之专书	四川省立教育科学馆	郫县教育调查	共10册,幼稚教育已印出
	禹 瀚	成都平原习见树木图说	已送商务印书馆付印
	庄子毅	中学校长手册	
	庄子毅	国民教师手册	
	孙元璜	中学各科学习心理	美国Reed原著
	刘世锜	新四川	
	田泽芝	中学生国文课外读物介绍	
继续编研之专题	薛鸿志	小学算术教材及教法	预计1944年内完成
	薛鸿志	普通智力测验	预计1944年内完成
	盘仕珍等	师范生生活调查	预计1944年内完成
	禹 瀚	双生子遗传与环境的研究(译本)	
	田世英	地理学习指导	预计1944年5月完成
	邱觉心	四川中等学校课表编排问题之调查研究	
	禹 瀚	六年制初中博物教本	
	禹 瀚	初中博物及高中生物测验的分析	
	田世英	四川乡土地理研究	

资料来源:《四川省立教育科学馆五年概况》,国立编译馆1944年版,第22~24页。

1945年4月陈行可任馆长后,对教育科学馆进行改组。改组后的教育科学馆内设有各级教育机构,以"实际教育"为研究对象。具体来说,即"以科别言,举凡中等学校应有的历史、地理、国文、教育、物理、化学、数学、外国文乃至训导等,均设有专门委员,分门研究,从学理到教学方法,无不详尽研究与设计。以教育层级言,凡中等教育,国民教育、社会教育、专门教育均包括在内,各设分科研究,以期教育的改进,能止于至善"[①]。嗣后教育科学馆每年均制订年度工作计划,对各类教育实际问题进行专题研究。

---

① 四川省立教育科学馆. 本馆之任务[J]. 四川教育通讯, 1946(5): 8.

表 4-11 1945 年后四川省立教育科学馆研究专题一览表

年份	研究专题	备注
1945年	四川儿童选辑	中心国民学校、国民学校适用
	编选本地流行之民间游戏	中心国民学校、国民学校适用，教育部颁研究问题
	编选本地实用之劳作教材	中心国民学校、国民学校适用，教育部颁研究问题
	乡土地理教材	中心国民学校、国民学校适用
	乡土地理教材	中等学校适用，教育部函请编辑
	乡土历史教材	中等学校适用
	乡土劳作教材	中等学校适用
	本省各级教育机关及学校工作人员之调查研究	
	本省国民教师在业务上所发生之问题的分析研究	
	对于现行小学课程标准之改进意见	教育部颁研究问题
	对于国立编译馆编辑之初小国语常识标准本前四册之改进意见	教育部颁研究问题
	拟编初级小学儿童用字汇	教育部颁研究问题
	扫除文盲计划（国字心理研究）	
	中学适用智力测验	
	小学适用智力测验	
	中等学校训导问题研究	
1946年	四川乡土地理教材	小学用，徐威仪编，编竣待印
	四川乡土地理教材	中等学校用，编竣待印
	四川乡土历史教材	小学用，编竣待印
	四川乡土历史教材	中等学校用，蒋益明、任万达、赵知闻等初编，陈虞裳校订复编，编竣待印
	四川乡土游戏教材	陈霭兰编，编竣待印
	四川乡土劳作教材	在编辑中
	三年制简师用各科教科书之编辑	半数已成稿，半数在编辑中
	对于现行小学课程标准之改进意见	教育部颁研究问题，发出之询问卷尚未收回
	国定本小学各科教科书之批评	教育部颁研究问题

续表4-11

年份	研究专题	备注
1946年	国定本中等学校各科教科书之批评	教育部颁研究问题
	初级小学儿童用字汇	教育部颁研究问题
	常用字汇教学法	
	常用国字辞典	
	小学适用智力测验	已两度试测，结果在整理中
	中学适用智力测验	与金陵女子大学合作
	中等学校训导问题研究	已完成三分之一
	中学物理教材及教学法研究	材料已搜集，在研究中
	国民学校如何兼办社会教育	教育部颁研究问题
	各级国内教育研究会如何筹备教员福利事业	教育部颁研究问题
	如何解决民教部招生留生	教育部颁研究问题
	编辑初级小学乡土常识教材	教育部颁研究问题
	编选初级小学三四年级上学期（秋冬两季）用节令及纪念日教材	教育部颁研究问题
	师范学校暨简易师范学校国文教材编选研究	教育部颁研究问题
	常用字选	教育科学馆1946年8月印行，内容分常用字研究、常用字选及检字3部分，由蔡乐生在陈鹤琴等人研究基础上编成，收最常用字2000个
	教学观察与实习	蒋成坤编，商务印书馆1946年出版，列为四川省立教育科学馆丛刊
1947年	常用国字辞典	
	小学分级字汇	
	简体常用国字	
	常用国字教学法	
	常用国字读本（仿平民千字课）	
	继续编辑研究四川乡土教材	
	四川边地教育研究	
	四川五年建设计划所需人才之研究	
	四川教育年鉴（第一回）	

第四章　近代中国地方公立教育研究机构

续表4-11

年份	研究专题	备注
1947年	本省中小学各科补充读物	
	继续编辑三年制简师各科教科书	
1948年	四川边地教育研究	
	地方行政教育研究	
	儿童语汇研究	
	中小学分级词汇研究	
	研究常用字词（含蔡乐生《常用字汇》、陈虞裳《民众课本用字综合研究》、傅葆琛《民众常用字选》及孙伏园《基本用词分析》）	用科学方法综合前人研究之成果；用测验方法测验各级学校学生识字数量；分析民众文件，发现常用单字；分类研究常用词汇
	县市教育局制度研究	陈虞裳著，由《四川教育通讯》刊载
	教育局局长修养与任务研究	陈虞裳著，由《四川教育通讯》刊载
	心理病实例研究	黄觉民著，由《四川教育通讯》刊载
	小学智力测验	王舜山著，完成待印
	中小学推行二部制研究	教育部发交专题，已拟具呈送教育部
	社会教育实施改进意见	教育部发交专题，已拟具呈送教育部
	师范校院改进意见	教育部发交专题，已拟具呈送教育部
	中国教育实际问题	全国教育会议所拟各项问题，由中国教育学会征文研究提出，已送该会
	格塞尔幼儿智力发展测验订正研究	刘永和根据该测验材料测验成都儿童，加以订正，供今后从事幼儿教育者应用，尚未完成
	儿童字汇研究	刘永和著，正进行统计工作，短期内即可完成
	四川现行方言研究	赵知闻编研，拟刊为专辑，尚在搜集材料
	二十世纪教育	就美国 P. T. 瓦伦丁（P. T. Ualentine）所著 Twentieth Century Education 一书摘译综述
	中国教育思想之演进研究	陈虞裳就我国教育思想演进情形加以研讨
	我的新教育观	陈筑山据其所著《相对哲学思想》，特著此书

续表4-11

年份	研究专题	备注
1948年	四川中等学校班级编制之研究	
	四川中等学校毕业成绩考查方法之分析	

资料来源：《本馆三十四年度工作计划暨实施概要》，《四川教育通讯》1945年第8期，第13页；《本馆三十五年度工作计划纲要草案》，《四川教育通讯》1946年第3期，第17～18页；《本馆三十五年度工作概况及本年度工作计划》，《四川教育通讯》1947年第1期，第28～29页；《四川省立教育科学馆三十六年度业务报告及三十七年度业务计划》，《四川教育通讯》1948年第3期，第19页；《四川省立教育馆三十七年度业务报告》，《四川教育通讯》1948年12期，第15页。

在四川省立教育科学馆近10年的存续期间，开展了大量专题研究，种类繁多，涵盖各级各类教育，多数研究成果被编为丛刊、丛书和专书而为四川及全国教育界同行所参考应用，基本达成其应用科学方法解决教育实际问题及辅助教育行政机关改进教育设施的初衷。

（二）各级各类教育教学辅导工作

四川省立教育科学馆成立的旨趣之一，便是"对全省各级学校教育与社会教育为辅导机关"[①]，因此教育科学馆的辅导工作主要集中于应用科学方法指导教师及教育行政人员进修并辅助教育机关改进教学方法，提高教学效能。按照其辅导工作的规划，教育科学馆历年开展的辅导工作主要有国民教师通讯研究、国民教师通讯讲习、专科视察、中等学校教员通讯讲习等项。

1. 国民教师通讯研究

1942年秋，四川省教育厅认为"目前各级学校教师素质之有待改善，为不可讳言之事实；其中尤以国民教育师资为甚"，"为健全国民教育之发展，除尽量培植新师资外，尤注重在职教师之进修"，[②] 因此于10月间委托省立教育科学馆举办国民教师通讯研究，希望能借助通讯方法与现任教师经常保持接触，为他们解决困难问题，指导读书方法，介绍教育思潮，并鼓舞其服务精神，使教员在服务中求进步，渐臻胜任愉快之境地。教育科学馆接受委托后，即组织国民教师通讯研究部，主持全省国民教师通讯研究。该部设主任一人，由教育科学馆馆长就专门委员中指定；设指导员若干人，由馆

[①] 四川省立教育科学馆. 本馆概况 [J]. 四川教育通讯，1946 (5)：2.
[②] 国立编译馆. 四川省立教育科学馆五年概况 [M]. 成都：国立编译馆，1944：26-27.

长于研究员或干事中指派；并为便利工作，下设通讯、编辑、服务及事务四组，每组设组长一人，由馆长于指导员中指定分别兼任。该部以解答各通讯研究员所提出之问题、编辑《国民教师通讯》、代办各通讯研究员委托事项为基本任务。凡四川省中心学校与国民学校教师，均可申请为通讯研究员，有"随时提出实际问题请本馆回答、要求本馆随时寄赠各种研究参考资料、向本馆各项刊物投稿得尽先刊载及委托本馆代办各项有关研究进修事项"等权利，同时须尽"遵本馆之规定，按时举行通讯研究；受本馆之委托，从事各项调查研究工作；对于本馆所指示之办法应付诸实施，并将结果提出报告及受本馆之委托办理其他事项"之义务[①]。通讯研究员可在"中心学校、国民学校行政问题（包括组织、设备、经费、卫生事务等），中心学校、国民学校教材教法问题，中心学校、国民学校训育问题，中心学校、国民学校学生自治及课外活动问题，中心学校、国民学校办理民教部及民众组训之实际问题，中心学校、国民学校推行地方自治及社会教育问题，中心学校、国民学校教师进修问题，中心学校辅导国民学校问题及其他有关国民教育问题"[②] 等范围内进行研究，定期每两月通讯一次，提出问题请教育科学馆解答；也可在发现问题时，临时提出由教育科学馆解答；教育科学馆或通讯研究员也可提出问题，作特种通讯向各通讯研究员征答。对于各通讯研究员所提出之问题，如无普遍性质者，直接答复；如有普遍性质者，则在定期刊物上解答，或先行答复，再公开发表；有二人以上提出相同问题者，合并答复；对已有相当解答者，即指示或寄赠参考资料，不再解答；对不能解答者，则要转请专家代为解答。另为发表通讯研究资料起见，由教育科学馆创办《国民教师通讯》定期刊物，各通讯研究员均得免费赠阅。

国民教师通讯研究开办之初，仅吸引个人参加通讯研究。至1943年11月末，参加者共1363人，其中大部为教员及校长，计中心学校校长202人，中心学校教师729人，保国民学校校长164人，保国民学校教师268人；此外，县市府科长、督学、国民教育巡回辅导团主任及指导员、民众教育馆馆长等亦有参加者，而继续要求参加者仍络绎不绝。通讯研究员所提问题1万余项，均经研究部工作人员分别解答。1944年，又增加了团体通讯研究及民众教育馆通讯研究，通讯研究部拟在四川每一县市设一中心国民学校作团体通讯研究。到1948年时，通讯研究工作仍在办理，参加者有个人1200余

---

① 国立编译馆. 四川省立教育科学馆五年概况［M］. 成都：国立编译馆，1944：28.
② 国立编译馆. 四川省立教育科学馆五年概况［M］. 成都：国立编译馆，1944：29.

人，团体 128 个。

2. 国民教师通讯讲习

1943 年夏，四川省政府计划使未受完全师范教育和未受过师范教育的在任教师通过函授方法系统地学习各项教育科目，以培养其专业知识和能力，完成专业训练，进而能愉快胜任现职，为此委托教育科学馆会同办理"国民教师通讯讲习"。教育科学馆经屡次开会商讨，拟定"国民教师通讯讲习办法"，经省政府会议通过，遂于 1943 年 11 月正式成立"国民教师通讯讲习班"，由国立四川大学师范学院、国立中央大学师范学院、国立女子师范学院、四川省立教育学院及其他有关机关协助办理。通讯讲习班按学员资格及程度分甲、乙、丙、丁四组（见表 4—12），在任教师申请参加者甚为踊跃，但开办之初，因限于人力物力，仅举办乙组。通讯讲习班之讲师从主持机关和协作机关的教授、讲师、专门委员及研究员中聘请，先由各科讲师编辑讲义，分组分段印发学员研习，每次印发讲义时，同时指定若干习题限期习作缴阅；学员研究及习作时，如有困难问题，随时通讯提请解答，待每组课程修习满一阶段时举行临时考试，修习完毕时举行结业考试，成绩及格者发给某组及格证明书。嗣后该通讯讲习班因经费关系中辍。

表 4—12 国民教师通讯讲习班学员资格及讲习科目一览表

分组	学员资格或程度	讲习科目
甲组	学员须具下列条件之一： 1. 高级中学及同等学校毕业，曾在暑期学校或教师讲习会补习教育功课一次，得有证书者 2. 旧制乡村师范、县立师范或 2 年以上之师范讲习科毕业，曾在暑期学校或教师讲习会补习教育功课二次，得有证书者 3. 曾任小学教员 2 年以上，并在暑期学校或教师讲习会补习教育功课三次，得有证书者 4. 修毕通讯讲习班之乙组课程，得有证书者	1. 国民教育 2. 各科学习心理概要 3. 教育测验统计概要 4. 农村经济及合作 5. 地方自治 以此组前三项资格参加者，须加习下列各科： 1. 教育行政 2. 课程教材及教学法 3. 教育概论
乙组	学员须具下列条件之一： 1. 高级中学及同等学校毕业者 2. 旧制乡村师范、县立师范或 2 年以上之师范讲习科毕业，曾在暑期学校或教师补习会补习教育功课一次，得有证书者 3. 曾任小学教员 3 年以上，并在暑期学校或教师讲习会实习教育功课二次，得有证书者 4. 修毕通讯讲习之丙组课程，得有证书者	1. 教育心理 2. 教育行政 3. 乡土教材研究 4. 民众组训 5. 社会教育 以此组前三项资格参加者，须加习下列各科： 1. 课程教材及教学法 2. 教育概论

续表4-12

分组	学员资格或程度	讲习科目
丙组	学员须具下列条件之一： 1. 旧制乡村师范、县立师范或2年以上之师范讲习科毕业者 2. 曾任小学教员3年以上，并在暑期学校或教师讲习会讲习教育功课一次，得有证书者 3. 修毕通讯讲习之丁组课程，得有证书者	1. 教育概论 2. 校务实施办法 3. 成人班妇女班实施法 4. 课程教材及教学法 5. 应用文 以此组前两项资格参加者，须加习下列各科： 1. 小学训育标准 2. 小学各科及成人班妇女班课程标准
丁组	学员须具下列条件之一： 1. 曾在师范学校或高级中学修毕1年以上者 2. 曾在初级中学毕业者 3. 曾任小学教员3年以上者 4. 学有专长，曾任小学教员1年以上者	1. 三民主义 2. 国语及注音符号 3. 算术 4. 常识 5. 小学训育标准 6. 小学各科及成人班妇女班课程标准 凡具有此组前两项资格者，得请免修习算术、常识两科，但须参加结业试验

资料来源：《四川省立教育科学馆五年概况》，国立编译馆1944年版，第31～35页。

3. 专科视察

四川省教育厅为明了全省中等学校各科教学情形，以改进教学方法、增进教学效能及研究兴趣起见，于1940年先后委托教育科学馆委员张云波等分别视察全省各校历史、国文、生物、数学及物理等科教学情形，历时9个月，行经50余县市，视察学校百余所，访问教师数百名，归后分别作视察报告，除对各校教学情形翔实报告外，复就实际情形详作研究，并指出今后应之改进。该项报告由四川省教育厅印行，计有生物学、算学二科（见表4-9报告类第2、3项）。

4. 中等学校教员通讯讲习

1946年3月，四川省教育厅委托教育科学馆举办中等学校教员通讯讲习，以此代替每年举办的中等学校教员暑期讨论会。第一期办理教育、历史、地理三科，参加者分别为83人、88人和76人，于1946年下学期开始，历时半年。每科将学理研究、教学方法、教学设备及教学问题列为4个单元，汇印成篇，分寄各校该科教员，限期研究做题寄回教育科学馆，再由讲师分别解答，以期增进教学效能，从而促进教学者的学术研究。

除以上四项外，教育科学馆还派员参加四川省教育厅历年组织的四川省中等学校督导团、四川省边区施教团、四川省数学教学研究委员会及四川地理教育研究会等团体的工作，广泛发挥其对教育教学的辅导作用。

(三) 主编教育刊物

教育科学馆为教育科学之研究设计及一般教育辅导之机关，编辑教育刊物是其学术事业中的一个重要组成部分。教育科学馆副馆长汤茂如认为这是推行集体研究之良方："当此抗战建国工作紧张之际，欲以争最后之胜利，非教育文化界之彻底自觉与自动，共同研究，尽瘁教育不为功"，而编行教育刊物能够"使各学术机关团体之专家得与四川省地方教育工作人员有互相研讨之机会；而全省教育界人士藉此可以集中精神团结力量，共谋全省教育之改造"①。在近10年的办理过程中，教育科学馆曾主编刊行多种刊物，兹择要陈之：

(1)《中等教育季刊》及《中等教育月刊》——四川省教育厅为就中等教育范围内阐明各项原理原则，讨论各科教学实际问题，报告各校实施概况，供给各科参考资料，沟通全省中等教育界同人声气，提高教师进修兴趣，借以改进该省中等教育，适合抗战建国需要起见，于1940年与教育科学馆联合组成编辑委员会，以郭有守为社长，宋大鲁、薛鸿志等为编辑委员，张云波、叶绍钧等为常务委员，创办《中等教育季刊》。创刊号于1940年9月30日出版，每年4期，载文以教育论著、学校行政、教材教法、训导问题、书报评介及教育文艺为主。至1942年底（二卷四期），深感每期出版日期相距过远，一方面不易和读者取得密切联系，另一方面所载政令、消息常失时效，乃于1943年1月将该馆主办的《科学教学季刊》和《文史教学月刊》两刊与《中等教育季刊》合并，改办为《中等教育月刊》，每期约计15万字。

(2)《文史教学月刊》——为响应教育部提倡发扬国文史地教育之精神，引起对文史教学之重视，介绍各项教材教法，借以改进教学以适应抗战建国需要，四川省教育厅委托教育科学馆主编《文史教学月刊》。编辑委员会于1941年1月组成，由郭有守兼社长，张云波、叶绍钧、郭秀敏等分任编辑委员。同年4月30日，创刊号问世，第二期以后因印刷困难，改为双月刊，并改由朱自清、叶圣陶、顾颉刚、钱穆担任编委。至1942年12月第7期出

---

① 汤茂如. 四川省立教育科学馆概况 [J]. 教与学, 1940, 4 (11): 27.

版后，因印价高昂，经费无着，稿源亦不足，经教育厅同意，该刊暂行停刊，此后与文史教学有关之文稿陆续载于《中等教育月刊》。该刊共出 7 期，刊发稿件中，讨论文学者 10 余篇、历史者 20 余篇、地理者 10 余篇、书评传记游记等各 3~4 篇，凡 70 余万字。

(3)《科学教学季刊》——为了有助于研讨科学各门类之教学法，并介绍各门类之适当教材，传递中外科学界之新发现、新理论、新趋势，借以改进各校科学教学及促进科学发达以适合国家需要，四川省教育厅委托教育科学馆于 1941 年 7 月创办《科学教学季刊》。至 1942 年 10 月第二卷第四期出版后，因印刷困难，稿件缺乏，经征得教育厅同意，该刊暂时停刊，共出 2 卷 8 期，凡百余万字。此后所有适当之科学稿件陆续载于《中等教育月刊》。

(4)《国民教育月刊》与《国民教育指导月刊》——国民教育乃立国之根本、一切教育学术之初基，四川省教育厅为推行国民教育，订有 3 年完成计划。为此，教育科学馆创办《国民教育月刊》，作为研究国民教育理论、介绍教材教具教法、辅导国民教师进修的园地，借以促进四川全省国民教育。创刊号出版于 1940 年 3 月 1 日，每期字数 5 万~7 万，印行 1 万~1.5 万册，第一卷共出版 10 期；第二卷出版至第七期时，教育部颁布《督导各省（市）编印〈国民教育指导月刊〉办法》，限令于 1941 年 7 月中旬一律出版，该刊乃改为《国民教育指导月刊》，于 1941 年 8 月 15 日发行创刊号，第 1 卷共出 12 期，第 2 卷编至第 10 期，因印刷困难，自第 6 期后印刷延缓。该刊自改为《国民教育指导月刊》后，系与教育部国民教育司合编，稿件除由四川省自行征集编辑外，有关全国性之共同材料由教育部集稿编辑，按期寄发，每期内容亦预定为规定中心问题。每期印 5000 份，除少数订户外，大部分寄往全省各中心学校以作参考辅导之用。

(5)《四川学生月刊》——四川省教育厅为提高学生学习水平，充实学生生活，指导学生学习方法，启发学生兴趣，委托教育科学馆主编《四川学生月刊》。创刊号于 1943 年 3 月出版，每期印行 1000 份，大部分为中等学校学生所购阅。至第 6 期后因经费无着、印刷困难而暂告停刊。

(6)《国民教师通讯》——1943 年 2 月 16 日创刊，该刊宗旨在于配合国民教师通讯研究，每期约 2 万字，内容以解答国民教师在业务上所发生之实际问题为主，初为半月刊，每月 1 日、16 日出版，刊印 1500 余册，大部分赠予参加通讯研究的教师。1944 年第 33 期出版后，因印刷费无确定来源，停刊达 5 个月之久。馆长陈行可到任后，决定复刊，但因脱期过久，为不使中断计，编印 3 本合刊（34、35、36 三期合刊，37、38、39 三期合刊，

40、41、42 三期合刊），此后各期即按时出版。从 1945 年 1 月起继续发行，初仅印发 800 册，后逐月增加，至 10 月已达 2000 册。从第 43 期起（约在 1945 年 6 月）改为月刊，每月 1 日出刊，内容方面除仍以"通讯连载"为主外，增辟"特载""优良事例""教师园地""教育书刊介绍""国民教育消息"等栏目。1949 年 9 月停刊，共出 94 期。

（7）《四川教育月刊》——原由教育厅编辑，自 1945 年 5 月起由教育科学馆接编，每月下旬在成都《中兴日报》副刊出版，每期约 5000 字，内容以教育短篇论著、译述及四川省教育消息为主。

（8）《四川教育通讯》——1945 年 5 月 8 日创刊，每期约 5 万字，每月 8 日出版，内容以介绍欧美教育思潮、国内教育消息及四川省教育动态为主，最初印发 1000 册，1949 年 10 月后停刊，计 53 期。

上述刊物的创办为四川教育研究及各级各类教育辅导提供了平台，体现了实践性、应用性较强的特色，但也表现出理论性、学术性不足的弱点。例如，《中等教育季刊》聚焦于四川中等教育事业，集中研究"各科教学的方法改进？各科教学的进度怎样划一？教学与训练怎样合而为一？除教课外，怎样负起教人为人的责任？青年自动学习的习惯怎样养成"[1] 等问题，刊登大量讨论此类问题的文章，有论者认为其研究色彩较为淡薄[2]。至于其他刊物，从其创办宗旨及刊载文章来看，其学术性的确不足，但它们又能从实际出发，对中学教育、国民教育等各类教育相关的教材教法、学校行政等问题进行讨论，并刊载大量国内外教育消息，从而对四川教育事业的发展起到促进作用。另外，它们表现出较强的普适性和影响力，就其面向的读者而言，有教师，也有学生，还有各类教育行政人员乃至热心教育的社会大众，其根本目的在于辅导各类教育的发展以促进社会发展，而不是以专业的理论研究文章标榜其学术地位，这就使得社会能广泛接受杂志所载文章的影响，从而形成关心教育、改革教育的风气。同时，教育科学馆以其所编行的《国民教师通讯》和《四川教育通讯》等刊物与国内外教育学术机关交换，加强了与国内外教育界的学术交流，扩大了自身影响。

---

[1] 郭有守. 发刊词 [J]. 中等教育季刊，1940 (1)：2.
[2] 黄国庭. 教育刊物与中国近代教育学术 [D]. 杭州：浙江大学，2010：229.

第四节　近代中国地方公立教育研究机构的主要特色

综上所述，近代中国地方公立教育研究机构是一种综合性研究机构，它所开展的事业种类繁多，内容丰富，既进行学术研究，也开展教学实验，并为地方培训师资。在本章述及的三个机构中，广西普及国民基础教育研究院的主要工作及事业可分为研究设计、调查实验、短期培训及辅导、编辑出版四类，它在这些方面都取得很大的成绩。广西教育研究所同样集调查研究与师资培训于一体，成为教育理论与实践相结合的教育行政智囊机构。四川省立教育科学馆是运用调查统计方法与技术对教育进行基础研究的专门机构，被誉为"四川教育的研究室与设计室"，[1] 它指导四川全省教育的改进，也促进了学术与行政的互动。大致而言，近代中国地方公立教育研究机构的主要特色可概括如下：

第一，拥有跻身政学两界、深孚众望的杰出领导人可谓此类教育研究机构的显著特色之一，也是其事业获得成功的重要原因之一。从前述三个教育研究机构的创办和运行来看，创办发起人雷沛鸿和郭有守发挥了主导性作用，他们个人的教育行政学术化思想、教育研究意识和素养是不可忽视的重要因素。雷沛鸿幼年读过私塾，后入新式学堂，青年时代留学英美，专攻政治学和教育学，1919年入哈佛大学研究院攻读政治学、经济学及法律学，获硕士学位。回国后，他先后四次出任广西省教育厅厅长，长期主持地方教育改革事业。在对中国传统教育、现代教育和国外教育进行比较考察的基础上，雷沛鸿逐渐形成了比较系统、独特的教育思想和理论。早在哈佛大学留学时，他便立下了在中国创设一套学术制度的心愿："第一，我愿意尽能力所及，设法使一个理想的学术制度及早成立；第二，在其中集中人才，从事于救国救民的学术之研究。"[2] 1931年后他担任江苏省立教育学院教授及国立中山大学教育研究所教授期间，其教育思想逐步成熟，他认为每个教育工作者都必须研究学术，因为"现时代的教育行政，本身已成为科学化，决不是不学无术的人所能够做的"[3]。也是凭借这些工作的历练，他体悟到教育

---

[1] 四川省立教育科学馆.本馆之任务[J].四川教育通讯，1946（5）：9.
[2] 韦善美，马清和.雷沛鸿文集：下册[M].南宁：广西教育出版社，1990：134.
[3] 韦善美，马清和.雷沛鸿文集（续）[M].南宁：广西教育出版社，1993：287.

科学研究应"一面由实践探究理论，一面用理论指导实践，以谋理论与实践统一"①，并主张凡是制定办学方针、制订教育计划、编写教材、培训师资等，都要经过研究实验，从理论上论证，从实践中检验，取得可靠的成果之后才逐步推广，因而他十分重视教育研究机构的建设。在第三次出任广西省教育厅厅长时，他着手推行普及国民基础教育运动，为使之有理论指导、少走弯路而创办了广西普及国民基础教育研究院；在第四次出任广西省教育厅厅长时，为研究国民中学教育问题而创办了广西教育研究所。雷沛鸿创办教育研究机构，旨在以学术研究的成果来指导和辅助教育行政，用他自己的话来说，即"以学术来带引政治"②。他认为教育管理要重视学术研究，"办教育非仅靠公文可以成功，每个人还须研究学术，始能充实教育行政的力量"③。因为以学术研究取得的成果来指导教育行政工作，才能使各项教育事业合理而有序地开展，不致流于肤浅、疲于应付。雷沛鸿对各项教育举措从不凭主观愿望办事，总是以求真求实的态度组织力量进行多方论证；在学术研究方面，雷沛鸿也推崇实事求是，强调通过实践检验真理，提出教育改革要遵循"由调查而假设，由试验而推广"④的原则，从实际出发确定改革的目标、方法和内容。他还提出，为了使改革切合社会的需要和民众的要求，在制定目标、采取措施之前，要进行调查以获得事实作为根据；在普遍推广之前，必须先进行试验，唯有这样做，才可以使改革少走弯路。在主持开展普及国民基础教育运动之前，雷沛鸿即对近代中国平民教育实验、乡村教育实验和民众教育实验进行了系统的检讨，进而认识到任何开创性的事业均须以学术研究为前提，而普及国民基础教育运动"实施前之假设与理论，赖有学术；实施期间之实际行动，仍赖有学术。而学术之策源地，必赖有一所特设的学术制度"⑤。他创办两所教育研究机构，既是其教育思想和理论的重要实践，也体现了他对"教育行政学术化"的不懈追求和探索。他既是这两所教育研究机构的负责人，对各类研究事业负规划和领导之责，又是研究事业的承担者，许多工作都是亲力亲为。他需要以这样的研究机构来实现和推广自己的教育理论和理想，并以此指导自己的教育实践，可以说这一过程丰富和升华了他的教育理论，在一定程度上促成了他"教育行政学术化"

---

① 韦善美，马清和. 雷沛鸿文集：下册［M］. 南宁：广西教育出版社，1990：435.
② 陈友松. 雷沛鸿教育论著选［M］. 北京：人民教育出版社，1992：109.
③ 陈友松. 雷沛鸿教育论著选［M］. 北京：人民教育出版社，1992：89.
④ 陈友松. 雷沛鸿教育论著选［M］. 北京：人民教育出版社，1992：145.
⑤ 韦善美，马清和. 雷沛鸿文集：上册［M］. 南宁：广西教育出版社，1989：163.

理想的实现。郭有守的情况与雷沛鸿颇为相似。他早年毕业于成都石室中学、北京大学，后赴法国巴黎大学、英国剑桥大学深造，1930年回国后历任国民政府教育部专员、督学、主任秘书，其间曾受教育部派遣赴欧洲考察教育。1939年3月，他出任四川省教育厅厅长，1945年离任。学者兼官员的双重身份，使他有意识也有能力使学术与行政相结合并相互促进，希望借助于教育研究机构以科学的方法解决四川教育发展中的实际问题。郭有守主持四川教育之时正值抗战中期，四川当时已形成战略大后方和民族复兴基地的特殊地位，随着众多高等学校和文化单位迁入，大批教育和文化界人士随之涌入，形成国内高等教育集中于四川的新格局，这既为四川教育的发展带来前所未有的机遇，也引发了大量教育实际问题。郭有守在上任之初即发现四川教育落后的症结所在，提出针对其弊，实行有计划的教育，于是根据统计资料分析，参考专家集体研究意见，拟订四川教育计划，对高等教育、中等教育、师范教育、职业教育等方面的改革都作详细规划，在此过程中愈发认识到要成立专门教育研究机构以研究教育改革与发展中的新问题，于是向四川省政府提出建议，由教育厅创设四川省立教育科学馆，使之成为继广西普及国民基础教育研究院之后的又一地方公立教育研究机构。

第二，立足地方，集中一省的人力、物力、财力开展教育研究和实验并以其成果来为地方教育事业的改革和发展服务，成为此类教育研究机构的最大特色和亮点，也为当时中国地方教育研究及其机构提供了借鉴。此类教育研究机构创办的历史，有力地证明了先进的教育理论必须与地方教育实践紧密结合，才能形成必要的良性互动。广西普及国民基础教育研究院的创办为广西普及国民基础教育运动提供了理论指导，有助于广西普及国民基础教育运动的顺利开展，开创了广西国民教育事业的新局面，在近代中国产生了较大影响。1940年3月在重庆召开的全国国民教育会议上，广西普及国民基础教育被纳入全国教育实施纲领，开始向全国推广。嗣后，广西教育研究所继承了普及国民基础教育研究院的优良传统，以国民中学教育为中心开展各类研究、实验和师资培训等工作，旨在造就教育专业人才和师资，研究教育学术，运用科学方法解决地方教育实际问题，为省政府和教育厅的教育决策提供理论依据。四川省立教育科学馆建立后，开展了大量研究工作，在当时是别开生面的，在国内也仅有广西教育研究所可与之匹敌。其特点在于它不是一个纯粹的教育学术机构，学术研究只是其工作的一部分，除此之外它还要辅导实际教育的改进，而这种辅导又以研究实验为基础。当时国内虽有若干教育研究机构，在其上下也有各种类型的教育机构，但相互之间少有联系而使得教育学术研究与教育实际脱节,不能很好地辅助教育教学的改进。因此,教育科学馆这种机构的诞生正好弥补了这方面的不足。教育科学馆的各种研究工作,悉以实际应用为原则,以明确解答为依归,工作力求踏实易行,循序渐进,既协助政府的各级教育行政机关开展各项工作,又广泛搜集四川各种教育机构所发生的实际问题,作科学的分析与研究;并接受上级指示和地方要求,编制各种乡土教材,同时与国内外教育学术团体机关取得联系,介绍新兴教育理论,并发行各种定期刊物,开办中小学教师讲习,借以引导四川教育向前迈进。鉴于四川省立教育科学馆在教育研究和辅导等方面对四川教育的巨大推动作用,四川省教育厅深信这种机构是研究解决教育理论和实际问题的不二法门,因而于1942年全国中等教育会议上提出"各省设立教育科学馆"的议案,建议其工作应包括研究、辅导等方面的工作,这样才能确保教育科学馆对上下级教育机构起推进作用,即对省政府教育厅起顾问作用、对各实际教育场所和学校起辅导作用。这从一个侧面反映出教育科学馆在四川教育界乃至在全国教育界的影响。

总之,这三个机构在各自的发展过程中,统合了开展教育研究的物质资源、人力资源和学术资源,也有效地组织和协调了全省的人力、物力、财力,在此基础上开展了较大规模的教育实验和推广工作,以教育学术的研究成果促进地方教育的改革,而地方教育的改革又反作用于教育学术的研究,为教育学术的发展提供了丰富的养料、生动的素材和实践的证据。

当然,上述地方公立教育研究机构既有其共性的一面,也有其各自的特点。具体来说,广西普及国民基础教育研究院以国民基础教育为出发点,谋求以教育改造促进社会改造,并开办大量生产事业作为教育研究的实验基地,因此其研究层次相对较低,兼办的生产事业在本意上是研究以教育改造促进社会改造的途径,但于研究院的教育研究反而有本末倒置之感,这一点在研究院各项事业中都有所体现。广西推行的普及国民基础教育运动以社会民众为基本对象,主要施以识字及生产生活常识的学习,以此提升民众素质以应时需;因普及国民基础教育运动而开展的师资培训也主要采用培训、讲习及短期训练班等方式,对象主要是初中及以上毕业生,这实质上是一种补习教育,有其速成性的一面。至于广西普及国民基础教育研究院编辑的各类书刊,主要是幼稚园、前期初级班、后期初级班、短期初级班和成人训练班的教材及参考书,相关读物中除与该院相关的文件外,以广西社会实况调查居多,而非专门的教育学术著作;编行的期刊也主要是通报研究院事业和广西普及国民基础教育运动的相关信息。这既反映了20世纪30年代"教育救国"思潮对雷沛鸿的影响,也展现了雷沛鸿教育思想演变的过程。广西教育研究所是在实行新县制的背景下,为推动国民中学教育发展而设立的,较之普及国民基础教育研究院,其研究范围有所收缩,但此举却相应地提升了其研究调查和教师培训等工作的层次。广西教育研究所继承广西普及国民基础教育研究院未竟的事业,开展普及国民教育,但其层次已提升至国民中学教育,并且通过西江学院的创办开展国民高等教育的研究,从而创立了广西特有的国民基础教育、国民中学教育与国民大学教育一体贯通的国民教育体系;虽然也因为当时环境所需,开办了师资培训与书刊编辑等事业,但国民中学教育理论的研究与实验是其重中之重,在师资培训方面也主要是解决国民中等学校开办后引发的师资不足问题;编辑的出版物主要是为向国民中学提供合适的教材而编纂的教科书和教学参考书,因此这两项事业依然是以国民中学教育为中心的。研究所编纂的丛书虽以国民教育为主题,但以学术论著为主;至于所刊《广西教育研究》,1943年之前所刊载的文章以文化教育方面的一般性商榷及议论为主,其后逐渐转向对国民中学教育和国民大学初步实验作实际的研究与讨论,其理论性有所加强。最后,与广西普及国民基础教育研究院相比,广西教育研究所相对淡化了社会生产事业的办理和对社会的改造,这就使它能更专注于教育研究和实验事业的开展,而它作为教育研究机构的特征也因此凸显出来。四川省立教育科学馆以新县制下的国民教育发展为背景,主要作用在于以教育学术机构与行政机关的双重身份而联结政府和教育厅等行政机关与全省各级各类学校,以谋求教育学术与行政的密切配合,因此,其内部组织和各项工作的展开颇具条理性和系统性。国民教育的发展凸显一系列问题,四川省立教育科学馆所开展的各项研究和实验工作即以解决此类问题为中心目标,以尽量宽的范围涵盖了发展和推行国民教育所必需的各项工作。虽然时处战争年代,但四川省立教育科学馆的各项研究事业却不像广西普及国民基础教育研究院那样急功近利,其研究和调查以国民中学和普通中学为中心,所得成果被编撰为各科教材,其中最有特色者为四川乡土教材,这在当时也的确是进行爱国教育的好素材;编辑的期刊报纸较多,但正如前文所述,其主要特点在于较强的实践性和应用性,以求能以期刊报纸的影响来辅助国民教育的推行。

不可否认的是,近代中国地方公立教育研究机构在存续期间,其研究事业以地方教育调查、实验和辅导为主,研究内容也集中于各该省教育中的实际问题,这固然有很强的实践性特点,同时也能切实服务于地方教育事业的发展,但也暴露出教育研究中理论性和学术性的不足,而且其各类研究事业也未能以全局眼光审视近代中国教育的现实与未来，这使得其研究工作未免囿于一隅。可以说这三所地方公立教育研究机构都吸纳了地方政治和经济的力量，同时也利用教育学术的力量来推动全省的政治和经济，有效地促进和实现了理论与实践、行政与学术的互动。然而值得注意的是，这三所地方公立教育研究机构的创办说到底都以地方政府的政治需要为背景，这固然可以促成教育对社会改造功能的实现，乃至以地方政治与经济的发展回馈教育的发展，但过度的依附往往使得其生死存亡必然也要受到政治因素的制约，甚至为地方执政者个人因素所左右，从而扰乱教育学术发展的正常路径，它们的发展历程已深刻地反映了这一点。从这个意义上来说，教育学术研究应与地方政治保持适度距离，而未能做到这一点正反映了近代地方公立教育研究机构最大的不足之处，这是令人惋惜也发人深思的。

第五章　近代中国私立教育研究机构

在近代中国，私立大学设立的和私立性质的教育研究机构数量较少，主要有陶行知于1939年创办的私立晓庄研究所、傅葆琛于1943年在私立华西协合大学创办的教育研究所和童润之于1946年在江苏省立教育学院联合中国社会教育社创办的私立践四教育研究所。为方便论述，本书将它们统称为私立教育研究机构。私立教育研究机构出现得较晚，其机构建设也因得不到相关法律法规的规范和保障而未能充分发展，其研究事业主要取决于创办者的研究志趣或研究机构的创办目的，因此性质相对单一。私立教育研究机构既不同于国立综合性大学教育研究机构以"学科性"为主的特点，也不同于国立师范院校教育研究机构以"师范性"为主的特点和地方公立教育研究机构以"实践性"为主的特点。它们在自身发展过程中，开展了各具特色的研究事业，成为近代中国教育研究机构的有益补充。

第一节　私立晓庄研究所

私立晓庄研究所是一所民间性质的教育研究机构，1939年1月初由著名教育家陶行知创办于重庆。

早在1933年初，陶行知为进一步推进"普及现代生活教育"运动，计划设立民间性质的"普及教育研究院"。同年3月1日，《生活教育》发表他主持拟订的《普及教育研究院组织大纲》，指出该院的宗旨为发现最经济、最迅速、最能持久、最能令人进步之方法，力谋普及大众、儿童向上生活所需要之教育，并规定其院务为：（1）调查生活需要；（2）拟制教育方案；（3）特约中心试验；（4）编辑新创材料；（5）培养专门人才；（6）辅导普及工作。研究问题拟有22项，包括各地区、各民族及海外华侨的教育普及，重心是工学团试验。另外，还就董事会、院长、分部组织、职员、院务会议、经费等作出了规定①。后因受制于客观条件,终未能设立,但创办专门教育研究机构的设想已在陶行知心中萌发。

图 5-1　私立晓庄研究所(北碚时期)

资料来源:《陶行知与重庆育才学校》,西南师范大学出版社 2006 年版,第 6 页插图。

　　1938 年 8 月,陶行知结束国民外交活动,回到香港。在香港文化教育界为欢迎他及时回国主持战时教育运动的聚餐会上,陶行知向港报记者及各界人士透露了他的"回国三愿",其中第一个愿望便是创办晓庄学院,培养抗日建国高级人才,并在香港成立了晓庄学院董事会。10 月初,他以国民参政会参政员身份到重庆参加"国民参政会"第二次会议,会后他向蒋介石和陈立夫面谈了晓庄复校改办学院,以为国家培养人才的计划,得到他们的当面允准。但当陶行知正式向教育部申请立案时,却又遭到拒绝,称私人不得办理师范学院,要求将晓庄学院转归教育部管理,陶行知当然不能同意。晓庄学校复校计划受阻,只好退而求其次,改办规模较小而又无需教育部批准的研究机构——晓庄研究所,集中力量专门研究生活教育的理论与实践。1939 年 1 月,为求教育配合全面抗战,以争取"抗战必胜,建国必成"起见,陶行知在重庆国民参政会第二次会议闭会后,即前往香港召集晓庄学院校董会议。出席会议的校董有张一麐、许世英、李晋、何艾龄、杨德昭、吴涵真、张宗麟(方与严代)、陶对庭(陶行知代)、陶行知,由张一麐任主席,即席通过议案,决定:(1)先设立研究所及育才学校;(2)通过研究所章程;(3)以晓庄学院校董为晓庄研究所校董;(4)推举陶行知为晓庄研

---

① 金林祥,胡国枢. 陶行知词典[M]. 上海:百家出版社,2009:34.

究所所长；(5) 推举中国香港地区，以及南洋、美国各处筹款负责人①。至此，晓庄研究所正式成立，其后在重庆设总办事处。

按《晓庄研究所章程》规定，该所宗旨为"研究问题，追求知识，以增加抗战建国之力量"；②由晓庄研究所董事会公推一人为所长，专司所内一切行政事宜；职员分行政与研究两种，所长之下设办事处主任及干事，为行政类职员，另设研究员及辅导员、研究生，为研究类职员，聘请研究类职员的标准以研究力之表现为主，以其著作、创造及发明为证明，有无学校资格是次要条件。研究地点设在研究对象所在地、设备充分的地方以及合作研究的地方，还可设特约研究地点和自设研究地点，在这些地方设立试验工厂、农场、学校及其他试验研究场所为研究中心；经费来源主要有委托研究费、政府补助、特别捐款等；在重庆设总办事处，在桂林和香港设办事处；其中桂林办事处由王洞若任办事处主任，刘季平为研究员，对《生活教育研究提纲》、中国儿童运动的理论与实践和战时教育等问题进行研究；还出版刊物《工作与学习》，由刘季平主编，后在李克农指导下于1939年6月与全国木刻协会主办的《漫画与木刻》合刊，联合出版《工作与学习·漫画与木刻》，由刘季平、赖少其任主编，由新知书店出版发行。

在陶行知的计划中，原要办晓庄学院与晓庄研究所，后者的目的在于"研究战时发生的重要而被忽略的、同时又是当前急待研究的各种教育问题"③，如军队教育问题、壮丁教育问题、伤兵教育问题、难民教育问题等，以"全面教育"配合全面抗战，其特点是"由专门家领导无资格的人才，专探深钩玄"④，实际上也就是对他的"全面教育"所涵盖的问题进行研究，并提出实施方案贡献给政府及其他机关参考实行。因晓庄学院未被批准，陶行知便将晓庄研究所置于生活教育社下，生活教育社后来在中央社会部及教育部申请备案成功，晓庄研究所自然也就随之成立。晓庄研究所成立后，积极开展与抗战建国有关的研究工作。当时由王洞若负责，有李信慧（女，哥伦比亚大学心理学硕士）、王造时、王泗原、李华、戴伯韬、刘季平等人为研究员。1939年1月在香港晓庄学院校董会议上通过《晓庄研究所初步计划之研究问题》，其中规定的研究问题有伤兵教育、难民教育、难童教育、壮丁教育、民众教育、游击区教育、回族教育、蒙古族教育、藏族教育、彝

---

① 设立晓庄研究所 [J]. 教育杂志，1939，29 (3)：88.
② 方明. 陶行知全集：第4卷 [M]. 成都：四川教育出版社，2005：599.
③ 王一心. 最后的圣人陶行知 [M]. 北京：团结出版社，2010：52.
④ 方明. 陶行知全集：第4卷 [M]. 成都：四川教育出版社，2005：234.

苗族教育、华侨教育、天才儿童教育、生活教育、普及教育、最有效之宣传、正规学校应有之改革及有关民众和儿童之音乐、戏剧、史地、文学、科学等28项。[①] 1938年12月8日，陶行知在《广西日报》发表《岩洞教育的建议》时，便附注为"晓庄研究所第一号报告"，当时晓庄研究所尚未成立，但陶行知以此报告作为晓庄研究所的第一项研究成果，希望为研究所的研究事业打开局面。1939年4月下旬，陶行知写出第二号报告《兵役宣传之研究》，涵盖了军队教育、壮丁教育和战时民众教育等问题。为专门研究天才教育及难童教育，晓庄研究所创立了育才学校。香港晓庄学院校董会议后陶行知主持组成育才学校董事会，由张一麐任董事长，许世英、吴涵真、李晋、何艾龄、崔载阳、陶对庭、张宗麟和陶行知任董事。董事会推举陶行知任该校校长，并通过了《私立育才学校校董会章程》和《晓庄研究所创办育才学校意见计划书》，确立"研究天才教育技术，培养天才被难儿童，俾能成为国家有用之才"[②]的办学宗旨。赈济委员会同意陶行知的申请，拨付4.8万元开办费和每月3000元经常费。后经北碚三峡实验区区长卢子英及合川县乡绅赵壁光协助，租得凤凰山上的古圣寺，于1939年5月在北碚火焰山清凉亭挂出了"育才学校筹备处"的牌子；此时陶行知为研究所便利工作，将晓庄研究所也迁到此地，与育才学校筹备处一起办公。

　　1940年，晓庄研究所主要研究天才难童教育、岩洞教育、伤兵教育、华侨教育及游击区教育等问题，不仅在所内开展学术研究，还通过座谈会、讲座等形式帮助更多同志进步。后来，晓庄研究所又着重辅导缺少学历资格而有研究能力的青年，帮助他们深造，并特约汪达之主持伤兵教育研究，聘潘一尘主持难民教育研究，聘王造时主持兵役问题研究，均取得一定成果并编发《晓庄研究所学术研究专刊》作为其学术研究宣传阵地。研究所的研究工作较为深入且持续开展，每年制订的研究计划都以上一年的研究成果为基础。根据晓庄研究所1941年拟订的研究计划，其内容主要是关于战时教育的研究（例如研究辅导自学制度以适应战时需要），研究教学做合一的具体运用，研究集体自我教育的实施，研究战时儿童教育，继续研究天才难童教育，继续研究战时民众教育、伤兵教育及游击教育等项目，都取得较大成绩。此外，晓庄研究所主编《战时教育》月刊，并编辑出版《战时儿童读物》（包括国语、音乐、戏剧、史地、图画5种）及《战时民众读物》（包括

---

① 方明.陶行知全集：第4卷[M].成都：四川教育出版社，2005：600-601.
② 方明.陶行知全集：第11卷[M].成都：四川教育出版社，2005：609.

战时常识、战时救护、战时生产）等。①

晓庄研究所诞生于抗战时期，它的研究事业也以战时教育为主要内容。因当时生活教育社总社设在桂林，而晓庄研究所也在桂林设有办事处，陶行知便以研究桂林战时教育为抓手。早在1938年12月晓庄研究所尚未成立时，陶行知便以"晓庄研究所第一号报告"的形式在《广西日报》发表了《岩洞教育的建议》②。当时桂林常遭敌机空袭，民众常进岩洞躲避轰炸，每次难民们要在岩洞里生活很长时间，而且难民队伍中有不少知识分子，时任广西省战时民众教育指导委员会委员的陶行知深刻地认识到这种"天时、地利、人和"的有利条件，根据他在岩洞里躲避敌机轰炸的过程中注意到的几件事实，认识到"这些山洞不但是天然的防空壕，而且是天然的民众校舍"，"每一个大山洞为一战时民众学校"，③遂拟定"军事政治报告［国际、中国、本省（指广西——笔者注）、日本］、抗战故事、空袭常识、教唱歌、科学常识（包括公共卫生及增加生产）、民权初步及集团生活、文字训练、演戏"④等岩洞教育内容，提倡桂林借助知识分子云集的有利条件，利用民众进岩洞躲避敌机的时间进行民众教育。受此文影响，生活教育社、广西省战时民众教育指导委员会和新安旅行团共同努力成立了"岩洞教育服务团"，每个山洞由各团体、学校、文化机关和热心救亡工作的知识青年及儿童分头负责，按拟定的教育内容开展内容丰富、形式多样的岩洞教育。通过岩洞教育，难民们的民族意识逐步增强，在了解抗战前途的同时，也增强了抗战的信心和力量，在此基础上积极支持抗日救亡运动的开展。1939年4月，陶行知因坚决反对当时靠拉壮丁来补充兵源的做法，就此着手研究兵役宣传。据相关回忆，有一次他对卢子英说："中国人口众多，不怕没有兵，要叫人愿意当兵，必须做到政治机构民主化，出征军人家属有饭吃，受伤害病战士有人救，贪官污吏虐待能肃清，三民主义兵役能实行，抗战建国教育能普及。这几个条件具备了，我们的兵不但可以源源而来，而且可以以一当十，

---

① 方明. 陶行知全集：第4卷［M］. 成都：四川教育出版社，2005：631.
② 该文发表于1938年12月8日《广西日报》，1938年12月25日在《战时教育》第3卷第9期上发表时其题目改为《一个建议——桂林山洞教育》。
③ 中国人民政治协商会议桂林市委员会文史资料研究委员会. 桂林文史资料：第12辑［M］. 桂林：中国人民政治协商会议桂林市委员会文史资料研究委员会，1987：120.
④ 中国人民政治协商会议桂林市委员会文史资料研究委员会. 桂林文史资料：第12辑［M］. 桂林：中国人民政治协商会议桂林市委员会文史资料研究委员会，1987：121-122.

以十当百与敌人拼命,以保证最后之胜利。"① 随后,他以这段话为开头生发开去,写成《兵役宣传之研究》作为"晓庄研究所第二号报告"发表在《战时教育》第 4 卷第 7 期上,指出第一期抗战时兵役宣传中出现的问题,后归纳出"老太太(义勇军之母)现身说法""志愿兵现身说法""英勇战士现身说法""学生从事兵役宣传要变更方式""小孩宣传应该扩大"以及利用戏剧等文艺活动进行宣传等方法,"要把每个年富力强的人的民族意识燃烧起来",②并特别指出"兵役宣传只是整个兵役问题之一环。狭义宣传之外,其余应该做的都要做到。抽调公平,安家费到期即发,变虐待壮丁而为敬爱等等。虽不是狭义的宣传,而实在是最好的宣传。所以我们注重宣传的时候,同时要注重整个兵役问题有关系的各方面,求一总解决,然后兵源自然充裕,抗战必然胜利"③。经过此文倡议,北碚发起了志愿兵运动。陶行知并不止于以学术研究解决问题,他还亲自投身到这场志愿兵运动中,请来当时被称为"游击队之母"的赵老太太④向三峡实验区演讲,组织公教人员和中学生 3000 多人分赴乡村动员宣传,对志愿兵进行慰问、送行,并发起向志愿兵捐献运动,积极带头认捐,另就北碚志愿兵运动的情况写了 8 篇资料,经周恩来审阅后交给政治部印发各地,大加提倡。所有这些,不但很好地解决了前线兵源的问题,而且其中贯穿的军队教育、民众教育等问题,通过晓庄研究所的研究也都探索到了积极的解决办法。

由此可见,晓庄研究所的研究原则是关注战时发生的重要而被忽略的、同时又是亟待研究的各种教育问题,以全面教育配合全面抗战,如上述天才难童教育、岩洞教育、兵役宣传、战时民众教育等问题,虽然不是严格意义上的学术问题,但如能对其实施过程加以研究,必然能推动其事业发展。在本书涵盖的所有教育研究机构中,没有哪一所重点研究上述问题,应该说晓庄研究所填补了这方面的空白,由此也形成了自身的研究特色。晓庄研究所的另一个研究特色是"由专门家领导无资格的人才,专探深钩玄"⑤,综观研究所的研究,其实大都算不上"探深钩玄",可以说都是抗战时期的广西和四川乃至中国社会发展的较为普遍的问题,但"由专门家领导无资格的人

---

① 李萱华. 北碚在抗战——纪念抗战胜利七十周年 [M]. 重庆:西南师范大学出版社,2016:200.
② 方明. 陶行知全集:第 4 卷 [M]. 成都:四川教育出版社,2005:320.
③ 方明. 陶行知全集:第 4 卷 [M]. 成都:四川教育出版社,2005:323.
④ 赵老太太本名洪文国,夫家姓赵,一家三代打游击,坚持与日军斗争七年。
⑤ 方明. 陶行知全集:第 4 卷 [M]. 成都:四川教育出版社,2005:234.

才"这一点则是真正做到了。晓庄研究所没有多少专职的研究人员，它聘请研究类职员的标准以研究力的表现为主，以其著作、创造和发明为证明，有无学校资格反而是次要条件，而且其中的一些研究人员如王造时、王泗原等本为伤兵，经过研究所的伤兵教育后，在相关专家的领导下，开展伤兵教育和兵役问题研究。应该说，陶行知在晓庄研究所的研究事业中，贯穿了他的"生活教育"思想。如在岩洞教育中，就将难民教育、战时民众教育、游击区教育、游击战术等研究事业结合起来；而在兵役宣传中，又结合了壮丁教育、民众教育、宣传教育，并将其他的教育事业如"七七少年剧团"等并入实际工作。所有这一切，都在客观上增强了抗战建国的力量，真正实现了晓庄研究所的宗旨，也进一步实践了陶行知的"生活教育"思想。

第二节　私立华西协合大学教育研究所

私立华西协合大学教育研究所由著名乡村教育理论家傅葆琛于1943年创办。傅葆琛（1893—1984），四川成都人，1916年毕业于北京清华留美预备学校，后被派往美国留学。1918年，他毕业于俄勒冈农科大学森林学院，同年应聘赴法国为华工教育服务。1921年，他重返美国，初在耶鲁大学森林学院进修半年，后入康奈尔大学农业研究院研究乡村教育，1924年获得乡村教育学博士学位，同年底回国。1925年春，他任中华平民教育促进会乡村教育部主任，编辑《农民识字课本》，主编出版《农民报》，并和著名平民教育家晏阳初合作，在河北定县领导平民教育实验，推行"乡村教育""乡村建设"。1931—1936年间，他任北平大学农学院教授，并先后或同时兼任北京大学、清华大学、燕京大学、北平师范大学、辅仁大学教授。在此期间，傅葆琛大力呼吁要培养高层次乡村建设人才，建议各大学开设乡村教育科目，并先后两次拟订培养乡村教育人才的纲领计划。全面抗战爆发后，他应华西协合大学之邀受聘教育系主任、乡村建设系主任兼文学院院长等职，主讲"乡村教育""乡村建设"方面的课程，并主持华西协合大学社会教育实验区工作。为推动乡村平民教育发展，他发表《乡村运动中的乡村教育》等论文，编著《农民千字课》《通俗新知识课本》等平民教育读本。通过长期研究、工作实践和大量著述，傅葆琛创立了颇具特色的乡村平民教育理论，为近代中国乡村教育的发展作出了突出的贡献。

华西协合大学原为教会大学，1910年3月由英国、美国、加拿大三国的5个基督教差会联合开办；1933年9月23日获准立案，成为私立大学。

该大学最初在芝加哥大学著名教育家 E.D. 波尔顿（E.D. Burton）和 T.C. 张伯伦（T.C. Chamberlin）的指导下办理，其组织方案、专业设置、课程计划、教学管理等都采用当时英美较为先进的内容及措施。该大学最初仅设文、理两科，教育系属文科。由于师范教育的发展，教育系于1918年独立成科。1931年该大学向教育部申请立案时，按《大学组织法》规定，教育科与文科合并，筹建文学院，下设各系。1932年文学院建院后，原教育科又改为教育系，其办学宗旨为"研究教育学术，培养中小学教师及教育行政专门人才"[①]。抗战期间，因教育部规定私立大学不得设教育系，该大学便在原有教育系基础上增聘教师，开设新课，成立乡村教育系；1945年又改为乡村建设系，均由傅葆琛主持。

全面抗战爆发后，全国各战区及周边各高校向内地迁移，国立中央大学医学院、金陵大学、金陵女子文理学院、齐鲁大学、东吴大学生物系、燕京大学以及北平协和医学院部分师生与其护士专科学校等都先后迁到成都，借用华西协合大学校舍及教学生活设施，实行联合办学。当时的华西协合大学校园先后接纳了7所院校的数千名师生，充满了民族复兴的生气，也促进了内迁各校的恢复发展和四川高等教育的繁荣；同时，华西协合大学在办学规模、教学、科研等多方面也得到发展。随着各大学内迁，一批专家教授荟萃四川，华西协合大学与各校合作办学，聘请著名教授到校任教或兼课，使学校教学力量得到充实和加强，这给其科研工作也带来较大的推动。在此基础上，华西协合大学先后成立多所学术研究机构，教育研究所便是其中之一。

教育研究所于1943年成立，所长由校长张凌高兼任，傅葆琛任副所长。当时分教育心理、中等教育、国民教育、教育行政及社会教育五组，由所长聘各组主任导师、导师等研究人员，另聘钱穆、姜蕴刚、蔡乐生、张芗兰、袁伯樵、黄建中、张敷荣、刘绍禹、薛远举、黄觉民、陆叔昂等为名誉导师。

表5-1　私立华西协合大学教育研究所主要研究人员简况

姓名	性别	籍贯	职务	简历
傅葆琛	男	四川成都	社会教育组主任导师	美国康奈尔大学教育学博士，清华大学、燕京大学主任教授
方叔轩	男	四川成都	教育心理组主任导师	华西协合大学教育科毕业，文学学士，英国伯明翰大学教育学硕士，曾任华西协合师范学校校长

---

① 华西校史编委会. 华西医科大学校史　1910—1985 [M]. 成都：四川教育出版社，1990：45.

续表5-1

姓名	性别	籍贯	职务	简历
刘之介	男	四川资中	中等教育组主任导师	华西协合大学文学学士，美国芝加哥大学教育学硕士，曾任高琦中学校长、四川省教育厅科长
韩琼生 (O. Hansing)	男	美国	研究所导师	文学硕士，药学博士，美以美会传教士
胡正德 (Pearl B. Fosnot)	女	美国	研究所导师	文学硕士，法学博士，美以美会传教士，华西协合大学女生院主任
唐波澂	男	四川乐至	研究所导师	华西协合大学文学学士，美国伊利诺斯州工业学校毕业，曾任华西协合大学附属中学校长
刘百川	男	江苏阜宁	国民教育组主任导师兼教育行政组主任导师	国立东南大学进修教育学，曾任四川省立教育学院讲师

资料来源：《华西协合大学校刊》1943年第5、6期合刊第2页及《华西医科大学校史 1910—1985》，四川教育出版社1990年版。

教育研究所开办之初，主要工作为创办刊物和举办教育学术讲座。当时为联络各地同学通讯研究，编印定期刊物一种，于1943年12月创刊，取名为《华西教育研究通讯》；后办成不定期刊物，只出版过3期，至1944年10月停刊。此外还编印《教育与建设》《华西教育导报》《华西教育月刊》等多种刊物。教育学术讲座本由该校乡村教育系主办，教育研究所成立后承办此项工作，每次均请专家主讲，至1943年底已举办5次。第一、二次由黄觉民讲《当前我国教育的几个问题》，第三次由陆叔昂讲《怎样建设战后乡村教育》，第四次由黄建中讲《斐希特（Fichte，现译"费希特"——笔者注）之民族教育思想》，第五次由张芍兰讲《性向与职业的成功》、袁伯樵讲《中等学校行政之中心问题》。另外，西北公路管理处于1943年委托华西协合大学组织"西北考察团"，由刘之介等人率队赴陕、甘、宁、青考察社会教育、医药卫生、畜牧兽医、农业经济、森林、护路等项目，历时40余日，写成报告书，由军事委员会运输统制局负责出版。

1944年，教育研究所对其工作范围进行了拓展，拟订了较为详细的工作计划，其主要内容有"依照简章规定之资格，征求特约研究员及通讯研究员、搜集教育参考资料、举办教育问题讨论会、举办教育学术讲座、编辑《教育与建设》月刊及各种教育小丛书、编纂教育论文索引、推进本校乡村实验区各项教育实验工作、联络教育行政机关及教育学术团体共同努力教育学术之研究"① 8项。另外，研究所工作计划还规定了研究所导师的研究专题，主要有审美心理之研究（方叔轩）、教育视导行政组织之研究（刘之介）、现代儿童教育研究（刘百川）、孔孟荀教育思想综合研究（刘百川）、县单位国民教育实验研究（傅葆琛）、乡镇中学实验研究（傅葆琛）、识字教育与教法之研究（傅葆琛）、休闲教育与教育玩具之综合研究（傅葆琛）。作为研究所工作计划的一项内容，所长傅葆琛还翻译了《病恙儿童休乐指导》一书，包含病恙儿童可做之各种消遣、游戏、简单手工、病室布置、家庭心理等篇目，既新颖独到，又十分精深。

限于资料，笔者无法查阅到教育研究所创办的期刊，也未能检索到有关研究所导师的专题研究成果，仅从相关资料中觅得蛛丝马迹，但仍可归纳出教育研究所研究事业的一些特色。教育研究所虽由校长张凌高兼任所长，但他只是行政领导，并未参与研究事业，所内研究事业的规划均由副所长傅葆琛主持，因此研究所研究事业方面受傅葆琛影响较大。傅葆琛本以研究乡村教育见长，而且当时华西协合大学因不能开设教育系而改办乡村教育系，故所内研究事业集中于乡村教育方面，这一点可以从研究所举办的教育学术讲座的讲题以及研究所导师的研究专题中反映出来：在研究所举办的5次教育学术讲座中，有4次讲座的讲题是关于乡村教育（社会教育）方面的；而在研究所导师承担的8项专题研究中，有3项是关于乡村教育（社会教育）的。傅葆琛早年赴法为华工教育服务、担任中华平民教育促进会乡村教育部主任并领导平民教育实验以及多年从事教学和研究工作的经历，使他深刻认识到在开设全国唯一的乡村教育系的过程中开展相关研究的巨大作用。教育研究所的研究路径相对狭窄，也不以推动教育学术发展为主旨；综观研究所的研究事业，可以发现其成立更多的是为研究解决乡村教育中的实际问题及普及乡村教育理论并以此扩大乡村教育的影响。虽然限于资料笔者今天很难公允地考量它的作用，但就目前掌握的情况看，该所的学术影响的确有限，这既是因为研究所的私立性质使它无法获得来自官方的保障和支持，也因为乡村教育这样的研究主题在抗战时期的中国并不占主流地位。

---

① 教育研究所. 华西大学教育研究所工作计划大纲 [J]. 华西协合大学校刊, 1944, 2 (3): 1.

第三节　私立践四社会教育研究所

1946年9月，江苏省立教育学院为纪念已故前院长高阳生前功业，发扬其社会教育学术思想起见，由院长童润之发起，与中国社会教育社合作创办了以高阳表字命名的私立践四社会教育研究所，具体工作除进行各种专题研究外，主要从事高阳遗著之整理研究与民众教育教材之研究编制等工作。

研究所成立之初，暂借江苏省立教育学院为临时所址，并聘该院部分人员兼任所务及研究工作。组织方面设理事会，由中国社会教育社理事会会同江苏省立教育学院聘请钮永建、陈礼江、俞庆棠等17人担任理事，所长一职由童润之兼任；至1947年10月，经理事会改选，由刘季洪继任。

研究所未聘专职研究人员，所有研究工作均由江苏省立教育学院部分人员分担，至1947年12月，已开展者有下列几项：(1)从事高阳一生言行及社会教育理想之系统研究，已完成初稿。(2)该所收集高阳遗著76篇，20余万字，以此编辑《高践四先生民众教育论文集》，已搜集抄录齐全；此外将高阳遗著分为七大类，编成《高践四先生民众教育论文索引》一册，发表于《教育与民众》1947年第1~2期合刊。(3)与国立社会教育学院及中国社会教育社合作进行社会教育专题研究，主要有成人补习基本教育之研究与实验、社会教育协助地方建设之研究与实验、社会教育运用感觉辅助教具之研究与实验、卡片教育法应用于成人补习教育之研究与实验等。(4)特约社会教育专家作社会教育基本理论研究。(5)翻译世界教育名著及编制国内社会教育论文索引。

除上列诸项工作外，该所还于1947年12月拟订下列工作计划：首先是扩充组织，在所内分研究与编辑两组，并增聘研究导师、研究指导员、研究员及助理研究员等专职人员，以利研究工作稳定发展；其次是充实资料，广泛搜集国内外社会教育图书、杂志、报告及其他有关资料，并成立社会教育图书馆，为研究人员提供便利；再次是拟定研究要项，以"社会教育理论、社会教育制度、社会教育教材教具、社会教育实施方法、社会教育配合宪政实施、社会教育配合国民经济、社会教育配合社会建设及各国社会教育的比较"[①] 8项研究课题为中心，由研究组具体负责；最后，确定编辑出版方面

---

① 教育研究所. 私立践四社会教育研究所办理经过及今后计划 [J]. 教育与民众，1947，11(9)：31.

的工作包括翻译世界社会教育名著、介绍各国社会教育动态、向国外介绍中国社会教育之理论与实况、编印社会教育研究专刊及丛书、编撰民众课本及读物、编印社会教育定期刊物及通讯、编印高阳及中国各社会教育专家学说与事迹 7 项，由编辑组负责。

私立践四社会教育研究所从高阳社会教育学术思想的研究出发，主要探讨社会教育的学术与推行方法，这是其特色与亮点。其前期研究进展有力，研究取得可喜成果；后期则因经费拮据，研究事业难以为继，如前述《高践四先生民众教育论文集》一书就因经费短缺而未能付梓，研究所也于 1949 年停办。

第四节　近代中国私立教育研究机构的主要特色

由前述内容可知，近代中国私立教育研究机构主要附设于私立大学之中。由于政府及其政策的导向作用，近代私立大学设置教育学科的时间较晚，相对而言发展也不充分，相应地，近代私立教育研究机构也很晚才登上历史舞台。受私立大学教育学科发展的影响，私立教育研究机构在发展过程中也呈现出某些特色，如研究方向的规划较为自由且受创办人学术背景和研究志趣影响较大、研究课题的设定紧扣社会现实并直接为依托单位服务，等等。

近代私立教育研究机构在其发展过程中，可以说基本上游离于政策体系之外。1934 年颁布的《大学研究院暂行组织规程》以及 1939 年颁布的修正版中，对私立大学设立研究院所都未作出相关规定，直到 1946 年《大学研究所暂行组织规程》颁布，仍只规定独立学院设立研究所之条件，而对私立大学相关情形却未予提及。由于没有相关政策法规的保障和规范，私立教育研究机构始终处于自生自灭的状态，其存续时间及研究事业的开展主要取决于依托机构的经费支持及创办者的主观努力。在本章述及的三所私立教育研究机构中，私立晓庄研究所由于经费、人员和所址等问题均未能落实，1943 年后就名存实亡了；私立华西协合大学教育研究所依托该校乡村教育系得以创办，其实际主持人也以乡村教育闻名于世，按理说这样一个颇具特色的教育研究机构应该得到很好的发展，但实际情况是该研究所创办后，其研究事业主要局限于创办期刊和举办教育学术讲座，而其期刊又主要以联络各地同学通讯研究为目的，真正的研究性事业少之又少；私立践四社会教育研究所既名为"社会教育"，亦属一个颇具特色的教育研究机构，本当努力研究社会教育理论及实践,为推进社会教育进步服务,但它的创办目的主要是为了纪念已故前院长高阳生前功业,并发扬其社会教育学术思想,其具体研究工作主要是高阳遗著之整理及民众教育教材之研究编撰等方面,几近画地为牢。尽管各研究机构创办和停办的背后有其深刻的历史背景及其他因素的影响,但私立教育研究机构由于没有"合法"身份而使其自身的发展受到严重限制,并且由于其开展的研究事业并非当时的学术主流,甚至在大学内部,它们也处于边缘化的位置。这既是当时私立教育研究机构的生存实况,也是其特点之一。

私立教育研究机构的私立性质使它们的发展受限,但也使它们能自由地规划研究方向。一般来说,私立教育研究机构的研究方向受其创办者学术背景及研究志趣的影响较大,每个学者对自己从事的研究领域会给予更多关注,也就能发现更多问题,通常创办者能结合自己的学术背景、研究兴趣及社会需求而创办教育研究机构,从而为推进学术研究和解决现实社会问题服务。例如,晓庄研究所成立后与生活教育社有所属关系,相当于其下的一个研究机构,并且由陶行知主持,所以其研究主题就集中在生活教育方面。在抗战时期,为与现实结合,陶行知将该所的研究范围加以扩充,其教育方面的研究课题主要包括伤兵教育、壮丁教育、战时民众教育、难民教育及天才难童教育等,这些都是因战争而产生的社会问题,按陶行知"生活即教育、社会即学校"的"生活教育"思想,教育是以"生活"为中心而为社会生活所需要的内容,凡生活所需要的知识,皆是教育所要研究的内容。在抗战时期产生的这些社会问题,因为有新的社会背景、新的教育对象、新的教育内容,故需要经过理论的研究,才能进行实践上的推广。对华西协合大学教育研究所来说同样如此,当时华西协合大学设有全国唯一的乡村教育系,其后改为乡村建设系,这既需要理论的研究,也需要理论的宣传和普及,以获得广大范围的认同和支持。践四社会教育研究所主要是通过对高阳社会教育论著的整理,达到发扬其社会教育学术思想的目的,其研究事业大部分是为了普及社会教育理论,推动社会教育事业的发展。这三所教育研究机构虽都不是纯理论研究机构,但它们通过自己的工作,的确也推动了相关领域教育理论的发展。

私立教育研究机构由于研究口径相对狭窄,其课题设定紧扣社会现实并直接为依托单位服务,这一点在私立晓庄研究所中表现得最为突出。晓庄研究所成立之初即在《晓庄研究所初步计划之研究问题》中将伤兵教育、难民教育、回族教育、蒙古族教育、藏族教育、彝苗族教育等 28 项尽列其中。[①]自中华民国建立，政府提倡"五族共和"，少数民族地位有所提升；而在抗战时期，少数民族更是团结对象，需要加强教育以增强其国家认同感，同时培养其抗战建国的能力，从这个意义上说，晓庄研究所对于少数民族教育的研究在当时众多的教育研究机构中是独树一帜的。而从前述相关内容中可知，晓庄研究所对于伤兵教育、难民教育、壮丁教育、战时民众教育、游击区教育的研究以及 1941 年拟订的研究计划中关于战时教育的研究，一方面是因为战争产生的社会问题需要通过研究加以解决，另一方面也是为了通过教育增强民众抗战建国的信心和能力。

综上所述，本章述及的三所私立教育研究机构各有其特色，它们的研究领域和课题有些是其他教育研究机构所不曾涉足的，因而对近代中国教育学术研究而言成为有益补充，它们开展的研究事业拓展了教育研究的范围，也丰富了教育研究的内容。但是，由于南京国民政府限制私立大学设立教育系科及师范学院，私立教育研究机构发展并不充分，研究机构设立并不规范，也未能争取到合法权益。这些研究机构旋生旋灭，常常遭到压缩和排挤，同时由于 20 世纪 30—40 年代的中国时局，各研究机构始终没有自由发展的机会和空间，最终未能将各具特色的教育研究发扬光大。

---

① 方明. 陶行知全集：第 4 卷 [M]. 成都：四川教育出版社，2005：600－601.

第六章　近代中国教育研究机构的历史贡献及局限性

近代中国教育研究机构的创立与发展伴随着近代中国高等教育的发展与近代中国教育学术体制化的进程，同时也是一个与"新教育中国化"运动互动的过程。体制化的教育研究机构的出现表明从事教育研究的学者组成了一种有共同目标和宗旨并恪守一定规范的学术共同体，从萌芽状态的"晚清学部教育研究所"的创办到"国立中山大学教育学研究所"作为近代中国第一所专门教育研究机构的成立，再到其后依托不同主体的各类教育研究机构的创办，近代中国教育研究机构经过了漫长而艰辛的历程，其间也通过自身的学术成果及培养的学术人才影响了当时乃至其后近半个世纪中国教育学术的发展。综观近代中国教育研究机构的发展历程，可将其历史贡献归纳为"学术研究和传播""研究性人才培养及其制度建设"以及"面向教育界的社会服务"三个方面。

第一节　学术研究和传播

对研究机构而言，学术研究和传播是其基本职能，也是衡量其学术水平的主要指标。罗家伦曾有言："研究是大学的灵魂。专教书而不研究，那所教的必定毫无进步。不但没进步，而且会退步。"[1] 即言明学术研究对于高等教育机构和研究机构的决定性作用。近代中国教育研究机构从各自宗旨及实际情况出发，在理论探讨、学科建设和学术传播等方面不遗余力，成绩斐然。

---

[1] 罗家伦. 学术独立与新清华[M]//王学珍，张万仓. 北京高等教育文献资料选编 1861—1948. 北京：首都师范大学出版社，2004：614.

一、理论探讨

近代中国教育研究机构创立的根本目的在于使西方教育理论与方法"中国化",它们以20世纪20—30年代的"新教育中国化"运动为背景而诞生,当时的教育家针对中国新教育不适合国情的现实,在展开批评的同时也积极探索新的路径和方式,倡议创立现代教育研究机构,"以服务于新教育中国化为主旨","以推进新教育中国化为首务"。[①] 国立中山大学教育学研究所首任主任庄泽宣提出"大学的工作本应以研究为主体"[②],即是说,大学必须开展专门的理论探索,这是现代大学安身立命的根本。对于这些教育研究机构而言,学术研究是其基本职能之一,而理论探讨又是学术研究的核心要素。统观近代中国教育研究机构所开展的理论探讨,可以按其研究取向将它们分为"学理性理论探讨"和"应用性理论探讨"两大部分,这种划分同时也反映了各教育研究机构开展理论探讨时在目标和方法上的差异。一般而言,国立综合性大学由于所秉承的治学传统、文理科相互渗透的学术背景、雄厚的师资力量及较为充裕的经费支持等原因,其附设的教育研究机构相对偏重于"学科取向"即"学理性理论探讨";而国立师范院校和独立学院的教育研究机构以及地方公立教育研究机构和私立教育研究机构则因它们所面向的研究对象的性质而更偏重于"问题取向"即"应用性理论探讨"。若以其研究主题划分,则可将近代中国教育研究机构中具有共性的理论探讨主要归纳为国民教育、中小学及师范教育问题、教育心理及战时教育四个主题,对这四个主题的理论探讨在各教育研究机构中所占比重并不相同,同时也因其机构属性而表现出"学理性理论探讨"和"应用性理论探讨"两种倾向。

近代中国教育研究机构大多开展过国民教育方面的理论探讨。各教育研究机构开展的"民众教育""社会教育""乡村教育""生活教育"等方面的研究,因其根本目标在于提高国民素质或保障国民生活,均可归结为"国民教育"。中山大学教育学研究所、国立社会教育学院研究部、广西普及国民基础教育研究院、广西教育研究所和四川省立教育科学馆开展的国民教育研究的课题较多,而各教育研究机构在开展国民教育的理论探讨时其途径和取向则各有不同。中山大学教育学研究所向来关注民众教育,其工作人员对

---

① 陈元. 论我国现代大学教育研究机构与新教育中国化的互动 [J]. 黑龙江高教研究,2012(5):17.

② 国立中山大学教育学研究所. 国立中山大学教育学研究所一览 [M]. 广州:编者刊,1930:引言.

"民众教育"理论多有研究,并通过开设课程、开展各种民众教育实验及调查、编写民众教育普通读物等途径,深化了对"民众教育"理论的探索,涌现出一大批研究成果,如庄泽宣的《如何使新教育中国化》、邰爽秋的《民生教育刍议》等,表现出较强的学理性。与中山大学教育学研究所不同,其他教育研究机构的理论探讨则更侧重应用性,旨在密切联系社会教育、乡村教育及国民教育中的实践问题,以求通过理论探讨的途径觅得解决办法。此外,中山大学教育学研究所、浙江大学师范学院教育研究所、西北师范学院师范研究所均创办国民教育实验区和社会教育实验区,开展国民教育理论研究,成为其进行理论探讨的另一种途径和方式。

中小学及师范教育是学校教育的基础与核心,与此相关的理论探讨对中小学及师范教育的实践及改革影响深远。因此,中山大学教育学研究所、北平师范大学研究所、西北师范学院师范研究所及四川省立教育科学馆都开展大量研究,以期对中小学及师范教育有所贡献。具体到各教育研究机构,中山大学教育学研究所主要开展了中小学国文教学、中学行政及小学教育等方面的研究课题;北平师范大学研究所和西北师范学院师范研究所从自身的师范性质出发,对中小学及师范教育更为关注,其用力最多者为各级各类学校的各科教材与教法研究;四川省立教育科学馆因负有改进与辅助全省各级学校教育的使命,对中小学地理、历史、化学、生物等科教材教法多有研究,同时对中小学教育概况作多种统计分析。至此可以看出,与国民教育主题的理论探讨不同,关于中小学和师范教育的理论探讨在学科取向上的区别不甚明显,各教育研究机构基本都选择了应用性理论探讨的路径,从中小学及师范教育的实际状况出发,对其中存在的若干具体问题进行分析以求得出解决办法,而对其学理却鲜有建构和突破。

教育心理方面的理论探讨是近代中国教育研究机构的一项重要成就,但较多地在国立综合性大学教育研究机构中开展。国立中山大学教育学研究所、国立中央大学教育实验所和国立浙江大学教育学系培育院这三所教育研究机构的创办者庄泽宣、艾伟和黄翼的学术背景和研究意识对研究机构中的教育心理研究影响深远。庄泽宣曾专攻教育与心理学,中山大学教育学研究所也专设教育心理学部,吸收胡毅、杨敏祺等教授和钱苹、谭允恩、富济等研究生开展多项教育心理方面的研究,主要集中于知觉、运动和儿童心理学的研究,获得较大成果。艾伟在心理学和统计测量等方面素有研究,曾对20世纪20—40年代中国学术界出现的对西方心理学理论与方法全面复制的热潮进行检讨,认为:"国外所研究的结果可以作我们的参考,但我们不能盲目地引用，况且许多基本教育的问题是我国的特殊问题，必须我们自己从事实验，而无法可以借鉴的呢！"[1] 在艾伟的领导下，中央大学教育实验所延聘萧孝嵘、潘菽、蔡乐生、黄翼、郭任远等心理学名家，他们与历年招收的研究生一道在教育心理学、大中小学心理学、发展心理学、实业心理研究和军警心理研究等领域开展大量的课题研究，其深度与广度都达到了当时国内最高水平；尤其在汉字教学和心理测量方面作出独树一帜的贡献，编制、修订了各类量表，其测试结果为改进学科教学提供了心理学依据，有助于当时学校，尤其是中小学教学教育的改善和推进。黄翼创办的浙江大学教育学系培育院突出自身特色，集中于儿童心理学研究，在儿童心理健康教育及不良行为矫正等方面不仅有理论的探索，还以实际的观察与实验作为研究的辅助。由于心理学的学科特性，三所国立综合性大学教育研究机构中开展的教育心理学研究都以学科性为主要取向，通过在实验室或特定实验环境中进行的可控性实验，努力运用自然科学的方法分析实验材料，以求得出精确的数据和结论，进而运用于教育教学问题的解决。虽然这三所教育研究机构在教育心理学方面的理论探讨各有特点并在当时的中国教育界形成一定影响，但当时的教育心理学研究仅在国立综合性大学教育研究机构中开展，在其他类型的教育研究机构中只是偶尔可见，这种极不平衡的发展状态说明教育界并未普遍重视教育心理学的理论探讨，教育心理学也未能充分发挥其作为教育研究基础学科的作用。

战时教育是近代中国教育研究机构开展的理论探讨中颇具时代特征的一个主题，但各研究机构开展此主题的途径和力度却多有不同，其基本方法是通过专题研究开展理论探讨，在学理和实践两方面对战时教育有所建树。其中较有特色的有中山大学教育研究所领先全国而制订的《战时教育工作计划》，西北师范学院师范研究所李建勋主持的"战时与战后教育研究"，国立社会教育学院研究部的战后中国社会教育系列研究，广西教育研究所为应对抗战时局而开展的国民教育研究及晓庄研究所开展的伤兵教育、难民教育、军队教育、壮丁教育、游击区教育等。上述研究多以应用性理论探讨为主，以求在此基础上对战时各级各类教育问题作分析研究并指导各级各类教育的实际开展。其中成果最丰硕、影响最广泛的当推李建勋主持的"战时与战后教育研究"，其研究成果于1942年以专刊形式发表为《战时与战后教育》；该书结合学理性理论探讨与应用性理论探讨，通过欧美各国教育与中国实际

---

[1] 艾伟. 战后中国之教育实验 [J]. 教育杂志，1923 (1): 18.

情形之比较，讨论了战时与战后教育的意义与性质，随后指出中国教育十大缺点，并针对这些缺点及战后教育需要，对各级教育行政机关职能及各级学校设施提出改进办法，体现出教育研究机构在进行理论探讨时紧扣教育实际问题的特色。可以毫不夸张地说，近代教育研究机构在战时教育方面开展的理论探讨既丰富了近代中国在此领域的理论，也指导了战时与战后中国教育的发展，甚至对当今的中国教育仍具一定程度的参考意义。

综上所述，在近代中国教育研究机构中，理论探讨的任务主要由国立综合性大学和师范院校的教育研究机构承担。通过学理性和应用性理论探讨，它们在丰富教育理论和指导教育实践方面均颇有建树，也为近代中国教育学术的发展作出了重要贡献。尽管如此，仍需指出的是，上述教育研究机构的理论探讨在深度、广度和系统性上均表现出明显不足，这主要是由于近代中国教育研究机构总体上处于由国外先进的教育理论引进向国内教育理论创生的转向阶段，其教育研究的理论底蕴不够深厚，整个社会对教育研究的意义认识不足，加之客观环境和条件的限制，致使近代中国教育研究机构未能创造出富有中国特色的教育理论体系。

二、学科建设

近代中国教育研究机构伴随着教育学各分支学科的创立而逐步产生、发展起来，在此过程中它们也肩负了教育学相关学科建设的重任，主要由附设于国立综合性大学和国立师范院校的教育研究机构通过自身的学术探索，集中力量开展专项研究，在长期积累的基础上创立新的教育学分支学科。比较突出的例子有：中山大学教育学研究所在创立比较教育学科方面有先驱之功；中央大学教育实验所在汉字教学与教育测量方面对教育心理学的学科建设作出了独特贡献；西北师范学院师范研究所则因其研究旨趣所在，在课程与教学论学科的建设中作用重大。

（一）国立中山大学教育学研究所与比较教育学科的创立

国立中山大学教育学研究所在其首任所主任庄泽宣的领导下，汇集研究力量广泛开展了理论探讨、教育考察、著作翻译、课程建设等工作而创立比较教育学科。庄泽宣创立比较教育学的基础在于他自身所受的专业训练。他早年留学美国攻读教育和心理学，身处异国，开始关注中外教育异同的问题；其后又游学诸国，使他对英、法等国教育有了进一步的了解。1926年他在厦门大学任教时，开始系统研究中国教育问题，对"新教育之中国化"进行理论思考，在此基础上认识到外国教育理论在应用于中国时须通过比较而加以改造。1927年，庄泽宣采用"列国并比"的方式将德、法、英、美、日、俄等国教育汇集编辑为《各国教育比较论》，于1929年由商务印书馆出版，成为近代中国最早出版的一部比较教育专著。关于该书编辑动机，庄泽宣在"自序"中写道："世界上教育最进步之国而其方法组织一切影响于吾国教育制度者，在既往为德、法及日本，在现在为英、法、美，在将来或为俄及新德（原文如此——笔者注），兹数国之教育制度，吾人乌可不一研究之？环顾国内各书店，谈此数国之教育制度且比较列论之书，犹未之见，即外国文之比较教育书籍亦尚罕见，余因搜集材料编而辑之，不敢云作也。"[①]表达了他对当时教育界研究外国教育的看法。以此为出发点，他在该书中分专题对德、法、英、美、日、俄等国的学校系统及其初等教育、中等教育、高等教育、师范教育、职业教育、成人教育等各级各类教育进行了比较考察。该书以专题为基础的比较研究框架不同于以往此类著作对国外教育的简单介绍描述，这使它在国内外教育同行中形成较大影响，成为近代中国比较教育学科早期发展的标志性成果。此外，庄泽宣还在此书中提议，由于"我国新教育尚在萌芽时代，对于此种研究（指比较教育研究——笔者注）之不可缓，更不待言。窃以为今后各师范及大学教育科之高级中皆当列此（指比较教育——笔者注）为必修科"[②]。在当时，即使是教育研究相对发达的美国对各国教育情况的比较研究也不够重视，而庄泽宣在中国比较教育刚刚起步的初创阶段即提出这种观点，充分反映了他对教育研究发展和比较教育学科建设的全球思维和敏锐意识。除《各国教育比较论》外，庄泽宣还先后编著和翻译出版了《西洋教育制度的演进及其背景》（1928年）、《各国学制概要》（1931年）等比较教育方面的论著，这些论著尤其是"列国并比法"的应用确立了他在中国比较教育学领域的先驱地位。

由于庄泽宣本人对比较教育的认识和重视，中山大学教育学研究所当时汇集了钟鲁斋、邰爽秋、崔载阳、雷通群、陈礼江等多位教育名家。他们大多有国外留学的教育背景，例如，钟鲁斋是美国斯坦福大学教育学博士，邰爽秋先后在美国获芝加哥大学硕士学位、哥伦比亚大学博士学位，崔载阳为法国里昂大学哲学博士，雷通群毕业于日本东京高等师范学校，后又获美国斯坦福大学教育学硕士学位，陈礼江曾留学美国帝堡大学、芝加哥大学，攻读教育学和心理学并获硕士学位。这些教育名家留学于不同国家，且对比较

---

① 庄泽宣. 各国教育比较论 [M]. 上海：商务印书馆，1929：自序.
② 庄泽宣. 各国教育比较论 [M]. 上海：商务印书馆，1929：自序.

教育多有关注，如钟鲁斋曾在获得博士学位后游历英、法等国，并在回国途中考察了许多国家和地区的教育情况，而崔载阳的博士学位论文就是"有关法美两派领导人物教育哲学的比较"[1]，这使中山大学教育学研究所开展比较教育研究具备了一定的学术背景和基础。此外，还有廖鸾扬、方惇颐等助教和一大批研究生，他们通过翻译西方教育著作和引进国外教育文献向国内教育界介绍其教育理论及实践成果（见表2-9），邰爽秋还专门编辑了《比较教育论文索引》，收录了全国各教育期刊比较教育方面的论文共799个索引条目，涉及30多个国家和地区的各级各类教育问题，为比较教育研究提供便利。研究所中开展的研究课题如"各国合作教育的调查""各国战时学校动员调查""五个新兴国家的教育与建国之研究""现代三大派教育思潮的比较研究""各国教师组织及其活动研究"等均由研究所教授或研究生承担，主要对各国教育思想或实际情况进行比较研究，包括所中最重大的研究项目"民族中心教育"也是所主任崔载阳带领一些研究生在借鉴西方教育理论的基础上开展的。与此同时，研究所注重考察学习国外教育经验，曾多次派人赴菲律宾、意大利、法国、德国、英国、瑞士、丹麦、捷克、波兰、苏联等国访学考察，实际感受国外教育与本国教育之不同，从而有利于比较教育学科意识的增进与发展。

1929年，中山大学教育学研究所设立丛书委员会翻译、编译西方教育著作，其中包含多部比较教育著作，有庄泽宣著《各国教育比较论》《如何使新教育中国化》《各国中等学校之扩张》，崔载阳著《法德英美教育与建国》，陈孝禅译《英德美大学教育》，梁瓯第译《大学课程及行政组织之研究》，方惇颐译《欧洲的中学教育》，廖鸾扬译《德国新教育》，姚德润、许绍桂译《最近各国的历史教学》等。伴随上述成果的涌现，中国的比较教育研究出现了一个小高潮，"比较教育"也成为一个专用名词，其研究目的与方法也受到学界关注。如庄泽宣认为："我国新教育尚在萌芽时代，对于此种研究之不可缓，更不待言。"[2] 钟鲁斋也指出比较教育的目的在于研究国外教育制度与方法以为改进本国教育的借鉴或参考，"盖国与国之间，交际日繁，凡自己对于旧制度旧方法有所不满而思改造时，总是着手调查外国改革教育的情形，以作参考"[3]。而对于研究方法，庄泽宣在《各国教育比

---

[1] 陈三井. 勤工俭学运动[M]. 台北：正中书局，1981：449.
[2] 庄泽宣. 各国教育比较论[M]. 上海：商务印书馆，1929：自序.
[3] 钟鲁斋. 教育比较[M]. 上海：商务印书馆，1935：2.

较论》中除使用"列国并比"的方法外，还提出进行国别教育比较时应考虑地理、国民性等因素；钟鲁斋则通过《比较教育》一书对比较教育研究的具体方法进行创新，该书在撰写体例上既不同于庄泽宣著《各国教育比较论》中采用的"列国并比法"，也不同于常道直著《各国教育制度》中采用的"逐国叙述法"，而是将两者结合起来，既有国别教育的叙述，又有专门问题的比较，时称"折中法"，体现了比较教育学科研究方法的转变与逐步成熟。

为使比较教育研究与教学紧密结合，中山大学教育学研究所配合教育学系在全国最先开设比较教育本科课程，带头进行比较教育的教学实践①。1932年，中山大学教育学系在第三学年上学期正式开设必修课"比较教育"，由雷通群、崔载阳等授课，每周4学时，共4学分。该课程的目的在于使学生明了各国教育制度的现状、趋势、因果及得失，课程内容包括两部分：第一部分重在各国教育的成因分析，主要涉及英国、苏联、德国、法国、美国、日本、意大利、土耳其8个国家；第二部分重在教育问题的比较与批评，包括学制、行政以及各级各类教育的比较研究。此外还开设与比较教育相关的选修课，如外国新教育背景（1个学期，3学分）、教育原著选读（1个学期，3学分）、教育思潮（1个学期，3学分）等②。比较教育课程的设置促进了教育学研究所研究工作与教学实践的联系，推动了各项工作的开展，在此过程中，比较教育的研究方法也得到实际运用。如教育学研究所在为研究生开设的民族教育研究课程中将中国民族教育的目的与各国民族教育的目的进行横向比较，研究生马鸿述在研究中学课程改革时将各国中学课程的现状及教学方案与我国各地的新课程实验结果进行比较分析与评述。

总之，国立中山大学教育学研究所在比较教育领域开展的学术研究及人才培养等工作有力地推动了近代中国比较教育研究的开展，特别是对比较教育研究方法进行了探索和创新，并以此为基础经过长期积累创立了比较教育学科。

（二）国立中央大学教育实验所与教育心理学学科建设

由于国立中央大学教育实验所艾伟、萧孝嵘、潘菽等人的研究领域基本集中于教育心理学，其研究课题及成果大多也属于该领域。首先，艾伟认为中国的教育必须"科学化"，而"所谓教育之科学化者，谓教育问题之解决，

---

① 胡耿. 比较教育在中大：早期历史［J］. 肇庆学院学报，2007（1）：80.
② 国立中山大学教务处. 国立中山大学二十一年度概览［M］. 广州：国立中山大学出版部，1933：106－108.

必须应用科学之方法也"[①]，故此在研究课题的选择上，教育实验所倾向于教育测验和汉字心理学的研究，这是艾伟从事研究工作的两个主要方向，也形成了该机构在教育心理学研究方面的主要特色。艾伟毕生致力于学科心理研究，特别是语文与英语学科的学习心理研究，曾长期潜心研究汉字阅读心理，主要有"音形义间的关系研究""汉字横直排的研究""汉字教学研究"等。他对语文心理中汉字问题的研究有独到之处，自1923年始即潜心研究汉字教学，与同时代的刘廷芳、蔡乐生等人在20世纪20年代就开创了具有中国特色的汉字心理研究，并在研究成果的基础上提出了一系列新观点。他的研究对于提高汉字学习效能、推动汉字简化以及汉字由直排改为横排，均具有一定的理论与实践价值。他本人所著的《汉字问题》及《学科心理学》等专著，开辟了具有中国特色的汉字心理研究领域，推动了教育心理学科的分化与发展。此外，艾伟从1925年起就着手研究并编制中小学各年级各学科的测验、小学儿童能力测验及智力测验，先后编制中学文白理解力量表、汉字测验等共8种，算术应用题、平面几何测验等共9种，中学和大学英语测验等共4种，初中常识测验等共9种，开中国编制该类测验之先河。萧孝嵘是中国对儿童心理学和教育心理学问题进行实证研究的先驱之一，并在实业心理学、军事心理学等方面多有探索。20世纪30年代中期，他转向各种心理测验的研究，先后修订了"墨跋智力量表（Merrill-Palmer Scale）""古氏（Goodenough）画人测验""普雷塞（Pressey）XO测验""勒氏（Laird）品质评定"和"马士顿（Marston）人格评定"等量表，对中国心理测验产生了重要影响。在国立中央大学师范研究所时期，又创建"学习心理实验班"，在班内进行"篇幅长短与诵读速率之关系""朗读与默读之比较""教材内容与学生学习兴趣之相关研究""韵文与散文在持久记忆上之比较""整篇诵读与分段诵读在效率上之比较""英语学习心理（朗读练习）"等各种专题的实验研究，积极展开教育心理学的理论探索。除此而外，教育实验所还指导多位研究生开展教育心理学方面的研究，也取得不少成果。如研究生杨继本1945年所作的硕士学位论文《汉字构造在学习上之影响》，即是从心理学方面对汉字字形的一种研究，在当时颇有影响；后来杨继本据此研究成果在20世纪70年代末发明了"边、角、画码查字法"，其后又提出汉字信息输入计算机的编码方案。教育实验所对中国教育心理学学科建设的影响，由此可见一斑。

[①] 艾伟. 阅读心理·国语问题［M］. 上海：中华书局，1948：自序.

（三）国立西北师范学院师范研究所的课程与教学论学科建设

以李建勋为首的教育学者为国立西北师范学院师范研究所的课程与教学论学科建设奠定了坚实的基础，这主要体现在研究事业的开展、研究成果的发表及研究人才的培养等方面。该所在课程与教学论学科建设方面经过了长期的历史积淀，所内各时期开展的教材教法研究对此均有促进之功。由于师范院校贴近中小学及师范教育的属性，该所及其前身的各教育研究机构均较注重中小学及师范教育的教材及教法研究。早在国立北平师范大学研究院教育科学门时期，就开展了"中小学一贯各科的教材"等研究，还将课程论列为选修科目，每周2学时计3学分①，并在此后的研究所时期及国立西北师范学院师范研究所中长期开设。国立北平师范大学研究所时期，所内师生在李建勋主持下开展过"中学英语教学法实验""复式制与单式制教学效果之比较实验""普通教学法与设计教学法之比较实验"等工作，也开展过师范学校"教育概论"等课程的教材教法研究，此外还专门成立"纂辑处"从事各科教材的编纂与研究，在取得大量研究成果的同时也积累了一定的研究经验，这些研究成果与经验在李建勋主持国立西北师范学院师范研究所期间得以很好的继承与发扬。

国立西北师范学院师范研究所成立后，专设"教材教法"一科，所开展的研究课题中与教学法相关的主要有金澍荣主持的"中学英语教材及教法之研究""师范学校教育通论教材教法之研究"，李建勋主持的"中学国文因素分析教学法与普通教学法之比较""师范学校教育行政教材教法研究"，刘亦珩主持的"中学数学教材教法之研究"，慈连炤主持的"教育哲学教材教法研究"和齐国梁主持的"师范学校家事科教材教法"等，部分成果以专刊形式发表，形成一定的学术影响。其中如李建勋和韩遂愚合著的《师范学校教育行政教材教法研究》原为该所承担的教育部中等学校教材教法研究之一，其内容分为绪论、教学目标、教材选择、教材组织、教法研究、教学设备及应用、课程标准研究、教科书批评等8章，旨在"依据专业训练科目之使命，参酌教材专业化之方法，使学生对于此科之功能与目标，有明确之认识；对于此科之教材教法，课程标准，教科用书及教学设备等，有评判选择与运用之知能，以期增加其将来实际从事教学时之教学效率"②。对于此书

---

① 许椿生，陈侠，蔡春. 李建勋教育论著选 [M]. 北京：人民教育出版社，1993：152.
② 李建勋，韩遂愚. 师范学校教育行政教材教法研究 [M]. 兰州：国立西北师范学院教育研究所，1946：序.

的学术价值，作者在序言中写道："此种专业化科目之著作，在中国尚属创举……除可为该分科教材教法研究之教科书外，并可作师范学院教育系、师范学校及地方教育行政机关之重要参考书。"①

在研究力量方面，国立西北师范学院师范研究所聚集了多名教学法研究方面的专家。如李建勋为哥伦比亚大学博士，曾在国立北平师范大学研究院教育科学门时期、国立北平师范大学研究所时期主持教材教法研究多项，在国立西北师范学院师范研究所中与韩温冬、贾则复等研究生合作完成教材教法研究多项；金澍荣为斯坦福大学教育学硕士、哥伦比亚大学哲学博士，受聘任该所专职教授，除开设"课程研究"选修课外，还主持完成多项中小学及师范教材教法研究。此外，该所还积极培养人才，吸收多名研究生参与教学法研究，一些研究生如韩温冬、陈侠、景时春等人在毕业后长期从事教学论方面的理论与实践研究，从而形成了教学论研究的学术梯队，扩大了该所在教学论研究方面的学术影响。在当时的教育研究机构中，如此集中研究力量进行大规模的教材教法研究，国立西北师范学院师范研究所是比较突出的，该所在此研究领域的学术成就使课程与教学论作为教育学学科一门独立的分支学科逐渐受到学界重视。

三、学术传播

为给研究者提供成果发表平台，近代中国教育研究机构大都创办定期或不定期刊物、出版发行各类丛书及学术专刊、实验报告等，力图突破时空限制，最大范围地推广教育研究成果，以期推动教育实践。这是近代教育研究机构发挥其学术传播职能的一种形式，也是近代教育研究机构作为学术机构的一个重要特点。近代中国各类教育研究机构编辑发行出版物的简要情况可汇集为表6-1。

---

① 李建勋，韩遂愚. 师范学校教育行政教材教法研究［M］. 兰州：国立西北师范学院教育研究所，1946：序.

表6-1 近代中国教育研究机构编辑出版物简况

研究机构	期刊	丛书	专刊	其他
国立中山大学教育研究机构	《教育研究》，月刊，全年8期，1928年2月—1948年9月共出版110期	计34种	计7种	无
国立中央大学教育研究机构	国立中央大学师范科研究所教育心理学部时期：《教育心理研究》，季刊，1940年3月—1945年6月共出版10期；《教育心理研究》英文简编，每年一期，共出4期	无	《心理教育实验专篇》，计4卷7期	无
国立浙江大学教育学系培育院	无	无	黄翼著《遗尿》及《增进幼儿的心理健康》，计2种	无
国立浙江大学师范学院教育研究所	无	有计划，但未见到出版物	有计划，但未见到出版物	无
国立北平师范大学研究所	无	无	教育科学门专刊2种，研究所专刊1种	无
国立西北师范学院师范研究所	无	无	"国立西北师范学院师范研究所研究专刊"，计5种	无
国立社会教育学院研究部	《教育与社会》，季刊，1942年1月—1948年12月共出版7卷28期；《社会教育季刊》，1943年3月—1943年12月共出版4期	"国立社会教育学院丛书"2种	"社会辅导丛刊"，计15种	编辑社会教育辞书、中国社会教育大事记、各国社会教育名著、民众读物、社会教育论文索引等
广西普及国民基础教育研究院	《广西普及国民基础教育研究日刊》，1935年1月20日—1936年6月30日共出500号；《广西儿童》，周刊，1935年1月—1936年6月共出版38期；《国民基础教育丛讯》，半月刊，1935年3月—1936年6月共出版14期；《国民基础教育周刊》，1935年8月—1936年6月共出版5期	无	无	不定期出版一些拉丁化汉语新文字的小册子

续表6-1

研究机构	期刊	丛书	专刊	其他
广西教育研究所	《广西教育研究》，月刊，1941年1月—1946年1月共出版7卷37期	"广西教育研究所教育丛书"，计12种	无	《教育导报》，1946年1月—1947年12月
四川省立教育科学馆	《中等教育季刊》，1940年9月—1943年1月共出版2卷8期，后改为《中等教育月刊》；《文史教学月刊》，2期后改为双月刊，1941年4月—1942年12月共出版7期；《科学教学季刊》，1941年7月—1942年10月共出版2卷8期；《国民教育月刊》，1940年3月—1941年7月共出版2卷17期，后改为《国民教育指导月刊》；《四川学生月刊》，1943年3月—1943年9月共出版6期；《国民教师通讯》，初为半月刊，约1945年6月后改为月刊，1943年2月—1949年9月共出版94期；《四川教育月刊》，刊行情况不详；《四川教育通讯》，月刊，1945年5月—1949年10月共出版9卷53期	"四川省立教育科学馆丛书"，计23种	无	无
私立晓庄研究所	《战时教育》月刊，刊行情况不详；《工作与学习》，1939年6月与《漫画与木刻》联合出版《工作与学习·漫画与木刻》	无	"晓庄研究所学术研究专刊"，刊行情况不详	"晓庄研究所报告"，共2号
私立华西协合大学教育研究所	《华西教育研究通讯》，1943年12月—1944年10月共出版3期；编印《教育与建设》《华西教育导报》《华西教育月刊》等刊物，刊行情况不详	无	无	无
私立践四社会教育研究所	计划创办"社会教育定期刊物"，未实行	计划编印"社会教育研究丛书"，未实行	计划编印"社会教育研究专刊"，未实行	编辑《高践四先生民众教育论文集》《高践四先生民众教育论文索引》等

资料来源：据本书各章节内容汇集整理。

首先对表6-1所列教育刊物进行分析。以其刊载文章性质，可大致将近代教育研究机构创办的教育刊物分为学术研究型和宣传辅导型两类，前者主要有国立中山大学教育学研究所主编的《教育研究》、国立中央大学师范科研究所教育心理学部刊行的《教育心理研究》、广西教育研究所编辑的《广西教育研究》等，后者主要有国立社会教育学院研究部刊行的《教育与社会》和《社会教育季刊》、广西普及国民基础教育研究院编辑的《广西普及国民基础教育研究日刊》及其他刊物、四川省立教育科学馆发行的各类刊物和华西协合大学教育研究所编印的《华西教育研究通讯》及其他刊物等。总的来说，上述两类教育刊物所刊文章的主题及内容与各教育研究机构的研究取向和特色是密切对应的，但它们呈现的形式各有不同。学术研究型刊物以办刊时间最长的《教育研究》为例，首任主编庄泽宣在发刊词中即明确表达其办刊方针："我们希望除附录外篇篇文章含有研究的性质或是可供研究的材料。"① 也就是说该刊以发表研究性论文为主。这一点也可从该刊征集外稿的稿约中得到印证。该稿约称："一、本刊征集关于教育稿件，以有研究性质或可供研究之材料者为限。二、来稿不拘长短，文体无论文言白话，均表欢迎。"② 其第一期刊载了庄泽宣著《教育之意义及范围》，许崇清、韦悫撰《教育方针讨论》，崔载阳著《法国小学教育研究》，钟自新著《德国师范生的教学实习》，戴先启著《小学国语教科书的分析（一）》及静闻辑《陆安儿歌》6篇文章。因为国立中山大学教育学研究所创办之初的研究工作中曾有儿歌及儿童游戏的搜求一项，意在以此搜集民众教育材料、研究民众教育途径，故《陆安儿歌》一文仍属教育研究范畴。如此，第1期全部6篇文章均与办刊方针及稿约要求相符。1933年后，崔载阳在接任主编职务后对庄泽宣的办刊宗旨深表认同，并进一步申述其载文主题："本刊内容除教育学术各方面之著译外，凡经济社会政治民众等有关教育之作品或译稿含有研究性质者均所欢迎。"③ 而1934年方惇颐接任主编后也坚持贯彻前两任的办刊方针，因此，《教育研究》一贯保持了主要刊载研究性论文的特色。历年来载文主题内容涵盖中国新教育、乡村教育、小学教育、国文教学问题、各国教育的哲学背景、学习心理及测验问题、民族中心教育等方面，多数时候能敏锐地捕捉其时中国教育界的热点问题，立即组织稿件对这些问题展开讨论，而且通常都是很有见地的理论性文章，并非一时的应景之作。如自1932年起，国立中山大学教育学研究所鉴于中日民族矛盾渐趋激化，认

---

① 庄泽宣. 告阅者［J］. 教育研究，1928，1（1）：1.
② 国立中山大学教育学研究所. 征稿简约［M］. 教育研究，1928，1（5）：封二.
③ 国立中山大学教育学研究所. 教育研究征集外稿简则［M］. 教育研究，1934，7（5/6）：封底.

识到个人服从和保卫民族、国家的必要性和重要性,于是开展"民族中心教育"的研究,主要进行民族中心小学课程方面的研究,先是在第51期发表崔载阳和方惇颐的《根本改造我国小学课程的尝试》,后又在第60期出版"民族中心小学课程专号",集中对"民族中心教育"的基本理论、课程编制的演进、基础教育、常用字汇研究以及实验班一年来的成绩考查、教学经过等问题进行深入分析,既有对基本理论的阐述,又有主体内容及方法的呈现与指导,还有实施效果的验证,因此赢得学界颇多赞誉,时人曾评价道:"以一机关之力量,师生数人之合作,而有此等鸿篇巨制,在国内研究教育学术院校中,实罕其匹。"[1] 稍后又在第62期发表吴家镇的《民族中心教育的基本理论之商榷》作为对第60期发表的《民族中心教育的基本理论》的回应与争鸣,像这样长期对一个专题进行较为深入的研究分析,必然会为相关的教育问题吸引更多关注,造成一种研究氛围,从而推动教育事业的进步。而对于《教育与社会》《社会教育季刊》《广西普及国民基础教育研究日刊》《华西教育研究通讯》等刊物来说,其载文虽也有理论研究的成分,但更偏重于对社会教育、普及国民教育、乡村教育等领域的基本理论的普及与宣传,以及其方法的指导和各类事业推进的报道与总结。因为社会教育、普及国民基础教育、乡村教育、国民中学教育等在当时的中国尚属新生事物,学界和社会对它们的认识尚不充分,在进行理论研究的同时,更重要的是进行相关的理论宣传和普及,以便使社会与学界接受相关的理论才是这类期刊更为重要的使命。如《教育与社会》季刊,作为当时中国唯一一份社会教育研究专业期刊,它应该在社会教育理论研究方面展开积极探索以便构建社会教育的理论体系,但事实上它在传播主题和内容方面主要以"研究社教理论""介绍社教实况""报告实验结果""供给参考资料"等项为主,本书第三章第三节也曾指出其研究性论文偏少,尚不足全部载文的1/3。又如《广西普及国民基础教育研究日刊》,首先它相当于一份报纸,容量很有限,不可能刊载长篇理论文章,而且其办刊宗旨并非探索国民基础教育的理论,而主要是传达信息、指导全省国民基础教育运动的开展。它通过开设本院新闻、通讯、教育消息、参考资料等栏目广泛记载和报道研究院各种事业、活动、组织、章程和议决案等,这些都决定了此类刊物不可能以学术研究为主要取向。虽然如此,这些刊物依然对近代中国教育事业作出了巨大贡献,因为一项事业的进行,不仅要有理论的探索与建构,更要对该项事业有全方位

---

[1] 吴家镇. 民族中心教育的基本理论之商榷 [J]. 教育研究, 1935, 8 (6): 1.

的宣传与报道，才有可能吸纳社会各方资源而形成辅导与推动该项事业的合力，可以说这是宣传辅导型刊物较之学术研究型刊物更有优势的一面。

除期刊外，近代中国教育研究机构还将其研究成果编辑为多种丛书和专刊。相对于期刊的迅捷，丛书和专刊在发行周期上稍为迟延，却有更大篇幅和容量展开要研究的课题，从而也使得其中的理论探索更为深入和系统；而且与期刊要刊载各种主题和形式的文章不同，丛书和专刊都体现了学术研究"专"和"精"的特点。在这方面，国立中山大学教育学研究所、国立中央大学教育实验所、北平师范大学研究所、西北师范学院师范研究所、国立社会教育学院研究部、广西教育研究所和四川省立教育科学馆编辑出版或刊行的丛书和专刊不仅在数量上占据优势，而且就其内容的规整与主题的丰富而言也胜于其他教育研究机构一筹。期刊文章因刊发周期较短，能及时就当前教育中的热点问题进行剖析，或进行宣传而造成舆论影响，从而推动教育研究事业的发展，但它也有容量较小、主题较为芜杂、热点较易转换等缺点；而丛书或专刊一般都是就某一问题进行专门探讨，虽然在应对热点问题的时效性方面表现不佳，但它们可以以较大篇幅对研究主题展开细致、深入的分析，以便读者获得对某个问题的全面了解，这又是期刊文章所不及的。仍以国立中山大学教育学研究所出版或刊行的丛书和专刊为例，从表2-4、表2-9、表2-10、表6-1可以看出，该所有多项研究成果刊载于其所刊《教育研究》上，但又同时编印为该所丛书或专刊。例如，阮真主持的"中学作文题目研究"，曾以《中学作文题目研究》和《中学作文教学研究》分别发表于《教育研究》总第17期和总第19期上，总计16个版面，约1.1万字，即使按今天的标准，这也是一篇较长的文章了，但其内容仅包含该研究的"目的及方法标准"和"结论"两章，实际只是该研究的开头和结尾，"本研究已著专书副刊，其各期统计详表、统计比较表及题目举例批评，因太繁多，不便在本刊发表者，均详专书中"[①]。至于研究的核心部分，则根本无法呈现，致使读者无法了解其全部内容，其学术影响也必然大打折扣；而在编辑为丛书时，该项研究被分为"引言""作文教学之目的及现行教法之错误""作文教学之进程及批分标准""作文之拟题""作文之练习""作文之规约及指导""作文之批改"7章，并附录"中山大学预科入学国文试卷研究"等内容，正文总计180页，约5万字，这就使得该项研究的所有内容都得以齐备地呈现，读者也可从中了解其详细情况。

[①] 阮真. 中学作文教学研究[J]. 教育研究，1930，3(3)：63.

由于近代中国教育研究机构多元化的学术传播方式，其研究成果得以及时与学界见面，同时也聚集了大批研究和关注教育事业的学者作为其撰稿人，既提升了各类传播媒体尤其是教育期刊的学术影响，又使各教育研究机构作为学术中心的作用得到较好发挥。就影响范围而言，《教育研究》与《教育心理研究》是其中最为著名者，《教育研究》是全面抗战前国内最为知名的教育刊物之一，通常的发行量在千份左右，并与国外各大学及学术团体交换，仅在美国就有100多家交换单位；而《教育心理研究》是抗战后期教育心理学的代表性刊物，其纯理论的载文标准使它保持了较高的学术声誉，除中文版外，还刊印英文简版进行国际交换。上述两刊不仅对国内教育学术形成巨大的辐射性影响，而且产生了较大的国际影响，这样的情况在当时的中国实不多见。其余如国立社会教育学院研究部、广西普及国民基础教育研究院、广西教育研究所、四川省立教育科学馆和华西协合大学教育研究所创办的各类教育期刊，其影响力虽不如《教育研究》和《教育心理研究》那样大，但它们在各自的所在区域和相关领域中依然形成了较为重要的影响。例如，四川省立教育科学馆编辑发行的各种期刊，其发行量基本在千份上下，其发行范围以四川省内为主，主要面向中学教师及教育管理者、国民教育教师、中学生等读者，其载文性质有中等教育、文史教学、科学教学、国民教育及普通教育等专题，可以说对四川各级各类教育事业的发展影响巨大。特别是《国民教育月刊》和《国民教师通讯》，其创刊主旨是辅导国民教育和为国民教师解答实际业务问题，发行数量较大，办刊历程也较长，所以很好地配合了全省国民教育的推进；而且四川省立教育科学馆还以《国民教师通讯》和《四川教育通讯》等刊物与国内外教育学术机关交换，进一步扩大了其学术影响。

综上所述，近代中国教育研究机构依据自身研究特色及创办宗旨，对当时中国教育理论和实践问题多有探讨，并通过创办各类教育期刊、编辑各类丛书和专刊发表其研究成果，从而切实发挥了其教育学术的传播职能。

第二节 研究性人才培养及其制度建设

近代中国教育研究机构大多发挥了培养人才的职能，尤其是国立综合性大学和师范院校，以培养研究性人才为其基本任务。各教育研究机构开展的人才培养工作不仅为中国近代教育输送了大批研究人才，而且在其发展过程中促进了教育学科研究生招生及培养制度的建设，体现了它们在制度建设层面上对近代中国教育学术及其人才培养所作的贡献。

一、研究生招生及培养制度

近代中国教育研究机构招收、培养研究生的工作主要是在国立综合性大学及国立师范院校教育研究机构中开展，因此研究生招生及培养制度的建立可以1934年《大学研究院暂行组织规程》的颁布实行为界而分为前后两个阶段。前一阶段，各教育研究机构在研究生招生及培养方面均处于自主摸索时期，从国家层面至学校层面均任其自主发展，尚未出台统一的规章制度来管理或指导其各项工作。后一阶段，《大学研究院暂行组织规程》的颁布规范了大学研究院所的发展，使得近代中国高等教育逐渐显现出明显的层次，需要设立不同层次的学位与之对应，而在各大学研究院所中已经开展的研究生培养工作也需要有相应的国家层面的法律法规来指导和规范其各项工作。在此背景下，教育部于1935年4月公布《学位授予法》，对学位授予的级别、学位获得者的资格及学位评定办法等作出规定，稍后为配合《学位授予法》的具体实施，又分别颁布《学位分级细则》和《硕士学位考试细则》，对学位分级、授予资格、学位考试及毕业要求等事项作出详细规定。上述法律法规的颁布涵盖了研究生培养工作的各项内容，由此各教育研究机构的研究生培养工作也就有了统一规范和标准，同时各教育研究机构内部也制定了若干与研究生培养相关的章程或细则作为对此项工作的个性化补充，从而建立起比较系统的研究生招生及培养制度体系。

（一）培养目标

尽管各教育研究机构对研究生培养目标的表述不尽相同，但其基本含义都是要培养能从事高深学术研究的人才，这样的培养目标可以说是历史的传统，也反映了当时中国教育的现实需求。在1902年颁布的《京师大学堂章程》中，即规定设"大学院"，其培养目标为"学问极则，主研究不主讲授，不立课程"。[①] 到1904年《奏定学堂章程》颁布时，将大学院改称"通儒院"，作为培养高级人才的教育机构，相当于后来的研究生院，为"研究各科精深义蕴，以备著书制器之所"，以"能发明新理以著成书，能制造新器

---

① 璩鑫圭，唐良炎. 中国近代教育史资料汇编·学制演变 [M]. 上海：上海教育出版社，2007：244.

以得民用为成效"。① 虽然大学院和通儒院都因故未能设立,但它们从一开始就确立了培养高级学术人才的目标。及至1912年中华民国政府颁布《大学令》,其中循例对培养高深学术研究人才的目标作出明确规定:"大学为研究学术之蕴奥,设大学院……大学院生在院研究,有新发明之学理或重要之著述,经大学评议会及该生所属某科之教授会认为合格者,得遵照学位令授以学位。"② 而后于1917年教育部公布的《修正大学令》虽未对大学院生的培养目标作出规定,但其中"大学为研究学术之蕴奥,设大学院"的规定仍可看出大学院在高级人才培养目标上的一贯性。1927年第一次全国教育会议对1922年学制加以修订,规定大学之上设研究院,专为大学毕业生之研究机关,此后中国才开始设立真正意义上的大学研究院,其后大学研究院、研究所发展迅猛。1934年5月,教育部颁布《大学研究院所暂行组织规程》作为设立大学研究所的准则,其中明确规定:"大学为招收大学本科毕业生研究高深学术……设研究院。"③ 至此可以看出,近代中国在设立研究院时规划了培养高深学术研究人才的目标,尽管各个时期的表述有所不同,但这种精神实质始终如一;而对于当时的教育现实而言,教育改革事业需要科学的研究以保障其顺利进行,高等教育学科自身也需要更高深的研究来作为其理论支撑,各教育研究机构的创办者认识到要实现这些目标,首当其冲的是教育研究人才的培养,这一点在当时学界要求创办教育研究机构的呼吁中也有所体现,所以创办者们从一开始就能充分意识到这种学术上的迫切需求,从而在创建时期即设定了较高的培养目标。

虽然培养高深教育学术人才是各教育研究机构的共同目标,但经过仔细比较与分析,仍可发现国立综合性大学与国立师范院校设立的培养目标也体现着各自的学术取向。一般而言,国立综合性大学教育研究机构偏重于理论性、学科性,其各项事业以理论探索及学科建设为重心,这一点在研究生培养目标中也有所体现。崔载阳曾就此总结道:"我们当求事业推进与人才培养之汇流。因为无人不能成事,无事不能育人,人要在做事中培养,事要在养人中完成,故事业推进与人才培养,二者不能分离。进一步说,一事之成,要有技术,亦要能应付人事。故人才培养,必须是专才,同时亦是通才。专才用以分工,通才用以合作,二者同是人才培养不可少之目标。为达

---

① 朱有瓛.中国近代学制史料:第2辑(上)[M].上海:华东师范大学出版社,1987:770.
② 宋恩荣,章咸.中华民国教育法规选编[M].南京:江苏教育出版社,2005:384.
③ 宋恩荣,章咸.中华民国教育法规选编[M].南京:江苏教育出版社,2005:399.

此种目标，我们今后研究工作，当然不只注重校内静的一面，同时亦应注重校外动的一面……这样，我们的研究所便可成为教育研究与教育事业的中心，同时亦可成为培养人才与组织人才的中心。"① 上述"专才""通才"正是"学科取向"的研究人才的核心要求，只有他们才能肩负起推动教育学术发展，为教育改革提供理论支撑的重任。而国立师范院校教育研究机构因其主要服务于中小学和师范教育而偏重于实践性、师范性，由此在培养目标上更注重人才的实践技能，故而将培养人才的目标定位于教育行政与实验的专门人才，并且在国立北平师范大学研究所和国立西北师范学院师范研究所机构中一以贯之，这应该说是基于当时中国教育的现实问题和师范院校自身的本质属性。综合上述两类教育研究机构在培养目标上表现出的特点，联系它们培养的专门人才对近代中国教育研究事业的巨大贡献，可以清晰而深刻地感知到科学合理的培养目标对于专门人才的培养具有何等重要的意义。

（二）课程设置

课程是实现人才培养目标的手段和工具，也是决定教育质量的重要因素。在课程设置方面，各教育研究机构在不同时期有所不同，基本情况是1934年《大学研究院暂行组织规程》颁布前，国立综合性大学教育研究机构招收的研究生多半是某机构做研究工作的辅助人员，所以不设课程，主要在实际研究中提高研究能力；而国立北平师范大学研究院教育科学门则在开办之初即对研究生开设相关课程，说明它从一开始就对研究生进行一定程度的学历教育，这与国立综合性大学教育研究机构的研究生培养模式是有所不同的。自1934年《大学研究院暂行组织规程》颁布后，大学研究院各科研究所的办理得以规范化，各教育研究机构根据其第9条"研究生应习之课程及论文工作由各校详细拟订，呈经教育部核定"② 之规定设置相关课程对研究生进行研究方法及专业知识的训练，这是近代中国第一次对研究生课程以法规形式予以明确，标志着各研究机构开始注重研究生培养过程中教学与科研的统一，由此也导致研究生培养方式由学徒式向专业式的转变。综观表2-6、表2-15、表3-2、表3-9及前文中各教育研究机构开设课程的情况，可以归纳出它们在课程设置方面的一些特点。首先，从培养高深学术研究人才的目标出发，各教育研究机构通过课程大纲等方式对课程名称、教学目的、课程内容、授课教师、教材、开课时间、每周时数、学分数等内容作

---

① 崔载阳. 从教育学研究所到师范研究所 [J]. 教育研究, 1942, 14 (1)：4.
② 宋恩荣, 章咸. 中华民国教育法规选编 [M]. 南京：江苏教育出版社, 2005：400.

出明确规定，并且基本都按专业方向分设必修课和选修课，为程度不足者开设补修课，一些课程还指定预修课，整个课程设置体系类目丰富，结构严谨，其中的核心课程设置明确，呈现一定的系统性，从而保证研究生在修业过程中得到系统的训练。其次，培养研究生的各教育研究机构相对来说拥有雄厚的师资力量，开设的课程较为齐备，覆盖了研究生必须具备的知识体系的各个方面，这也反映了教育研究机构一贯坚持的学术标准。其中的必修课相对侧重于教育理论和研究方法，而种类繁多、内容丰富的选修课则兼顾了学生兴趣和专业发展的需要，有利于拓展学生的研究范围。一般而言，各教育研究机构每年招收的研究生数量有限，一次招生最多的国立北平师范大学研究院教育科学门也不过只有 20 名，其他的也仅有 3～5 名之数，但为这么少的研究生开设如此丰富的课程，并且任课教师大多是该领域素有研究的专家，这就使得研究生培养质量有了根本保证。

除上述共同特点外，国立综合性大学教育研究机构和国立师范院校教育研究机构在课程设置方面还表现出各自的特点。受"学科取向"的研究特点影响，国立综合性大学教育研究机构的课程设置体现出比较浓厚的学理性特点，即各类课程的设置大多注重理论的学习与探讨，而国立师范院校教育研究机构则因其"问题取向"的研究特点，其课程设置比较注重应用性，即各类课程的设置大多从实际教育问题的研究解决出发。以国立中山大学教育研究所和国立西北师范学院师范研究所均开设的"教育研究法"课程为例进行比较，可以发现它们在目的、内容等方面均有所不同，前者的学习目的以理论学习和研究为主，而后者则以使学生明了并能运用各种研究方法为本；在课程内容方面，前者研究教育科学方法的本质及几种教育研究方法，侧重于教育理论研究方法；而后者则主要包括教育实际问题研究中的主要内容及几种教育研究方法，侧重于教育实践研究方法，这也是与上述两类教育研究机构自身的特点及其研究生培养的目标相一致的。另一方面，上述两类教育研究机构的课程设置类别有互相渗透的现象，即国立综合性大学教育研究机构除学理性课程外还设置一些应用性课程，而国立师范院校教育研究机构在应用性课程外也设置一定量的学理性课程，以实现两类课程的互补，使学习者在掌握基本理论的基础上学会实际应用，而实际问题的解决也要依靠理论的支撑。由此可以推知，上述两类教育研究机构在课程设置方面的这些特点对其培养的研究生必然形成重大影响。

（三）毕业审查

近代中国教育研究机构中的研究生在研究期满，完成学业后，须进行毕业审查方可毕业。其实际操作方法和程序在1934年《大学研究院暂行组织规程》颁布前各有不同，一般是在1~3年的修业期满后，提交有学术创新的研究论文并参加毕业考试，经研究机构审查研究论文及考试成绩合格后送交学校，发给"研究期满考试及格证书"即准予毕业，因此这一时期的毕业审查标准单一，程序简单。1934年《大学研究院暂行组织规程》颁布后，大学研究院所的办理趋于规范化，在毕业审查方面有了统一规定，开始与研究生课程的修习成绩挂钩；尤其是在1935年《硕士学位考试细则》颁布后，研究生毕业又增加了学位考试的内容，制定了统一的毕业标准；1940年教育部成立了学术审议委员会，研究生毕业时的考试成绩与论文须由该委员会审定通过才准予毕业。这一时期的研究生毕业须经学校审查、硕士学位考试委员会考试、教育部学术审议委员会审查等若干程序。首先，按《硕士学位考试细则》及各研究机构制定的章程及学则等文件，研究生修业期限最少为2年，研究期满时应修毕规定课程并获得相应学分，完成研究论文，经研究院或研究所考核成绩合格，由学院提出成为硕士学位候选人。其次，按《硕士学位考试细则》规定，硕士学位候选人须参加学位考试，学位考试由专门成立的硕士学位考试委员会主持举行。按相关规定，硕士学位考试委员会由学校延聘经教育部核准的校内外委员若干人（各占半数）组成，并由教育部指定1人为主席。硕士学位考试分为学科考试及论文考试两种，学科考试是由考试委员会就候选人所修学科中指定两种以上与论文有关系的科目进行笔试，必要时还可在实验室举行实验考试；而论文考试则由考试委员会就候选人撰写的论文中提出问题进行口试，如有必要还可加以笔试。上项考试的成绩计算方法为论文成绩占60%，学科成绩占40%，两种成绩均须在60分以上为及格。硕士学位候选人考试成绩经主试各委员分别评定后，提送考试委员会，由该委员会拟具考试及格报告书，各委员须签名盖章。最后，考试合格之论文、考试试卷及各项成绩，按《硕士学位考试细则》第十条规定于考试结束后一个月内送教育部，经复核无异者，方可由学校授予教育学硕士学位。自1943年后，该项复核工作交由教育部学术审议委员会办理，复核时先请专家1人评阅，拟具《硕士候选人论文审查意见》（见附录二，附录图2-7），再提交该会审查，经审查通过由教育部核授学位。在此需指出的是，并不是所有毕业研究生都可以顺理成章地被授予学位，教育部及其学术审议委员会的审查并非走走过场，硕士候选人的各项条件在此须经严格审查，并且有不予通过的情况。如国立西北师范学院师范研究所研究生贾则复，1945年即学习期满，但因论文需修改，至1947年6月时仍未获硕士学位；再如该所研究生李之璞因入学资格未核准，虽研究期满而未获硕士学位。由此可见，对于研究生的毕业审查越来越正规，也越来越严格，制度化的审查体系保证了研究生培养的质量。关于国立综合性大学和师范院校教育研究机构毕业研究生及授予学位情形因资料原因无法完全统计，但据现有资料表明，自1943年5月至1948年4月5年间共授予国立综合性大学和师范院校教育研究机构毕业研究生硕士学位25人次[1]。《学位授予法》于1935年颁布，但硕士学位授予从1937年才真正开始，如果加上1937—1943年间及1948年后授予的硕士学位，应该远远大于这个数字。鉴于1935年《学位授予法》颁布前各教育研究机构毕业研究生并不授予学位，因此实际毕业的研究生要比授予硕士学位者更多。

此外还有一点值得注意，国立综合性大学和师范院校教育研究机构中的研究生有在几个机构间流动的可能性，这种例子主要出现在国立综合性大学教育研究机构中。从表2-5、表2-13中相关信息可知有多人在不同研究机构、不同学部之间流动，如国立中山大学师范研究所教育学部研究生钟钲声、严永煜在1942年毕业后又入国立中央大学师范科研究所教育学部，后获硕士学位；教育心理学部研究生朱曼殊1945年毕业后又入国立中央大学师范科研究所教育心理学部，1946年获硕士学位；国立中央大学教育实验所研究生钱苹于1935年毕业后，又于1936年应崔载阳之聘到国立中山大学教育研究所继续研究，1939年7月毕业后获硕士学位；国立中央大学教育实验所研究生吴江霖1937年结业后又在国立中山大学教育研究所教育心理学部继续攻读，1939年8月毕业后获硕士学位；此外，国立中央大学师范科研究所教育心理学部研究生符仁方后转入该所教育学部学习，该所教育心理学部研究生蔡绮宽后转入该校心理学研究所并毕业。虽因缺乏相关资料而无法得知当时这些研究生在不同机构、不同学部之间流动的具体机制和原因，但其中多人是在毕业后又转入其他机构继续研究的，因此并不存在失学因素，从钱苹应崔载阳之聘到中山大学教育研究所继续研究的事实推测，可能是研究生在毕业后已具备一定研究能力，此后继续研究是为进一步提高研究能力。无论如何，研究生转入不同教育研究机构或不同学部继续研究和学习的事实表明国立综合性大学和国立师范院校教育研究机构在研究生招生和培养制度、环节等方面存在一定的流动性和灵活性，应该说这在一定程度上

---

[1] 中华民国教育部教育年鉴编纂委员会.第二次中国教育年鉴[M].上海：商务印书馆，1948：875—876.

有利于研究人才的培养。

综上所述，近代中国教育研究机构通过自身的研究生培养工作实践，制定了相关的章程与条例，在此基础上国民政府教育部颁布了与研究生培养工作相关的法律法规，逐步构建起规范的研究生招生及培养制度。因而可以说，各教育研究机构的研究生培养工作催生和促进了其制度化的进程，而制度化进程的最终结果——研究生招生与培养制度的建立又保证和推动了近代中国研究生教育的发展。

二、师生互动的培养及研究方式

由于近代中国教育研究机构培养研究性人才的工作主要由国立综合性大学和国立师范院校教育研究机构承担，所以师生间的学术互动主要体现在国立中山大学、国立中央大学、国立北平师范大学和国立西北师范学院等校的教育研究机构中，师生互动在形式上多以共同研究、讨论会、专题报告及学术争鸣为主，并通过各研究机构创办或编辑的期刊、丛书等形式发表研究成果，借以将研究成果推广应用，同时扩大研究机构的学术影响。

20世纪30年代后，大学研究院所的主要任务逐渐转向研究生培养。研究生在进入教育研究机构后，一般按培养计划都是先修习一定数量的课程，获得相应学分，然后经指导教授指导选定并提出研究论文题目，在1~2名指导教授指导下开展研究，学期论文、读书报告、专题研究和集体研讨等成为整个学习期间的主要培养形式和环节。一些研究生对于当时研究生活的回忆很好地再现了研究机构内师生互动的情形，如国立中央大学师范科研究所教育心理学部研究生杨继本回忆道："艾师（即艾伟——笔者注）亲自为我们班讲授教育心理研究、学科心理学、高级统计学、心理与教育测验等课程。他非但善于授业解惑，还善于传道育人，教爱生之道，授尊师之理。以身作则，为人师表。"[①] 该部研究生张述祖更加详细地描述了与潘菽教授相处的情景："做研究生期间修习潘菽教授主讲的生理心理学。他讲得十分仔细，检查实验非常认真，而且指定读物，要求作讲授范围以外的如呼吸、循环等普通生理学问题的读书报告。起先觉得他讲得太琐碎，课外读物离题太远，以后愈来愈体会到研究学问中基本功的重要性，这对我后来注意弥补自己基础知识的缺乏起了深远的启导作用。另外我还听了他讲的理论心理学，

---

① 中央大学南京校友会，中央大学校友文选编纂委员会. 南雍骊珠·中央大学名师传略[M]. 南京：南京大学出版社，2004：388.

觉得他在心理学的许多根本问题上又有高度概括的见解。他在这两门课上所表现出来的看来似乎不同的治学态度，使我体会到做学问时大处与小处着眼点的配合问题，一直在我教学和科研工作中起着楷模作用。"① 除开设相关课程外，研究机构的导师和教授还要就专题研究和学位论文写作对研究生进行指导。艾伟曾长期从事汉字心理研究，成果丰硕，国立中央大学师范科研究所教育心理学部的一些研究生在艾伟的指导下也开始从事有关汉字问题的研究。如前所述，研究生杨继本在1945年所作的硕士学位论文《汉字构造在学习上之影响》是从心理学方面对汉字字形开展的一种研究，在当时颇有影响。关于此文的写作过程，杨继本回忆道："艾师对研究生的指导，一向是本着因材施教、因势利导的精神进行的。依据个人特长和志趣，指导其学习和研究。由于我曾经任教小学国语和中学国文课程，深知学生掌握汉字之不易，尤其是难于利用字典以自学，感到其间存在着心理学方面的问题，应对汉字学习进行心理学的研究，从中发现规律，以求有助于教学。其时适在图书馆借得王筠著《文字蒙求》一书，从中得到启发，觉得可以从汉字的构造原则和学习的关系及教学方法上作教育心理学的实验研究，于是求教于艾师。他大为高兴，鼓励和支持我进行教学实验，亲任主任导师，并要我拜请潘菽教授（时任我们班实验心理学研究课）共同指导，终得以完成硕士学位论文《汉字构造在学习上影响》。"② 张述祖也追述道："我的硕士论文题目为《按错计分作文测量法》。前中央大学研究院教育心理学部由艾伟教授主持，他以教育测量为研究方向。我就在他的这个方向上选定了作文成绩的测量问题，如何给作文成绩定客观尺度，一直是一个未能解决的问题。我根据心理测量的原理，按作文中各种错误的人数百分比，经统计换算，给它们定了分值，作为作文成绩的评分标准。"③ 研究机构的导师与教授在学业的指导方面对研究生的影响十分深远，杨继本和张述祖二人都在相关回忆中表示他们当时与后来在研究上取得的成就是与导师的影响分不开的。

各教育研究机构的导师和教授也为研究生参与研究提供了很好的机会和条件，这使他们的合作与互动紧密地与研究机构的事业和研究生的学业联系

---

① 高增德，丁东. 世纪学人自述：第4卷[M]. 北京：北京十月文艺出版社，2000：375-376.
② 中央大学南京校友会，中央大学校友文选编纂委员会. 南雍骊珠·中央大学名师传略[M]. 南京：南京大学出版社，2004：388.
③ 高增德，丁东. 世纪学人自述：第4卷[M]. 北京：北京十月文艺出版社，2000：375-376.

起来。如西北师范学院师范研究所时期,该所专任教授金澍荣主持的"中学英语教材及教法之研究"课题包括"中等学校毕业生英语写作错误之分析""英语教本之分析"等5部分,以一人之力实难应付,因此与研究生尹赞钧展开合作。事实上,通过表2-7、表2-11、表2-12、表3-10等可知,各教育研究机构中教授或导师与研究生合作开展研究的情况比比皆是,其时的研究生实际是教师开展研究工作的辅助力量,通过这种实际工作训练和培养研究性人才,在此过程中师生互动不仅可能而且必要,因为只有在这种互动中教师才能与研究生深入交流研究所得,并规划研究路向。这种培养方式的优点在于研究生与指导教授通过研究课题紧密合作,教授在开展研究的同时也进行着研究生的指导工作,而研究生在为指导教授的研究课题开展研究的过程中也得到了实际的训练,真正做到了"既出成果,又出人才"。另外,艾伟在主编《教育心理学大观》一书时,即计划以所开教育心理学课程为平台,采用"习明纳（Seminar）"制,每周一次。先由艾伟概述该课程内容,指示研究方法,并将经过筛选的教育心理学名著材料分发给郭祖超、张德琇、张述祖、杨清、汝若愚、林凤藻、闵灿西、朱道俊等研究生,要求他们精读摘要,删其枝骈,整理成中文初稿,然后举行小型研讨会,其中"有报告者,有讨论者,并有自由发问者,意在相互切磋以求充畅之了解,最后则由笔者加以补充而作结论"[①]。其后由方东澄、张述祖、李象伟等人将上述材料加以整理,最后由艾伟审读校阅后编辑成书。由此可见,当时各研究机构的指导教师大多采用这种培养及研究方式,可以说在研究机构内师生之间在学术上的互动是出于培养人才及开展研究的需要,这已成为自然而然的普遍现象了。

引人注目的是,各研究机构所编辑发行的期刊、丛书或专刊等为师生研究成果提供了重要的发表平台。例如,中山大学教育学研究所编辑期刊《教育研究》,另有丛书34种、研究专刊7种,丛书和专刊全部是该所师生的研究成果,所刊《教育研究》虽是面向全国发行且已成为全国教育研究者用于交流研究成果的园地,但相比之下,刊登的稿件主要还是来源于该校师生。据有关研究表明,自创刊至1932年间该刊刊登外稿数量极少,年均不超过3篇,1929年甚至一篇未刊;而自1933—1936年刊登外稿数量有所上升,但最多时亦不超过20篇（1936年）,与当年总计67篇的载文量相比不足

---

① 艾伟. 教育心理学大观［M］. 重庆：商务印书馆,1946：序一.

1/3,所以在该刊发表文章的主要还是该所师生。① 从表6-1可知,近代中国教育研究机构大多编辑发行期刊、丛书和专刊,这不仅是各教育研究机构用来进行学术传播的媒介,也成为研究机构中师生等各类研究人员发表学术成果的平台。学术研究尤其是社会科学类的研究成果必须通过传播媒体为广大读者接受才能发挥其效应,近代中国教育研究机构自身创办的期刊、编印的丛书和专刊可以使研究机构师生较容易地发表研究成果,也有助于学术争鸣,从而推动学术昌明。例如,1934年,《教育研究》总第49期和总第52期连载了许崇清著《姜琦著〈教育哲学〉正谬》,随后,姜琦著文《为正谬拙作〈教育哲学〉答许崇清先生》刊登于《教育研究》总第53期,由此引发一场教育哲学论战。中山大学教育研究所研究生梁瓯第写了一篇综述性文章《姜许〈教育哲学〉论战述评》,客观地分析了姜、许所著的文章,刊登在《教育研究》总第57期上。当时姜氏为湖北省立教育学院院长,而许氏则为考试院考选委员会副委员长,曾任中山大学校长(1931—1932),梁瓯第在文中对学界前辈姜、许的文章都有批评,虽站在客观立场,但最后结果却于许氏更为不利。梁瓯第能公布这个结果,而《教育研究》也敢于发表这种文章,并且时任研究所主任崔载阳为支持梁氏写这篇述评,先行把姜氏投到《教育研究》而尚未发表的答辩文章让梁阅读,这些都源于该所向来倡导的"学术自由""坚持真理"之精神,不迷信权威,师生之间、同学之间乐于开展自由辩论,"谁看见一本好书,谁有一点新意见,话匣打开,一泻千里……我们说得舌疲唇倦,争得面红耳赤,我们忘记了师生,忘记了时间"。② 这种通过期刊等平台进行的师生互动更为切实地体现了研究机构中学术精神的传承,遂在更高层次和意义上推进了近代中国教育研究事业的发展。

第三节 面向教育界的社会服务

近代中国教育研究机构并非单纯从事理论探讨的学术研究机构,它们的基本职能除一般研究机构所具备的学术研究和传播、研究性人才的培养而外,还有面向教育界的社会服务,这反映了近代中国教育研究机构的实际情况及其特点,也体现了它们对于近代中国教育事业的作用。鉴于各教育研究

---

① 黄国庭. 教育刊物与中国近代教育学术[D]. 杭州:浙江大学,2010:148.
② 余一心. 研究生活的回忆[J]. 教育研究,1942,14(1):83.

机构所属类型不同，它们面向教育界的社会服务形式也不同，以师资培训和教材编纂为主；且面向教育界的社会服务这一点主要集中在国立师范院校及地方公立教育研究机构。

一、师资培训

近代中国教育研究机构在培养人才方面以研究性人才为其基本目标，不过 20 世纪上半叶的中国教育需才孔亟，各类教育研究机构均担负培养中小学及师范院校师资的任务，培养的研究生也大多会选择在各级各类学校担任教职。本节中所谓"师资培训"并不是指上述情况，而是指各教育研究机构为推动教育事业发展而开展的各级各类短期性的师资培训，其中地方公立教育研究机构开展的国民教育师资、各类专门师资和教育行政人员的培训较为系统，效果也较明显。

国民教育——包括国民基础教育、国民中学教育乃至国民大学教育——在培养目标、课程设置、教材教法等方面都与普通教育有所不同，堪称一种新的教育制度，因此它的开展需要配备新的师资或将原有师资进行国民教育理论的培训。这项工作在广西普及国民基础教育研究院、广西教育研究所和四川省立教育科学馆中都有开展，各机构也都将此项工作作为其本职工作之一，通过设立训练委员会、举办各种培训班和讲习会、开展通讯研究、创办期刊等措施，使国民教育师资的培训开展得扎实有效。具体说来，广西普及国民基础教育研究院培训的师资层次较低，这是由其辅助全省普及国民基础教育运动推行的中心任务决定的。国民基础教育师资的培训与普及国民基础教育运动的发展可谓相辅相成，因此随着普及国民基础教育运动的发展，广西出现国民基础教育师资短缺现象，广西普及国民基础教育研究院遂为此设立训练辅导委员会专门负责师资培训，广泛任用师范学校毕业生、民团干部训练大队毕业生、初中以上毕业生或修业期满会考不及格者、现任小学教师、具有小学教师资格而志愿服务者为师资，同时还举办各种培训班、讲习会来训练高中师范科服务生等充任国民基础学校教师，以协助普及国民基础教育运动的推进；而广西教育研究所因主要发展国民中学教育，且后来还进行了国民大学的创制工作，所以在师资培训上层次稍高。在广西普及国民基础教育运动发展的基础上，广西的国民中学教育也得到较快发展，这也同样导致了国民中学师资的短缺，广西教育研究所为此专门设立国民中学教育研究班，统一培训有一定基础的学员并统一分派至国民中学服务，以满足国民中学的师资需求。相对于前两者，四川省立教育科学馆在国民师资培训方面的措施因从一开始就制定了详细规划而显得更加细致，也更加系统。首先，教育科学馆将协助各级教师之专业进修与个人进修列入其辅导工作范围，历年通过国民教师通讯研究、国民教师通讯讲习等辅导工作，指导各级教师进修，于提高教学效能大有裨益。该馆在开展这些工作时，都脚踏实地地设置相关负责机构或拟定相关规章，使其工作各环节都有指导、有监督，并进行相关服务，如在开展国民教师通讯研究时设置国民教师通讯研究部，规定通讯研究员的资格、权利、义务；在开展国民教师通讯讲习班时拟定"国民教师通讯讲习办法"，规定学员资格、分组及升组资格。其次，为切实配合国民教师培训，还创办刊物《国民教师通讯》，内容以解答国民教师在业务上所发生之实际问题为主，大部分赠予参加通讯研究的教师，为他们提供获取通讯研究资料的途径。从上述内容可知，对于国民教师的培训辅导，上述教育研究机构应对的方法和层次都不一样。作为教育研究机构，对于国民教育事业发展中出现的师资短缺问题应有及早的预见并采取切实的措施，但广西省的两所教育研究机构基本上是仓促应对，且缺少章法，而四川省立教育科学馆由于从组织机构、规章制度、培训途径、保障措施等方面有所突破，从而使得其师资培训更有成效，也就更好地实现了其服务国民教育的职能。

除国民教育师资培训外，地方公立教育研究机构还开展各类专门师资包括教育行政人员的培训，这同样是它们服务教育界的一项重要举措。专门师资的培训主要包括广西普及国民基础教育研究院为培养生产教育师资而开设的生产教育人员训练班、为培训幼稚教育师资而开办的幼稚师范班、为各县教育行政人员举办的暑期讲习会和少数民族师资训练班等，广西教育研究所则开办了童子军教练员训练班、文史地教学研究班、中等学校数理化教学研究班等短期训练班。这些训练班的特点是：（1）训练周期短，最长的生产教育人员训练班为期3年，其余均为1月至1年之间，能尽快弥补相关师资的短缺；（2）目的性强，如"生产教育人员训练班"的开办主要是因认识到生活教育在普及国民基础教育中的重要地位，班内开设气象、森林、园艺等与生产教育密切相关的课程。

上述教育研究机构都为满足地方教育事业所需各级各类师资而开展培训的，但因都是应地方教育事业急需而开办的，一般都具有速成性质，培训的学员虽都有一定基础，但毕竟未能接受系统正规的训练，因而其质量难以保证。然而就当时形势而言，这类培训诚属必要的举措，因为其培训的师资毕竟在一定程度上缓解了地方教育师资短缺的窘境，这种贡献还是不应被埋没。

二、教材编纂

20世纪前半叶的中国教育不仅师资短缺，各级各类学校采用的教材也不尽适用，更因为普及国民基础教育运动等教育改革事业的推广，导致普通中小学教材与国民小学和中学的要求不相匹配等问题，使得教材编纂也成为近代中国教育研究机构一项艰巨的任务。各类教材的编纂主要在国立师范院校和独立学院教育研究机构及地方公立教育研究机构中开展，盖因国立综合性大学教育研究机构以学术研究和人才培养为其主要工作，对于教材编纂着力不多，而国立师范院校教育研究机构因其师范性特点，对中小学及师范教育关注较多，因此比较重视相关教材的编纂。另外，国立社会教育学院亟须发展社会教育，地方公立教育研究机构则更出于地方教育实际需要而编纂各类地方课程教材，故将教材编纂列为工作的重要项目。综观各教育研究机构的教材编纂工作，大致可分为中小学及师范学校教材的编纂和国民教育教材的编纂两大类。

中小学及师范学校教材的编纂工作主要在国立北平师范大学研究所和国立西北师范学院师范研究所中开展，它们都对近代中国中等教育和师范教育的教材建设作出了巨大贡献，但前者在进行该项工作时较之后者更有章法因而也就更有成效。国立北平师范大学研究所依据该所章程，将搜集到的各科教材加以选择和整理，并纂辑为中等学校各科课本，为此将教育科学门"索引工作处"改为"纂辑处"，聘专人负责教材纂辑事宜，并制定相关制度，规定纂辑工作主旨、分组及各类工作人员的职责，以保证其工作正常有序进行。该所编纂的教材主要有国语国文类（主要是参考书）、历史公民类和自然科学类教材，以及由教学法特别组编纂的国文、历史、地理和英文等科的教学法教材。与国立北平师范大学研究所不同，国立西北师范学院师范研究所没有成立教材编纂的专门机构，也没有编纂教材的专门人员，它主要将研究所内的研究成果汇集刊行为师范学校教育行政、训育、教育通论、家事等科的教材，数量虽然不多，但对其时西北地区中学及师范学校教材的建设而言，意义非同寻常。此外，师范研究所的教材编纂工作激发了人们对普通中学和师范学校相关学科的教学法研究，涌现出一大批著作，并通过相关的教学法研究培养了许多专门人才，这也成为西北师范学院创立课程与教学论学科的基础。除以上两所机构外，四川省立教育科学馆也从事过一些中学教材及教学法的编纂工作，该馆专门分设一个小组来承担这项工作，主要是利用该馆先期对四川省各级各类教育调查的结果，由该组对中学国文、生物、英语、算学、地理、化学等科进行研究的基础上编成相关的参考书、教学法及各科教材，数量虽然有限，但体现了该馆在教材编纂工作中的思路，这种思路同样也体现在该馆对国民教育教材的编纂工作中。

与师范院校从事的中小学及师范学校教材编纂工作相比，国民教育教材的编纂可谓力度更大，成果更多，种类也更丰富。首先，广西普及国民基础教育研究院编纂的教材是以普及国民基础教育为中心并依据国民基础教育的课程和教学纲要来编写的。广西普及国民基础教育在培养目标、教育对象和学制等方面与教育部颁布的《小学课程标准》多有不同，因此研究院组织国民基础学校课程研究委员会专门负责幼稚园、各类初级班及成人班的课程问题，并根据研究成果制定课程和教学纲要作为编写教材的依据，先后编辑出版各科教材和教学法等共18种32册，以及教学参考书和相关读物20种29册，它们以全国通用小学教材为蓝本，增加乡土知识，较好地满足了普及国民基础教育的需求。其次，广西教育研究所编纂的教材以国民中学教育为重心并专设"国民中学课程委员会"负责编纂工作。广西教育研究所在教材编纂过程中同样制定了编纂国民中学各科教材的课程标准，以"国民中学课程委员会"中的大批教育名家为编纂主力，编成《地方建设概论》等21种"国民中学教材"，为国民中学提供了适用的教材。再次，四川省立教育科学馆编纂的教材种类繁多，其中较有特色者为"乡土教材"的编纂。四川教育科学馆在成立之初即将"关于本省各级学校参考书、乡土教材、补充教材及民众读物之编审，关于各类教育设施、报告及教员进修手册之编印"[①] 等内容列入其组织规程，其后开展了中学国文、英语、算学等科教材教法调查研究，为教材编纂提供理论依据，在此基础上编成各科教材、教学法及参考用书供中小学使用，其中如四川乡土地理、历史、游戏、劳作等科的教材颇具地方特色，为抗战时期和抗战后的爱国教育提供了实际材料。最后，国立社会教育学院从其注重社会教育的特点出发，其教材编纂主要集中于民众读物、成人班、妇女班补充读物以及民众应用文、乡土教材等方面，其数量虽然不多，却填补了这方面的空缺。上述机构在教材编纂工作中表现出的一个共同点就是在满足各级各类教育教材需求的同时，还促进了相关课程标准、各科教学法的研制及研究人才的培养，这可以说是教材编纂工作的一项额外收获。

近代中国教育研究机构的教材编纂事业虽然多数是出于应急的需要，但

---

① 国立编译馆.四川省立教育科学馆五年概况[M].成都：国立编译馆，1944：2—5.

各机构对相关教育事业素有研究，因而编纂的教材能更好地适应各级各类教育的实际状况，自有其较强的体系与广泛的适应性。各教育研究机构在编纂各类教材、贡献于近代中国各级各类教材建设的同时，促进了各科教学法的研究和教学法研究人才的培养，这反映了它们面向教育界社会服务的另一个重要侧面。

第四节 近代中国教育研究机构的历史局限性

近代中国教育研究机构在推动教育研究及学术事业的发展方面发挥了巨大作用，在人才培养、学术生产和社会服务等方面均取得相当成果，应该说它们在一定程度上完成了其历史重任。但在回顾近代中国教育研究机构的发展历程及其贡献时，也应历史地、客观地分析其局限性，以便全面、科学地认识其历史地位。

一、职能泛化

从前述内容可知，对于研究机构而言，开展各项学术研究、通过研究培养专门人才以及进行各类学术交流与传播等当是其主要职能，但就近代中国教育研究机构的实际状况来看，其职能多有泛化现象。虽然这些泛化现象可归因于当时中国教育发展的实际需要，或来源于该教育研究机构创办者的独特理念，但正如物理学中当压力一定时，受力面积越大，则压强越小的规律一样，近代中国教育研究机构的摊子往往铺得过大，反而使其各项事业开展得不够集中和深入，以致在客观上或多或少地影响和制约了其中心职能的发挥。

在国立大学中，国立中山大学教育学研究所、国立浙江大学师范学院教育研究所和国立西北师范学院师范研究所都曾创办乡村教育实验区、乡村服务实验区、城市实验民众学校、社会教育实验区和国民教育实验区来开展教育实验和推广工作，虽然这些教育实验与推广工作与各研究机构的研究事业联系紧密，为其研究提供了实践材料或实验基地，同时也促进了研究机构的社会服务和各实验区内社会教育的进步，但其中的部分工作仍偏离了教育研究机构的中心任务。如国立西北师范学院师范研究所曾联合教育学系，于1941年1月在陕西城固成立乡村社会教育施教区，主要工作是做爱国主义宣传和扫盲工作，并进行时事宣传，后改为社会教育实验区；1942年国立西北师范学院迁至兰州后，师范研究所又分别划定区域从事城镇社会教育实验和乡村社会教育实验；1943年11月又与兰州市政府合办国民教育实验区，主要开展社会教育与社会服务活动。社会教育实验区和国民教育实验区等类事业固然也属于民众教育范畴，但其中所开展的又并非单纯的民众教育研究或实践，而事实上已偏向于社会改造，这已与该机构"训练教育学术专才""研究高深教育学术"的宗旨有所不符。

在地方公立教育研究机构中，职能泛化现象表现得更为突出。例如，广西普及国民基础教育研究院从事的生产活动和事业不仅超出了教育的范围，而且似有喧宾夺主、本末倒置之嫌。具体来说，广西普及国民基础教育研究院出于推动广西普及国民基础教育的实际需要和广西当时提出的"管、教、养、卫"四大目标，在开办时即设立实验推广部、经费审查委员会及各特种委员会，并设立科学馆、医疗室等机构，在实验区内则设实验工场、实验农场以及车缝、织袜、洗衣、养鱼等生产项目作为实验基地，主要是培养民众的生产技能以改善民众生活四大目标中"养"的目标；另为保证此类事业顺利开展，拟订《水利合作和养鱼合作问题》等计划；为获得在各村设立国民基础学校的依据，成立调查统计室对全省社会基本情况开展大规模的调查研究，并在实验区中开展一般观察和初步概况调查、户口调查、农村经济状况调查、物价调查等。上述事业主要着眼于以社会教育推进社会改造，虽与民众教育有紧密联系，但总体而言已超出教育研究的范畴，况且社会改造是一项巨大的系统工程，远非一所教育研究机构所能胜任。该院本为普及国民基础教育的研究、实验和指导机关，其职能是"参谋"或"指挥员"，然而实际中却开办大量具体事业，成为"战斗员"，这显然是对自身职能认识不清导致的。

再如，广西普及国民基础教育研究院和四川省立教育科学馆所编撰出版或刊行的书籍的确起到了科普宣传的作用，但并未能发挥教育研究的功能。广西普及国民基础教育研究院为掌握全省国民基础教育的基本情况，通过调查研究撰写出多种报告，还搜集广西各县民歌童谣、广西省文化经济参考统计材料，编成《广西植物园概况》《埌》《中心区之一般观察》《两个墟市的调查》《组织耕牛会须知》《农林浅说》《广西民族英雄传》《邕宁童谣集》等各类报告和参考读物。四川省立教育科学馆编撰出版和刊行的书籍相对较为规整，但其中有一些与教育关系不甚密切的书籍如《成都平原树木检索表》《非洲形势图》《成都平原习见树木图说》等，另外还有组织边区施教团赴四川西南部雷波、马边、屏山、峨边开展施教工作，同时搜集各县社会状况、风俗民情、古迹名胜、经济物产等资料并编成的《雷马屏峨纪略》等报告。

上述报告和参考读物对于增进民众知识、提高生产技能、整理民族文化的确发挥了一定作用，如报告《两个墟市的调查》主要是对广西普及国民基础教育研究院实验中心区内的亭子墟和良庆墟进行的社会概况与物价方面的调查，其本意在于考察两地设立普及国民小学的社会条件，但这些书籍都不是专门的教育研究成果，因此它们对教育研究工作的促进作用亦十分有限。

总之，虽然上述研究实验及编撰出版事业在设计创办时是出于推动地方社会教育和提高民众素质的需要，其结果也可被用作设计国民教育、乡村教育、社会教育方案的参考资料或实践依据，但作为教育研究机构，这些活动已超出其本职工作的范畴，不但分散了其研究力量，而且不免使其研究事业停留在较低的层次上，这样也就削弱了它们的学术影响。此外，过多地开展中小学师资培训工作，虽是为了提高各地中小学的师资质量，但却不利于各研究机构中心事业的发展。

二、体制多变

综观近代中国教育研究机构，体制多变既是其发展历程中的一个显著特点，也成为其局限性的一种表现。追本溯源，可以发现近代中国教育研究机构的体制变化既有外部政策与时局影响的因素，也有其自身发展对机构组织调适的原因，而且这些因素和原因互相交织在一起，不易也不宜将它们截然分开。

首先，国立大学教育研究机构的发展较多地受到国家、学校层面政策法规的影响。自1928年国立中山大学教育学研究所成立之后，国立大学教育研究机构均处于自主摸索阶段，国家层面并未出台和制定相关法规和制度，各研究机构出于自身需要及中国近代教育学科的发展而设立，多附设于大学，其组织机构也多不完善。此后社会各界对于大学创立研究机构的呼声日渐高涨，学界名人蔡元培、胡适、任鸿隽等均对此予以支持和推动。南京国民政府在形式上统一全国之后，也需要进行社会建设并加强对文化教育事业的调控，故而形成创办大学研究院的制度规划并着手实践。1929年7月，国民政府公布《大学组织法》，明文规定"大学得设研究院"，[①] 国立中央大学、国立中山大学、国立清华大学和私立金陵大学、燕京大学等开始筹设研究院。为规范各大学研究院所的设置及办理，教育部于1934年5月颁布《大学研究院暂行组织规程》，对大学研究院的性质、组织机构、研究生资格

---

① 宋恩荣，章咸．中华民国教育法规选编［M］．南京：江苏教育出版社，2005：395．

及考试、管理等作出统一规定，标志着大学研究院制度的规范化。当时各校设立研究所者均依该项规程进行改组，这是教育研究机构发展进程中第一次较大规模的体制变动，其意义在于使原本各自为政的大学研究机构的设立有了基本的立法依据和统一的参照标准。另外，1923年"高师改大"运动后，高等师范的发展渐趋式微，到全面抗战爆发前，全国除北平师范大学外再无专设的中等学校师资训练机关，依1922年新学制建构起来的高等师范教育体系虽包括师范大学和综合性大学教育学院（系），而且肩负师资培养和学术研究两种职能，但事实上师范大学和综合性大学教育学院（系）对这两种职能各有侧重，师范大学侧重于中学和师范学校师资的培养，而综合性大学教育学院（系）则侧重于教育理论的学习和研究，致使学生因缺乏实际的教育专业技能训练而不能胜任教学，进而导致中学和师范学校师资严重短缺。全面抗战爆发后，师资匮乏的问题进一步暴露，针对严重的现实问题，国民政府教育部于1938年7月颁布《师范学院规程》，力求改变原综合性大学教育学院（系）培养目标过泛的弊病，突出高等师范学校培养中学各科师资的职能。《师范学院规程》的颁布确立了师范学院独立设置和附设于大学的双轨并行体制，规定师范学院可设立师范研究所，已有的教育研究所须依此规程改组为师范研究所，因而导致教育研究机构体制的第二次变动。这种变动反映在组织机构上，仅仅是把原来的教育研究所改组为师范研究所，但更深层次的变动则体现在教育研究机构为适应现实需要而主要开展师资培养或以师范性为特色的中小学教育问题的研究，而对于教育理论的探索则有所懈怠。至1946年，师范学院已完成重点培养中学师资的任务，而国民政府教育部也察觉到师范学院偏废理论学习和研究的弊端，又转而重视综合性大学教育学院（系），于同年12月颁布《改进师范学院办法》，规定附设于大学的师范学院除保留教育系和体育系外，其他各系归并文理学院，已有的师范研究所须改组为教育研究所，这可视作教育研究机构体制的第三次变动。这同样也不是一次简单的机构改称或改组，其背后反映出来的是对大学教育学院（系）培养目标向战前时期的恢复。由于抗战期间特殊的学术需要，大学研究机构在数量和分布地域上有所发展或改善，但大部分因偏重师资培养而成为单纯的研究生培养机构，这又使大学研究机构的功能过于单一。为纠正此偏向，教育部于1946年12月将原《大学研究院暂行组织规程》修订为《大学研究所暂行组织规程》，废除大学研究院及学部设置，一律改称研究所，并规定研究所与学系加强联系，以学系名称称某科研究所，所内设研究主任1人，其他工作人员均由相关学系教授、副教授、讲师和助教充任。此规程的颁布取消了大学研究机构的独立设置，使之又重新回归依附学系的地位；此后因内战关系，各大学教育研究机构的研究事业渐趋萎缩。如果以足够的高度和客观的眼光审视近代中国教育研究机构的这种体制多变现象，可以将它归结为通过制度的改革对教育研究机构这种新生事物的发展进行的不断调适，何况服务教育是此类机构生存和发展的根本；但国民政府教育部所实施的这种"钟摆"政策也使得教育研究机构无法获得稳定的研究环境，有些机构甚至被停办，这些都极大地妨害了它们的发展，并导致其无法完全实现自身的职能与抱负。以国立中山大学教育学研究所为例，它于1935年改名教育研究所，同年中山大学研究院成立后，由原属文学院改属研究院，1939年又奉令改称师范研究所，1947年底复又改称教育研究所。国立中山大学教育学研究所是近代中国成立最早的教育研究机构，并一直存续到1952年院系调整，可以说，它的发展历程是近代中国教育研究机构的缩影，体制的多变屡次打乱其步伐。可以设想，以该教育学研究所在当时表现出的良好发展态势，如果能有稳定的体制和环境的保障，它势必会在中国近代教育学术研究及其体制建设方面有更大作为。

其次，就地方公立教育研究机构及私立教育研究机构而言，在其发展历程中，国家层面始终没有制定相关的法规政策以指导、规范和保障它们的各项事业，其中发生的体制改变多由地方政府或这些研究机构所依附的机构内部发生的变故及时局影响等因素引起，某些机构的发展过程中能够较为清晰地呈现出行政与学术博弈的情形。具体说来，广西普及国民基础教育研究院原本就是广西省政府为研究和辅助普及国民基础教育而建立的，可谓广西省政府行政命令的产物，这实际上从一开始就为其不幸命运埋下了伏笔。由于广西普及国民基础教育自身的蓬勃发展为研究院提供了大显身手的机会，更因为研究院作为近代中国第一个省级教育研究机构对地方教育事业及地方教育行政所担负的重大职责，研究院在教育学术与教育行政的结合方面展示了自己的力量，所开展的各项工作具体而实际地促进了地方教育事业的进步。但由于1936年6月广西政局发生变化，这使得地方政府不再支持普及国民基础教育运动，甚至片面地为驱散研究院的进步力量而停办研究院，将其改办为"广西教育研究所"。据后来的实际情况看，这所广西教育研究所名存实亡，并未进行过相关的研究和实验活动，因此雷沛鸿才于1940年5月为继续广西普及国民基础教育研究院未竟的事业，建议广西省政府加强教育学术与教育行政之联系从而促进教育事业的发展，并主持成立新的广西教育研究所。作为地方教育研究机构，广西教育研究所同样与地方政府联系密切，

第六章　近代中国教育研究机构的历史贡献及局限性

其各项事业依然是以广西教育事业为中心,只是研究层次略有提高。1942年4月,广西教育研究所与广西省立桂林师范专科学校合并,其所属关系发生变化。可是不久即因广西省政府为谋求学术分工的精确而将教育研究所恢复独立设置,再次隶属于广西省教育厅,最终在1948年初被裁撤。

至于私立教育研究机构,私立晓庄研究所是一个较典型的例子。1938年8月,陶行知在香港发表"回国三愿",其中第一个愿望便是创办晓庄学院,其后在香港成立了晓庄学院董事会。同年10月,他在重庆参加会议时向蒋介石和陈立夫面谈了晓庄复校改办学院的计划,得到他们的允准,但当陶氏正式向教育部申请立案时,却又遭到拒绝,只能改办为晓庄研究所;并且为了以后能有合法身份,陶氏将晓庄研究所置于生活教育社之下,一俟生活教育社在中央社会部及教育部申请备案成功,晓庄研究所自然随之成立。以陶行知的计划和晓庄研究所当时的工作,也无非就是借用教育的力量促进社会的进步,并且在抗战特殊时期,通过加强社会教育唤起民众抗战的力量,然而却要费如此周折。究其根本,还是因为国家未能颁行相关的法律法规以保障此类机构的设立及运作,致使此类研究机构的各项工作乃至生死存亡都受到各种因素的干扰,这也是造成私立教育研究机构的研究工作相对薄弱的原因之一。

综观近代中国教育研究机构的发展,其体制多变实为一把"双刃剑"。具体而言,当体制的变动符合机构发展的趋向时,它对机构体制化的进程起到了明显的规范和促进作用;但在更多时候,体制的变动因与机构的发展进程相悖而给各机构造成了难以估量和不可弥补的损失。黎锦熙即认为国立北平大学女子师范学院研究所改办为国立北平师范大学研究院后"名为扩张,实没落也"[①],而其后研究院又被改为研究所则更是深深地伤害了原本开展得相当有成绩的研究事业。为此,黎锦熙深为惋惜地感叹道:"或曰:师大本不过造成'教书匠'而已。则应之曰:教育者,神圣之职业也。三十年而造成教书匠数万人,非师大之辱也;造成者而不尽为良匠,则已非师大之荣也。夫良匠亦谈何容易?盖必有待于上举种种(指该文前已述及的教育学说的深研,教育方针及制度的酌定,教育状况的调查统计,教育书籍的出版发行等项——笔者注)之有其人,有其书,而后良匠乃有规矩绳墨之可循,此其唯一之途径则在研究所而已。此两年半之研究所,其成绩虽有轶出教育研究范围之外者,要其在学术上之贡献,视两年半以前固已聊胜于无。此后果

---

① 黎锦熙. 研究所略史[J]. 师大月刊,1932(1):65.

确定方针，充实内容，研究所而真不愧为师大之研究所，则师大固大有可为。师大而无如斯之研究所，以四年间之训练与知识之授与，造成教书之良匠与办理教育行政之干员，容或有余；而欲使上举种种之能有其人，有其书，则绝对的不足。若不能使上举种种之果有其人，有其书，则师大诚宜降格而仍为高师，不必勉强厕诸'大学'之林也。大学者，具有创造力之学府也，一面养成大多数之良匠与干员，一面必当使少数深造者之能实现上举种种之盛业。故师大而无研究所，终将不能成其为'大'；研究所而办理不善，则亦'大而无当'。"[1] 诚斯言哉！近代中国教育研究机构体制的多变导致其中的绝大多数未能获得稳定的研究环境，某些时候甚至改变了它们的发展进程与方向。

三、自主性缺失

从组织系统来看，各教育研究机构附设于国立大学和学院、地方教育行政机关、私立大学等单位，在不同时期有不同的上级机构，这固然于组织管理、经费划拨、人事安排各方面有其便利之处，但同时也使研究机构因无相对独立性、自主性而受到各方牵制，限制了教育研究机构的进一步发展。

教育研究机构自主性缺失的首要表现是机构自身不独立及其依附性。近代中国教育研究机构大多附设于大学和学院，或直属地方教育行政部门而成为其智囊机构，机构内专任工作人员较少，多由所属机构的工作人员承担，致使它们自身难以成为完全独立的研究实体，这种情况普遍存在于各类型的教育研究机构中。例如，崔载阳就曾认为在中山大学研究院成立前，教育学研究所在学校组织系统中无正当地位，只能"算是教育学系一个附属机关，所有教员都由教育系义务的兼任。研究所既在学校系统上无正当地位，在若干人心目中成为一个骈枝机关可有可无"。至国立中山大学研究院成立，研究所"最重要的问题还是如何能自主地不受牵制，觅得若干基本教授主持各部工作"[2]。对此，艾伟也曾指出："教育实验所虽已成立，然学校中对于其预算并无规定。仍由各系教授本其科学之态度，研究之精神，以图有所供（贡）献于社会。"[3] 而国立北平大学女子师范学院研究所改办为国立北平师范大学研究院后，因国难当头、经费困难，研究工作实际上已难以为继，名

---

[1] 黎锦熙. 研究所略史 [J]. 师大月刊, 1932 (1): 112—113.
[2] 崔载阳. 国立中山大学教育研究所之过去现在与将来 [J]. 教育杂志, 1935, 25 (7): 224.
[3] 艾伟. 教育实验所之使命 [J]. 国立中央大学教育丛刊, 1934, 1 (2): 1.

第六章 近代中国教育研究机构的历史贡献及局限性

为扩张,实为没落,故研究所副所长黎锦熙在《研究所略史》中感叹道:"故师大而无研究所,终将不能成其为'大';研究所而办理不善,则亦'大而无当'。有不了解研究所为师大之生命线者乎?……古人有言,'天作孽,犹可违;自作孽,不可活'。尚慎旃哉!"[①] 这类问题在其他教育研究机构中同样存在,如广西普及国民基础教育研究院是为广西普及国民基础教育提供研究实验的机关而设立。其时,普及国民基础教育得到新桂系的大力支持,李宗仁也力邀雷沛鸿任广西省教育厅厅长,后者因此而筹设广西普及国民基础教育研究院并兼任院长;在研究院办理过程中,地方政府和教育部门的影响时时存在,一旦时局发生改变,地方政府不再支持普及国民基础教育运动时,其存废问题便成为研究机构与地方政府的矛盾焦点。先是雷沛鸿被免去教育厅厅长职务,随即研究院也遭停办,尽管雷氏发表文章表达其不满,但仍无济于事。教育研究机构自身独立性缺失所造成的恶果由此可见一斑。广西教育研究所和四川省立教育科学馆这两所地方教育研究机构的情形也是如此,它们的创办说到底都是以地方政府的政治需要为背景,其生死存亡必然地受到政治因素的制约,甚至受到地方执政者个人因素的干扰。由此可见,摆脱附庸地位而争取独立自主是近代中国教育研究机构的共同问题。只有机构独立,才能保证学术独立,才能真正进行学术研究而不是作为大学及学院或教育行政单位为健全组织而设立的装饰性机构。

教育研究机构自主性缺失更具体的表现及后果是经费不独立且无保障。众所周知,在体制化的机构中,经费对机构运作有直接的影响。各教育研究机构的开办费和日常经费多来自所附设的院校、教育部拨款与补助以及地方财政支持。近代中国经济落后,战争频发,加上当时社会虽重视教育,但对教育研究及其机构发展却颇有微词,因此各教育研究机构饱受经费不足之苦,致使其研究事业受到极大限制。具体而言,国立中山大学教育学研究所开办之初,即由校长允拨 6000 元为开办费,另拨 3000 元为第一年经费(薪金除外),并于 1930 年获得文化基金补助 3 年,每年 5000 元。由于经费相对宽裕,研究所发展态势良好,设备、图书购置齐全,保证了研究所此后大规模的教育学和教育心理学研究的开展,也支持了研究所大量出版物的印行。尽管如此,庄泽宣仍认为研究经费支绌及由此导致的研究队伍不稳定是研究所工作进步不大的主要原因:"该所以经费所限,并无专任研究人

---

① 黎锦熙. 研究所略史 [J]. 师大月刊, 1932 (1): 148.

员……除崔先生仅脱离年余外，余均不足六年，而平均服务年期恐不足二年。"①事实上，中山大学教育学研究所始终受这两个问题的困扰。同样隶属国立综合性大学，中央大学教育实验所的经费短缺情况较为严重。教育实验所成立后，因系试办，故未能获得教育部拨款，"一切费用，由各系撙节而来。且因有大部分事业系受外方委托，故经费亦有由外方津贴者"②。为保证教育实验所顺利运行，艾伟将他任中华教育文化基金董事会教育心理讲座时所购的大批心理学书籍、仪器以及私人藏书数百册一并捐赠，并接受英美政府、学术机关及私人捐赠，使实验所图书设备有所改善。至改组为教育心理学部后，每年由教育部拨给3万元经费，并接收外界委托进行各类测验，从而获得部分款项，再反哺研究机构的发展。相对于国立综合性大学，国立师范院校教育研究机构的经费短缺问题更为严重。北平师范大学研究所自教育科学门时期经费就甚为紧张，每月仅2000元，"用于教职员薪俸及奖学金者为1010元，占百分之五十强；用于置备、印刷及调查者为990元，占百分之五十弱"③。该款项一年应支24000元，实支10600元，尚不及其半，因此教育科学门设备、调查等费大受影响。李建勋于1932年拟具改良办法，提出研究院经费应予独立，但并未获批准。国立北平师范大学研究院改为研究所后，经费每月3000元；曾申请庚款补助而未果，虽多方极力撙节，仍不敷使用，致使研究所改办教育研究所之计划未能实现。经费问题对于国立西北师范学院教育研究机构尤为严峻。因时处战乱时期，研究所在经费方面一向不宽裕，成立之初仅设教育学一个学部，全年经费计18000元，每月仅1500元；其来源为师范学院每月拨给1000元，为经常费，全年12000元；由教育部拨师范学院之建设专款下，每年拨给2000元以作购置图书及杂志之用；另由教育部每年补助4000元，以一半作研究调查费，一半作5名研究生之津贴④。如此，研究所仅有师范学院拨发的每年12000元经常费和教育部每年补助的调查研究费2000元可供支配。由于时局影响，纸币贬值，物价飞涨，致使研究所本就窘迫的经费更加捉襟见肘，研究工作非常困难：无法印刷调查问卷及进行相关测验；筹措不到实际调查的出差经费；研究专刊无法印刷；西文书刊不易购置，无法参考国外最新研究成果；

---

① 庄泽宣. 中国教育研究的后顾与前瞻[J]. 广东教育，1946（3）：16.
② 庄文亚. 全国文化机关一览[M]. 上海：世界文化合作中国协会筹备委员会，1934：45.
③ 许椿生，陈侠，蔡春. 李建勋教育论著选[M]. 北京：人民教育出版社，1993：154.
④ 甘肃省档案馆藏西北师范大学档案. 国立西北师范学院师范研究所二十八年度计划书[A]. 卷宗号：33-001-0319.

研究人员历经辛苦完成的研究成果却因经费无着而无法印刷发表,极大地削弱了研究所的学术影响。应该说,经费实乃维系一个研究机构的生命线,但综观《大学研究院暂行组织规程》及各教育研究机构之"章程""章则",对经费问题无一提及,如此则经费更无制度保证。李建勋曾撰文指出:"经费为事业之基础,欲该事(原文如此——笔者注)之蒸蒸日上,除原有经费外,应按其事业之进展,每年增加。吾国各大学及独立学院之教育研究所多无独立经费,教育部之补助,亦杯水车薪,无济于事,如不改善,恐将日就萎缩,焉望其蒸蒸日上哉?"[①] 然而近代中国战火不断,教育经费本无保证,研究所自身又无法将其研究成果转化成价值,所有开销全部依赖行政拨款,更兼各教育研究机构均为附设机构,经费不能独立,拨款数额全由上级机关决定,这些因素导致了各教育研究机构严重的经费问题,并且始终没有得到妥善解决。

仅就制度本身而言,造成近代中国教育研究机构自主性缺失的主要原因在于与教育研究机构相关的法律法规。1912年10月颁布的《大学令》中即规定:"大学为研究学术之蕴奥,设大学院。"这事实上成为研究机构附属地位的肇端。至1934年5月《大学研究院暂行组织规程》颁布,其中规定依大学组织法设研究院,"设院长一人,得由校长兼任";研究院分设各科研究所,"各研究所依其本科所设各系分若干部称某研究所某部"[②]。这些法规作为通则,对教育研究机构自然有效;而且在其实际运作过程中,各教育研究机构因经费及人事关系,其主要工作人员都由教育学院师资充任,这些都表明了教育研究机构的附属地位。抗战期间,特殊时局催生了对学术研究的需求,也催生了对学术研究机构的特殊政策,教育研究机构随同其他学术研究机构有所发展。正如四川省立教育科学馆副馆长汤茂如所言:"我国新教育虽有三十余年之历史,而教育之科学研究乃近十余年事也。盖吾国维新以来内忧外患,方兴未已,数十年之革命奋斗,对于军事、政治、经济诸要政之整饬,尚未就绪,安能顾及工具作用之教育科学乎?! 故十余年来倡导教育科学之活动,多系社会私人团体之事业。七七事变后,日本军阀侵略无厌,不但逼起我国长期抗战决心,并且促成我国整套建国计划。西儒谓国际战争乃民族进步之工具,岂空言哉?! 今我政府本三民主义之中心思想,采管、教、养、卫联系之实施方法,领导全民作复兴民族、完成革命之伟大事业,

---

① 许椿生,陈侠,蔡春. 李建勋教育论著选[M]. 北京:人民教育出版社,1993:381.
② 宋恩荣,章咸. 中华民国教育法规选编[M]. 南京:江苏教育出版社,2005:399.

于是向由社会私人团体倡导之教育科学运动,竟成为国家要政之一。"[1] 由于自身的发展,教育研究机构的地位提高,逐渐脱离相关学系,并因在经费和师资方面独立而获得一定自主权,但各教育研究机构也因此而蜕变为单纯的研究机构或研究生培养机构,与"供给教员研究便利"[2] 的初衷渐行渐远。有鉴于此,1946年7月24—26日,国民政府教育部在南京举行高等教育讨论会,邀请大学校长、教育专家30余人参加,会议决定废除各大学研究所及研究学部名称,颁订《大学研究所暂行组织规程》,在规程中规定每一学系得设一研究所,研究所与学系完全打成一片,研究所主任由系主任兼任,系内教授讲师俱为研究所工作人员。随后于12月,教育部修正《大学研究院暂行组织规程》为《大学研究所暂行组织规程》,将上述议案悉数列入,这显然有矫枉过正之嫌。对此,李建勋指出其"名义上为使各研究所与有关各系打成一片,事实上则为取消其独立性,于各研究所前途之发展,大有妨碍"[3]。《大学研究所暂行组织规程》本意上是要使研究机构与学系紧密联系,但实际上国立大学教育研究机构依规程进行改组后却被取消其独立性;抗战期间本已打下较好的发展基础,抗战胜利后正待扩而充之,这一进程却被粗暴地打断了。至于地方公立教育研究机构和私立教育研究机构则根本就没有相关的法律法规来保障和规范其发展,自然也不可能确立其自主地位。因此,从制度层面本身来看,由于法律法规的缺位而致使近代中国教育研究机构的发展蒙受重大损失,这是需要深刻反思的问题。

---

[1] 汤茂如. 四川省立华阳中学之起源旨趣与教育方针 [J]. 中等教育季刊, 1941 (3): 66.
[2] 宋恩荣, 章咸. 中华民国教育法规 [M]. 南京: 江苏教育出版社, 2005: 399.
[3] 许椿生, 陈侠, 蔡春. 李建勋教育论著选 [M]. 北京: 人民教育出版社, 1993: 379.

附录一　中国共产党早期创办的教育研究机构

抗战时期，中国共产党为从中国教育的实际出发研究教育问题，以创立新民主主义教育理论并培养教育干部，在延安中央研究院设立了中国教育研究室，成为中国共产党创办最早的教育研究机构。该机构成立后制订了详尽的计划并依照计划开展工作，取得大量成果，实现了其研究工作的目标。其后，中国共产党为进一步研究抗日根据地和解放区的各类教育，于1940年成立华北联合大学教育研究室，于1942年成立太行抗战建国学院教育研究室；在解放战争时期，为对解放区中等教育展开研究，又在华北大学设立教育研究室。中国共产党早期创办的这些教育研究机构为党在各个时期教育方针、政策的制定，为抗日根据地和解放区各级各类教育事业的发展作出了不可磨灭的贡献，尤其是延安中央研究院中国教育研究室，为新中国教育研究事业奠定了人员和机构方面的基础。

第一节　延安中央研究院中国教育研究室

现今的中国教育科学研究院是教育部直属的综合性国家级教育科学研究机构，其历史可追溯到中国共产党于1941年9月创建于延安的中央研究院中国教育研究室。该研究室主要以马克思列宁主义教育思想、党的教育方针和革命教育家的教育思想为研究对象，从中国实际出发，在不到两年的时间里取得大量研究成果，在新民主主义教育理论的创立和教育理论干部的培养方面贡献卓著，也为中国近代教育学术的发展写下了浓墨重彩的一笔。

附录图1-1 延安中央研究院中国教育研究室旧址

资料来源：中央教育科学研究所. 中央教育科学研究所70周年所庆专题：所史回顾[EB/OL].（2011-07-18）[2012-3-18] http：//219.234.174.162/shownews.aspx? id=442.

一、延安中央研究院及其中国教育研究室的历史沿革

（一）延安中央研究院的历史沿革

延安中央研究院是抗战时期中国共产党培养理论干部的高级研究机关，其前身是1938年5月5日由洛甫等在延安发起成立的马克思列宁主义学院，简称马列学院，院长由洛甫兼任[①]。这是中国共产党创办的一所专门学习和研究马克思列宁主义理论的学校，主要培养党的宣传工作和理论工作干部，学员主要是来自延安各机关、前方及各抗日根据地做过实际工作的同志和在中国人民抗日军事政治大学、陕北公学和中共中央党校学习过的干部，一般都有较高的文化水平，并具有学习和研究理论的条件。在马列学院的教学和研究中，曾存在过不注重研究现状、不注重研究历史、不注重马克思列宁主义的应用等现象。基于此种情况，1941年5月19日，毛泽东在延安干部会上作了《改造我们的学习》的报告，在分析延安干部教育中存在的教条主义偏向后，向全党提出了"改造学习方法和学习制度"的建议，要求全党依据马列主义普遍真理和中国革命具体实践相结合的原则，系统周密地调查研究周围环境，聚集人才、分工合作地研究近百年的中国史，在在职干部教育和干部学校教育中确立以研究中国实际问题为中心等三大任务，以提高马列主

---

① 中共中央党史研究室. 中共党史资料：第57辑[M]. 北京：中共党史出版社，1996：123.

义的理论水平和实际应用能力。1941年7月，根据毛泽东在《改造我们的学习》一文中提出的要着重研究中国革命实际问题的指示，对马列学院进行改组：将马列学院一分为三，其中的一部分留下组成马列研究院。[①]

从马列学院改组为马列研究院，主要是把教育机构改组为研究机构，由原来的研究室和教学班（分期分班教学，每期1至3个班，每班50人左右）两级组织合编为研究室一级组织，以研究为主，在研究过程中结合教学工作。改组的目的，在于反对原来马列学院教育工作中的教条主义，以中国实际问题为中心，开展对于中国实际问题的历史和现状的研究。但当时大多数同志对此认识不足，因此在实际工作中变化不大。针对这种状况，中共中央政治局讨论了延安干部学校合并的问题。1941年8月1日，中共中央发出由毛泽东起草的《关于调查研究的决定》，要求大家一定要以马列主义基本原则为指导，以研究中国革命实际问题为中心，调查敌友我三方面的历史和现状[②]。这是毛泽东向全党提出的任务，也是向马列研究院提出的研究方针和任务，马列研究院的整个研究工作，就是根据党中央和毛泽东提出的上述方针、任务开展起来的。8月27日，中共中央政治局讨论党内教育方针问题，毛泽东认为，中国共产党干部的理论水平比全面抗战前有所提高，但对于理论运用到中国革命实践上还不够，对中国及世界的政治、军事、经济、文化缺乏研究和分析，提议对干部教育要有一个大的改造。会议同意毛泽东的提议，决定由洛甫等组成委员会，研究改造学习的办法，起草有关决定。9月8日，在中共中央书记处工作会议上，决定将马列研究院改组为中央研究院，院址设在延安兰家坪，洛甫任院长，范文澜任副院长。研究院设研究指导处、总务处和9个研究室，由各学科的党内专家担任室主任，直接指导研究工作，成为用马列主义方法研究中国历史和现实问题的公开学术机关。12月17日，中共中央正式下发了由洛甫起草，并经毛泽东修改的《中共中央关于延安干部学校的决定》，这个决定明确规定"中央研究院为培养党的理论干部的高级研究机关"，"直属中央宣传部"，[③]这样，就把培养党的理论研究干部同党的理论宣传工作更好地联系起来了。1943年5月4日，中共中央研究院并入中央党校，成为党校的第三部[④]。延安中央研究院从建立

---

① 中共中央党史研究室. 中共党史资料：第57辑 [M]. 北京：中共党史出版社，1996：126.
② 中共中央党史研究室. 中共党史资料：第57辑 [M]. 北京：中共党史出版社，1996：126.
③ 中央档案馆. 中共中央文件选集：第13册（1941—1942）[M]. 北京：中共中央党校出版社，1991：258.
④ 中共中央党史研究室. 中共党史资料：第57辑 [M]. 北京：中共党史出版社，1996：131.

到取消建制，前后不到两年时间。

(二) 中国教育研究室的历史沿革

为了加强中国共产党的理论建设，系统开展国际国内政治、经济、军事、文化、教育等方面的研究，1941年9月8日，中共中央书记处工作会议决定将马列研究院改组为中央研究院，并按照"分科设室，专家指导"的原则，下设研究指导处、总务处和9个研究室。中国教育研究室为9个研究室之一，研究室主任由中央宣传部副部长罗迈（李维汉）兼任。教育研究室冠以"中国"二字，是表明从"中国"的实际出发，研究"中国"教育的实际问题，从此，中国共产党建立起第一支研究教育科学的专业队伍。

可以说，现代教育理论在20世纪20—30年代的本土化进程和抗战时期聚集延安的优秀教育学者是中国教育研究室创立的两大基础条件。研究室成立后，坚持以马克思列宁主义为指导，以研究中国教育理论和实际问题为中心，把理论与实际紧密结合起来。随后，研究室制订了研究计划，确定了"研究创立新民主主义教育的理论和实际，并从研究中培养掌握教育理论的干部"[①]的研究目标，同时还制订了半年工作计划和3年规划，确定了资料调查的范围和具体分工。

1943年5月4日，中共中央研究院并入中央党校，成为党校的第三部；中国教育研究室改组为中共中央宣传部教育研究室，徐特立任主任，领导教育研究室的工作。在整个解放战争时期，他领导教育研究室研究和总结老解放区的教育经验，组织力量编写各种教材，为建立和发展人民教育事业作出了重要贡献，并为接管全国教育工作做好了准备，从而也为进一步过渡到社会主义教育奠定了基础。

中华人民共和国成立后，教育研究室一度停办，工作人员分散各地工作。1956年6月2日中共教育部党组会议决定以原中共中央宣传部教育研究室为基础，成立中央教育科学研究所，由戴伯韬负责筹备工作。1957年1月26日，国务院和中共中央书记处批准教育部进行筹建工作。1960年10月，中央教育科学研究所正式成立。2011年9月，中央教育科学研究所改称中国教育科学研究院。

---

① 温济泽，李言，金紫光，等. 延安中央研究院回忆录[M]. 长沙：湖南人民出版社，1984：270.

二、以创立新民主主义教育理论为中心的研究事业

（一）研究人员

中国教育研究室主任由中央宣传部副部长、主管干部教育工作的罗迈兼任，其成员有董纯才、张健、华子扬（兼研究室秘书）、陈元晖（薛尔）、李冰洁、席道崇、翟定一、王志匀、陈璧如、封梧、石澜、黄滨12人[1]。这些研究人员大部分是原马列学院留下的，少部分是由延安其他单位选送并经过考试择优录取的，大多数人年龄在20~30岁之间，其身份一般分为研究员和研究生。当时，凡是能够独立进行研究工作的称为研究员，他们大都是经过中国人民抗日军事政治大学、陕北公学和中共中央党校学习，文化水平较高，又具有学习和研究条件的同志，其中过去已有一定成就和相当学术地位的，定为特别研究员，他们的工作职责和研究员相同，只是在生活待遇上得到一些优待；研究生是边学习边做研究工作的青年知识分子，开始主要是学习，逐步走向独立工作。

尽管时值战争年代，中国教育研究室条件简陋，但其研究力量堪称雄厚。研究室主任罗迈是党内著名的理论家，1916—1917年间曾在湖南省立第一师范学校学习，青年时代就注意教育在社会改造中的作用，有着深厚的教育理论素养；他除主持陕北公学及其分校校务外，还直接参与了1939年开始的大规模干部学习运动，这又使他形成了干部教育思想，具备了丰富的实践经验；抗战期间，他坚持中国共产党在新民主主义革命时期的文教方针，为根据地的教育理论与实践作出了较大贡献。他主持中央研究院的工作，还担任中央研究院中国新闻研究室主任，中国教育研究室主任只是兼任，但他极为重视教育研究，并亲自从事研究工作。作为研究室主任，他领导全室人员积极学习和讨论毛泽东《改造我们的学习》的报告，并根据该报告的指导思想，结合实际拟订教育研究室的三年调查研究规划和逐年实施计划。他个人还阅读了大量有关教育流派的资料，如梁漱溟的乡村建设运动、晏阳初等的平民教育促进会、黄炎培等的中华职业教育社和陶行知的生活教育思想等，并作了笔记，其中主要研究了陶行知的生活教育思想和梁漱溟的

---

[1] 据温济泽等编《延安中央研究院回忆录》（湖南人民出版社1984年版）第57页相关内容，这些人员中还包括陈如馨；但笔者在中央教育科学研究所所庆公告中并没有看到陈如馨的名字，为此曾专门写信给中央教育科学研究所反映，该所郑庆贤老师回信称他们曾对陈先生进行访谈，陈先生明确表示没有在教育研究室工作过，故此未将陈如馨包括在内。

乡村建设运动，并在相关的讨论会上发表了对陶行知、梁漱溟教育思想的分析和评价①，这对今天人们正确认识和评价陶行知和梁漱溟的教育思想仍有重要的指导作用。董纯才曾就读于光华大学教育系，1928年考入南京晓庄师范学习，师从陶行知，由此接受生活教育理论，对陶行知的教育思想素有研究，1937年到达延安从事革命教育工作。陈元晖于1936—1939年在中央大学教育学院心理系肄业，1940年到延安，次年到教育研究室从事研究工作，他在教育研究室工作期间，为革命根据地的教育理论建设和教育实践的发展作出了积极的贡献。张健和华子扬等是从原马列研究院转过来的，工作的同时在研究室学习、研究。陈璧如曾于1931年在国立北平大学女子师范学院研究所工具学组（包含目录、索引、校理、译述等工作）和文学组当研究生，1937年5月后到延安工作。除上述人员外，另明确可知翟定一曾于1941—1943年为研究室研究生②，其余人员的身份因资料缺乏无法确定。

（二）研究计划

革命战争时期中国共产党教育方针和政策的确立，事关抗日根据地和解放区教育事业的发展。因此，建室之初，罗迈就组织全室人员反复学习和讨论毛泽东《改造我们的学习》的报告，结合实际拟订教育研究室的3年调查研究计划和半年工作计划，围绕中国新民主主义革命的实际问题重点研究抗日根据地教育，并据此具体规定了研究室的研究目的、任务、人员分工、时间安排、方法、步骤、组织和会议制度等，每个研究课题都有分工、有讨论、有总结③。

中国教育研究室的研究计划首先规定以新民主主义教育理论的创立和教育理论干部的培养为其研究目的，这要求研究室要以马列主义基本原则为指导，以研究中国教育理论和实际问题为中心。为此必须研究沦陷区、国统区及根据地的不同情况，研究外国的、古代的教育史，并作大量的调查研究，通过对中外教育理论的系统学习和研究，明确新民主主义教育理论与实践内涵。在研究内容上，研究室一方面强调基础理论的学习与研究，包括学习马列主义基本理论和方法，学习和研究一般社会历史知识特别是中国的社会历史知识，学习外文并经常注意研究时事动向及策略，并补习生物学和心

---

① 陈桂生. 中国干部教育（1927—1949）[M]. 上海：华东师范大学出版社，2007：233-243.
② 刘恩达. 当代湖南社会科学手册[M]. 长沙：湖南人民出版社，1988：630.
③ 温济泽，李言，金紫光，等. 延安中央研究院回忆录[M]. 长沙：湖南人民出版社，1984：270-276.

理学的基础知识和基本理论；另一方面强调从中国实际出发，研究批评各种教育理论、历史与现况，其中包括沦陷区、国统区及根据地教育现况的调查研究、中国教育史和西方近代教育史（文艺复兴后）的研究、现代教育思潮的研究，也包括马恩列斯的教育思想、杜威教育思想、日德意军国主义教育、苏联社会主义教育、蒋介石-陈立夫教育思想、陶行知生活教育思想、梁漱溟乡村建设思想以及中华平民教育社推行之平民教育、中华职业教育社推行之职业教育、广西省推行之国民教育的研究等[1]，以求推动新民主主义教育思想和理论的形成。

研究计划规定研究期限为三年，按照计划所规定的任务制定了逐年的研究重心。具体而言，1941年下半年调查研究各抗日根据地、国统区及沦陷区"从抗战以来的一般教育状况，包括教育思潮、教育政策、制度方法实行等问题"[2]。1942年以研究根据地国民教育为中心，配合进行其他研究工作，其具体计划如下：调查研究根据地的小学教育、社会教育及师范教育，以陕甘宁边区为主要对象；开展对陶行知、杜威、苏联社会主义教育、日德意军国主义教育、梁漱溟乡村建设、平民教育、中华职业教育社、广西国民教育的研究或批评；完成中国国民党教育理论与实际的初步研究；筹办心理学实验室；编撰教育资料，包括《马恩列斯论教育》《陶行知教育论文选集》《国民党教育理论与实际》《教育论丛》《新民主主义的乡村教育》《近代各种教育法的介绍》等。1943年以研究中外教育史为中心，包括中国现代教育史、外国现代教育史研究，并下乡三四个月，继续调查研究各根据地、国统区和沦陷区的教育状况，筹办试验乡村师范与乡村小学等。1944年以研究教育学基本原理及各种基本问题为中心，包括教育行政、学制、教学法、训育、课程教材、社会教育等，并创办试验师范与小学，继续调查研究各根据地、国统区、沦陷区的教育状况，编写《新民主主义教育论》等教育资料。

为了计划能切实执行，研究室对1942年的研究任务又作了分工，明确规定由董纯才、王志匀、翟定一等负责研究陕甘宁边区教育，张健负责研究陶行知生活教育思想，陈元晖负责研究杜威实用主义教育思想，华子扬负责研究梁漱溟乡村教育思想，李冰洁和石澜负责研究蒋介石-陈立夫教育思想，陈璧如负责调查研究沦陷区教育状况。当时要求每人根据分工调查研

---

[1] 李维汉. 回忆与研究（下）[M]. 北京：中共党史资料出版社，1986：475.
[2] 温济泽，李言，金紫光，等. 延安中央研究院回忆录[M]. 长沙：湖南人民出版社，1984：270.

究，并搜集延安已有的报纸杂志和有关书籍，进行资料的初步整理，写成书面材料提交研究室讨论。

为了将3年研究计划落到实处，研究室成立当月还制订了一个半年计划，详细规定了研究分组、内容、期限及讨论会制度，在一定程度上起到了研究室章程的作用。计划规定：为了新民主主义教育理论和实际的建设，同时也为了提高自身的马列主义教育理论水平，研究室的首要任务是调查研究全面抗战以来根据地、国统区和沦陷区的一般教育状况，包括对教育思潮、教育政策、制度、方法和实践等问题的研究及以学校教育实况为中心的调查。全体人员分根据地、国统区和沦陷区三组开展工作，研究任务细化到个人，以期能够在半年内对新民主主义的中小学教育建设提出较为具体的建议[①]。

附录表1-1　延安中央研究院中国教育研究室半年计划一览表（1941年9月）

分组	研究内容	研究时间及目标	人员及分工
根据地教育研究组（组长华子扬）	调查研究陕甘宁和晋察冀两个边区的中学教育、师范教育、小学教育、社会教育及新教育理论、法令、学制、课程等问题	研究时间6个月，材料尽量于3个月内收集完毕，1942年3月底以前整理出初稿	华子扬、翟定一：调查研究小学及社会教育实况
			石澜：调查研究中学及师范教育实况
			全组人员：调查研究新教育理论、法令、学制、课程等问题
国统区教育研究组（组长陈元晖）	1. 国民党教育思想、政策、法令、学制等 2. 学校教育，包括高等教育、中学及职业教育、师范及小学教育 3. 社会教育 4. 特种教育	分3期研究，第1期进行第1、2两项，时间为4个月；第2期进行第3项，第3期进行第4项，研究时间未定；陈元晖要在2个月内研究完毕，整理出材料，然后参加其他部分工作，其他人员均须在1942年1月底前整理出初稿	陈元晖：调查研究中国教育思想、政策、法令、学制等问题
			封梧：调查研究大学及专门教育实况
			张健：调查研究师范及小学教育实况
沦陷区教育研究组（组长陈璧如）	沦陷区教育政策、法令、制度调查及中学教育、小学教育、社会教育等实况调查	研究时间3个月，须于1941年底前整理出初稿	陈璧如：调查研究教育政策、法令制度及中学以上教育实况
			陈元晖：调查研究小学及社会教育实况

资料来源：《延安中央研究院回忆录》，湖南人民出版社1984年版，第275页。

从附录表1-1可以看出，中国教育研究室的研究计划是以毛泽东《改

---

① 温济泽，李言，金紫光，等. 延安中央研究院回忆录［M］. 长沙：湖南人民出版社，1984：275.

造我们的学习》提出的方针作为指导思想，同时考虑到该室的实际情况和研究人员的特点，选题倾向于宽泛宏大的研究路向，部分又贴近当时的教育实际，使理论研究与实践指导紧密结合，这与中国共产党在抗战时期的总任务是一致的。在制订计划的过程中，充分发扬了民主，经过从下到上和从上到下的反复讨论，然后再确定下来，从而更好地调动了全组人员研究的积极性和创造性。

（三）研究工作及成果

抗战期间的中心任务是如何迅速普及教育，提高民众素质，激发爱国情操和增强民族精神，因此，教育研究受到格外重视。中国教育研究室依据研究计划，将研究工作分为两个部分：研究创立新民主主义教育的理论和从研究中培养掌握教育理论的干部（即工作和学习两个方面），其实际工作即依照这两个方面进行。同时，中国教育研究室承担着中共中央宣传部的一部分教育研究任务，因此该室研究工作即与中宣部国民教育科工作紧密结合，"从1941年9月到1942年3月整风前的六七个月的时间内，较好地执行了研究计划"①。这段时间里，基本按照半年研究工作计划和1942年研究任务的分工与时间分配进行了现代教育思潮的研究与讨论，由罗迈、陈元晖、董纯才、席道崇、张健等搜集和整理相关材料，分3个小组对根据地、国统区及沦陷区教育材料进行调查、整理与研究，由陈璧如、张健、华子扬、陈元晖等按分工搜集、整理相关材料，陈元晖还着手筹办心理学实验室，并整理生理学、心理学材料，以备将来补写之用。每位研究人员根据分工，搜集延安已有的报纸、杂志和有关书籍，进行资料整理，编写出《马恩列斯论教育》《新民主主义的乡村教育》《陶行知教育论文选集》等著作，以及国民党的教育理论与实际、近代各种教学法介绍等一批教育参考资料②，供各级宣传和教育工作者参考。应该说，这些材料为中国共产党在抗战时期和解放战争时期教育方针政策的制定和实施提供了有力的事实依据和理论支撑。

当时，中共中央宣传部出于统一战线工作的需要，要求对国内各个教育流派进行调查，以分别作出评价和政治定位。中国教育研究室在深入研究的基础上，于1942年2—3月间先后召开了陶行知教育思想讨论会、乡村建设派问题讨论会。讨论结果，对前者倾向于肯定，对后者则倾向于否定，研究

---

① 温济泽，李言，金紫光，等. 延安中央研究院回忆录［M］. 长沙：湖南人民出版社，1984：59.

② 赖伯年. 陕甘宁边区的图书馆事业［M］. 西安：西安出版社，1998：56.

室主任罗迈在讨论会上作了系统的发言。他在陶行知教育思想讨论会上的总结发言论述了陶行知教育思想的发展，并就生活教育理论和方法中的若干问题提出商榷，还就怎样认识和学习陶行知发表意见，公开号召延安开展学陶师陶活动；在乡村建设派问题讨论会上，罗迈对梁漱溟的思想发表见解，认为乡村建设派在教育上的某些实际办法还应当研究、值得参考①。中国教育研究室对于陶行知教育思想的研究，成为延安时期中国共产党正确认识和评价陶行知生活教育思想的先导，对于陶行知生活教育思想在根据地和解放区的广泛传播功不可没，并为今后以马克思列宁主义的立场、观点和方法，分析研究中国当代各派教育思潮打下了一个较好的基础。

中国教育研究室是延安中央研究院取得科研成果较多的一个单位，全室研究人员按照研究计划的分工，"从1941年9月到1942年3月整风前的六七个月的时间内，较好地执行了研究计划，拿出了一批研究成果"②，其中包括张健整理的陶行知生活教育学说约5万字的材料，华子扬整理的梁漱溟乡村建设资料，陈元晖整理的杜威教育思想批判材料4万~5万字，陈璧如整理的陈立夫教育思想批判材料，董纯才整理的边区师范教育材料，王志匀、李冰洁和翟定一对边区教育进行的若干调查，罗迈关于梁漱溟、晏阳初、黄炎培、陶行知教育思想的笔记，等等。1942年3月后，研究工作未能按计划进行，教育研究室许多人员已经准备好的材料也来不及讨论，除董纯才发表了《论国民教育的改造》（《解放日报》1942年9月4日）和《怎样以反党八股的精神编教材》（《解放日报》1942年12月5日）两篇文章外，其他人员都未能写出研究论著。

在中国教育研究室的工作过程中，十分关心青年研究人员的学习和提高，根据研究人员的研究任务，有计划、有步骤地组织他们学习提高，包括学习马列主义基本理论和方法，研究学习历史社会基本知识，特别是中国的历史社会知识，补习生物学与心理学的基本理论，学习外文并经常注意研究时事动向及策略，还包括对各种教育理论、历史与现况进行研究批评。这种把研究任务和学习提高紧密结合的办法，大大提高了青年研究人员的培养效果。

---

① 李维汉. 回忆与研究（下）[M]. 北京：中共党史资料出版社，1986：476.
② 温济泽，李言，金紫光，等. 延安中央研究院回忆录[M]. 长沙：湖南人民出版社，1984：59.

第二节　中国共产党早期创办的其他教育研究机构

除延安中央研究院中国教育研究室之外，中国共产党还创办了华北联合大学教育研究室、太行抗战建国学院教育研究室和华北大学教育研究室等教育研究机构，以适应不同时期教育研究的要求。上述机构因时局关系，存续时间较短，开展的研究工作不多，未能充分发挥其作用，但它们反映出中国共产党对教育研究在教育发展中所起作用的认识渐趋深化。

一、华北联合大学教育研究室

华北联合大学是中国共产党领导下的干部学校，是晋察冀边区的最高学府，也是各抗日根据地中较早进行高等师范教育的一所大学，以训练干部、坚持敌后抗战为基本任务。1939年6月，侵华日军加紧封锁陕甘宁边区，中共中央确定了后方和前方、陕甘宁边区和华北敌后抗日根据地同时办学的方针，决定陕甘宁边区几所主要学校向华北前线挺进。7月，根据抗日战争形势发展的需要，中共中央决定为坚持华北抗战，将延安的陕北公学、鲁迅艺术学院、延安工人学校、安吴堡战时青年训练班等校的一部分联合成立华北联合大学，由成仿吾任校长，江隆基任教务长。华北联合大学成立后随即向华北挺进，于9月到达晋察冀边区的阜平，学校分散在农村中，无固定校址。根据联合前各部教学特点，华北联合大学分设社会科学、文艺、工人、青年四个部。1940年7月，华北联合大学增设师范部；1941年2月改设教育、法政、文艺三个学院；1942年因形势变化，仅保留教育学院；1945年9月在张家口复校，恢复原来的三个学院。华北联合大学配合党在各时期的中心任务，一面学习，一面参加游击战争、宣传组织工作、土地改革等革命实践。1948年华北联合大学与北方大学合并为华北大学。

1940年2月，华北联合大学在社会科学部下设立教育研究室，其任务是培养师资和提高教师业务水平。社会科学部的教师都是研究员，从事一定的科研工作；研究室配备研究生，协助研究员教学并在其指导下从事研究工作，时迈、张时杰、冉济川、杨友吾等教育界前辈曾在此工作过。另外，教育研究室还为晋察冀边区行政委员会编写初小国语课本一套8册，于1943年1月出版发行。

二、太行抗战建国学院教育研究室

太行抗战建国学院是一所为抗日根据地培养各类专门人才和中学师资的高等学府，由冀南、太行、太岳行政联合办事处于1941年9月15日在山西辽县（今左权县）泽城村成立，后迁至涉县，由杨秀峰兼任名誉院长，边区政府委员王振华任院长。它是太行区党委仿照抗大办学方针，根据晋冀鲁豫边区政府主席杨秀峰在冀西和冀南创办河北抗战建国学院和冀南抗战建国学院的经验，在太行创办的培养后备干部的学校，以培养根据地中学教师为主，并附设培训小学教师的师范班，其任务是接收沦陷区、国统区为抗日救国而来到根据地的青年和参加革命后在机关团体工作的年龄小、文化低的同志，以及根据地的高小毕业生等知识青年，经过学习培训把他们培养成抗战建国干部。

1942年，太行抗战建国学院成立了教育研究室，其主要工作是研究边区新教育制度及其方案，逐步向大学的教育系发展。

三、华北大学教育研究室

1948年8月24日，华北联合大学和北方大学在河北正定合并成立华北大学，校长为吴玉章，副校长为范文澜、成仿吾。华北大学以培养为新民主主义社会服务的政治、经济、文艺、教育等方面的干部为办学宗旨，下设四部两院，其中第四部为研究部，以研究专门问题及培养、提高大学师资为宗旨，由范文澜兼任主任，艾思奇为副主任。研究部人员分两种：凡教授、讲师、教员参加一种研究工作的为研究员；各研究室配备研究生若干名，在研究员指导下从事研究工作。该部共设有8个研究室，着重研究当时重大的现实问题。

教育研究室是由第四部设立的8个研究室之一，但由第二部（教育学院性质）领导，第四部对它进行横向指导，由张宗麟任主任，当时的任务是集中力量研究中等教育中的各种问题。1949年，教育研究室以该校学员为对象进行调查研究，写出《平津二地中等学校调查报告》，为此后不久人民解放军接管平、津两市的中等教育机构提供了重要的参考材料。

中华人民共和国成立后，以华北大学为主体成立了中国人民大学，教育研究室亦随之更名为中国人民大学教育研究室，1952年并入北京师范大学。

第三节　中国共产党早期创办教育研究机构的基本经验及历史意义

总体来讲，中国共产党创办的教育研究机构都处在起步阶段，加之时势不宁，其组织机构并不稳定，也远未正规化，其主要任务是为制定辖区教育方针、政策服务，开展新民主主义教育理论研究，改变旧的教育制度和课程，促进抗日根据地和解放区各级各类教育事业发展，并为其培养师资力量。它们虽然存续时间都不长，但在理论与实践相结合基础上，也取得了不少的研究成果，其基本经验及历史意义可归纳如下：

(1) 在研究工作中，认真贯彻以研究中国革命的实际问题为中心、以马克思列宁主义基本原则为指导的实事求是的方针，深入实际研究各地区的工作经验，并深入到农村与基层以取得直接的经验和材料，在此基础上对这些经验与材料进行系统的分析整理，促进了理论与实践、间接经验与直接经验的有机结合。

(2) 在研究抗战时期根据地、国统区、沦陷区和解放战争时期解放区的教育问题时，根据各方具体特点，进行具体的分析研究。研究人员根据各自研究领域的特点，直接或间接接触实际，对各方的具体情况尽可能地掌握全面资料，作系统的研究，以求揭示出其规律。

(3) 中国教育研究室的研究事业相对丰富，它在研究工作中确立了几项原则，包括"在研究计划下照顾个别同志的特长与兴趣，采用'做上学'、'个人负责，集体研究'等办法，对于某些必修科有基础的同志应多做些工作"[1] 等。在研究中以个人工作为主，结合集体讨论，交流研究工作的经验与成果，这对于调动个人研究的积极性和集体的研究活力十分重要，也有利于从研究中培养掌握教育理论的干部。这种民主的工作和学习环境，十分有利于研究人员的成长。在此后成立的各教育研究机构中，这些原则也得到一定程度的贯彻。此外，尤其值得关注的是重视调查研究。以延安中央研究院中国教育研究室来说，当时正处在延安整风运动前夕，毛泽东发表了《〈农村调查〉的序言和跋》，作了《改造我们的学习》的报告，指出了不懂历史、不懂现状、不了解中国国情的主观主义的危害，大力提倡调查研究，重申

---

[1] 温济泽，李言，金紫光，等. 延安中央研究院回忆录 [M]. 长沙：湖南人民出版社，1984：271.

"没有调查，就没有发言权"的著名论点，同时指出系统的、周密的社会调查是制定政策的基础。中国教育研究室对根据地、国统区和沦陷区三方教育状况进行调查研究，希望通过系统的、周密的社会调查来制定政策，把了解情况、注意政策的风气与学习马克思列宁主义理论的风气密切地联系起来，这是中国教育研究室研究工作取得重大收获的根本指导方针。在其后的几所教育研究机构中，同样坚持了调查研究、从实际出发的原则，这与中国共产党的优良传统和学风密切相关，而中国教育研究室的学术影响也是重要因素之一。

中国共产党早期创办的教育研究机构都地处抗日根据地和解放区，游离于国民政府的管辖，其组织形式并不与当时的国立大学或地方公立教育研究机构乃至私立教育研究机构相同，其创办与发展也不受当时国民政府颁布的有关研究机构的各项法令的制约。从机构与制度建设来看，它们都没有制定相关的章程以保证机构的稳定与健康发展，而是从一开始即以实用性为原则，以发展其事业为旨归，这自然有时局等客观原因，但的确对教育研究机构及其事业的发展以及教育研究对中国共产党教育事业的参考和建设作用的发挥有一定的消极影响。由于中国共产党在抗日根据地和解放区实行的新民主主义教育完全不同于国统区的教育体制，而且中国共产党为了巩固抗日根据地和解放区，就必须发展初等、中等、社会、妇女、干部、军事、国防等各级各类教育以培养知识分子和各级干部。新的教育体制加上新的教育类型，尤其是具有中国共产党特色的干部教育，都需要在实践中摸索经验。因此，中国共产党早期创办的教育研究机构以马克思列宁主义为指导，以促进新民主主义教育理论向社会主义教育理论的过渡为目的，这是它不同于当时其他教育研究机构的特色。在烽火硝烟中，它们克服各种困难，为中国共产党在抗日战争和解放战争时期教育方针、政策的制定，为新民主主义教育理论的创立，为革命根据地和解放区教育事业的发展，为新中国教育事业的创立，都立下了不朽功勋，其基本方向和方法符合毛泽东在《改造我们的学习》等报告中提出的任务和要求，在中国共产党领导的革命根据地确是一大创举。

附录二　近代中国教育研究机构相关文书

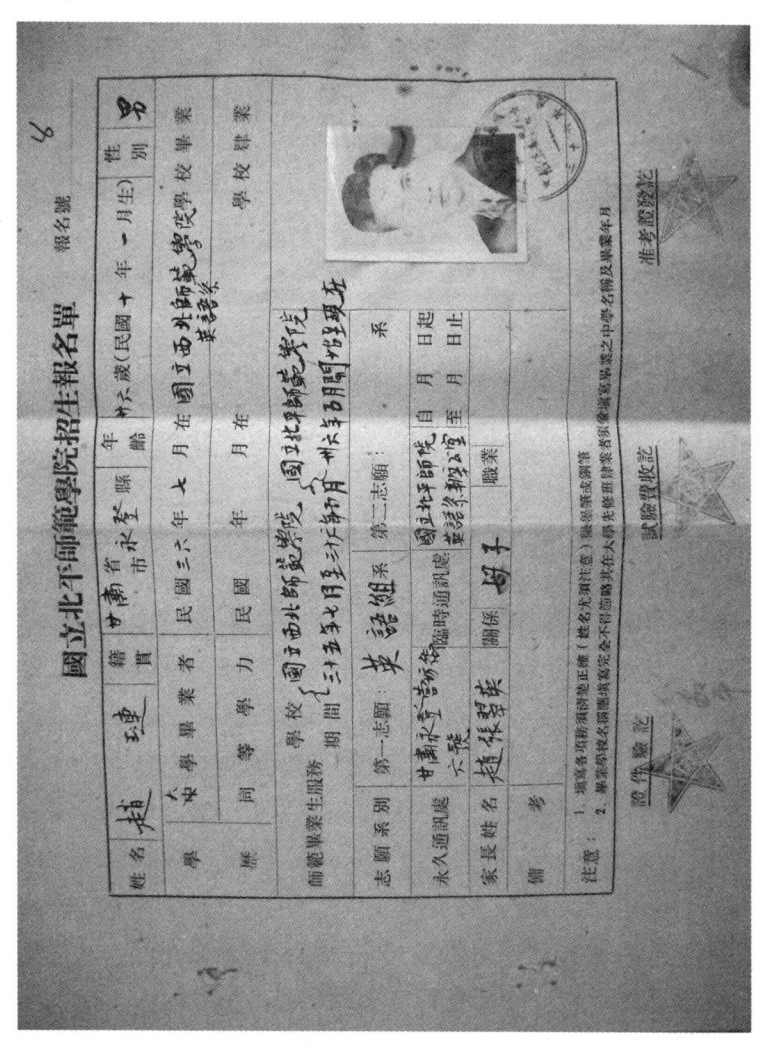

附录图2-1　研究院所招生报名单（国立北平师范学院，赵琏，1947年）

资料来源：北京师范大学档案馆藏校史档案《1947—1948年研究生录取名册及成绩单》，卷宗号：1-83。

附录图2-2　研究生新生注册表（国立西北师范学院，李天祐，1941年）

资料来源：甘肃省档案馆藏西北师范大学档案《李天祐等三人注册表》，卷宗号：33-001-0520。

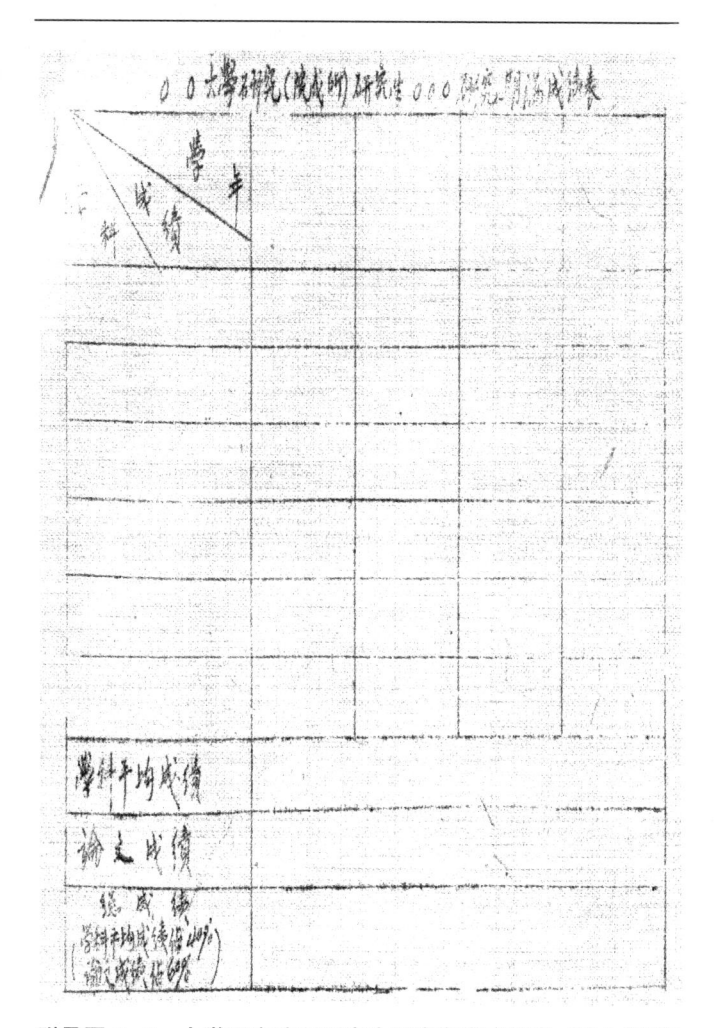

附录图 2-3　大学研究院所研究生研究期满成绩表（空白样张）

资料来源：甘肃省档案馆藏西北师范大学档案《为研究生期满成绩合格者颁发硕士学位证书的训令》，卷宗号：33-001-0004。

學年成績\學科	第一學年	第二學年
心理生理學	79	
學科心理學	88	
應用心理學	70	
近代心理學的歐美背景	86	
心理學問題		86
教育心理大觀		86
格式塔心理學		70
學科平均成績		
論文成績		P
總成績 學科平均成績佔40% 論文成績佔60%		

附录图 2—4　国立中央大学研究院研究生闵灿西研究期满成绩表

资料来源：中国第二历史档案馆藏国立中央大学档案《办理研究生毕业卷》，卷宗号：648—3726。

附录二　近代中国教育研究机构相关文书

○○大學研究（院或所）硕士學位考試委員會報告書

研究生○○○係○○省○○縣人年○○歲

主修學部

論文題目

導師

研究（院或所）代表

考試委員會委員

主修學部代表

校外委員（至少一人）

委員會主席

報告書　研究生○○○今由本委員會予以學科考試（筆試口試）及論文考試（筆試）均經及格特此證明

委員○○○簽印

委員○○○簽印

委員○○○簽印

委員○○○簽印

考試委員會主席○○○簽印

中華民國　　年　　月　　日

附录图 2-5　大学研究院所硕士学位考试委员会报告书（空白样张）

资料来源：甘肃省档案馆藏西北师范大学档案《为研究生期满成绩合格者颁发硕士学位证书的训令》，卷宗号：33-001-0004。

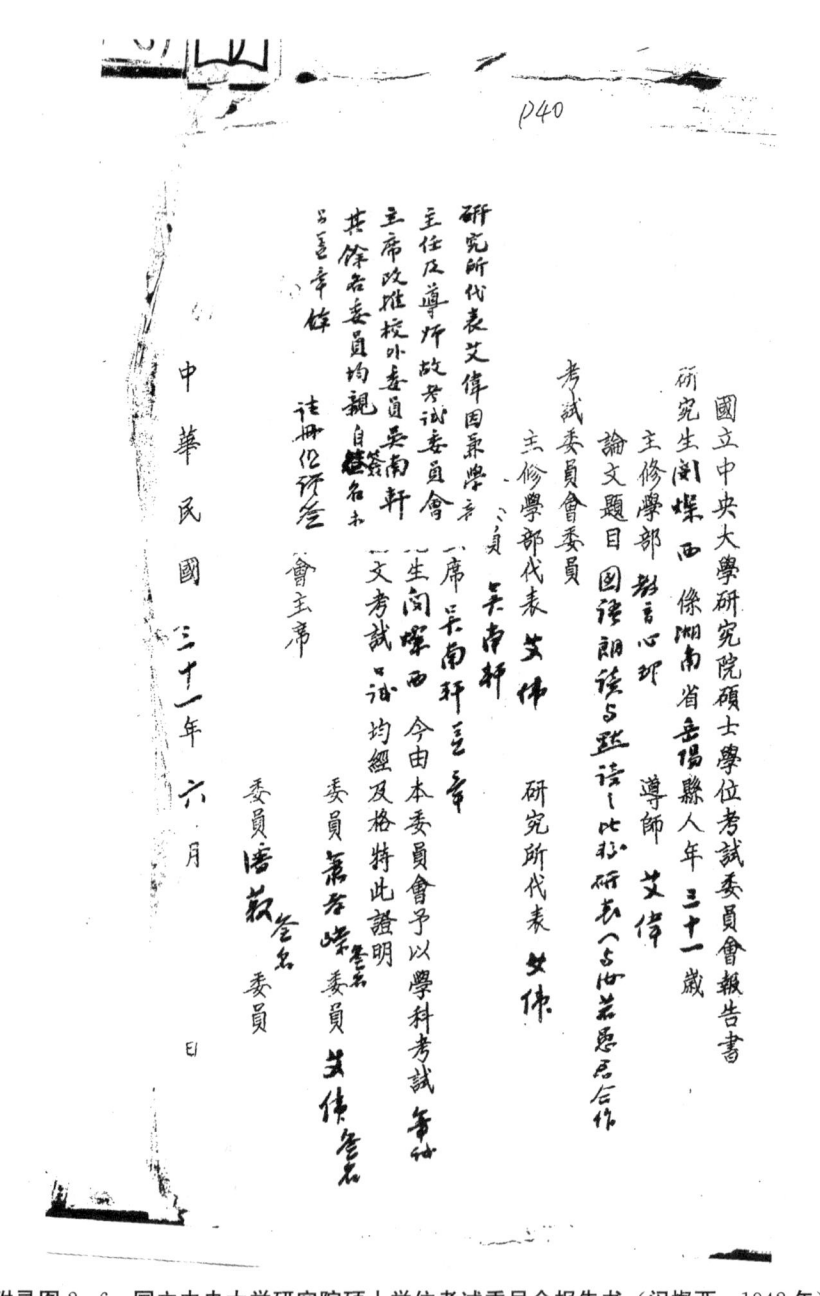

附录图2-6 国立中央大学研究院硕士学位考试委员会报告书（闵燦西，1942年）

资料来源：中国第二历史档案馆藏国立中央大学档案《办理研究生毕业卷》，卷宗号：648-3726。

附录二 近代中国教育研究机构相关文书

附录图 2-7 硕士候选人论文审查意见（国立中央大学，吴倜，1945 年）

资料来源：中国第二历史档案馆藏国立中央大学档案《办理研究生毕业卷》，卷宗号：648-3729。

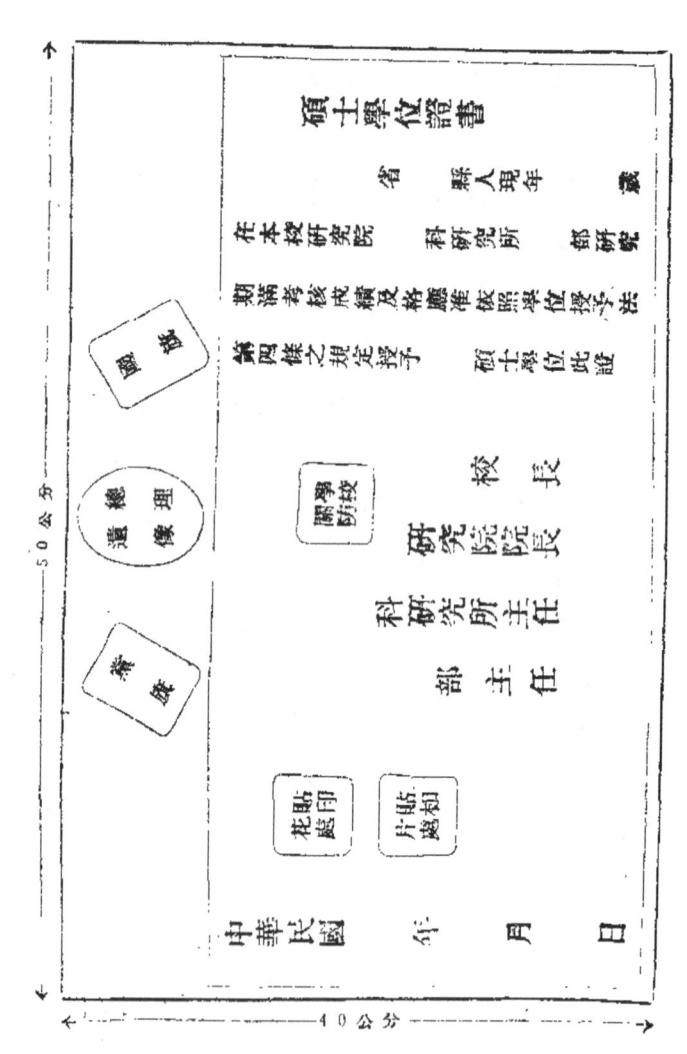

附录图2-8　硕士学位证书第一种式样（已成立研究院者适用）

资料来源：《教育法令汇编·第5辑》，正中书局1940年版，第45页。

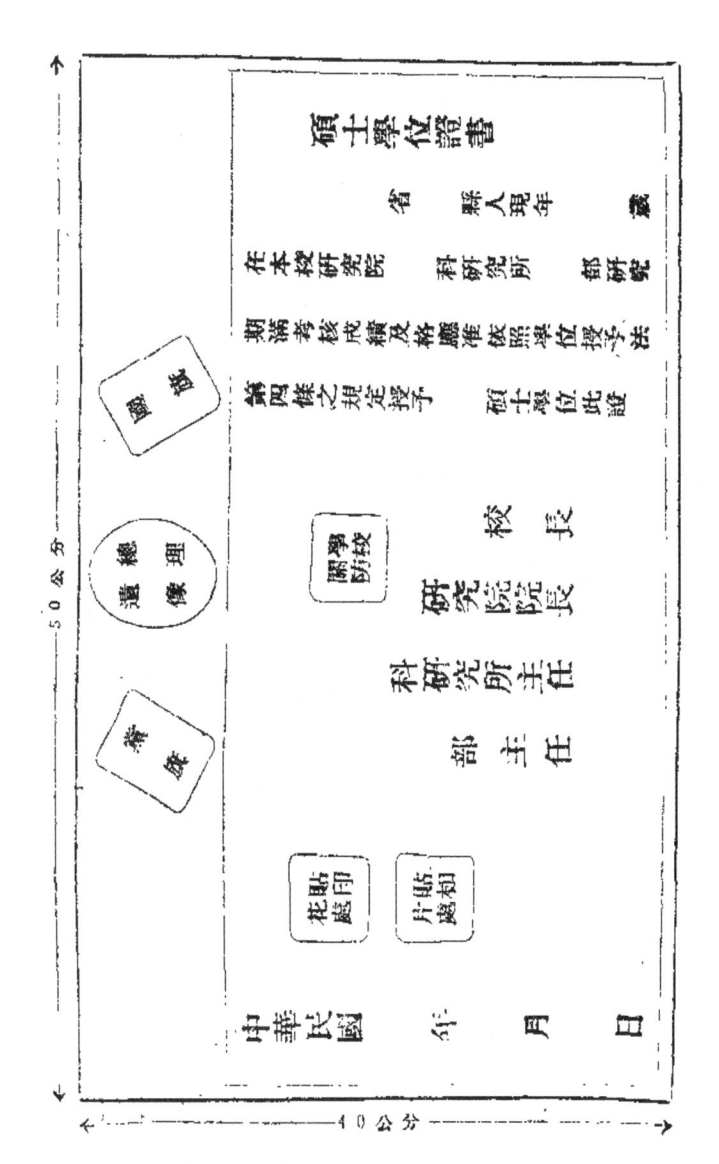

附录图 2-9 硕士学位证书第二种式样（未成立研究院只有研究所者适用）

资料来源：《教育法令汇编·第 5 辑》，正中书局 1940 年版，第 45 页。

参考文献

边理庭，1941. 抗战以来高等教育行政的新设施［J］. 高等教育季刊，1（1）：255−297.

陈侠，傅启群，1994. 傅葆琛教育论著选［M］. 北京：人民教育出版社.

陈学恂，1981. 中国近代教育大事记［M］. 上海：上海教育出版社.

陈亚玲，2009. 民国时期研究所的建立与现代学术的自主创新［J］. 现代大学教育（4）：49−53.

陈友松，1992. 雷沛鸿教育论著选［M］. 北京：人民教育出版社.

陈元，2011. 我国现代大学研究院所制度变迁及其成因与影响［J］. 高教探索（3）：127−132.

陈元，2012. 民国时期我国大学研究院所创设的动因述论［J］. 高教探索（4）：105−110.

崔载阳，1934. 本所今年研究工作报告［J］. 教育研究，7（4）：113−118.

崔载阳，1935. 国立中山大学教育研究所之过去现在与将来［J］. 教育杂志，25（7）：210−224.

崔载阳，1942. 从教育学研究所到师范研究所［J］. 教育研究，14（1）：1−4.

方明，2005. 陶行知全集：1−12卷［M］. 成都：四川教育出版社.

费景珩，1935. 国立浙江大学教育学系培育院筹备经过［J］. 教师之友，1（3）：342−352.

高平叔，1984—1989. 蔡元培全集：1−7卷［M］. 北京：中华书局.

《广西普及国民基础教育研究院总报告》编辑委员会，1936. 广西普及国民基础教育研究院三年来工作总报告［M］. 南宁：广西普及国民基础教育研究院刊物发行室.

广西教育研究所，1940. 广西教育研究所概览［M］. 桂林：广西教育研究所.

国立北平大学女子师范学院，1931. 国立北平大学女子师范学院研究所一览［M］. 北平：国立北平大学女子师范学院.

国立编译馆，1944. 四川省立教育科学馆五年概况［M］. 成都：国立编译馆.

参考文献

国立社会教育学院，1948. 国立社会教育学院概况 [M]. 苏州：国立社会教育学院.

国立社会教育学院研究部，1947. 国立社会教育学院设立旨趣和研究实验 [M]. 苏州：国立社会教育学院研究部.

国立中山大学教育学研究所，1931. 国立中山大学教育学研究所研究工作述略 [M]. 广州：编者刊.

国立中山大学研究院教育研究所，1937. 本所研究事业十年 [M]. 广州：编者刊.

国立中央大学学生自治会，1944. 国立中央大学概况·二十九周年校庆纪念 [M]. 重庆：编者刊.

国立中央研究院文书处，1928. 国立中央研究院十七年度总报告 [M]. 南京：国立中央研究院总办事处.

胡德海，2001. 雷沛鸿与中国现代教育 [M]. 兰州：甘肃教育出版社.

胡耿，2003. 为谋新教育中国化——国立中山大学教育研究所研究（1927—1949）[D]. 广州：华南师范大学.

黄国庭，2010. 教育刊物与中国近代教育学术 [D]. 杭州：浙江大学.

黄仕忠，1998. 老中大的故事 [M]. 南京：江苏文艺出版社.

黄义祥，1999. 中山大学史稿（1924—1949）[M]. 广州：中山大学出版社.

黄翼，1948. 儿童训导论丛 [M]. 上海：商务印书馆.

金林祥，胡国枢，2009. 陶行知词典 [M]. 上海：百家出版社.

邝忠炽，2006. 陶行知与重庆育才学校 [M]. 重庆：西南师范大学出版社.

雷沛鸿，1936. 三年间广西国民基础教育运动的回顾与前瞻 [J]. 教育杂志，26（9）：1-6.

黎锦熙，1932. 研究所略史 [J]. 师大月刊（1）：1-113.

李溪桥，1996. 李蒸纪念文集 [M]. 北京：中国社会科学出版社.

李蒸，1935. 国立北平师范大学之过去现在与将来 [J]. 教育杂志，25（7）：205-210.

梁山，1986. 中山大学六十年（上）[J]. 中山大学学报（社会科学版）（4）：22-35.

梁山，1987. 中山大学六十年（下）[J]. 中山大学学报（社会科学版）（1）：67-78.

刘龙心，2007. 学术与制度——学科体制与现代中国史学的建立 [M].

北京：新星出版社.

罗德真，罗一真，2002. 秉烛沧桑——教育学家罗炳之［M］. 南京：南京大学出版社.

罗廷光，1932. 教育之科学的研究（下）——谈教育研究所［J］. 时代公论（18）：24—28.

罗永明，2001. 我们的中大［M］. 广州：中山大学出版社.

蒙荫昭，梁全进，1999. 广西教育史［M］. 南宁：广西人民出版社.

《南大百年实录》编辑组，2002. 南大百年实录［M］. 南京：南京大学出版社.

潘懋元，刘海峰，2007. 中国近代教育史资料汇编·高等教育［M］. 上海：上海教育出版社.

宋恩荣，章咸，2005. 中华民国教育法规选编［M］. 南京：江苏教育出版社.

宋秋蓉，2003. 近代中国私立大学研究［M］. 天津：天津人民出版社.

汤茂如，1940. 四川省立教育科学馆概况［J］. 教与学，4（11）：24—27.

王德滋，2002. 南京大学百年史［M］. 南京：南京大学出版社.

王明汉，衡均，1989. 西北师范大学校史 1939—1989［M］. 西宁：青海人民出版社.

王淑芳，王晓明，2002. 北师大轶事［M］. 北京：北京师范大学出版社.

王秀南，1947. 十年来中国实验教育的回顾与展望［J］. 中华教育界（1）：71—82.

王学珍，郭建荣，2000. 北京大学史料［M］. 北京：北京大学出版社.

王有春，李荣华，2015. 近代中国教育研究机构事业局限性之检讨［J］. 内蒙古师范大学学报（教育科学版）（8）：5—8.

韦善美，程刚，1994. 雷沛鸿教育思想研究［M］. 沈阳：辽宁教育出版社.

吴定宇，2006. 中山大学校史 1924—2004［M］. 广州：中山大学出版社.

《西北师大校史》编写组，2002. 西北师大校史［M］. 兰州：甘肃人民出版社.

西南联合大学北京校友会，2006. 国立西南联合大学校史——一九三七至一九四六年的北大、清华、南开［M］. 北京：北京大学出版社.

肖朗，王有春，2012. 近代中国国立大学教育研究机构综论［J］. 高等教育研究（8）：82—92.

许椿生，陈侠，蔡春，1993. 李建勋教育论著选［M］. 北京：人民教育出版社.

杨卫明，2011. 教育学会与中国近代教育学术［D］. 杭州：浙江大学.

姚薇元，1935. 大学研究院与学术独立［J］. 独立评论（136）：12—14.

叶佩华，1942. 我国大学研究院所设施情形之检讨 [J]. 高等教育季刊，2（4）：66—81.
喻本伐，2006. 论雷沛鸿的教育实验思想 [J]. 教育研究与实验（6）：69—72.
张剑，2008. 中国近代科学与科学体制化 [M]. 成都：四川人民出版社.
张丽萍，2000. 相思华西坝——华西协合大学 [M]. 石家庄：河北教育出版社.
张希初，1994. 中国研究生教育史略 [M]. 长沙：湖南师范大学出版社.
赵廷为，1948. 教育学术研究的重要性 [J]. 教育杂志，33（4）：3—5.
中华民国教育部教育年鉴编纂委员会，1948. 第二次中国教育年鉴 [M]. 上海：商务印书馆.
中华民国教育部中国教育年鉴编审委员会，1934. 第一次中国教育年鉴 [M]. 上海：开明书店.
中央教育科学研究所，1988. 中国现代教育大事记（1919—1949）[M]. 北京：教育科学出版社.
周谷平，许迈进，张彬，2012. 浙江大学教育学院院史 [M]. 杭州：浙江大学出版社.
周洪宇，2004. 学位与研究生教育史 [M]. 北京：高等教育出版社.
周宁，1990. 国立中央研究院概况（1928—1948 年）[J]. 民国档案（4）：55—69，12.
周兴樑，胡耿，2009. 中国教育科学研究与人才培养的开拓者——国立中山大学教育研究所（1927—1949）探析 [J]. 中山大学学报（社会科学版）（2）：82—91.
朱有瓛，戚名琇，钱曼倩，等，2007. 中国近代教育史资料汇编·教育行政机构及教育团体 [M]. 上海：上海教育出版社.
庄文亚，1934. 全国文化机关一览 [M]. 上海：上海世界文化合作中国协会筹备委员会.
庄泽宣，1929. 如何使新教育中国化 [M]. 上海：民智书局.
庄泽宣，1931. 本所十九年度工作概要 [J]. 教育研究，4（6）：75—77.
庄泽宣，1933. 本所三年来工作简报 [J]. 教育研究，6（4）：65—70.
庄泽宣，1934. 我的教育思想 [M]. 上海：中华书局.
庄泽宣，1946. 中国教育研究的后顾与前瞻 [J]. 广东教育（3）：13—22.
左玉河，2008. 中国近代学术体制之创建 [M]. 成都：四川人民出版社.

后　记

这是我的第一本专著。

说实在的，以年近半百之龄而出版第一本专著，的确没有什么可骄傲的。不乏学术大咖在这个年纪著作等身，但每个鸟儿都只能在自己的高度上飞翔。学术的事情可以临渊羡鱼，更须退而结网；学术成就的取得亦非一朝一夕之事。故而虽为学术成果的单薄而羞赧，心下却也有几分坦然，几分淡然。此种论调，虽不免招致懒惰拖延之讥，个人却认为未尝不是今后为学的端正心态。

虽然没有什么可骄傲的，但并不是说就不值得骄傲，不值得欣喜；对这本小书的出版，我还是难掩激动之情。这本小书是以我的博士学位论文为基础的，是我十多年来躬耕于学术的成果。十年前，我正式开始论文写作，恩师肖朗教授每月约谈，指点迷津，平时则以电子邮件指导于我。至论文初稿写成，恩师开始通读修改，常常满纸红字，甚至连标点符号都有改正，令我惭愧不已，却也颇以得师自庆。恩师的严格加辛劳，为我的论文着上了深厚的底色，使它不至浅陋。论文答辩时，我们教育史专业德高望重的田正平教授就认为这篇论文"要是能再磨个半年就好了"，但那时实在是没有资本再"磨"下去，且本人生性愚钝，并不能领会田老之深意。后来一直对田老的话心有戚戚，故而于五年前，申报教育部人文社会科学课题，其初衷就是想精心打磨一下这篇论文，以便使它不那么粗糙；然而又因工作中杂七杂八的事情一拖再拖，竟至最终要结题时仍未能达到满意。庚子大疫，宅在家中专注于论文修改，时而因一字一词一句写得精妙而欣喜乃至自我怀疑究竟是不是自己的作品，时而又因极简单常用的一字一词一句误写误用而羞愧乃至冷汗湿身。时光在这样的充实中流逝，每日都沉浸在学有所得的喜悦中，反少了诸多焦躁烦恼。因这几年来一直从事文字工作，且时常对论文主题有所思考，因而在修改过程中对述及的问题展开了更广阔更深入的思考，常常发现一些新的学术生长点；及至最后将纸质的打印稿通校通改完毕时，真的有了一种豁然开朗的感觉，也总算悟出了当初田老的苦心。七年前，我博士毕

后 记

业，但我始终认为那只是一种形式上的毕业；而今天，通过论文的修改，我感觉终于打通了自我，可以真正毕业了。回望十多年来的学术之路，尽管并不平坦，但也有喜有乐。人一生能做的事并不多，能把时间用在喜欢的事上，将生命与事业贴合，便是终极的幸运和幸福。忆起刚刚走上这条道路时的青涩艰难，初到杭州深造时的踌躇满志，临近毕业时的意气风发，以及今年来修改书稿时的沉浸心醉，一一体尝后又回归平静。这其中，既有生命沉淀的厚重，也有经历世事的坦然。因此，把这本小书呈给学界，心下还是少了许多忐忑。唯今之际，我一则感念恩师教诲，二则感念田老提点，三则感念教育部课题资助，使这本小书最终有了现在的样子，当前的我能做到的最好的样子。

临了，让我感谢我的家人。从这本小书收集资料到现在成书，我的家人始终陪伴着我，不仅给我信心和力量，更给我实实在在的生活支持。在这本小书动笔之初，我的儿子还是个黄口小儿，十年过去，他已成长为高校学生。在我为这本小书奋斗的过程中，儿子有样学样，也养成了爱读书、勤思考的好习惯，读书思考在他似乎如呼吸一般自然平常又不可或缺。我老早就认识到，要把孩子培养成什么样的人，自己先做什么样的人，因此也一直奋力成长。儿子的今天，尽管还没有什么可称作成就的东西，但总体方向是没有错的。这一点，也许就是对我多年浸淫学问的回报吧。

最后，让我以虔诚的心，迎接这个"头生子"的到来。他的未来，尚需学界检验；但就当前而言，我却可以为自己十多年的努力画上一个句号，尽管并不十分圆满。

王有春
2020 年 11 月 4 日
谨识于明信仕林府寓所